情报与反情报丛书

情报分析

复杂环境下的思维方法

[美] 韦恩·霍尔（Wayne Michael Hall） [美] 加里·西腾鲍姆（Gary Citrenbaum）／著
杨小红／译 崔建树／审校

Intelligence Analysis

How to Think in Complex Environments

金城出版社
GOLD WALL PRESS
·北京·

图书在版编目（CIP）数据

情报分析：复杂环境下的思维方法 /（美）韦恩 · 霍尔（Wayne Michael Hall),（美）加里 · 西腾鲍姆（Gary Citrenbaum）著；杨小红译 . —北京：金城出版社有限公司，2020.6

（情报与反情报丛书 / 朱策英主编 . 第二辑）

书名原文：Intelligence Analysis: How to Think in Complex Environments

ISBN 978-7-5155-1927-2

Ⅰ. ①情… Ⅱ. ①韦… ②加… ③杨… Ⅲ. ①军事情报—情报分析 Ⅳ. ① E87

中国版本图书馆 CIP 数据核字（2020）第 030036 号

情报分析：复杂环境下的思维方法

QINGBAO FENXI FUZA HUANJINGXIA DE SIWEI FANGFA

作　　者　[美] 韦恩 · 霍尔　加里 · 西腾鲍姆
译　　者　杨小红
责任编辑　丁　鹏
文字编辑　李晓凌
责任校对　郝俊伟
责任印制　李仕杰
开　　本　700毫米 × 960毫米　1/16
印　　张　33.25
字　　数　511千字
版　　次　2020年6月第1版
印　　次　2020年6月第1次印刷
印　　刷　天津旭丰源印刷有限公司
书　　号　ISBN 978-7-5155-1927-2
定　　价　128.00元

出版发行　**金城出版社有限公司**　北京市朝阳区利泽东二路3号　邮编：100102
发 行 部　(010) 84254364
编 辑 部　(010) 64271423
交流邮箱　gwpbooks@yahoo.com
总 编 室　(010) 64228516
网　　址　http://www.jccb.com.cn
电子邮箱　jinchengchuban@163.com
法律顾问　北京植德律师事务所　(电话)18911105819

目 录

第二部分　高级分析方法

序　言

> 不要沿着道路可能指引的方向前进，而要走在无路之地，且要留下你的足迹。
>
> ——拉尔夫·沃尔多·爱默生（Ralph Waldo Emerson）

无论从字面上，还是从内在层面，美国陆军退役准将韦恩·“麦克”·霍尔（Wayne M. “Mike” Hall）都遵循着爱默生的叮嘱；这本书既浅显易懂又鞭辟入里，在新的情报知识领域能披荆斩棘。亲爱的读者们，你们需要做的就是按图索骥、甄别理解。

我们许多人都在从事“分析”这项工作。所谓“分析”，就是判别我们国家和军队所面临威胁的本质与紧迫性。我们都清楚，在所面对的复杂且动态环境中，提高思维质量、使用合理的推理方法，是我们描述、刻画、预判和预测已经发生和即将发生事态的过程中最为重要的变量。有一句来源不确定的话很能体现这一挑战：“预测是一种风险很高的行当，尤其是预测未来。”我们可以这样解释这句话：对人们进行训练，使他们有能力思考当前紧迫的战事和反恐行动，这是非常迫切的，尤其当敌人不配合时更是如此。

这本书的主要作者、陆军退役准将韦恩·霍尔和他的合著者加里·西腾鲍姆（Gary Citrenbaum）博士，充分利用自身丰富经验和辛勤研究，直面了这一挑战。他们的研究是分析活动和成功认知活动的模板。其研究成果提供了一系列观点和原则，任何从事分析实践的人都可以根据自身需要将之转化运用。他们的研究既为我们提供了可靠的标准，也让我们有足够的空间去自由思考和想象。简而言之，这本书可以说是理解那些看似无法理解的事物的手册。你们可以透过他们的智识和觉知棱镜，来发现和了解敌人。

读完这部关于“高级分析”（advanced analysis）的巨著，我们将对观察、思考、阐释、描述以及寻找事物意义和内涵等的原则有了深入且彻底的认识。我们仿佛可以想象，两位作者都经历了当前挑战与不足之处的折磨，但都将自己最深刻的思考、最优秀的经验倾注到情报分析专业之中，为的就是要对分析人员有所裨益，甚至从根本上改变他们的工作。

本书到处散发着深刻见解的光芒，比如“联系衰减”（links decay）以及“预测是获得主动权的重要方面”等等真知灼见。有一章的标题就是非常醒目的“解决方案”四个字。另一个名为“批判性思维”（Critical Thinking）的章节得出了一个最不同寻常的结论：“只要使用正确，批判性思维将是一种强大的力量。但要充分发挥批判性思维效能，情报分析人员必须谦卑且不断自察自省。他们还需要认识和使用建设性批判方法，来改进自己的认知”。这些都是典型的需要人做的工作。

韦恩·霍尔所做的工作，也是许多其他人想做的，但能完成的寥寥无几：他提出了一系列非常有见解的观点和概念，提出了应用这些方法的具体细节——类似那些历久弥新的思维和智慧，即“原则”，而这些可靠的历久弥新的概念，可以用来指导我们的实践。

这些替代性的“分析原则”（principles of analysis）可能并不完美，但却明显优于当前任何书中或任何地方的其他方法。这是韦恩·霍尔的工作之所以重要的原因之一。他将分析的全部环节融入一本书之中，从分析的开始至结束，并将那些创新的方法、流程和概念联系且融合起来。这项工作没有功能上的局限，既可以分开单独使用，也可以作为整体使用，但都是获得直接信息和启发性观点的重要来源。它适用于分析人员开展的所有工作，无论是眼下的工作，还是未来的工作，同时也适用于各种层面的工作，包括国家层面、战略层面、战役层面、战术层面以及个人层面。

他的工作是百科全书式的，为我们称之为“分析”的艺术和科学领域提供了大量的细节和宏观内容。他提出的“批判性思维”框架是非常睿智的。他从现实主义和实用主义角度阐述“复杂性”（complexity）概念，这是当前的形势与环境迫使我们必须面对的概念。他以少有的直率和洞察力研究了“分析条件”（analytic conditions），使我们每个人都能够理解并感同身受。

他发展了决策过程中“风险管理”（risk management）和“不确定性”（uncertainty）等概念的内容，无论新手还是专家都能从中受益。他以亲切的口吻与分析人员对话……应用那句古老却是至理的格言：“认识你的敌人（know your enemy）”。他承认，从传感器、信息来源和各类方法中获得的数据，已经超出了单纯人脑的处理能力，因此他提出构建“虚拟知识环境”（virtual knowledge environment，VKE）的主张，帮助我们应对现代复杂作战环境中存在的认知与协作挑战。

这本书最大的亮点之一在于，对许多晦涩难懂、难以理解但又是分析人员必须掌握且使用的术语进行了阐述和解释。可以说，本书是字典、词典、百科全书、工作手册、专业词典，也是指导人们走出失败思维和错误知觉的智力地图。它还是可以反映文字内涵与观点的认知工具，使读者只需使用常见术语，就可以进行深入思考和合理推理。如果没有类似这本书的东西，我们面对的将是一座分析领域的“巴别塔”（Babel）。有了这本书，我们仿佛有了罗塞塔石碑、指南针、聚光灯和显微镜的组合工具箱，可以帮助分析人员实现一致性这一非凡的目标。

那么，未来的“高级分析人员”（advanced analyst）会将这些工具和知识用于何种目的呢？这本书是通往未来“军事情报”文化和内涵的学习和教学的路径（“虫洞”[wormhole]），最终目的是提供打败敌人所需的信息。这才是真正的焦点，但我们也要注意到，正如书中所写的，“敌人”已经变了，情报（包括由军事情报衍生的能力）也可以用于其他条件和局势之中，包括威胁全球稳定、跨国性安全、美国及其盟友的地区利益……以及我们的国内安全等局势。

本书先阐述思考、规划和准备，再阐述搜集和融合 (amalgamation),

然后阐述分析，最后阐述综合（synthesis，这也是分析的核心）等内容，这种叙述方式能为每名分析人员提供可实践应用的路线图。为了应用这些富有想象的认知方法，我们必须思考它所发生的环境。

技术已经不断夯实了这些原则，强化了绝大部分军事情报的功能；同时，技术也成为威胁的动态组成部分，对我们的情报和作战行动构成挑战。包括文化、社会以及我们活动所处的人文条件等要素在内的人文地形（human terrain），成为我们作战和稳定功能的关键要素。从背景中生发出的特征、反射、外溢和异常，以及偏离了常态的事件和速度、节奏、地理位置、区域和环境等要素，都在发生变化。

形势迫使我们必须全面出击，以应对所有危险和威胁，包括传统的、非传统的、非正规的、非对称或非同步的威胁；我们还需要提供可用来帮助高效使用军事力量的信息，以应对国内灾害和紧急状态——不仅仅是指那些传统的、有组织的、列队向我们开进的敌人。

各种涌现出的和融合的力量，加重了我们实现目标的压力，甚至已经包围了我们。我们被迫在很多情况下处理那些隐没在人海中的威胁，在这个世界上，超过 70 亿人口将为了寻找位置和优势而竞争。

我们将会在复杂城市环境（complex urban environment，CUE）中开展动力学和非动力学（kinetic and non-kinetic）军事行动，不同于我们过去开展的任何行动。进入、控制和包围有数百万人居住的城市，这种作战方式挑战了我们标准的军事行动。

我们还在预测对付那些使用大规模和复杂效果武器（weapons with mass and complex effects，WMCE）的敌人的可能性。我们需要在这样的武器成为作战现实并迫使我们做出应对之前，理解这种环境。

我们需要仔细考虑动态环境、生物和化学环境及其对我们稳定造成的影响。

我们需要关切我们的边境，以及那些妄图破坏我们信仰和价值观的人进入我们的社会秩序中。

我们要在更遥远的地区以及网络空间的角落和缝隙中寻找可能在数字领域出现的敌人，我们还需要关注犯罪亚文化（criminal subcultures）的恶化，它们也会对我们的国家安全构成影响。我们需要预想在这种环境下进入战争的前景。

我们关心每一个维度以及每一个条件，因为在这些维度和条件当中，我们都会发现自己的国家和人民处于危险之中。

事情正在发生变化……

我们似乎感到传统在被颠覆，变革之风非常强劲，社会纤维编织形成的东西正在被磨损。韦恩·霍尔给我们提供的知识，正是我们在现代信息系统下工作所需要的，也是我们史无前例地进入全球和普世的环境和条件中所必需的，还是我们应对未来挑战、找出解决情报难题出路所需要的。本书是一部现代手册、纲要、参考书、专著，还可能是我们未来分析工作演进的蓝图……对于任何一位尊重自己工作的严肃分析人员来说，这都是一本必读书。没有这本书，任何有关分析工作的“图书馆”都不是完整的。

对于从事分析工作的读者来说：韦恩·霍尔进入了你的脑中，在你的思维、关切和你自己的观念中漫步，你会对他非常亲切，仿佛见到了“我们中的一员”。这是一本很有价值的书，只要读者花费时间，并且抓住分析工作重点的话。很容易——不！很值得——是的！甚至是至关重要！本书所传递的信号，是分析人员的航灯，可以帮助他们在汹涌的行动海洋里乘风破浪。

我真希望我能够写作这本书。韦恩·霍尔将军以及他的合著者加里·西腾鲍姆博士，已经为我们完成了这项工作。我们必须要感激他们。

帕特里克·M.休斯[1]

美国陆军退役中将

2009年7月

[1] 原注：帕特里克·M. 休斯（Patrick M. Hughes）中将，是国土安全部信息分析（情报）办公室前助理秘书。他是美国政府资深顾问，也是许多防务和安全公司的资深顾问，曾担任国防情报局局长、联合参谋部情报主任以及美国中央司令部情报主任。他同时还领导过几个重要的美军情报组织，从事情报搜集和情报分析工作很多年。目前他是一家大型防务、航空和安全公司中负责情报和反恐工作的副总裁。

前言

情报分析人员应该对自己的推理过程有自省意识。他们应该思考**如何做出**判断及得出结论等问题，而不是仅仅关注判断和结论本身。[1]

可以说，在打击叛乱分子和非正规敌人的军事行动中，情报分析是最为关键的人类技巧之一。如果研究平叛和打击非正规敌人的作战记录，就会得出这样一个结论：在城市作战环境（urban operation environment）下，我们不仅要知道和了解敌人、天气、地形等要素，更要了解平民、文化、当地习俗、被接受的社会准则以及配套设施等要素，这是至关重要的。泛泛地了解平民是不够的。毕竟，叛乱分子就是混在这些平民当中，进行战斗、生存和行动的。要想了解平民，我们必须要知道和理解他们是如何思考、感知和看待这个世界的，要知道他们珍惜什么，要知道他们如何看待外国人，更要知道他们是如何理解期望、目的和目标的。只有对他们的文化有了足够了解，我们才能利用文化获得优势，而不仅仅是疲于应付和保持警惕。

情报分析就可以帮助我们知道和了解叛敌及其目标、意愿、意图和

[1] 原注：Richards J. Heuer, Jr., *Psychology of Intelligence Analysis* (Washington DC: US Government Printing Office, 1999), 31. 中译本《情报分析心理学》已由金城出版社于2015年4月出版。

动机。在眼下和未来很长时间里，情报分析人员必须要比过去更加努力地获取知识，寻找妥善隐蔽的目标，满足大量的不同信息需求。通过情报分析，我们可以了解作战环境的流动性（fluidity）。通过情报分析，我们可以知道何地、如何以及在何时进行信息搜集。通过情报分析，我们可以利用搜集所生产的数据，并将它转换为领导人决策过程所需的信息、知识和理解。但通过传统的情报分析方法，我们无法获得这些结果。只有通过一种不同的情报分析方法，即**高级分析**（advanced analysis），我们才能学会如何思考并运用这些知识开展情报行动，用以保障城市作战环境下的决策。

我们为什么需要这种更具体的情报分析方法呢？部分原因在于，传统的情报参考文献没有对情报分析本身进行定义。例如，联合出版物 2.0《情报》将“情报”定义为：通过搜集、处理、融合、评估、分析和阐释而获取的产品，主要关涉外国、敌国或潜在敌国的势力或敌对分子，或正开展行动或潜在行动的地区。[1] 这份文件还将全源情报（all-source intelligence）定义为：使用了全源信息的情报产品和 / 或情报机构、活动，通常包括人力资源情报（human resources intelligence）、图像情报（imagery intelligence）、测量与特征情报（measurements and signatures intelligence）、信号情报（signals intelligence）以及在最终情报生成中的开源数据（open-source data）等。[2] 但并没有对情报分析进行定义。如此重要的一份指导性条令文件，竟然没有将情报分析作为知识领域和思维原则进行定义和讨论，不得不说让人诧异。对情报分析重要地位的忽视，特别是在城市平叛和非正规战争行动中，催生了这本书及其**主要论点——高级分析——**的出现。

高级分析既是一种知识领域，也是一种思维原则。它是适应眼下和当今时代的产物，目的是帮助指挥官在复杂环境下做出决策。同时，它还

[1] 原注：Joint Publication 2.0, (Washington: Joint Chiefs of Staff, 2007), GL 5.

[2] 原注：Joint Publication 2.0, GL 11.

能帮助分析人员更加积极地寻找、发现和获取主动权。因此，我们言简意赅地提出高级分析的概念，接下来还将深入研究。高级分析指的是，**可以比对手更具体、更详细地思考和了解作战环境，并且获得更好的知识的高级认知过程**。高级分析包括 14 个认知要素：解构（decomposition）、批判性思维（critical thinking）、联系分析（link analysis）、模式分析（pattern analysis）、趋势分析（trend analysis）、预期分析（anticipatory analysis）、技术分析（technical analysis）、异常分析（anomaly analysis）、倾向分析（tendency analysis）、文化分析（cultural analysis）、符号分析（semiotics analysis）、群体分析（aggregation analysis）、重构（recomposition）和综合（synthesis）。关于高级分析的概念及其 14 个要素，我们将贯穿全书进行阐述、讨论和辩论。

尽管传统的情报分析方法在过去表现优异，但在平叛和打击非正规对手的军事行动中，传统方法无法向筹划者、决策者和作战人员提供足够宽广且深入的认知支撑。我简要介绍一下我的思路。从广义上说，在晦暗不明的城市环境下开展情报行动，或者对善于隐蔽的叛乱分子和恐怖分子开展情报行动时，情报分析还做不到足够的具体。此外，情报分析的预测性不够，无法向指挥官提供在思维上战胜敌人、获取主动，进而夺得各种优势的建议；这些优势包括：**行动自由**（freedom of maneuver）、**位置**（position）、**决策**（decision）、**知识**（knowledge）、**节奏**（tempo）、**动量**（momentum）和**技术**（technology）。此外，情报分析人员参与情报搜集行动不够，他们应该提出非常详细的观察指标（observable），并以此指导情报搜集行动。情报分析人员必须参与分析性条件准备活动（analytic condition-setting），例如思考和设计知识、传感器和数据等架构，以支撑高级分析的输入和输出。此外，分析人员还必须学会参与思维过程，也就是参与分析推演（analytic wargaming），从中学会如何与对手争夺主动权。但实际上，情报分析人员并没有接受足够训练，也没有接受过诸如预期、文化、符号和技术（城市里应用的技术）等多种科目教育，因此无法发挥最大优势击败有能力的敌人，也无法理解他们行动的文化。不幸的是，情报分析人员对于情报分析工作所必须掌握的一些技能却缺少足够的训练，使得情报分析的效用难以发挥，例如如何解构和重构，如何参与和使用倾向分析、群体分析和异常分析，如何思考和使用联系分析、模式分析和趋势分析中的好点子，以及如何开展综合等。

在分析训练、教育和行动当中的这些不足，其错误不在这些勇敢的、有才能的分析人员本身。非常可悲的是，其错误就在于国防体制，这一体制还没有关注“深度思考”(deep thinking)，首先没有仔细研究城市环境下支持情报行动的需求，其次没有努力改变情报分析方法，以至于没有产生足够的思维，从而在大型城市环境下应对叛乱分子、非正规战斗人员以及恐怖分子威胁，无论这一城市位于何地。上述每一主题都将在本书进行深入探讨。

在打击非正规敌人的城市行动和平叛行动中，情报分析必须要拓宽视野，转变焦点，要为积极的分析人员提供认知能力支持，并且在一种哲学的支撑下，使用新的思维体系等。正因为如此，高级分析需要包括 14 个关键的认知要素，使用五类观察指标来指导情报搜集，通过对数据进行解构和综合，以更好了解数据，并积极地、热烈地在这场斗智斗勇的战斗中与敌人交锋，确保始终能够打赢。此外，高级分析将在三个方面具有可替代性：

- ★ **第一，**它的思维过程和“如何思考”哲学，适合未来冲突的方方面面。
- ★ **第二，**它提供了一种超越地点或区域特性的思维“路径”。高级分析可以通过对一个地方大量信息的掌握，将其作为认知手段，生成适用于其他地方的战略情报。
- ★ **第三，**它的受众将远远大于国防部。也就是说，高级分析，不仅适用于国土安全分析工作，对于商业分析同样有用。无论地点位于何处，也无论有何用途，使用高级分析的人都必须有意识地，而不是偶然地反对和打破现代威胁的惯性思维。

本书并不是在抱怨一个长久存在、众所周知的问题。相反，它详细阐述了一个全新的思维体系，一种可以克服分析不足的途径，一种提高认知能力的方法，如果将高级分析当作武器系统，就可以在全球的智力战争中始终拔得头筹。从本质上说，这本书提出了一种克服认知不足的方法，正是这种不足在祸害着今天的情报分析人员；本书还提供改进分析认知的方法，提出的建议可以唤醒高级分析人员的智慧。

诚然，设计一种与众不同的思维体系，而且利用这种体系击败各方面能力都很强的敌人，的确是一件非常艰辛的任务。使问题变得更加艰难的是，我们还面对许多难题，只有克服了它们，才能不断优化高级分析，影响领导的决策，并最终生存下来。比如，存在认知理解的难题；技术辅助的难题；训练和教育的难题；材料方面的难题，如支撑高级分析的建模与仿真（modeling and simulation，M&S）材料等等。另外，也存在组织流程和程序的难题，这些都会对结果产生影响。此外，还存在政策方面的难题，因为情报分析必须跨机构、国别、州政府和当地政府以及私人安全机构。虽然有这些难题，但我们必须坚持推进，不断优化高级分析。如果读者坚持看到本书的最后一页，我希望他们会认同高级分析，会认为美国必须将高级分析诉诸行动，并使之制度化。

以下是本书主要观点的简述。它提供了关于高级情报分析的观点：

- ★ 提出**“高级分析”**的定义，即可以比对手更具体、更详细地思考和了解作战环境，并且获得更好的知识的高级认知过程。
- ★ 单独或组合使用高级分析的 14 个认知要素：**解构、批判性思维、联系分析、模式分析、趋势分析、预期分析、技术分析、异常分析、倾向分析、文化分析、符号分析、群体分析、重构和综合。**
- ★ 推动情报搜集工作，理解所搜集的数据和其他数据，生成信息并提供知识。
- ★ 分析人员要与情报搜集专家一起组成团队，使传感器专家、数据专家、分析专家、主题专家（subject matter expert，SME）以及数据专业人士组成的团队结构更加优化。

★ 主张高级分析人员和搜集专家合作，提供搜集地点、时间、预期结果以及五类观察指标和分析标准，使搜集工作更为集中。
★ 帮助人们学会像敌人一样思考，从而将其文化偏见降至最低。
★ 主张理解和使用相关文化，而不仅仅是“关注”它，并要在知晓文化基础上，积极寻找、获取和利用优势（比如行动自由、位置、决策、知识、节奏、动量和技术等）。
★ 提出和使用五类观察指标：**文化观察指标、技术观察指标、功能观察指标、态势观察指标和生物观察指标。**
★ 提供积极的、预测性思维，以便在与全球的叛乱分子和非正规敌人的智力战斗中赢得胜利。
★ 提出分析人员要想取得胜利必须开展的三类条件准备活动：**知识架构、传感器架构和数据架构。**
★ 要求分析人员与虚拟知识环境里的主题专家之间的合作更具组织性和纪律性。
★ 依靠三类先进的基线数据库（baseline database）：**技术数据库、功能数据库和文化数据库。**
★ 提出作战决策的两大支柱：降低风险、减少不确定性。
★ 使用平实语言，阐述情报分析与复杂性理论（complexity theory）某些方面的关系。
★ 主张经常使用红队（red teaming）专家，来纠正思维和逻辑中的错误。
★ 使用技术手段获取相对于敌人和其他竞争者的优势。
★ 主张获取和占据主动权，阐述高级分析人员如何在这场持续的斗争中发挥积极作用。
★ 对搜集到的数据进行重构和综合，使其成为信息和知识。

这篇前言是读者阅读和理解接下来内容的铺垫。它罗列了高级分析最重要的观点，并在后续章节里进行更加深入的探讨。此外，前言还简要提出了高级分析即将改进的一些不足。有了这些介绍之后，现在让我们拓宽视野，理解城市作战环境。只有理解了作战环境，特别是对威胁有了全面了解之后，读者才能真正知晓：为什么任何城市作战环境都能对进入其中的所有人构成巨大挑战，尤其是对情报分析人员。尽管这本书不是关于作战环境的专著，但也探讨了城市作战环境的一些共同特征，都是情报分析人员必须面对的。

本书所谓的作战环境，指的是“影响指挥官运用实力和做出决策的条件、环境和影响的总和”。[1] 正如概念所述，作战环境具有强大的影响力，指挥官及其筹划、决策、机构，以及平民、进程、行动和组织，都存在于作战环境的空间、进程和影响之中。

本书的核心，就是提供了改进情报分析人员思维能力的方法和解释。正因为如此，本书的宏观逻辑是：研究作战环境，提出问题和不足，确定和研究克服不足的方法，深入阐述高级分析各要素，提供可以帮助分析人员克服困难的一些技术，最后将书中出现的各种观点都汇入到一个有意义的“锦囊”（tapestry）中。这个锦囊将在本书结尾部分出现，也是对这种思维体系的探讨，包括提出了高级分析、综合和内涵的哲学。最后一章还提出了意见建议。

---

[1] 原注：US Joint Staff, *DoD Dictionary of Military and Associated Terms*, October 2007, http://www.dtic.mil/doctrine/jel/doddict/data/o/03921.html.

第一部分

延绵不绝的智力战争

[第1章]

作战环境

一、作战环境的复杂性

城市作战环境复杂多变，其主要原因包括：城市繁忙的特性，人口和机器的移动，看不见的数据和射频能量的运动，以及各种复杂适应性系统（complex adaptive system，CAS）的融合与碰撞等。此外，我们的敌人也在城市作战环境中活动，以实现其战略和目标。他们将其视作安全庇护所，因为对于美国人和美国机构来说，这种异国他乡的城市作战环境是如此的陌生。正是因为城市作战环境被视为安全庇护所，叛乱分子可以藏身其中[1]，所以必须引起高级情报分析人员的极端重视。原因很简单，因为我们不允许叛乱分子将城市作战环境当成攻不可破的基地。一旦城市作战环境成为叛乱分子基地，他们不仅会将城市区域作为获取胜利的跳板，而且会选择时机与美军对阵于开阔地域。商业活动、人口行为、种族多样性和互动性，以及不同程度的行动、交易和行为，都使城市变得非常有流动性，而叛乱分子和恐怖分子可以轻而易举地利用这些条件混杂其中，在城市海洋之中隐藏起来。使问题变得更加复杂的是，全球化已经到来，信息几乎可以实时地快速流动至世界任何角落。托马斯·弗里德曼

[1] 原注：T. E. Lawrence. *Seven Pillars of Wisdom*, (New York: Random House, 1926), 196.

（Thomas Friedman）将这种现象形容为“技术民主化”（democratization of technology），即：

> 越来越多的人拥有越来越多的家庭电脑、路由器、移动电话和电缆系统，互联网节点不断延伸进入越来越多的国家，速度越来越快，程度越来越深，成本也越来越低，这是历史上前所未有的。距离的鸿沟在不断消失，人们环球旅行的时间已可以用小时，而不是以天来计算。人们可以在瞬间完成环球通信，这也是“地球村”这一名词出现的主要原因。[1]

要想了解作战环境及其对情报分析的巨大影响，我们必须思考究竟有哪些特征可以干预指挥官的决策、指挥与控制和情报分析。其中一个特征上文已经提到，但没有深入探讨。这就是大型城市作战环境的巨大流动性，及其对所有城市作战行动的影响。流动性，意味着所有事物都在运动和不断变化之中，即使在夜晚也是如此。人们来来去去，各类机构在开展业务，整个社会都是动态的，充满活力。这种流动环境也就意味着所有人、所有机构和所有行为都是相互联系的。打个比方，在这种流动环境下发生的任何事情，其所产生的能量波和变化波，就像在池塘里投入一块石子那样。

这种环境同样复杂。这里所说的“复杂”有多重含义，情报分析人员必须加以关注。本书虽然不对“复杂性理论”的科学内涵进行深入阐述，但我们承认城市环境里“复杂性”的重要性，并且将复杂性理论的一些特征运用到高级分析之中。简而言之，以下观点将在接下来进行更为详细的探讨：

---

[1] 原注：Thomas L. Friedman. *The Lexus and the Olive Tree*, (New York: Anchor Books, 1999), 46–47.

★ **第一**，城市中发生的事件是非线性的（nonlinear）。“**非线性**”意味着“一种设备，它的行为可以使用一系列非线性方程进行表达，其输出与输入不成正比”。[1] 所谓非线性问题，指的是原因和结果不成比例；因此，这类问题很难解决，预测它也是几乎不可能的。

★ **第二**，在复杂环境中，一些细小的行为或事件，都会造成巨大的超出预期的后果和影响。这一点非常重要，可以帮助我们预测和理解二级和三级效应（second-and third-order effects）。[2]

★ **第三**，复杂环境看起来很混沌，因为一切都在移动和变化。人、机器、机构、宗教和文化等因素相互作用，产生失序和变动。但是混沌之中也有秩序存在；人们必须对环境进行深入了解，才能找到隐秩序，通过这些秩序，可以找出叛乱分子在狂热行为和喧嚣城市背后的条件准备活动（condition-setting）的迹象。

★ **第四**，复杂环境中存在敏感变量（sensitive variable）。变量包含了变化。变化诱发刺激。一些变化是稳定的、可理解的。但如果这些敏感变量被人操纵，就不再是稳定的和可理解的了。这些不稳定敏感变量的出现，常常演变成后果的指数级飙升，正如刚刚讨论的二级和三级效应一样。此外，伴随城市作战环境中敏感变量影响出现的，还有各种能够产生影响的机会窗口（windows of opportunity），有些窗口影响友军，有些影响敌军，还有一些影响东道国、中立势力和东道国政府。

★ **第五**，在复杂环境下，人们可以找到复杂适应性系统。所谓复杂适应性系统指的是：

---

[1] 原注：Dictionary.com, Retrieved 24 August 2009, The American Heritage® *Dictionary of the English Language, Fourth Edition*, Copyright © 2009 by Houghton Mifflin Company. http://dictionary.reference.com/browse/nonlinear.

[2] 译注：克劳塞维茨在《战争论》中提出了战争的三种“相互作用”，其中第一种相互作用是最大限度使用暴力，第二种相互作用是实现使敌人无力抵抗的目标，第三种相互作用是最大限度地使用力量。本书所称二级和三级效应分别对应第二和第三种相互作用。

> 一种由许多自主体（如单元、物种、个人、公司和国家）组成的动态网络，它们与其他自主体平行存在，并且不断对其他自主体的工作做出行动和反应。复杂适应性系统的控制是高度分散和去中心化的。如果系统中有相关行为，必然来自各自主体之间的竞争与合作。系统的整体行为，就是各个体自主体在每个时刻做出大量决策的共同作用结果。[1]

★ **第六**，在复杂环境里，将原因和结果区别开来是非常困难的。这个现象对于我们研究复杂环境非常重要，但事实上它已经存在了很久，正如克劳塞维茨在《战争论》中所写的：

> 但是，像世界上其他活动一样，在战争中组成整体的一切都是彼此联系着的，因此每一个原因，即使是很小的原因，它的结果也会对整个行动的结局发生影响，都会使最后的结果有所改变，尽管改变得很小。同样，每个手段也必然会影响到最终的目的。[2]

对于情报分析人员的职业生涯来说，复杂适应性系统非常重要，其原因将在本书接下来几个地方进行探讨。在我们知识旅行的起步阶段，我想说的是，复杂适应性系统会互相倾轧、颠覆和碰撞，有时是无意识的巧合，但有时也是有意为之。它们还相互竞争。正因为如此，它们从自己的行为和环境中不断学习，根据对手做出调整并最终战胜它们。但其负面影

[1] 原 注：John Holland in M. Mitchell Waldrop, *Complexity*, (New York: Touchstone Books, 1992), http://en.wikipedia.org/wiki/Complex_adaptive_system.

[2] 原 注：Carl von Clausewitz. *On War*, (Princeton: Princeton University Press, 1977), 158.（译文引自：克劳塞维茨著、军事科学院译，《战争论》[商务印书馆，1978 年第 1 版]，第一卷、第二篇、第五章“批判”，第 148 页。）

响在于，正是因为它们不断学习和调整，助长了作战环境的动态性和混沌性。复杂适应性系统总是有一个思维相似的对手，两者互相吸引。正因如此，自杀式爆炸袭击者会靠近那些利用他们的人。复杂适应性系统试图进行分析预测，以提高生存概率，并对环境中的扰动做出反应。然而，复杂适应性系统的行为结果通常是无法预测的。

一般来说，作战环境中的人总是有排外心理。他们对陌生人或者外国人有一种异常的恐惧或厌恶。[1] 这种状态对情报分析和搜集是不利的，因为城市作战环境中首要的信息来源之一，就是身处其中的个人及其搜集的人力情报（human intelligence，HUMINT）。如果平民恐惧外国人，那么来自平民的数据流动将会变慢，无法满足分析人员的需要。平民中总有部分人支持，至少是同情叛乱分子的事业和行为。正是这些支持，使得叛乱分子能够获得安全庇护，进行条件准备活动并开展叛乱活动，所有这些都是在占领军或者仇外的政府支持者的庇护下进行的。

所有大型城市作战环境，都存在一个影响全局的事实。它影响着分析人员和指挥官的思维，因为他们做出决定需要有价值的知识作为支撑。这一事实源于作战环境的复杂性以及威胁的本质，我们要思考如何应对敌人，如何获得并保持主动，如何顺利击败他们，不仅仅要让敌人知道这一点，而且要让敌人所依靠的平民们知道这一点。城市总是在运动和变化之中。我们探讨了复杂适应性系统在“流动性”中扮演的重要角色。城市中的每一个体都在做出决策，并且执行决策，每个决策都影响着整体。如果作战环境发生变化，任务也会随之变化，有时甚至会快速变化。而任务的快速变化，也会导致决策的变化。决策的变化，又会使对降低风险、改善不确定性所需要的知识发生变化。正是这种可以指导行动的、精确的知识需求，给城市情报、监视和侦察（intelligence, surveillance, and reconnaissance，ISR，后文简写为情监侦）系统造成了压力。一旦情监侦

[1] 原注：*WordNet® 3.0.* Retrieved April 13, 2008, from Dictionary.com website: http://dictionary.reference.com/browse/xenophobic.

系统受到压力，那么首先感受压力的将是那些负责提供有用知识的情报分析人员和情报搜集专家。

二、作战环境的威胁

现在，让我们简要但着重研究一下作战环境的威胁。我们现在的敌人已经迥异于过去的敌人。我们面对的是聪慧的、全球性的、有技术能力的、适应性强的敌人，他们的目的是杀死美国人，并且强加一种与美国价值观截然相反的生活方式。我们的情报部门一直在与顽固敌人进行着智力战争。当然，我们的目标是超越敌人，预测他们的行动，在任何攻击发生之前挫败他的攻击或破坏他的党羽。对于叛乱分子来说，他们必须非常厉害，且适应性强，因为我们的正规部队在人数上超过他们——这也是一有情况，就将正规部队投入城市作战的最重要原因之一。作家詹姆斯·施奈德（James Schneider）博士在研读托马斯·劳伦斯（T. E. Lawrence）关于“叛乱分子为了获胜必须要做的工作”的原文之后，这样告诫我们：

> 在叛乱行动中，共鸣（empathy）发挥着非常重要的作用；它将领袖植入部属的心中和脑中。他能够立刻和本能地感知自己部队的物理和心理缺陷。在游击战中，叛乱分子必须以超出常人的忍耐力开展行动，以确保面对更加强大的传统敌人时，能够保持精神优势。[1]

那么挑战出现了，叛乱分子在视觉上混同于当地人，他们来自同一民族和宗教背景，说同一种语言，有着非常高效的安全措施；他们是偏

[1]　原注：James Schneider, “T.E. Lawrence and the Mind of an Insurgent,” *Army*, (July 2005): p. 37.

执的，一般不在白天移动或活动。叛乱分子利用网络秘密活动，安全性和保密性非常好。他们隐蔽和秘密行动的才能被一代代传了下去，而在专制政权时代的困难时期学会的生存技能，也被传承了下来。这些善于隐藏的节点（node）和联系（link）在不断运动、变化和变异，导致很难被发现和影响。叛敌分子一般都是受过教育、富有创新和睿智的人。他们善于学习，且快速与人分享知识。因此，在城市作战环境的威胁下，美国情报分析人员时刻在与敌人竞赛，不仅要探索、寻找和保持学习上的优势，而且要保持智力上的优势。总之，他们必须要在智力上战胜敌人，要能够预测敌人在想什么，下一步行动是什么。叛乱分子也在从自己的错误和美国的反应中学习，因此他们的行为也在不断变化，同时将知识迅速共享给网络同伙。

敌人使用的网络，一般是美国传感器和分析人员看不到的。这些网络正是敌人获得权力的主要途径。一位著名作家的下面这段话，阐述了网络的极易传播性和复原性：

> 在总体计划的执行过程中，小世界网络（small-world network）同样也能适应环境变化，解决无法预料的障碍……任何行动都包括许多不确定性和难以预测的障碍……这是一个由信息处理器构成的网络，它能够高效处理大量信息，同时不会导致任何个体处理器过载。由自组织交换机和节点组成的“小世界网络”，或者高密度型网络群组，都能够很好地发挥这一作用。在这些多重节点之中，信息可以横向交流，从而在不将问题向上呈交的前提下，就地解决问题……小世界网络和网络群组的这种灵活性和区域主动性，使其与严格的等级制不同，后者的弱点是无法适应模糊性要求，但其优点是控制能力强。[1]

[1] 原注：Marc Sageman. *Understanding Terror Networks*, (Philadelphia: University of Pennsylvania Press, 2004), 165.

要想描述网络是很难做到的，它们无法被描述成数学方程，也没有办法被描述成计划评估和审查技术（program evaluation and review technique，PERT）图表，也就不能帮助那些有工程背景的人理解它们的特点、目的和行动。但我们都认为，敌人的网络对他们的胜败极其重要。此外，网络之间也有共同之处，尤其是支撑叛乱行动的网络。叛乱分子只有得到了平民支持，才能生存和战斗下去。叛乱网络代表一种哲学，一种关于组织、学习、领导、应变和保密等内容的哲学。敌人的网络是实现战略和目标 / 目的的组织架构。敌人的网络依赖于金钱、人员招募、保密、安全以及数据、信息和知识的流动。此外，敌人网络的生存能力很强，可以在各类单元和联系遭损后继续存活下去。

叛敌网络的联系是多样的，包括技术、人际 / 社会、组织、功能和思想 / 意图联系。这些联系并不是固定的。敌人网络大部分是扁平的和分散的。在这些网络中，信息可以迅速共享和移动，可以进行快速决策，反过来，这又使他们可以快速行动，对结果进行快速评估。这种网络可以快速适应变化着的环境，需要最新的有价值的知识支撑。敌人的网络并不是等级制的；敌人头目不需要经过传统西方组织体制的各个层级就可以做出决策。这些敌人可以按照任务命令和他们头目的意图行事。

叛乱分子和恐怖分子在行动中拥有良好的安保能力，善于隐藏。这给情报分析人员的预测和追踪行动构成了巨大挑战，因为叛乱分子常常用文化噪声进行伪装，利用文化开展欺骗活动。在《军事评论》（*Military Review*）杂志的一篇文章中，作者这样强调这一观点：

> 阿富汗和伊拉克社会的性质，使其人民精于隐藏、伪装和欺骗。所谓忠诚，指的是对家庭、亲密团体、同村伙伴以及民族或部落成员的忠诚。[1]

[1] 原注：Lester W. Grau, “Guerrillas, Terrorists, and Intelligence Analysis,” *Military Review,* July–August 2004, 44.

正是这些功能，使得他们非常难以被注意，更不用说去发现了。因此，高级分析人员面临的挑战，就是要去理解作战环境，理解文化，理解敌人，以及三者之间是如何联系的。在这场与敌人的智力较量中，最核心的就是要从敌人的观点和思维角度出发，了解他们是如何思考、筹划、决策、行为、反馈和调整的。如果没有这种认知，诸如“寻找、锁定、解决”这类哲学和决策是无法实现的。为了支撑指挥官决策，分析人员必须更广泛地思考，获得深层次知识，通过寻找各种关系找到善于隐蔽的敌人。他们必须寻找、跟踪和消灭隐藏的恐怖分子和叛乱分子，而且不能犯严重的逻辑错误，不能因为行动筹划不善而造成负面效应，不能减少在平民之中的信誉，还不能给平民的人身和商业财产造成未经授权的附带损伤。

美国的情报分析人员必须要搜索和找出各种联系和关系，包括叛敌者、平民、中立组织、商业企业以及我们自身等的关系。敌人盘根错节的联系或关联，就像花园里的蜘蛛网。如果在阳光和煦、微风拂面的时候站在花园里，我们有时会看到一个单独的、精美的、轻薄的、有弹性的蜘蛛网。但转眼间，蜘蛛网就会从我们的视野中消失。我们知道蜘蛛网就在这里，但我们却看不到。叛乱分子和恐怖分子的联系包括：机械性联系，逃犯与信使，提供援助的人，运动专家，社会关系，情报搜集人员，组织职能和流程以及直接行动人员，所有这些都是运动的；也正是因为这样的运动性，变化和移动才能轻而易举产生。有时，我们可以看到支撑敌人网络的运动、联系和行为；有些时候，我们看不到任何蛛丝马迹。因此，我们一直都倾向于认为，敌人的网络是看不见的。

敌人的网络给予了他们攫取权力的手段。他们的网络仿效着自然界的某些特征，正如詹姆斯·施奈德博士告诉我们的：“由于叛乱分子具有流动性的物理特征，又具有蜂窝状的控制结构，因此他们的网络是进化程度最高的人类网络。”[1] 从一般意义上说，叛乱网络有以下几个特征：

[1] 原注：Schneider, 36.

1. 这个网络很难被消灭，但一旦被发现，就能够将其瘫痪。
2. 任何网络都有其功能，都具有物理和非物理特征，有样式、关联、节点、目的和依赖关系。
3. 大型城市里的网络活动，通常是西方人的眼睛和意识所看不见的，其原因就在于这些构成网络的人。此外，敌人就隐藏在他们行动所处的文化之中，事实上，敌人往往是由所处文化中的人组成的。
4. 由于不法行为数量较少，且会淹没在大量合法行为之中，导致非法行为被模糊化了。
5. 敌人及其网络对外界有着绝对的依赖，没有这种依赖，他们就无法成功运行下去。一些非常重要的依赖关系包括：保密、安全、情报、信息流动、学习和适应能力、平民支持、目的、意图、金钱、人员招募等等。
6. 网络的联系是不固定的，有时是可见的，有时似乎是不可见的，无论如何，它们都对网络的存在和生存至关重要。
7. 所有叛乱网络都具备必要的功能（如安全、情报、筹划、后勤、运输等等），也具备一些物理上和难以理解的特征。

人所共知，如果没有支持，叛乱分子是无法存活的，至少他们要与其所依赖的平民之间产生某种串联。有些平民积极支持叛乱网络，有些人只提供间歇性的支持，且多出于金钱的目的，而不是意识形态的动机。这些网络支持者在安全和人力情报交易方面的能力是不同的；然而，即使再优秀的人也会犯错误。这些错误将导致原本不可见的东西变成可见的。这些错误通常是文化、技术，或人员 / 行为方面的，由于它们的性质，美国情报界即使已经意识到该问题，但要想有意识地寻找、发现或理解这些错误，依然是一件很困难的事情。我们将在本书后续部分继续探讨这一问题。

在城市作战环境下，谁更有进攻性，谁更有胆量，谁就能掌握主动权。那么在城市作战环境下，我们应该如何对付敌人呢？我们只有通过高级思维，才能学会预测敌人的行为，制定更为具体的观察指标，理解这些人所处的文化。高级分析人员将对搜集的结论进行综合，为决策者提供建议，辅助设计相关效果，并对结果进行评估。他们必须在敌人做出反应，或者选择其他行动之前，更快地执行这场脑力活动。尽管这似乎是一项艰巨的任务，但它是完全可以实现的，特别是考虑到美国在提供可用的受教育人员和技术方面的能力。美军的一个显著优势在于，他们可以充分利用技术优势，比敌人思考得更好更快。要想开展高级分析工作，美国分析人员需要提高认知能力，有时还需要虚拟知识环境（VKE）专家的帮助，这些专家可以在远距离、人工合成环境中为分析人员提供高质量知识支持，帮助他们了解敌人以及叛乱分子和恐怖分子寄身其中的环境和文化。

三、结语

本章主要探讨作战环境。作战环境对城市环境中军事和非军事行动的结果，有着极为重要的影响。它影响着美军指挥官及其下属面对敌人时的全部思维、决策、行动和评估活动。作战环境在不断进化和异变，可以成为不同的形状、形式和特征。在作战环境下，人们可以发现平民、组织、文化、信仰、态度、动机、技术和需求的互动和碰撞。本章还探讨了叛乱之敌及其威胁为何如此坚不可摧。叛乱分子只有得到平民的支持才能生存下来，反之则莫谈胜利，为此他们必须要使用这种扁平且不断变化的网络。这种网络很难去思索、探寻、发现和影响。但是，它具有（物理或非物理）特征、功能、目的、连接、节点以及多种多样的形状和形式。它是任何叛乱组织在大型复杂的城市作战环境下进行筹划、执行任务以“获得权力的手段”。

除了作战环境、敌人及其支撑网络外，本章还介绍了“复杂性”的一些概念，阐述了为什么现代化对城市环境中的所有互动都造成如此大的影响。本章还以浅显易懂的方式，对复杂适应性系统和非线性概念进行解释，对于在城市环境下进行思考和行动，这两个概念都是非常重要的。

最后，本章探讨了高级分析人员的工作逻辑，即他们必须要重视指挥官在快速做出决策过程中所需面临的压力。现在，读者应该已经准备好了解高级分析的更多细节。下一章我们将会研究探讨在这种环境下对付敌人时开展情报分析的原则，而这也是未来 100 年美国都要面对的事情。

[第2章]

难　题

一、困难和挑战

在探讨和深入思考了城市作战环境、叛乱分子和非正规作战对手之后，现在开始研究情报分析人员在履行职责过程中面对的困难和挑战。本章一开始就设置了对话和讨论的基调。尽管我们的情报分析人员过去为国家做出了巨大贡献，但他们对付城市环境下的叛乱分子和非正规敌人的能力还不足，难以赢得这场智力战争。打击城市作战环境下的叛乱分子，情报分析人员需要具备比过去更为广阔的视野，以及能够深入具体细节和知识进行挖掘的能力。下面让我们开始探讨本章的内容，当我们为平叛或非正规作战部队提供情报分析支持时，目前的能力还存在如下不足：

- ★ 第一，传统情报分析缺乏具体性。过去，我们了解所面对敌人的基本阵型，我们能够使用模板以合理的确定性填补空白。然而在打击全球叛乱分子的战争中，叛乱分子既没有组织，也缺少正规的军事机构，但善于藏军于民，是隐蔽、欺骗、战斗安全（operational security，OPSEC）和保密的专家，因此我们需要掌握大量有关其特性和细节的资料；唯有如此，才能找到叛乱分子精心隐藏的网络，预测他们的欺骗行动。要想找到这些隐藏的、差别细微的、行踪不定的观察指标，我们必须要从细节着手；只有这样，不管敌人如何狡猾，情报分析人员都能找到他们。但是，分析人员要具备足够的知识，才能深入挖掘这样的细节，当然要想找到这些细节是极为困难的。正因为这些困难的存在，导致情报分析人员无法习惯性地提出和制定出足够细化的观察指标，也就无法推动情报搜集工作。而分析人员制定的观察指标，绝大部分是功能观察指标。但在城市环境下，除了功能观察指标外，分析人员还要学习使用技术、文化、态势和生物等类型的观察指标。如果没有覆盖面如此大的观察指标去引导情报搜集工作，要想在大型城市环境下取得胜利，将会大打折扣。因此，高级分析人员必须构设自己独特的观察指标，为特定的传感器下达任务。要对传感器进行优化组合，传感器工作时要使用前面已经讨论的观察指标，以寻找特定地点、特定时间的敌人，甚至是寻找那些模糊、细微或模棱两可的迹象、标记或指标。虽然问题不在他们本身，但情报分析人员还缺少训练、技能和经验，难以设计出观察指标。使问题更加严重的是，目前还没有有组织的渠道，使情报分析人员在设计范围广泛的观察指标、消化理解所搜集数据的过程中，可以请教虚拟知识环境的主题专家。此外，他们缺少足够的建模与仿真程序来进行推演，解构需求，并预测错误推理的结果。

★ **第**二，这就牵涉到一个相关问题，根据现在的美国军事分析 / 搜集流程，不允许分析人员为分布式搜集人员提供具体指导，因而难以为城市作战环境下成功开展行动提供直接支持。相反，情报分析人员必须制定详细的观察指标，并向特定的传感器下达任务，只有这样才能将任务聚焦到具体目标，以获得指挥官所需数据，并将数据转变成可指导行动的知识。传感器和它们的“操作员”，尤其是人力传感器，需要明确的指导，要告诉它们搜索对象、搜索时间、搜索地点以及搜索的原因。详细的观察指标能够产生有目的的指导，从而释放强大且积极的能量，通过将目的导入行动过程之中，降低对运气的依赖。如果情报搜集专家没有接到具体的基于分析的指示，那他们只能尽己所能；然而他们不是样样在行，无法独立设计出各类观察指标所需的情报搜集计划。那么结果如何呢？我们有时会发现，情报搜集人员会使用带有吸管状装置（soda straw，指侦察视野很窄）的无人机系统（unmanned aerial system，UAS）进行区域侦察，寻找诸如“报告任何异常”之类的一般事情。让我们再花点时间顺着这一思路深入下去。

在城市情监侦行动中，传感器，尤其是人力“传感器”，需要有人告诉它们搜索的对象、时间和地点。分析人员需要用特定的观察指标，对传感器和人力情报进行有意识的“武装”，从而让它们知道在何时、去何地进行情报搜索，以便为分析人员提供需要的或期望的数据信息。然而，人们常常会碰到一些不平常的事情或行为，促使他们去调查。但是，通过细化的观察指标产生的有目的的指导，会给情报搜集过程提供力量和目的，从而减少行动过于依赖偶然性的缺点。

一般来说，情报分析人员的其他职责包括制定全面的观察指标，并向搜集专家和传感器操作人员提供这些数据和其他指导。此外，现行的军事训练和教育系统，无法给许多情报分析人员传授足够的知识，造成他们还难以进行复杂的解构，无法制定观察指标，并将观察指标与人力情报和传感器进行正确匹对，同时也难以理解搜集到的海量复杂数据。要想在眼下战争中取得胜利，并为未来的冲突做好准备，情报分析人员必须与现有的各种传感器及其操作者进行直接互动。他们还必须理解搜集到的各类数据。分析人员必须深入思考，以提供观察指标及观察的内容、标准和分析意图，确保传感器操作人员能够准确理解搜索对象、地点及其理由。人们只有在知道了需求的内容，以及需求的时间、地点和对象之后，才能把工作干好。

在情报搜集问题上，人和机器必须一起努力，成为一种共生体[1]，以便直接利用人类智力和机器能量，对付与敌人相关的有价值的任何事情，并聚焦友方决策者所希望达成的意图。在城市作战环境中，按照观察指标开展工作，还需要海量的最新知识、专业知识、先进技术和对文化的理解。分析人员一般不具备这样的知识、心理能力或经验，尽管问题不在于他们本身。

一个相关的问题是，情报搜集需要团队协作，要求分析人员和搜集专家共同参与，但由于分析人员参与情报搜集的程度还不够，因而难以制定出观察指标和具体的指令与需求。在传统冲突中，情报系统无疑会出现这样的分离，但面对城市作战环境中善于隐蔽的叛乱分子和恐怖分子，城市的情监侦系统却不能分离。观察指标质量不高，会直接导致搜集的数据质量不高。即使这些数据可以通过某种过程转变成可供行动的知识，但错误的数据会引导分析人员得出错误的结论，从而产生错误的知识。

一旦分析人员制定出具体的观察指标，那么他们面临的挑战将是如何与情报搜集专家进行合作，然后给情报搜集人员、项目军官、反情报人员和情报搜集主管布置任务，并对观察指标和搜集目的进行阐释，使技术传感器和人力手段得到最佳融合，确保他们始终在正确的地点、正确的时间，依据正确的观察指标寻找分析线索。他们还必须充分利用分析、搜集和知识等领域的主题专家，去探索和上报城市环境中差别细微的观察指标。好的分析人员要具备丰富的情报搜集知识，对他们的观察指标充分了解，有针对性地提出搜集需求或传感器需求，必要时向传感器操作人员、技术传感器

[1] 原注：Dictionary.com. *WordNet® 3.0.* Princeton University; http://dictionary.reference.com/browse/symbiosis。共生体是指两种不同类型的独立生物体之间的关系；每个生物体都能从对方的存在中获益。作者借用了该词的生物学内涵，用以阐述人和机器之间的关系，即它们之间不是无关的生物体。随着机器越来越具有人的特性，人对机器的依赖越来越大，与机器的关系越来越紧密，共生体将会把人和机器结合得越来越紧密。

编程人员和观察人员阐释观察指标，让他们知道自己想要什么，以及为什么搜集这些数据对于大型作战环境如此重要。

- **第三**，数据搜集一般不需要经历严格的心理活动，即综合。本书后续还会深入探讨综合问题，现在简单提及——所谓综合，就是将数据与其他数据进行关联，构建相互之间的联系，寻找和利用相互之间的关系（甚至在敌人意识到这些联系已经存在之前），理解数据及其内涵，并将数据转化成信息和知识。综合是高级分析中对智力挑战最大的要素，对于一个人的理解、学习和传授能力都提出了挑战。不管怎样，综合仍是打击叛乱分子和非正规敌人最重要的心理技巧之一。正是通过综合，才能理解和看到敌人的网络。综合可以让情报分析人员理解群体分析和倾向分析。综合还能够让我们对敌人的目的、战略和战术进行预测和深入了解。正因为上述挑战，使综合成为困扰情报分析人员的一大难题。当分析人员试图通过一件似乎毫无意义的事情来认识其他事情时，这一点表现得尤为突出；此外在理解人口、节点、网络功能和社会行为这些非常重要的关系时，这一点也表现得一目了然。问题就在于如何去解释它，如何帮助人们学会使用它，如何利用它对付我们今天的悍敌。我们将在第 18 章关于综合的可能解决方案和深入探讨中，解决这一问题。
- **第四**，今天的分析人员缺少足够的文化知识，但事实上他们需要利用这种文化获得战胜叛乱对手的优势。那么这句话是什么意思呢？分析人员有时会感到，理解一种文化所固有的社会关系的重要性是件非常困难的事情。时任少将戴维·彼得雷乌斯（David Petraeus）的一段话，可以帮助我们理解文化在平叛和打击非正规敌人行动中的重要性：

> 文化“地形”知识和地理地形知识同样重要，甚至更重要。这一观点承认人口是决定性的地形因素，我们应该

> 像长期以来研究地理地形那样，研究人口地形。[1]

分析人员必须接受广泛的文化训练，务必要理解文化不是人类所有联系中的第一层，而是第六层甚至是第 n 层，它能够在看似贫瘠的土地里埋下最为丰富的关系“铁矿”。正因为理解文化是如此重要，又是如此具有挑战性，因此，分析人员常常需要来自文化专家或当地人的帮助，从而对文化进行深入了解，发现各种联系，探寻文化与逻辑、社会和功能上的似乎迥然不同的联系。托马斯 · 劳伦斯的下面这段话，让我们得以从叛乱分子的角度，窥见文化和人口对于我们今天面临的平叛行动以及未来冲突是多么的重要。劳伦斯的这段话，是站在一战时期在阿拉伯半岛活动的强大的土耳其军队的敌人角度写下的：

> 我们的起义有着坚不可摧的基地……起义军面对的是老练的外国敌人，他们占领的广大地域，远不是通过要塞城堡就可以统治的。起义军有友善的人民，100 人中就有 2 人参加战斗，其他人则怀有同情，不会背叛这些战斗的少数人。参加战斗的起义军有着严守秘密和严格自律的美德，以及速度、忍耐和独立的运输保障等优势。他们有足够的技术装备，可以使敌人的交通瘫痪……敌人的出现仿佛成为次要的事情。最终的胜利似乎是注定的，只要战争时间足够长，我们就能取得胜利。[2]

为了更好地理解文化，美国分析人员需要学会利用那些老练

---

[1] 原注：David H. Petraeus, “Learning Counterinsurgency: Observations from Soldiering in Iraq,” *Military Review*, January–February 2006, 8.

[2] 原注：T. E. Lawrence, *Seven Pillars of Wisdom* (New York: Anchor Books, 1926), 196.

的、可靠的当地人（主题专家），帮助开展情报分析，组织筹划（包括推演），执行情报搜集任务，理解情报搜集的成果，包括参与前面已经探讨的观察指标的解构和建构。

使用当地的主题专家对分析人员提出了挑战。一是语言障碍始终存在。二是信任问题，因为主题专家有可能是敌人的间谍。三是和前两个挑战相关，要想找到有知识的、合适的主题专家，并且能够参与作战筹划和实施的可靠人选，是很困难的。对于使用高级分析的情报分析人员，尤其是与当地人打交道的分析人员来说，上述问题尤为尖锐。他们需要学会利用这些人来制定观察指标。他们需要利用这些当地的和文化上、技术上优秀的情报来源，帮助筹划情报搜集行动，支撑自己的观察指标。此外，情报分析人员必须克服镜像效应（mirror imaging）产生的严重心理问题；而在这一点上，当地的主题专家可以发挥作用。情报分析人员需要学会参加复杂的心理推演，当地的主题专家可以在其中扮演敌人。高级分析人员负责将数据转化为信息和知识，而当地专家也可以在这个问题上提供帮助。此外，情报分析人员面临的挑战是，预测和判别直接行动可能出现的意外结果，同时要对传感器或人力手段搜集的情报信息进行判断，而在这一问题上，主题专家也可以帮上忙。当地主题专家还可以帮助分析人员判别出敏感变量可能出现的时间和地点。为落实高级分析方法，高级分析人员必须学会使用当地人，让他们在文化和异常情报分析工作中提供帮助，而对文化和异常的分析，也是打击叛乱分子和恐怖分子的基础工作。分析人员如果想使用高级分析，必须要学会合理使用可靠的当地主题专家的能力，如此才能利用他们找出可供美国及其盟国的人力情报渗入敌人巢穴的路径。最后一点，情报分析人员必须与情报搜集专家合作，使用当地资源观察固定目标、跟踪人员和开展移动目标监视等。

★ **第五**，情报分析人员必须提高在城市平叛行动和非正规行动中，预测和阻止敌人袭击的能力。预测是**主动权**争夺的核心。然而，美国情报分析人员并不是有目的地、理智地和积极地追求主动权，而我们的敌人当然也知道主动权的重要性。让我们回顾一下，那些著名的反叛乱理论家是如何看待主动权的重要性的。平叛理论家戴维·戈卢拉（David Galula）说：

> 如果双方的意志同样坚定，那么胜利往往属于占据和保持主动的那个阵营……由于叛乱分子凭一己之力就可以挑起冲突……战略主动权非他莫属。他能够自由选择时间，可以蛰伏等待最佳态势，除非外界力量迫使他加快行动。[1]

有史以来最伟大的游击战理论家、实践家毛泽东，也告诉了我们很多关于主动权重要性的道理：

> 一切战争的敌我双方，都力争在战场、战地、战区以至整个战争中的主动权，这种主动权即是军队的自由权。军队失掉了主动权，被逼处于被动地位，这个军队就不自由，就有被消灭或被打败的危险。[2]

尽管主动权的重要地位已经如此明显，但情报分析人员依然未做好准备与敌人展开这场复杂且激烈的竞赛，而我们的敌人却非常善于认识和利用主动权。本书将对预期分析进行深入研究；预期分析的目的，是要在城市作战环境中，与叛乱分子和非正规敌人争夺主动权。

---

[1] 原注：David Galula, *Counterinsurgency Warfare: Theory and Practice* (Westport, CT: Praeger Security International, 1964), xii–3.

[2] 原注：Mao Tse-tung, *On Guerrilla Warfare*, trans. Samuel B. Griffith II, (Urbana, IL: University of Illinois Press, 1961), 98.（译文引自：毛泽东，《毛泽东选集》［人民出版社，1991 年 6 月第 2 版］，第 410 页。）

本书的目的，就是要在这场主动权争夺战中取得胜利。如果没有优秀的、可用的情报分析，敌人就可以随心所欲地进行攻击，因为他们在不断学习、适应，并将所学的内容迅速共享出去，使他们能夺取主动权。一旦主动权掌握在叛乱分子手中，其他优势也将随之自来，包括：行动自由、位置、决策、知识、节奏、动量和技术优势等等。如果我们允许敌人占据主动权，也就意味着将美军及其指挥官放在一个非常严峻且劣势不断的境地。高级分析可以提供一条主动而非被动地预测和打击敌人的“路径”。有了这个路径，高级分析人员就可以赢得主动权。一旦有了积极进取的高级分析行动，友军指挥官就可以搜捕和发现敌人，预测并采取先制手段，确保掌握主动权及相应优势。

★ **第六**，分析监管（overwatch）工作开展有限。由于城市背景的复杂性，分析人员需要情报机构和虚拟知识环境（后面还会讨论）的帮助。那些前线的情报分析人员需要专门的分析监管，帮助思考自己缺乏专业知识的领域，并对前线分析人员没有时间执行的分析功能进行分析。不幸的是，这类分析监管工作通常只是临时性的。但它应该成为有组织的、规范的且持续的机制。

此外，分析人员需要与其他分析人员构成网络，如此才能在动荡和需要知识的城市环境中有效开展工作。连级、营级和旅级战斗队（Brigade Combat Team，BCT）以及团级战斗队（Regimental Combat Team，RCT）中的分析人员，都需要得到上级分析人员的支援，因为他们或是缺少相应的专业知识，或是由于任务压力太，无法充分应用这些技能。让我们沿着这个思路继续下去，城市里的敌人流动性大，友方决策当局必须尽可能贴近底层，因为在这一层，分析、搜集和直接行动是作为一个整体的。思维和行动的速度与准确度，是平叛行动的精髓。为了确保速度和准确度，需要在战术层次着墨，每个情报行动 / 分析中心都面临着与其他行动 / 分析中心进行联网的困难，而只有联网，分析机构才能存在下去并取得胜利。

按照同样的思路，未来情报机构中的情报分析人员，包括虚拟知识环境中的主题专家，必须要组织起来，成为一个分析团队。这种做法将使分析人员获得认知和知识，而这也正是他们没有时间学习的。例如，分析人员一旦组成了统一的集体，就可以腾出手来研究机械以及数据获取的机械功能问题，从而理解某些内涵。在这样的情报机构之中，网络中的人们必须学会在虚拟协作环境中互帮互助，提供监管，提供想法、建议和帮助，并通过虚拟协作的方式，参与团队解决方案进程。

虽然分析监管是必要的，但如何将它进行有效组织，如何使那些有责任进行监管的人理解它的重要性，却是一件具有挑战性的事情。在监管任务中，责任人必须连续不断地提供支援，决不能分心干其他的事。监管必须是正规的、坦诚的、持续的，没有这种责任，监管对象将会不信任这样的支援，宁愿凡事亲力亲为。情报机构中的分析人员必须学会“蜂拥而上”，帮助那些有需求的情报分析人员，而不是因循守旧、层层报批，在获得行动授权上浪费时间。这种分析工作的“自组织”本身就是一种需要学习的技巧，必须通过熟练的技能和训练，才能达到较高的水平。不幸的是，这一点在今天做得并不好，很大原因是官僚体制中各个层级的角色和任务的羁绊，还因为人员、经费、时间的短缺；此外，那些担负监管任务的分析人员，对前线分析人员的需求了解不够，也导致难以做出有意义的贡献。

毫无疑问，虽然有一些例外，但我们的情报分析人员还是很好地为国家做了贡献。然而，面对未来要求，这样的做法还是不够的，主要有几个原因。对于从事高级分析的人来说，现行的情报系统在组织结构、训练和装备上，都难以应对上面所讨论的挑战。我们的情报系统现在针对的是无固定形式或形状的网络。这些网络的头目狡猾且富有创造性，总的来说，他们不仅会而且愿意在大型城市环境中活动。冷战期间，美军面临的敌人是苏联庞大的、传统的官僚体制；然而现在和未来的一个鲜明特点是，美军必须要面对一个全球性跨国叛乱分子网络和非正规敌人，他们拥有良好的机动性，能获得最先进技术，能够进入数字世界（例如即时通信，随时随地通信，强大的移动能力和快速的通信能力）。过去，我们的对手往往局限于某个地理区域之内，只有导弹和飞机能够实现跨域。但是现在，他们可以在不到 24 小时内抵达世界任何地方。过去，我们的敌人虽然拥有核武器，但会进行妥善管控。今天，我们的敌人正千方百计获得小型、伪装的大规模杀伤性武器（weapons of mass destruction，WMD），他们可以移动并将其置于任何他们选择的地方（也就是说，可以置于美国及其盟友的城市里）。然而，那些对付冷战敌人行之有效的军方战场情报准备（intelligence preparation of the battlefield，IPB），如不进行大幅度调整，还是用同样的手段、同样的思维过程，根本无法对付现在和未来的那些相互勾连的、移动的、全球扩散的城市威胁。我们的思维过程、心理模板和支援机器必须不断学习、调整和变革，只有这样才能与今天城市作战环境里的叛乱分子和恐怖威胁一比高下，因为这些敌人使用信息技术优势的能力在不断增长。当然，挑战就在于如何设计一个昂贵的情报系统，可以对付不同时间里的不同敌人，可以应对前文已经讨论的作战环境和敌人。

很多人、很多进程都会产生信息需求。当然，人们已经察觉到信息和知识的潜在能量，都想利用它获得打败敌人的优势。因此，越来越多的人都在寻找有价值的信息，用于智力培育、筹划、决策和评估。在军事领域，优先情报需求（priority intelligence requirement，PIR）和信息需求（information requirement，IR）依然是所有需求中最重要的。然而，在今天这个新的理性时代，这两个情报驱动器还是表现得过于静态和宽泛。因此，优先情报需求和信息需求必须是动态的且非常具体的，因为它们支撑的任务和情报需求所存在的环境也是不稳定的和动态的。此外，与优先情报需求和信息需求一样，其他需求也会对情报分析和搜集产生影响。情报分析人员和搜集专家必须学会凝聚成一个团队，对训练和推演中产生的各种**“假设”**（hypothesis）进行证实或证否。此外，情报分析人员还要围绕环境提出和阐述**“预想”**（expectation），判断敌人为了达成其目标和意图将会或者能够采取哪些行动，以及对于外界刺激，他们将会做出何种反应。正因为如此，**“预想”**在确定和界定情报分析和搜集需求的过程中非常重要。分析人员需要学会提出和跟踪**“预感”**（hunch），即敌人将会做什么，或者敌人的做法将会造成何种重要的影响。情报分析和搜集的最后一个驱动力量在于，好的分析人员必须学会判断和解决有关作战环境关键要素的**“疑惑”**（mystery），这些要素包括：威胁、中立势力、跨国公司（multinational corporation，MNC）、东道国、当地势力、系统、进程、节点、异常、联系、模式、行为、怪异活动等。对于分析人员来说，这意味着需求的视野要更加宽泛和复杂。对于高级分析的解构与重构过程来说，这也就意味着，分析人员需要从主题专家、数据 / 信息 / 知识库和专业知识中心获得支援，从而解决固有的思维和知识的挑战。

让我们再花几分钟研究一下传统情报分析，以及它为什么与城市环境中的平叛和非正规战争分析不一致。先让我们研究一个问题。试图利用传统情报分析方法分析城市平叛和非正规战争，以及对付非正规敌人，这样的做法究竟错在哪里？这个问题既需要从哲学层面，也需要从行动层面进行回答。

从哲学层面来说，要想在一个庞大的、异国他乡的城市环境里开展分析工作，分析人员的知识必须广博且深入。他们必须掌握哪些知识呢？他们必须了解文化。此外，他们必须了解社会构成。他们必须了解这座城市的可见世界和不可见世界。他们必须知道和了解技术及其对民众的影响。他们需要了解民众是如何觉察、思考、交易和行为的。他们还必须了解威胁，了解敌人的思考方式、行为方式（modus operandi）以及对美国军事和情报系统的看法。在传统情报工作中，需要分析人员花费心思和采取行动的，主要是敌对的传统军事力量。因此，分析工作的重点是敌人的部署、组成、优势与劣势、薄弱点、作战方案（courses of action，COA）和意图。分析人员负责战场情报准备工作，而战场情报准备针对的是开阔地形，至少是非城市环境。因为，他所知道的传统军事力量无一例外地拥有指挥与控制系统（command and control system），需要维护的武器，复杂的弹药补充活动，还有饥肠辘辘的士兵、医疗救护、有组织的面向彼此的单位、战备物资、增援兵力、空中力量、突击力量和海上力量。在非正规战争形势下，分析人员会发现，战场情报准备已经和传统军事力量不同了，它既没有发生在城市，也没有发生在空旷地形当中。敌人并没有等级森严的指挥与控制系统，他们使用文化和网络来组织行动。他们的军事行动对象已经不是部队或者传统的军事机构，叛乱分子躲在平民之中，在城市的繁忙和喧嚣掩护下开展行动。不管是传统战争还是非正规战争，敌人的意图都是非常重要的因素，但叛乱分子的意图与正规军事指挥官的意图大不相同。对于叛乱分子来说，不被打败就是胜利，他们可以等待常规部队行动，除非他们的伤亡和消耗超过了支撑其活动的平民和政府的承受能力。叛乱分子和常规部队都有作战目标，但叛乱分子常常攻击一些关键设施，杀死几个敌人士兵，或者在平民中安置炸弹，造成最大程度的伤亡，而这些做法只是想告诉平民，他们的政府已经没有维持稳定、保护安全的能力。对于常规部队来说，由于其科学特性（相关部件从故障到自动再供应的平均时间）、时间和距离、地域和影响以及显而易见的因果关系等，使得情报分析人员可以进行正确的预测。但是，对于大型城市中的平叛行动来说，由于影响因素复杂交织，很少有哪些因素是可以预测的。因此，分析人员只能预想对手的行为举止，从而形成假设。在传统战争中，部队绝大部分情况下会避开城市作战环境，选择在开阔地域行动。而在平叛行动中，叛乱分子的目标就是将传统军事力量引入城市作战环境，因为在城市作战环境中，传统军队通常会面对物理限制，以及诸如减少附带损伤之类的人道主义因素，从而导致其优势难以发挥。最后，在传统战争中，战斗就是对立的军事集团的相互交战，因此争夺的焦点往往都与军事有关。而在平叛行动中，平民成为争夺的中心；军事层面的战斗，往往会演变成通过信息、人道主义救助、重建和警察行动的对抗。

从行动层面看，要想在大型的国外城市环境中有效开展行动，情报分析人员还面临一系列挑战。他们必须要在智力上更加富有进取性。他们必须学会预测敌人及其思维、决策和行动。正因为如此，他们必须要知道和理解敌人头目觉察、思考、筹划、决策、行为以及获得反馈的方式。他们必须学会利用非常具体的观察指标指导情报搜集。他们必须与体系内的其他人合作，从情报机构中寻找和获得支援，同时还要从组织内的主题专家、战区里的外部专家（如当地主题专家）以及虚拟知识环境中的外部主题专家那里获得知识支援。情报分析人员必须能够思考、筹划以及开展结果评估，包括无形的和人类感知的结果评估，以及叛乱分子的战损评估。对于任何一个有抱负的情报分析人员来说，这些都是巨大的挑战。

二、结语

总之，这一章主要阐述情报分析人员面临的问题、议题和挑战；并对一些非常重要的问题进行阐述，同时对下一章进行铺陈，下一章主要阐述应对这些挑战的方法。

复杂的作战环境、蜂窝网络状威胁，对任何情报分析人员都构成巨大挑战。作战环境是流动的也是不稳定的；它处于快速变化之中，并被外国文化所包围，这也是美国情报分析人员难以理解的，更不要说发挥其优势了。正如前文探讨的，威胁是可怕的。它将自己隐藏在作战环境之中，隐藏在构成文化的平民之中，将其行动隐藏在庞大且喧嚣城市的日常行为之中。这种威胁构成了巨大无形的网络，正是从这类网络中，敌人采取行动并获得权力。这样的网络很大程度上是不可见的；此外，网络节点和联系的出现和消失都是迅即的。因此，很难发现它的存在，它的功能也是难以看见的。

这里主要研究现在和未来情报分析人员所面临的严峻挑战。目的就是要让读者得出这样的结论：要想应对这些挑战，美国情报分析人员需要显著的智力开发。他们还需要开展认知工作，帮助自己获得批判性思维技能、足够深度的知识、对复杂关系的理解及具体的技术和文化知识，为在城市叛乱环境下成功完成情报搜集提供目标和动力。正是通过高级分析，现在和未来的情报分析人员才能掌握认知能力，克服本章所研究的那些挑战和问题。

分析人员必须克服这些严峻的心理挑战，利用高级分析方法参与到这场令美国深陷其中的智力战争之中。本章指出，分析人员必须积极投身到这一知识密集型“前端”之中，通过制定观察指标，从智力上推动情报搜集系统前进。但本章也指出，需要制定一个应对“后端”的进程。在后端进程中，分析人员在主题专家和先进计算机的帮助下，也面临着将搜集的数据重构成信息的难题，同时还要通过综合的心理技巧，将信息转变成具有足够价值的知识，从而减少指挥官在决策过程中的风险和不确定性。

阐述了这些挑战之后，下一章提出了解决方案和“路径”，即改进方法。这些改进方法将被具体讨论。此外，本书还要探讨一些极为重要的条件，如果高级分析方法被采纳，将可以推动情报分析工作向前进步，为城市环境下打击叛乱和非正规部队行动提供支撑。本书的逻辑是，先探讨作战环境，然后是挑战和问题，现在准备深度挖掘可能的解决方案，当然这些解决方案在前文已有涉及。

[第3章]

解决方案

本章主要是针对第 2 章中的问题和挑战，提出应对之策。当然，这里的应对之策不可能十全十美，其他人可能有更好的办法，也能够解决第 2 章中的问题和挑战。然而，对于那些想解决现在情报分析人员面临的难题的人，对于那些准备打赢未来智力之战的人来说，本章为他们提供了一块“踏脚石”（starting point）。本章也为第 4 章“为高级分析做铺垫”起到精神桥梁的作用。

一、运用高级分析方法

为了在城市作战环境中取得胜利，情报分析人员必须进行更高层次的思考。从这个角度看，情报分析人员必须掌握更为广博和深度的思维技巧和知识，虽然敌人也在不停地进步和学习，但我们要超过他们。通过高级分析，这些技巧可以提高分析人员的思维水平。情报分析初学人员必须做好充分准备。唯有如此，他们才会预想到指挥官未来的知识需求。他们才会知道如何运用军事决策进程（military decision-making process，MDMP)，知道何时何地去制定和落实分析条件。这一筹划包括很多内容，比如建立数据、传感器和知识等三种架构，这些都将在第 4 章进行深入研究。然而，能否满足这三方面需求，将直接影响高级分析人员的成败，因此，对于高级分析来说，这绝不是无足轻重的。

高级分析中有些内容是全新的，包括对群体分析、倾向分析、文化分析、符号分析和异常分析等要素的基础性思考。预期分析以及批判性思维的新动向，都是高级分析的全新内容。重构与解构既是新内容也是老内容。也就是说，人们总是参与了某种形式的解构，只是没有像在高级分析中那么重要。此外，人们还常常试图将数据融合起来，并将其转化为信息和知识，只不过没有像在高级分析中那样使用重构和综合这样严谨的方法。五类观察指标同样也是全新的。而此前，观察指标的制定主要由情报搜集管理者进行。但他们最多只制定出功能观察指标。高级分析依靠的不仅是功能观察指标，而且需要文化、技术、态势和生物等四种观察指标。

然而，高级分析同样也采用了许多传统的情报分析要素，并且对其定义、内涵和使用进行了拓展，比如联系分析、模式分析和趋势分析等。例如，高级分析一般会提出五种类型的联系，分别是：**技术、社会／人际、组织、功能和思维等联系**。分析人员可以通过联系，了解其运作、出现和消失的方式。联系的强度由**信任程度、运行时间、清晰程度、可见性或不可见性、熟练程度和不可行性**等要素构成。联系同样可以产生权力。这些权力的来源可能是功能性的，比如补充和执行等；可能是组织性的，比如知识基础；可能是社会性的，比如各种关系；也可以是意图/思维层面的，比如思维的能力和清晰度；还可以是技术层面的，比如稳健性和服务质量等等。联系可能会衰减也可能会重生。联系有着自清洁的过程，可以帮助叛乱分子保持其联系、关键中心和节点的活力、紧张度、灵活度，如果必要的话，联系也可以消失。为了更完整理解这一概念，我们可以借用科学领域的细胞自清洁理论进行阐述，这个过程又被称为“**自噬**”(autophagy)，其意思为：

清洁过程：其实质是垃圾搬运，即细胞的细胞质被旧的蛋白质和其他不需要的酸渣所包围，尔后这些蛋白质和酸渣会被清理出去。对细胞质的清理，意味着给了任何一个细胞新的生命。[1]

有趣的是，高级分析常常使用和探讨的模式主要有四种类型，都是人们可以寻找、发现和使用的。这四种模式包括**技术、人际／社会、功能和组织等模式**。在高级分析中，趋势的范畴和内涵同样广泛。因此，高级分析有着四种类型的趋势分析，分别是**技术趋势、人际／社会趋势、功能趋势和组织趋势**。联系分析、模式分析和趋势分析，将在接下来的章节里进行探讨，用以阐释高级分析中的认知要素，这里之所以岔开话题，主要是让我们了解高级分析不断扩大的范畴。

高级分析的概念是本书最为重要的内容。高级分析的出现，是对美国国内外未来所面临的困境进行思考的结果，同时也凝结了我在美国联合部队司令部开展的多项实验，为国防部情报副部长（Under Secretary of Defense Intelligence，USDI）办公室撰写《下一代联合情报行动中心》（Joint Intelligence Operations Center After Next，JIOC-AN）文件，以及在各级司令部中开展情报工作 38 年的经验总结。所有上述思考，使我对不断变化的作战环境、确定的和网络化的威胁以及我们的情报分析有了新的理解，过去传统的威胁通常存在于开阔地形的作战环境，而这一点与现在和未来已经不相适应了。所以我们需要高级分析。它可以在很大程度上拓宽情报分析的范畴和深度，而且适用于所有作战环境中的难题，适用于冲突的方方面面，适用于连级、营级直至战略层级。本书虽然绝大部分关注的是外国领土上的军事议题，但高级分析完全适用于国土安全和执法分析活动。它适用于城市作战环境中的特定地点，可以用来破坏某个网络的某个节点，也适用于指导“如何思考”一个国家的战略分析。

前言中已经说过，所谓高级分析，指的是“可以比对手更具体、更详细地思考和了解作战环境，并且获得更好的知识的高级认知过程”。高级

[1] 原注：Vojo Deretic and Daniel J. Klionsky, “How Cells Clean House.” *Scientific American* (May 2008): 74.

分析有 14 个认知功能。下面简要叙述这 14 个认知功能，对于利用它们指导思维的人来说，这些功能都是非常强大的。本书接下来的内容将会按顺序进行逐个研究。

★ **解构**。在思维上将一种思想或行为分解成若干基本要素。
★ **批判性思维**。一种智力过程，用以“检验假定、识别隐藏价值、评估证据、评定结果”。[1]
★ **联系分析**。对行为和 / 或功能关系、交流方式或关联方式进行解构，获得理解和见解。
★ **模式分析**。对一系列相关行动或事件进行辨别。
★ **趋势分析**。辨别过去发生的功能导向的事件或活动的意义，以了解在功能上相似的事件或活动将如何发生。
★ **预期分析**。使用思维、直觉、预知、知识、经验或先见等方式，事先了解敌人或竞争对手可能采取哪些行动，并且验证、证实或者证否这些假设或假定。
★ **技术分析**。获得关于特定事件、态势、行动和交易的技术方面的知识和理解。
★ **倾向分析**。通过思考和研究人们的普遍倾向，组织的行为和行动倾向，当前环境或态势、事件、行动、行为的心理快照，放射物能量的散发，以及所有这些相互作用和相互交织可能预示的未来，来领悟事物的意义。
★ **文化情报分析**。通过传统且基于文化的态度、行为、社会规范和条件等要素，了解特定的文化、平民及其行为模式。
★ **异常分析**。辨别与正常或通常秩序、形式或规则发生偏离的情况的含义；或者辨别某些应该出现但却没有出现的问题的含义。
★ **符号分析**。辨别图示、图画、照片、句法、单词、声音、身体语言

[1] 原注：David G. Myers. *Exploring Psychology*, 5th ed., (New York: Worth, 2003), xv.

和涂鸦上反映出的文化迹象和标记。

★ **群体分析**。辨别从几个到几百万个事物通过结群、运动、共同合作而组成一个整体的意义。

★ **重构**。对各个部分进行认知和机器驱动的重新编译，从而实现对整体的理解。

★ **综合**。将事物的各个部分整合起来，形成统一的整体。

情报分析人员必须学会预测敌人的行动，掌握战斗的主动权。虽然说让情报分析人员主导战斗主动权的争夺听起来比较奇怪，但却是必要的。毕竟情报分析人员有**理由**（raison d'être）去模仿敌人进行思考，去思考敌人，更要思考如何战胜敌人。正因为这样的思维过程，那些技艺高超的情报分析人员必须赢得这场与叛乱分子的心理战争，从而获得主动权，使指挥官得以采取物理、信息或无形措施，充分利用情报分析人员的思维成果来赢得战争；同时，其他人也可以参与不同类型的冲突。刚刚从陆军指挥与参谋学院高级军事研究学系（School of Advanced Military Studies，SAMS）退休的理论教授吉姆·施奈德（Jim Schneider）博士，阐述这一问题时，是这样评价最伟大的军事理论家之一托马斯·劳伦斯的。他说："劳伦斯明白，在一次叛乱中，真正的战场存在于敌对双方的思想里。"[1] 因此，那些培养分析人员的学校，开展自主学习、负责训练和职业发展的单位和机构，必须为分析人员提供激烈竞争的训练环境，提高他们获得主动权的能力。在这场主动权争夺战中，高级分析人员必须设计出可以获取主动权的方法，阻止敌人获得成功，特别是阻止敌人控制主动权。挫败敌人也就意味着要进行战斗，因为敌人不可能心甘情愿地让美国情报分析人员寻找、发现并占据主动权。因此，这场战斗的结果往往在战场上的竞争者之间摇摆。克劳塞维茨在下面这段话中，帮助我们理解这场争夺的双重性：

[1] 原注：Schneider, 34.

> 战争并不是活的力量对死的物质的行动，它总是两股活的力量之间的冲突，因为一方绝对的忍受就不能成为战争。这样，上面所谈的战争行为的最高目标，必然是双方都要考虑的。这又是一种相互作用。在我们没有打垮敌人以前，不能不担心会被敌人打垮，所以我们就不再是自己的主宰，而是不得不像敌人那样行为，就像敌人不得不像我们这样行动一样。[1]

克劳塞维茨关于冲突双方为了争夺主动权而战斗的看法当然是正确的。敌人试图掌握主动权，并且千方百计去获得它。我们的情报分析人员必须使用预期分析方法，要抢在敌人思考之前，向指挥官提供足够的可转化为行动的知识，使其可以降低风险、减少不确定性，如此就能先发制人，或者改变敌人的思维，从而阻止敌人对主动权的控制。

请注意，在叙述顺序上，我并没有将竞争双方对主动权的争夺局限为“非此即彼”（binary）的问题。也就是说，这场争夺包含了更多的参与者，不仅仅是敌方和我方。作战环境中的其他竞争者也在争夺主动权，比如商业公司、东道国、非政府组织、维和部队等。每一方都在追求自己的利益。它们的利益有时还会与美军发生冲突，因此也会影响美国指挥官的决策。高级情报分析人员在思考主动权时，至少需要考虑四个方面：敌人何时拥有了主动权，美国何时拥有了主动权，东道国何时掌控了主动权以及中立势力何时掌控了主动权。

为了获得主动权，高级分析提供了一种具体的、细化的、睿智的分析方法。高级分析在认知上的严谨性，使得它们可以做到这一点。也正因为如此，高级分析蕴含的哲学促使分析人员采取一种更为进攻性的态度，为他们提供了建模与仿真能力，让他们可以从多个视角研究“行动—反应—再反应”这个循环，同时也使他们得以深入了解复杂城市作战环境中固有

---

[1] 原注：Clausewitz, 77.（译文引自：克劳塞维茨著、军事科学院译，《战争论》[商务印书馆，1978 年第 1 版]，第一卷、第一篇、第一章“什么是战争”，第 27 页。）

的敏感变量，而这又能反过来影响对主动权的争夺。有了这种能力后，高级分析人员就可以预测敌人的行动，也可以预测敌人为发起行动而采取的条件准备活动。有了这样的分析性预感、预想和信念，高级情报分析人员就可以将情报搜集重点聚焦到单个、组合或者所有类型的观察指标上。这一点非常重要，因为高级分析人员必须要思考和进行准备，从敌人或其他竞争者手中攫取主动权，而敌人和竞争者的目标与友军部队指挥官的目标是敌对或对立的。

优先情报需求（PIR）和信息需求（IR）是非常重要的两个概念。它们来自指挥决策过程。多年来，优先情报需求慢慢趋向静态；然而它们必须要动起来。指挥官、战斗军官和情报官必须常常思考作战环境发生的变化，而敌人、任务、变量、设施和其他介入力量，例如安全公司和东道国，也都在不停地更新它们的情报需求。

正如上文提到的，除了优先情报需求和信息需求之外，一定还有其他的力量，可以推动情报工作向前发展。一些最重要的推动力量包括：假设、预想、预感和疑惑。**“假设”**（hyperthesis）就是一种或者一系列提议，主要用来对一些特定的现象组合进行解释，既可以只是临时的用以指导调查的猜测（工作假设），也可以是根据既定事实被认为是非常可能的想法。[1] 假设或者是一系列假设，通常都来自推演（wargaming），对于美国陆军来说，推演是军事决策过程的重要环节——“行动方案的可行性和推演”（Course of Action Feasibility and Wargaming）。假设之所以重要，是因为我们必须要对假设进行解构，驱动人们搜集大量信息，从而对假设的有效性进行证实或证否。使用假设的方法（比如从“行动—反应—再反应”的推演中得出的假设），在传统的情报分析中使用广泛，也是高级分析的基石。

“预想”（expectation）对于高级分析也很重要。所有分析人员和他们

[1] 原注：Dictionary.com Unabridged (v 1.1). Retrieved April 20, 2008, from Dictionary.com website: http://dictionary.reference.com/browse/hypothesis.

的指挥官，对自己、敌人、作战环境以及即将到来的行动或任务，都有着自己的期望。“预想”是一种探索未来或进行预测的行为或状态。[1] 有能力的分析人员必须带着自己的“预想”进行开发和工作，并且得出结论。但在战术层面，这一点却非常困难；因此，这一层面的分析人员常常要依靠分析支援团队，来发挥高级分析的“预想”功能。对于“预想”，分析人员需要将它解构成假设和观察指标，从而推动情报搜集工作。每个分析人员在执行各种任务过程中，都会产生很多“预想”。

分析**“预感”**（hunch）是一种预先的警告或猜疑。[2] 预感和预想不同，因为预感往往只是一种来自潜意识的猜疑或者不祥的感觉。但在我们所探讨的作战环境中，预感或不祥感觉是重要的，指挥官必须鼓励分析人员追寻预感，找出解决之策。这样的努力有时没有结果，但有时顺着预感走下去，可能会解开整个疑惑。

“疑惑”（mystery）指的是任何事件、事情或人物，它们的特征或特性过于模糊，从而引起人们的好奇或猜测。[3] 疑惑对于启发分析人员的心智非常重要。从本质上说，分析人员应该保持好奇心。这一特点意味着，他们有破解疑惑的意愿。例如，一个分析人员注意到，一所房子的不同窗户在每日的不同时间悬挂着不同窗帘。虽然不知道如何解释，但这种观察结果能够而且应该成为一个疑惑。疑惑也应该像假设、预想或预感那样被解构，用来指导情报搜集，以破解疑惑。

读者可能总结认为，高级分析确实比传统情报分析更广泛、更深入。正是这些驱动因素，使得情报分析人员在面对打击叛乱分子、非正规敌人及其网络的城市环境中，能够以分析的态度看待问题，能够想得更宽泛、

[1] 原注：Dictionary.com Unabridged (v 1.1). Retrieved April 20, 2008, from Dictionary.com website: http://dictionary.reference.com/browse/expectation.

[2] 原注：Dictionary.com Unabridged (v 1.1). Retrieved April 20, 2008, from Dictionary.com website: http://dictionary.reference.com/browse/hunch.

[3] 原注：Dictionary.com Unabridged (v 1.1). Retrieved April 20, 2008, from Dictionary.com website: http://dictionary.reference.com/browse/mystery.

更深入。

城市环境中的高级情报分析必须非常具体。只有如此，分析人员的认知能力和机器工作能力才能使他们以足够的深度来理解作战环境及其网络化威胁，才能为情报搜集提供更具体的观察指标，才能将获取的数据综合成可指导行动的知识。这些观察指标使得分析人员和传感器操作人员得以窥见和理解其他隐晦的、模糊的甚至不可见的观察指标。这样的观察可指导引导人们发现敌人及其网络支持者的互动、行动、交易和行为。在观察指标、时间、地点和可疑行为等正确的指示和指导下，叛乱分子及其支持者的行为，也就是敌人的互动、行动、交易和行为，在观察者的眼中变得一目了然、清清楚楚。不幸的是，对于观察人员来说，现有的观察指标却是转瞬即逝、难以捉摸、模棱两可、不透明的，这就造成了一种心理焦虑，即明知事情正在发生，但就是说不出具体情况。

然而要使其具体，又会给现有的知识及其应用带来难题。也就是说，情报分析人员不仅要有充足的知识，而且要能够找出拥有这些知识的人，或者能够帮助自己设计出情报搜集计划的人，以及能将搜集结果转换为可指导行动的知识的人。当然，情报搜集的目的就是将数据转变成信息，并将其综合成知识，从而更快捷、更准确地进行理解。有哪些例子可以说明高级分析人员应该知道什么，或者需要别人帮助自己知道什么呢？

举个例子，情报分析人员必须知道行动所处的文化的各个层面。这样的知识既要广博又要深入。所谓广博，指的是对各种事物都要了解。所谓深入，指的是在了解许多事物基础上，分析人员还要知道每个事物背后的细节，用细节来指导思考。了解文化，还要了解文化的架构。分析人员的知识质量必须要高，必须要有关联性和深度，不只是为了关心而去了解，而是为了积极地使用它而去深入了解。高级分析人员不仅要关心文化，而且要将它作为一种对己有利的优势加以利用。这就是文化情报，高级分析的 14 个要素之一，也是情报分析人员必须具备的。

另外一个例子是关于知识力，高级分析人员必须了解作战环境中现有的技术。这也就意味着，高级分析人员需要知道和了解设施结构、通信、计算机网络、射频能量、电视传输和能量、移动电话和密码等无形世界。否则，在各种行动中，他们无法积极地利用情报搜集和分析，去理解事情的基线（正常情况）和异常活动的不同，而这正是敌人网络行动的方向标。

情报分析人员必须推动和有目的地融合所有类型的情报搜集手段，包括技术搜集手段、传统人力情报及非传统来源和方法。负责情报搜集的人和系统，在思维和指导上都需要准确掌握这些知识，而它们正是来自情报分析人员。情报分析和搜集人员必须成为一个团队，综合使用各种搜集手段，发现特定社区作战环境中一闪而过或若隐若现的现象，因为这是某种行为出现或消失的迹象。虽然一闪而过，但这种行为还是会出现的，这就要求美国情报搜集行动必须紧紧盯住即将出现的那些行为。如果没有高级分析，如果高级分析不与高级搜集进行合作，想要找到叛乱分子网络、识别他们的节点、寻找他们的关联点、理解他们的联系和模式衰减，预测他们的下一步行动，都将是非常困难的——如果不是不可能的话。然而，即使我们前面提到的关于敌人的思考过程是正确的，我们也会碰到另外一个矛盾之处。也就是说，美国的情报分析本身并不产生这些真知灼见和所需的文化知识，不足以帮助人们理解隐藏在文化当中的观点、态度和偏见，也不能帮助人们了解周边或社区功能，更不会找出谁是领袖。不幸的是，所有这些内容在打击叛乱分子网络中，对于发现、理解和追踪其活动，都是必不可少的。正是通过高级分析方法，情报分析人员才能学会更深入地思考，更好地投身分析工作之中。

高级分析强调三类心理活动和结果，都可用于指导打击叛乱者和非正规敌人。这三类活动和结果分别是：**特征**（signature）、**观察指标**（observable）和**征候**（indicator）。有些人会混用这些名词；但在本书中，我们认为这三个词不能混用。以下是三个词的定义。

- **征候**。情报术语，指的是反映敌人即将开展或即将拒绝行动的意图和能力的信息（《国防部军事及相关术语词典》[*DoD Dictionary of*

Military and Associated Terms])。征候是线索、迹象和工具等等，反映某个感兴趣的事，或者为某个行为的出现或消失提供信息。对征候的最简单理解是提供了统计值，当这些值结合在一起时，可以为分析人员感兴趣的条件或方向提供指示。征候通常包含情报搜集行为，展示不同实体之间通过属性、行为、符号、模式或趋势等特征，表明事物或某种反应的出现、消失或汇聚。在征候、观察指标和特征三个名词中，征候的内涵最为广泛。

- **观察指标**。观察指标是一种物理、生理和情绪属性，如果上述因素缺一或者全部缺失，都会被直接观察或测量。[1] 在征候、观察指标和特征之中，其内涵第二大。
- **特征**。特征是指显著的或容易识别的标记、特点或特性，它是自然事物在外表和特性上的表现，也是一种显著的标记、特性或声音指示信息。在征候、观察指标和特征三个词当中，特征是内涵最窄的，情报分析人员和信息搜集专家在开展情报搜集，对结果进行分析预测时，他们想捕获的就是特征。

三个词当中，本书只使用**观察指标**。从词义解释角度来说，这三个描述性术语很容易被混合使用。从词义上看，征候范围过大，而特征范围过小。于是，我们选择使用“观察指标”一词，用来表示分析人员和情报搜集人员在寻找——藏得很深且防护严密的目标，妥善伪装的大规模杀伤性武器地点，移动导弹，躲避在大城市人群之中的叛乱分子和恐怖分子，极端狡猾且资金充足的毒品交易商，以及使用拒止和欺骗手段的常规部队（例如俄国在 2008 年夏打击格鲁吉亚时所用手段）——时需要寻找的东西。当然，提出一个观察指标后，还有更具体的步骤要实施；但是，观察指标一词为实现具体性搭建了合适的桥梁，因为它使用诸如“观察指标”

[1] 原注：The American Heritage® Dictionary of the English Language, Fourth Edition. Retrieved February 19, 2009, from Dictionary.com website: http:// dictionary.reference.com/browse/observable.

和“可测量”等描述词。信息基本要素（essential element of information，EEI）和陆军的“特定信息需求”（specific information requirement，SIR）对细节的描述都不够，从条令角度上说，都不够具体，无法完成本书所主张的从一般到具体的转变。当考虑一个人如何在难以捉摸、飘忽不定、模糊不清、微观的世界里进行情报搜集时，这种心理旅行包括考虑事件、行动、人类活动、交易和行为等等，它们都可以反映敌人的意图、观念、思维、决策，以及敌人对行动或不行动的评估方法。

除了对现有条令分歧的进一步解释之外，陆军情报条令是这样理解优先情报需求（PIR）的：先用征候来观察未知对象，尔后通过特定信息需求观察它，而正是通过特定信息需求推动了情报搜集工作。事实上，美军的联合系统更为广泛，对优先情报需求进行思维归类，将其归为信息基本要素（EEI）的范畴。[1] 信息基本要素是：“指挥官在特定时期，为了得出合乎逻辑的结论，而提出的关于敌人和环境的最为关键的信息需求，这些信息要能够与其他可用信息和情报联系起来。”[2] 本书假设，情报分析人员必须有系统的方法，可以对优先情报需求或其他需求进行分解、分析或者解析，使它们变得比优先情报需求或特定信息需求（SIR）更为具体，也就是上文所说的观察指标。只有当分析人员将需求具体到观察指标层面，他或她才能与专家一起给出技术和文化特征方面的更加深入的细节，从而在正确时间、正确地点，使用正确的观察指标，推动传感器和人力情报的优化融合。

正如前面提到的，情报分析和搜集必须寻找、设计和融入不止一种类型的观察指标。分析人员的知识基础必须足够宽广，可以使用这五种观察指标，或者他们可以从有关人员或机构那里获得关于设计、使用和理解所获数据的深度知识。这五种观察指标包括：**文化、技术、生物、功能和态势等观察指标**。这些观察指标推动着情报搜集工作向前发展；但由于它们

---

[1] 原注：Joint Publication 2.0, 22 June 2007, I–17.

[2] 原注：Joint Publication 2-0, Joint Intelligence, 22 June 2007, GL–08.

过于具体，由知识驱动，因此它们必须由能力强的高级分析专家来设计制定，而情报搜集专家缺少设计这些具体观察指标的必备认知和知识技巧。五种观察指标的定义如下：

★ **文化观察指标**：从特定种族群体的生活方式的传播中观察到的可测量、可见或不可见的属性。由于文化对社会至关重要，因此文化观察指标是所有观察指标中最为重要的。
★ **态势观察指标**：在作战环境中进行观察或测量的可见或不可见的属性，其中包含了许多情况和变量，可以反映某种行动或行为的出现或消失。
★ **技术观察指标**：对作战环境中的技术部分进行观察或测量的可见或不可见属性，包含支撑文化的设施，以及任何作战环境中可见和不可见的电子活动和能量。
★ **功能观察指标**：对特定功能或行动领域进行观察或测量的可见或不可见属性。例如，一名叛乱分子将制作炸弹的零部件从一个地方转移至另外一个地方，这就是功能观察指标。
★ **生物观察指标**：对人类特有的生理排泄或扩散的领域进行观察或测量的可见或不可见的属性，诸如心跳、血压、视网膜温度、攻击性程度、出汗、化学物质排放、姿态、快速眼动或者不眨眼等等。

改善情报分析，取决于有效的训练和教育。挑战在于，如何帮助人们在一个似乎不可见的认知领域中，即在文化上与美国迥异的城市中，使用个体或集体思维战胜叛乱分子和非正规敌人。因此，要想改善情报分析，使其能以更高的标准在复杂的城市作战环境中开展分析工作，这就需要大量的训练和教育资源，需要采取不同的学习方法，需要长期专注于环境构设，从而更好地理解那些躲藏在人民当中、从庞大城市环境里的隐蔽网络中发起行动的叛乱分子。

首要的一步，高级分析人员的训练和教育依靠三种相互关联的行动。在最基本的版本里，这句话有如下含义：首先，每个分析人员要懂得，自己是作为个体而不是团队一员，对自身的智力开发负责。就是说，绝大部分时间，他们都是在自学。其次，情报分析人员需要不断进入学校和学院进修，作为个体和团队一员接受训练和教育。最后，他们所在的单位或机构必须要有一个活跃的、连续的且有组织的训练和教育计划。这样的需要是实实在在的，不应该被陈词老调所迷惑，过去关于分析人员的训练有这样的说法："不要担心分析训练。只要每天工作，并且通过岗位锻炼，他们就能得到任何需要的东西"。如果我们希望发展未来冲突中这一未得到充分重视的方面，这种方法在过去和将来都不会对人类的智力发展起作用。

训练和教育计划必须能够培育和培养智力能力，要使人们能够创新、想象甚至创造新的观点、新的机构和新的情报搜集方法，提出关于敌人和作战环境的新视角和理解。在高强度学习计划中，人们在学习"思考什么"的同时，还要学会"如何思考"。在这个计划中，人们不仅能够获得技术和智力上的能力和水平，而且应该获得创新思维、想象力和智慧。

高级分析需要独特的思维人员，他们能够理解现代社会、全球化、文化、军事理论、情报搜集、技术、高级分析等知识，懂得如何在信息领域进行思考和行动。因此，这种训练和教育的智力基础不仅需要理论的良好支撑，而且需要坚实的实践基础。高级分析训练和教育，需要高级分析哲学、坚实的智力基础、有组织的虚拟知识环境以及情报的指挥与控制系统（建模与仿真，复制数据环境，诸如分析监管的情报流程等）等等作为支撑。

有意思的是，由于文化因素对我们行动以及情报分析人员更好地理解事物过于重要，因此一旦开始思考如何训练和教育人们使用文化手段时，我们就可以立刻得出结论。如果我们对自己诚实，就必须承认：自己的思维过程还不足以理解文化、技术、生物、态势甚至功能方面的细节，而这些细节对于赢得城市作战胜利是不可缺少的，更不用说利用这些细节来占得先机了。做到这一点为什么如此之难呢？

- **第一**，尽管显而易见，但仍然需要说明的是：来自其他文化的人的思维方式和我们不一样。他们有不同的价值观和世界观。美国试图在迥异于自己的城市作战环境中覆盖它的思维模式、政策和思维过程。不幸的是，恐怖分子和叛乱分子比美军更懂得如何争取人民的思维、观点和对世界的看法，而美军常常被认为是从一个陌生国家甚至从外星球来的搅局者。
- **第二**，来自不同文化的人有着不同的观念。这些观念来自或者说受到文化准则、传统、语言、历史、神话传说、价值观和宗教的严重影响，并且存在于每时每刻。
- **第三**，人们对不同的文化形成刻板印象。而这些刻板印象正是分歧和争论的核心；它同样严重影响着个体和机构的行为。这些刻板印象成为笼罩着我们的阴云，使我们的观点被蒙蔽和扭曲，使我们对自己看到的东西无法"看见"和理解。它使我们先入为主的思想渗透进现实，并且扭曲和操纵着我们的现实，而原本我们应该通过真相和事实去诠释现实。
- **第四**，来自不同文化的人的行为也不相似。在一种文化中是常态的，到另外一种文化中就是异常，甚至是令人厌恶的。例如，中东人说话时喜欢用手势和肢体语言；而西方人很少使用肢体语言。中东人说话时会靠近对方；而这会使西方人感到不舒服。中东人见面时相互亲吻，甚至同性之间也亲吻；而这种习俗在西方是不正常的，会使美国人感到不舒服。中东人喜欢夸大其词；而在美国生活很长时间的人说话更直接，不会"放大事实"。
- **第五**，要想学习一种文化，人们必须强化学习很长时间；要想学习语言，就必须沉入这种文化，感受其节奏和变迁。这些都需要时间和精力，而这正是有能力的情报分析人员所欠缺的。

这里进行的文化讨论只是窥豹一斑，情报分析人员必须学习和了解如何做好分析这项工作。当然，所有情报分析的底线（bottom line）依然是：向指挥官提供具有足够价值的可指导行动的知识，帮助他们做出决定和行动。当你学会和理解了文化之后，不同层次的模式和趋势、自我保护的面纱以及各种关系网络等等，都变得一目了然了。不管是哪位分析人员，如果他们想要学会和理解行为的根源（坚定的意图、动机、意愿和士气等关键因素），比如预测敌人的行为和交易，他们就必须学会和理解文化对思维、观念和行为的影响。文化作为人类特有属性，集中体现在我们观察事物和做出结论之中；人们在一个地方隐藏时的心理活动是什么；人的潜意识发生了什么；什么是多层面纱、欺骗性外观、自我保护和维护面子的伎俩。在微笑或点头或紧握的拳头背后隐藏着另外一个世界，在不同的文化中，以及在不同的部落、教派或文化群体中，都有很大的差异。

因此，现在我们可以得出这样的结论，分析人员必须通过训练和教育，学会像我们试图学习和理解的人群一样进行思考和感知。有着丰富战斗经验的作家斯图尔特·赫灵顿（Stewart Herrington），在回忆与越南难对付的、神出鬼没的、隐藏在民众中的敌人战斗时，重点描写了敌人的思维。他认为回答下面这些问题非常重要："在某个村庄当中，越共分子有多少？都是谁？但同样重要的是，他们为什么在这里，他们隐藏的时候究竟在想什么。"[1] 在他的书里，赫灵顿对这句话并没有做深入的阐述。但他引导读者得出这样的结论，即与叛乱分子战斗时，必须要学习和理解敌人的思维，理解影响敌人思维的调节或形成机制。

然而，如果我们没有投入大量的时间和金钱，对世界各地我们可能卷入或者不可能卷入的事件进行深入研究，又怎能提出高级分析所需的深度和广度的知识呢？答案之一是，训练和教育分析人员如何去理解"关系"。关系可以强化，甚至说支撑着任何文化内的人与人交往。家庭、朋友、商业伙伴、同学、宗教联系以及其他关系，构成了人的一生。这些人群与其他人群或族群产生关系。因此，好的分析人员通过训练和教育，可以从目标国或目标区域的文化视角，而不是从他们自身视角，来理解社会

[1] 原注：Stuart A. Herrington, *Stalking the VietCong* (New York: Ballantine Books, 1982), 25.

网络分析（social network analysis，SNA）。好的分析人员还会学着使用软件工具或者远程数据科学家的帮助，以便更好地理解人类和机构的社会和商业组织中的多样化联系和层面，一直研究到联系的第“N”层。然而，仅仅确定关系还不够。高级分析人员还要学会理解人、机构、基础设施之间的关系。这些关联和联系可以是**物理层面的**，比如线路、光纤等；可以是**人文层面的**，比如人或者民族；可以是**功能层面的**，诸如银行、物物交换、安全防护或交通安排等方面的行动、互动或交易等；可以是**家庭层面的**，比如根植于家庭的某个人或者一群人；也可以是**思维层面的**，通过思维对某些事情进行观察、想象、讨论和联系；还可以是**意图层面的**，比如根据意图或者早期指导开展的运动或行动，只与透彻的目的相关。

要想理解纷繁复杂的文化，情报分析人员必须通过训练和教育，学会开展符号分析、倾向分析、异常分析和群体分析，这些都是高级分析必备的认知要素。所有这些认知过程，都可以帮助我们了解文化，并从中得到知识，提出巧妙的和微妙的观察指标，从而描述和界定特定文化背景下的活动，将各种数据重构和综合成信息，并将信息转变为知识。

此外，不管什么情况，高效的情报分析人员必须向那些专业知识和文化知识深厚的人请教，也可以向持相反意见的人请教，好对自己的想法进行双重论证。从长远来看，高效的高级分析人员会时常反省自己。他们会检视自己的期望，了解自己的思维是否足够巧妙，能否发现逻辑和假设当中的错误，知道文化究竟如何影响他们的思维。一位久负盛名的专家这样告诉我们：

> 预想的来源纷繁复杂，包括过去经验、专业训练以及文化与机构的准则等。所有这些因素都会影响分析人员，使他们将注意力投向某类信息，并用某种方式将信息进行组织和解读。事件发生所处的环境，同样会影响人们对它的观察。不同的环境会产生不同的预想。[1]

[1] 原注：Heuer, 9.

这段话发人深省。它提出了一个非常重要的议题：一个人的智力倾向、文化塑造和影响力，会影响他对即将发生事情的预想。高效的分析人员虽然有着丰富的知识，但他们的文化背景和智力倾向（即如何思考）严重影响着他们的预想，影响着他们搜集数据以及如何组织数据。因此，分析人员和他或她的导师，必须不断问这样的问题："如果我没有正确预想，怎么办？""如果我的预想受到**自身文化影响，而不是受到所处文化的影响**，怎么办？"让我们继续探讨，理查兹·霍耶尔（Richards Heuer）的文章表明，分析人员需要一种分析"打扫机"（可能是一种软件工具），从被忽视的数据中寻找可靠的预想选项，不仅提供给分析人员本身，而且提供给扮演红队的虚拟团队或个人，由他们从这些已有的和被确认的选项中判断预想结果的合理性，以及可能的错误、危险和风险。这样的思维过程不是官僚主义的累赘，也不是破坏思维和分析，而是"**剔除个人思维中错误预想的需要**"。

训练和教育必须包括对环境本身的思考和理解。这里的环境（context）指的是某个事件发生所处的情况。[1] 对于思考行为、互动、结果以及因果关系来说，环境是非常重要的（军事术语中的环境，就是分析活动发生的作战环境）。影响思维的因素包括敌人、当地平民、附近区域、中立势力、当地设施、文化、气候、宗教以及其他纷繁复杂的影响因素。上述因素只是某个特定社会或文化环境中固有的许多互动、交易和行动中的部分而已，但却是最具流动性和复杂性的部分，所有这些都属于环境范畴。

另外，训练和教育还需要帮助高级分析人员学会使用"矛盾"，这也是任何情报分析工作最基础的部分。矛盾指的是"一种与其他或自身产生冲突，或否定其他或自身的陈述或态度，而且从逻辑上也是不一致的"。[2]

---

[1] 原注：The American Heritage® Dictionary of the English Language, Fourth Edition. Retrieved May 21, 2008, from Dictionary.com website: http://dictionary.reference.com/browse/context.

[2] 原注：Dictionary.com Unabridged (v 1.1). Retrieved August 31, 2007, from Dictionary.com Web site: http://dictionary.reference.com/browse/contradiction.

前面已经提到，一个在城市平叛或非正规战争中工作的分析人员，必然要学会提出预想或假设；这些分析人员必须在他或她的脑子中产生许多意见，形成许多结果，从而构设成预想或假设。不过分析人员的观点、批判性思维能力和对真相锲而不舍的追求，当中必将充斥着各种矛盾。有了矛盾，分析人员自然就要解决它。但要解决城市平叛行动中的矛盾，分析人员首先要足够了解所处的社会和平民的内部运行机制，理解产生矛盾的全部根源所在。唯有如此，分析人员才能将注意力从矛盾本身，转到寻找和选择最有效的解决措施上来。

如果按照这样的方式进行训练和教育，分析人员将拥有解决矛盾的能力。辩证法及其固有的矛盾最终将从文化层面塑造着分析人员的综合能力。这种脑力活动过程就是黑格尔的辩证法理论。下面引用弗雷德里克·科普尔斯顿（Frederick Copleston）阐述黑格尔辩证法的一段话；这段话对于当代高级情报分析人员进行更高层次的思维活动，有着直接适用性。科普尔斯顿告诉我们：

> 在黑格尔的辩证法思想中，他大量使用“矛盾”一词。他提出了否定的力量，并且通过关于理解的概念来诠释矛盾。也就是说，矛盾原本隐藏在概念之中，但随着概念本身丧失严谨性和自我控制能力，并且不断过渡到它的对立面，矛盾也就变得明显了……因此，矛盾的出现是辩证运动的推动力量。相互对立的概念之间的冲突，以及通过综合的方式解决这样的冲突，又会形成另外新的冲突，这一本质推动了人类的思维朝着理想的结论、包罗万象的综合和纯粹的真相体系无休止地前进……对于黑格尔来说，这些东西是无法实现的，也正因为如此，矛盾才推动着人们的思维朝着综合不断前进，从而克服一个又一个矛盾。[1]

[1] 原注：Frederick Copleston, S.J. *A History of Philosophy*, Volume VII, (New York:Doubleday, 1963), 176.

训练和教育也需要帮助人们按照这样的方式进行思考。对于批判性思维者来说，我们必须从以下几个方面理解黑格尔的思想：

★ 分析人员的思维必须是灵活的，切忌教条（“我知道真相”），同时要积极寻找矛盾，既包括那些显而易见的矛盾，又包括那些难以捉摸的矛盾。前者做起来不难，因为人们都能够理解显而易见的矛盾。但是，当矛盾隐藏在我们思维的杂波之中，当矛盾变得抽象或者难以概念化时，或者当我们不能够理解造成矛盾的原因时，我们的心理过程将变得更加困难，而这些问题的存在造成了认知的不一致。
★ 人类的心理活动是无休止的，既在不断寻找现有的理论，又在寻找新的理论。最终，通过自我论证和批评（有时甚至是反省），人们就会在寻找真相（假设）的道路上找到矛盾。这就要求我们不断寻找、创造或者借鉴矛盾对立面。对立面以及矛盾本身，产生了无休止的寻求综合的心理活动，如果寻找到，将是具有创新意义或者创造意义的。
★ 如果在文化范畴内正确运用辩证法，这种思维方式将成为创新、想象和创造力的源泉。

然而，进行这种类型的思考既是重要的，又是极端复杂的。这些认知行为需要不断改进我们的思维方式，需要大量的训练、教育、经验、指导，以及不断挑战自己的思维。

要注意复杂性。情报分析人员必须思考并且理解复杂适应性系统（CAS）是如何在大型城市环境中运行的。从这方面来说，善于深思熟虑的人都会学着去理解人、单位、网络、电子和组织是如何在大型城市环境（拥挤的迷宫）中进行碰撞、倾轧和颠覆的。这些联系可以是平和的、不显眼的、强烈的、不可见的或者暴力的。这些互动无论结果如何，但其碰撞、倾轧和颠覆的过程，都会释放出能量，有些是可见的，有些是不可见的。对于高级分析来说，要想取得成果，必须有目的、主动地在观察指标中寻找这样的能量，并用观察指标来对假设、预想、预感、疑惑甚至即将出现的行为进行证实或证否。他们必须要知晓和理解与民权和政权纠缠不清的设施和文化的每个环节。探讨城市环境中的复杂性，即复杂性原理在实践层面的所有环节，包括：不可预测性、复杂适应性系统、敏感变量、网络扰动、混沌秩序、潜在爆发的二级和三级效应等等，这些都会在高级分析中时不时地出现。

城市设施是人们众多生活行为的基础框架，这些行为包括：信息、电力、商品和服务、交通等等。最优秀的思维人员会将某个或者某些领域的偶发事情融合成因果关系，这些领域包括：犯罪、公共情绪、个体和有组织抗议、信息流动、对叛乱分子支持和同情、对同盟/政府的支持，以及人们对基础设施中出现的单个和聚合的部分和活动的普遍不悦或满意。然而，要想在设施中构建如此紧密和细致的关系，人们必须要具备有关这些设施各个组成部分和特征的知识。他们必须了解这些设施是如何影响社会的。此外，他们必须理解这些平民和领袖是如何看待支持他们的设施的。设施的每个部分在技术上都是复杂的，因此都是很难理解的，尤其难以理解它是如何进行内部调适，如何影响特定社会的社会结构的。我们可以通过个人知识积累，或者通过与专业的、有组织的、有纪律的虚拟知识环境（VKE）合作，来解决复杂性问题。

设施对于平民和敌人都是重要的。叛乱分子要想利用网络来影响平民或其支持者，就必须使用设施。但矛盾的是，他们又必须要袭击设施的某些部分，从而将平民引向他们希望的方向，并让社会保持一定混沌状态，这样他们就可以藏身于混沌之中。而这些相互对立的因素，为分析人员提供了进行分析的绝佳素材。为了反制叛乱分子时不时地锁定和摧毁设施的某些部分，高级分析人员必须从技术、文化以及人的态度（包括平民、敌人和美国指挥官的态度）等角度全面认识设施。

二、结语

本章提出了情报分析人员必须要面对的一些重要问题的解决之道，也是高级情报分析的入门之处。本章提出的一些观点、方法和思想，可以帮助分析人员应对上述挑战，克服问题所在。其中，为下一章高级分析出场进行铺垫的主要观点可以概括如下 ：

★ 情报分析人员只有采取更为高级的思维方法，才能在城市作战环境中取得成功。情报分析人员必须拥有广泛深入的智力技巧和知识，才能超越不断变化、不断学习的敌人。这些技巧对于高级分析是不可或缺的，需要通过有组织、有纪律的训练和教育才能获得。

★ 本章介绍和探讨了高级分析。高级分析是，“产生的关于作战环境具体的、细致的思维和理解的高级认知过程，可以提供比敌人更加优越的知识”。高级分析有 14 个认知功能 ：解构、批判性思维、联系分析、模式分析、趋势分析、预期分析、技术分析、异常分析、文化分析、倾向分析、符号分析、群体分析、重构和综合。

★ 本章提出，在平叛和打击非正规战争中主动权的重要性。正因为如此，在使用高级分析的过程中，情报分析人员需要预测敌人的活动，并通过指挥官的命令，赢得主动权。事实上，作为高级分析认知功能之一的预期分析，就是以争取主动权为核心。无论是培养分析人员的院校，还是分析人员自主学习，以及单位和组织提供的专业发展课程，都必须为分析人员提供赢得主动权的手段方法。

★ 本章还从更广阔的视角来探讨情报分析是如何激励和引导搜集者，并影响整个搜集活动的。优先情报需求和信息需求依然十分重要，因为它们贯穿于指挥官的决策全程。不幸的是，多年来，优先情报需求并没有得到发展 ；然而，它们必须是动态的，要能够满足流动城市环境下不断变化的情报需求。因此，除了优先情报需求和信息需求之外，还需要其他情报推动力量。其中最为重要的力量包括**假设、预想、预感和疑惑**。本章对上述因素进行了定义，在此不再赘述。

- 本章还提出，高级分析人员的思考和行动必须具体。由于具体性是分析工作的推动力量，因此，需要足够深入地理解作战环境和网络化威胁，并通过具体的观察指标指导情报搜集，尔后通过对搜集的数据进行综合，形成可指导行动的知识。而具体性的实现需要知识的支撑。因此，分析人员需要储备足够的专业知识，同时还需要寻找掌握这些知识、能够指导情报搜集，并将搜集的数据转化为知识的人才。
- 情报分析人员必须推动、指导，并且有目的地将各种情报搜集手段进行融合，包括传统的人力情报及非传统情报来源和手段。前文已经提到，情报分析和情报搜集都在不断地寻找、设计和融入不止一种观察指标。过去，人们一般只使用功能观察指标，但高级分析人员必须使用和设计五种类型的观察指标，包括：**文化、技术、生物、功能和态势等观察指标**。这些观察指标将推动情报搜集工作；然而，它们都十分具体，且都是知识密集型的，需要能力极强的高级分析人员来设计，情报搜集人员则缺少必备的认知和知识技能。
- 本章提出，要想教会人们使用高级分析，必须投入大量的训练和教育。要想提高情报分析能力，使其能以更高的标准在各类城市作战环境开展行动，就需要投入大量的训练和教育资源，采取不同方式进行学习，以及提供长期的资源保证。这些措施都是必要的，如此分析人员才能改进思考方式，更好地应对善于隐藏的叛乱分子，并在大型城市环境中开展行动。首要的一步，高级分析人员的训练和教育必须依赖于一系列相互关联的活动，并与之合作。单个分析人员对个人智力的发展负责，这意味着他们需要利用自己的时间进行学习。情报分析人员还需要反复进入各类学校和学院进修，接受个人和团队的高级训练和教育。最后，他们所在的单位和组织还需要制订有活力的、连续的、有组织的训练和教育计划。高级训练和

> 教育项目将会产生足够的知识，足以进行创新、想象，甚至创造出新的观念、组织、搜集方法、观点以及对敌人和作战环境的理解。在严密的高级分析学习计划中，人们不仅要了解“思考什么”的问题，还要学会“如何思考”的问题。训练和教育将会帮助高级分析人员学会使用矛盾，而这正是任何情报分析任务的最基础性工作。这些矛盾将会聚集在分析人员的观念、批判性思维能力和对真相孜孜以求之中。很自然，分析人员将被迫解决这些矛盾。如果分析人员通过这种方式得到训练和教育，他们将会有能力探索矛盾对立面的思维活动。对立面及其矛盾本身，将最终产生新的途径或者综合。这就是辩证法，尽管没有学术上晦涩的阐述，但它对高级分析人员有着独特的价值。

脑中有了这样的概念后，让我们进入下一章。下一章探讨的问题是，在优化高级分析过程中，我们需要采取什么样的行动和过程。

[第4章]

为高级分析做铺垫

这一章主要阐述高级分析的倍增器（enabler）。事实上，受过高级分析训练的情报分析人员能否成功，取决于能否成功运用本章所探讨的这些重要倍增器。本章一方面对每个倍增器进行解释，另一方面力图让读者认识到它们的重要性，以及它们在高级分析总体环节中的地位和作用。有些倍增器眼下还不存在；然而，本书强烈建议有关方面将其作为高级分析和未来情报行动的必要增强剂。五类倍增器分别是：①分析性条件准备活动（analytic condition-setting）；②虚拟知识环境（Virtual Knowledge Environment，VKE）；③对情报搜集人员的详细指导（detailed guidance to collectors）；④分析推演（analytic wargaming）；⑤分析战略（analytic strategy）。

一、分析性条件准备活动

情报分析人员不能消极，不能坐等命令指示。相反，他们必须进行预测，积极主动进行条件准备活动，为取得成功奠定基础。要想构设条件，情报分析人员必须一只脚站在当下，一只脚站在未来。没有谁会为情报分析人员筹划将来的事情，他或她必须自己提出、构设和启动条件，为实现分析成功创造最好的机遇。这样的条件准备活动在当下还不存在；然而，它应该出现。不幸的是，这种工作虽然被当作一个整体，但却被分配给不同的人来做，且根据情报分析人员的职能和任务，他们没有必要开展这项工作。这种条件准备活动不会也不应该由情报分析人员独立完成，而需要他们与情报搜集人员和负责传感器、数据的专家一起，进行更为主动和预测性的思考，与团队一起进行条件准备活动。无论体系当中谁在负责知识管理工作，情报分析人员都必须在知识环境的条件准备活动中发挥协调作用。

缺少分析性条件准备活动，情报分析人员的能力将大幅下降。广义上说，没有条件准备活动，分析人员将会被定义为保守派。不幸的是，在城市环境中，保守即带来被动，因为叛乱分子或非正规敌人都在采取主动的行为。由于许多不可知因素的出现，例如敌人的意图、平民的态度、平民对友军行为的反应、政治家的战略、二级和三级效应的影响、敏感变量的突然出现和消失，以及作战环境及其居民的影响等因素，使得情报工作变得越发困难。尽管如此，指挥官还是依靠情报分析人员来了解敌人意图、未来行动、薄弱点[1]，以及支持网络的联系与节点的异变等。使问题更加复杂的是，情报分析人员还必须按照上文讨论的逻辑进行思考，这里有必要对这个逻辑再叙述一遍。这一逻辑为三种类型的条件准备活动提供理论支撑。这种逻辑就是作战环境的流动性。这也就意味着人、组织和设施，都在开展各种交易、互动、行动和行为，并且都将产生结果。复杂适应性系统在不断的碰撞、倾轧和颠覆过程中，产生巨大的能量和动力。建筑不断耸起，又在不断毁瘫。设施在城市的某些区域起着作用，但在另外一些区域却失效了。使逻辑变得复杂的是，敌人看起来像平民，说话声音像平民，住在平民中间，他们的行动也隐藏在平民日常合法行动之中。敌人在一张看不见、扁平、无固定形状的网络中开展行动。此外，美军及其盟军不断调整的职责和任务，以及相应的限制和交战规则（rules

[1] 原注：Alexander Bevin. *How Wars Are Won: 13 Rules of War From Ancient Greece to the War On Terror* (New York: Three Rivers Press, 2002), 261–269.

of engagement，ROEs），也都在不断变化。这些任务是不同的，例如有重建、战斗、健康和救助等任务，但不同的任务对模糊、不确定性和风险又有着不同的容忍度。决策一旦变化，就会为那些负责提供知识，以降低不确定性和风险的负面影响的人带来巨大压力。这种对高质量知识的需求（要求及时可用），为情监侦系统施加了很大压力。这些压力正是压在情报官、情报分析人员和情报搜集专家等人头上。

这样的逻辑促使情报人员必须凡事想在前头，并且构设各种条件，从而取得胜利。有预见的情报分析人员必须按照这种逻辑进行思考，并且在作战环境限制和敌人网络带来的挑战等前提下，判断出可以用来追踪敌人的间接途径。军事理论家利德尔·哈特（B. H. Liddell Hart）的话可以帮助我们理解条件准备活动，这段话虽然与条件准备活动有所不同，但与通过间接途径进行意图上的条件准备活动相似，即思维的脱位：

> 从心理学意义上讲，脱位（dislocation）是指挥官心理活动对身体影响的结果……如果他突然意识到自己处于不利境地，且感到自己无法抗击敌人时，这种印象会非常强烈。从根本上说，心理学上的脱位就来自这种陷入困境的意识。[1]

分析性条件准备活动适用于思维和影响的三大领域：数据、传感器和知识等架构。每一个领域都需要进行阐述。

构设数据架构的条件准备活动。分析人员依赖于数据；因此，他们必须思考数据，构设数据环境，从而为面对下一次事件、争论或问题时的决策提供数据支撑。没有人会为他们做这件事。但这不是说，他们是在孤军奋战。这里想说的是，分析人员必须自己掌握情况，向技术专家提出数据需求，后者一般来自信号部门或者更高一级部门，即来自联合特遣部队（JTF）和作战司令部情报部门的技术人员。情报分析人员必须构设条

[1] 原注：B. H. Liddell Hart. *Strategy*, (London: Faber & Faber Ltd, 1954), 326–327.

件，从而寻找、发现和利用现有的来自全球的数据。为什么呢？许多数据库中有情报分析人员需要的数据，但它们要么不对公众开放，要么是专用的，要么需要缴费才能进入和使用。此外，所有数据库都需要认证和密码，而这些都需要时间。有些数据库的结构和其他数据库不同。此外，数据的真实性或可靠性也是个问题，对于所有情报人员来说，无论是从公开的互联网获取数据，还是从军方加密网络中获取数据，这都是一个持续的挑战。分析人员还需要与情报搜集专家和技术专家合作，为情报搜集人员构设数据框架；分析 / 搜集小组需要制定基于分析的观察指标。尽管这是情报搜集专家的首要职责，但情报分析人员必须积极主动构建数据框架，不仅要做到从他或她的观察指标中获取数据，还要接收、处理，并将它及时转化成信息和知识，从而为指挥决策服务。

构设传感器架构的条件准备活动。为满足需求，高级情报分析人员必须与传感器专家进行合作，做好进入合适的情报搜集设施的准备活动。这一需求不能只留给情报搜集专家处理。原因很简单，情报搜集专家不像情报分析人员那样了解未来，也不了解相应的决策及相关数据、信息和知识需求。分析人员必须参与到这一工作之中。正是情报分析人员通过解构形成的观察指标，指导着传感器和人力情报进行搜集，以及何时何地进行搜集。同时，随着分析人员对未来的不断预测，诸如下一次任务是什么，指挥官的意图和指导会是什么，将要做出什么样的决策，做出最佳决策还需要什么知识支撑，需要什么样的观察指标来指导情报搜集，技术传感器和人力情报究竟需要何种特定类型、放置于哪个精确位置，数据如何流动才能更好地满足分析人员对未来信息的需求等等问题，都对未来的预测产生影响，都会使情报需求变得更加复杂。

构设知识架构的条件准备活动。前文已经提到，分析人员在开展工作时，需要为他们使用的知识构设条件。这样做可以帮助人们了解究竟可以提供什么样的知识。在我以前的一本著作中，我这样写道：

对于所有人来说，重要的是寻找到一种可以创造持久优势的

> 知识。因此，在任何冲突当中，真正重要的是，人或机器如何将信息变成知识，如何管理这些知识，以便人们可以使用它，从而比竞争对手更好更快地思考、筹划和决策。[1]

筹划和执行都需要知识，它是获得权力的手段。大家公认的是，有了高层次、高价值知识，这样的指挥决策将比只拥有数据或信息更加有效。有了知识以后，指挥官可以减少风险，将不确定性降低到可以接受（根据其特定的决策风格）的程度。然而，想要获取知识并不是一件容易的事情，尤其是在我们探讨的这个不断变化、流动着的城市作战环境中，更是如此。因此，在获得真正的知识之前，情报分析人员必须首先构建知识环境。类似于传感器架构的工作，分析人员需要提前预想指挥官未来的任务和决策。他们必须从不确定性和风险两个方面，预想指挥官做出决策时的偏好，并据此预测知识需求。正因为如此，他们必须预测指挥官的知识需求，并且通过构设条件，来寻找、发现和利用这些知识，满足未来的知识需求。有时，他们还可以利用自己的团队获取知识，这些知识可能就在数据库中，只需要轻轻"点击"就可以发挥价值。但有时，无论是分析人员还是团队中的其他人，都难以"点击"，也难以提供新的知识，原因就在于相关知识的严重缺失。在这种情况下，分析人员必须走出他或她的团队，去获得正确的知识主题专家或者正确的知识数据库，查找所需知识，或者增加现有知识的价值，甚至是发展一种全新的知识。高级分析人员必须尽早构设这种知识支撑网络。有这样一种强化的思想，两位备受尊敬的作者建议人们思考并组织知识网络。他们的思想提供了一些明智的建议：

> 在任何组织工作的任何人，都是相互交错网络中的一员。这

---

[1] 原注：Wayne M. Hall. *Stray Voltage: War in the Information Age*, (Annapolis: Naval Institute Press, 2003) 60–61.

些网络使一个组织中的人，与其他组织中从事相似工作的人联系了起来。这些组织严密的活动、行业和职业机构，是这些网络的基础。[1]

底线（bottom line）——高级分析人员构设条件时，他们需要设置和建立一种知识环境，用以构建网络、共享知识和生成知识，以满足未来指挥决策需要。

从这个角度说，分析人员需要将那些进行预测所需的专家组织起来，包括筹划知识专家、决策知识专家、数据阐释专家以及将数据转化为信息和知识的专家。为此，分析人员需要向情报机构、非政府组织、公司等商业实体，跨机构个人或组织，当地主题专家以及虚拟知识环境（接下来将要深入探讨）寻求帮助。对于高级分析人员来说，这样获得知识的工作虽然富有挑战性，但却是必不可少的。没有哪一位分析人员可以获得各个方面的知识，以满足信息方面的需求。因此，分析人员必须预想到他们可能需要的专业知识，以及获得知识可能需要的思维技巧和自身的不足（组织弱点和个人弱点）。他们还需要在危机到来之前做好准备，随时使用所需的知识框架。如果他们在危机来临之后才做准备，考虑时间限制以及种种复杂问题，比如发现、联系、安排交流，组织安全检查工作，甚至寻找一位可靠的知识经纪人等等，都会使获得足够知识的努力变得几乎不可能。

分析性条件准备活动不是一件可有可无的事情。它必须成为每个分析人员思维技巧的一部分。他们所在的单位必须帮助其进行高级思维和筹划，并将这三种构设方法串联起来，从而为成功创造更好的机遇。

---

[1] 原注：John Seely Brown and Paul Duguid. *The Social Life of Information*, (Harvard: Harvard Business School Press, 2002), 158.

二、虚拟知识环境

虚拟知识环境（VKE）提供了概念上和技术上的框架，目的是规范与追溯相关的当前想法和实践。（**追溯** [reach back] 是指与当地不可用资产和资源的连接和协作。）它将各种各样的信息内容和片段进行融合，成为一种有组织的、虚拟的融合进程。虚拟知识环境有三个显著的功能：(1) 可以为指挥官、情报分析人员、筹划人员和军事行动人员提供数据、信息和知识支持；(2) 可以为开展详细的情报工作提供专业技术支持；(3) 为帮助指挥官、作战人员和情报分析人员进行决策、获得主动权、始终抢在敌人决策环节之前，提供的必要认知和知识支持。这一能力现在还不存在。但它应该存在。相反，目前的许多工作都基于个人的知识获取，这些知识既缺少组织又缺少规范。特别是，不管是什么层级的分队，都需要具备寻找、发现和使用世界一流的思维和先进技术的能力，从而提供与复杂和困难目标相适应的高层次和高价值知识，但由于时效性、具体性甚至清晰性等问题的存在，情报界目前还不能做到这一点。一位在决策理论领域著名的专家写下了下面这段话，可以让我们窥见利用专家解决问题的重要性：

> 军事指挥官同样需要找到杠杆点……杠杆点只是一种可能性，压迫点可能更为有用，也可能毫无益处。专家的价值之处可能在于能够注意到这些杠杆点。当然在诸如象棋等游戏中，专家可以更容易找到杠杆点。在阐述过程中，专家往往能够找到杠杆点；所谓杠杆点，指的就是机遇和即将面对的威胁。[1]

不幸的是，复杂环境下筹划和决策所需的高层次知识，目前确实非常难以找到，同时也难以被使用。之所以难以被找到，主要是因为地形、

[1] 原注：Gary Klein. *Sources of Power: How People Make Decisions*, (Cambridge: MIT University Press, 1998), 116.

设施、人类互动和组织活动的发生和变化太快。此外，城市作战环境中所有军事行动的持续变化、运动、能量迸发以及文化变量和主导因素等，都使寻找知识变得更加困难。另外，有关某些城市特有的知识，常常已经过时而难以使用，往往不够准确；有的知识没有将文化、设施或中立势力等因素考虑和应用到位。正如我们已经讨论的，使用高级分析法，不仅需要了解非常详细和最新的知识，而且需要直接将知识应用到情报问题和挑战上。因此，任何规模的传统员工，都不太可能拥有必要的专业技术，生成足够的、具体的知识，从而降低决策风险，并将不确定性降低到可控状态。高级分析就是通过这种虚拟知识环境来克服这一弊端。

在理解城市挑战的同时，知识方面的问题也使得城市作战变得更加复杂。寻找和处理知识，使其变得有用，这绝不是一件无足轻重的工作，尤其是在城市作战环境中。让我们研究一下导致这种复杂局面的主要原因。前文已经讨论过，知识有三种类型。第一种，就是现有的知识。现有的知识常常是不可用的，它可能让人感兴趣，但也可能是过时的，尤其是在态势快速变化的状态下。第二种，价值增加的知识。这类知识来自主题专家，他们将自己的知识、经验、文化背景和直觉等，加入现有的知识当中。第三种是新知识。有时甚至没有相关知识的存在，这种情况下就需要采取措施构建新的知识。

从组织结构角度考虑，虚拟知识环境究竟是什么样子？虚拟知识环境是有组织、有纪律的，这意味着，虚拟知识环境需要满足一定的标准，在执行任务时更不能偏离中心。知识经纪人制定出虚拟和物理知识环境，为作战人员和指挥官提供知识支持。虚拟知识环境的组成部分，包括知识经纪人、问题管理者、主题专家、精英中心（centers of excellence，COE）以及一些技艺高超、世界一流的数据科学家。这些组成部分都是虚拟的，并不是某一特定组织的正式组成部分。当高级分析人员提出了他或她的信息或知识需求后，知识经纪人和问题管理者就组织一个由主题专家、精英中心和数据科学家构成的虚拟团队，就难点和特定问题进行研究，并将研究结果反馈至虚拟知识环境。一旦问题得到解决，且提出需求者对知识结果感到满意，这个虚拟组织就可以解散了，然后再针对不同的问题，组成一个新的团队，产生新的专业基础和数据。这些囊括了最优秀思想、最高效机构和使用最先进软件工具的数据科学家的虚拟团队，是美国相对于敌人的最大非对称优势。

追溯详细的知识支持非常复杂且非常重要，超出了临时安排和偶然事件。当追溯系统在寻找主题专家或分布式数据时，决策者需要知道自己找到的主题专家是不是最优秀的（有关联的、准确的和可信任的），他们获得的知识是不是最新的，做到这一点需要不断的努力，而不只是应急之举。此外，追溯系统要讲究时效性。在任何作战环境中，指挥官都使用时效性作为衡量追溯行动的标准。达到此标准是非常重要的，同时也会给提供远程支援的组织施加压力。满足这种标准最困难的问题就在于，如何确保所提供知识的质量是最佳的。前线的指挥官和作战人员希望其得到的追溯具有明确的指导性，同时又有合理的衡量标准。如果指挥官和作战人员给追溯行动提出了不合理的衡量标准，他们就不可能得到想要的结果，其原因就在于没有足够的时间获得高质量知识产品。

有意思的是，城市作战环境的一个抽象但显著的特点是，庞大的城市总是变化无常，这就导致有用的知识在不断过时，新知识不断获得能量，但就在新知识彰显其重要性时，它发现自己过时了。因此，为寻找、发现和对现有知识进行增值，或者构建新知识的过程，总是处于运动状态。从这一点看，庞大的城市就好比一个生态系统，在军事行动、人道主义救助行动、维稳行动和重建行动中，不论何时，真正不变或者真正不受损害的事情其实很少。由于人和组织在城市环境中生活和互动，因此城市中的所有事物构成了一个复杂的、相互依赖和联系的网络。不管是哪个层面的行动，都可能影响系统中的其他部分。而虚拟知识环境可以为决策者提供不断调整、不断变化的知识，帮助他们理解这些因果关系及其后果。

让我们举个简单的例子。在一座发生暴乱的城市，叛乱分子的网络正在开展针对美军的行动。但这些网络很难被发现，因为有民众支持它，敌人非常善于躲避和欺骗，他们将自己隐藏在这座城市的日常活动之中。

他们隐藏的方式之一，就是在合法公司的掩护下开展必要行动。这种情况下，叛乱分子必须借助车辆。他们需要车辆运送炸弹、人员和弹药，需要车辆进行侦察，通过车辆发动攻击。因此，他们会将自己的非法行为藏身在某些公司的合法车队之中，从而躲避美国情报分析人员的眼睛。

如果前线的情报分析人员认为某公司向叛乱分子提供车辆，他们必须认真研究这家公司的档案记录，看看它是否有违规纳税等不良记录，顺着这些记录可能会找到证实该公司是“可疑”的证据。这一流程听起来很简单，但却是一个困难的分析情景。美国人不了解这个国家，也不知道这座城市的税务规定。情报分析人员不了解这家公司的内部运作，也不知道在这一文化当中，他们是如何达成逃税目的的。他们需要一位当地出生的会计，需要一位懂得税法和某个行业内部运行的专家。在通常情况下，他们可以通过传统的射频干扰渠道，向指挥链中的上级提交申请。但他们可能会一无所获，因为在传统的情报系统中，这样的需求几乎是不被认可的。

我们可以很清楚地看到，传统的情报界想要满足这一需求是多么困难。第一，如果计划开展这样的行动，他们首先要在自己的组织内寻找专业人才。第二，他们会从情报界内寻找专业人才。第三，他们会从政府内外部相关的非正式团体中寻找帮助。这个问题集将会很枯燥，而且毫无疑问的是很难及时解决。因此，人们可以得出这样的结论：这种方法是不可行的。分析人员会变得沮丧，甚至会选择从这项任务中撤出。

假设我们拥有与虚拟知识环境相关的有组织追溯能力，现在让我们再思考这一问题。情报分析人员找到前线的知识经纪人，请他帮助寻找一位当地的税务会计，对可疑公司的账目进行审查。前线的知识经纪人会通过虚拟知识环境寻找一位虚拟知识经纪人，尔后前线经纪人和虚拟知识经纪人通过查阅主题专家数据库，快速寻找具备专业能力、当前经验以及丰富知识的人才，邀请他们参加虚拟团队，以满足情报分析人员的需求。虚拟知识经纪人会利用数据科学家进行数据搜索和数据融合，并将结果提供给当地税务主题专家。知识发现软件（knowledge discovery software）可以找出各种关系、联系和模式。统计专家可以进行统计分析、可视化和知识发现。

简而言之，知识经纪人寻找合适的人才，只需三名专家就可以组成最佳的专业团队。其中一名专家是本地人，在该城市的税务机构工作，且非常可靠；另外一名专家在美国国家税务局（Internal Revenue Service，IRS）工作；最后一名是在当地出生的退休税务会计，并且获得该国和美国的双重国籍。当知识经纪人和问题管理者找到税务专家后，他们就形成一个由专家、数据科学家和相关保障人员组成的虚拟团队，他们通过虚拟协作手段解决问题。

高级分析人员必须是一名能够操作虚拟知识环境的专家，同时也要能够洞察知识缺口，找到工作的突破口。一旦被发现，这样的知识缺口可以通过以下两种方法之一进行解决：一是从情报分析监管机构内部寻求援助，二是通过虚拟知识环境寻找认知支持。然而，情报机构满足任何情报需求的能力，都受到其他因素的制约：该机构现有分析人员的能力和经验水平，以及机构成员接到需求后做出认知支援的速度等。此外，分析机构前方部署和后方留守的专家，都可能无法回答这些难题，难以提出新知识和增加现有知识的价值，甚至不希望卷入高级推演之中。如果发生了这种情况，积极进取的高级分析人员将可以很快转而使用虚拟知识环境来获得支持。

三、为情报搜集人员提供分析指导

高级分析人员需要向情报搜集人员提供具体的指导和指示，他们与搜集人员中间不应该再有一层管理人员。高级分析人员必须就作战行动内容，何时何地进行搜集、搜集什么内容以及搜集对象的详细描述，搜集标准（情报信息产生价值的最早时限和最晚时限），以及情报工作预期等问题，向情报搜集人员提供具体的指导和建议。分析人员还需要提醒分散各处的情报搜集团体像敌人一样进行思考，要站在敌人的角度思考传感器能看到什么。奥森·斯科特·卡德（Orson Scott Card）下面的思考可以帮助我们了解这个问题：

> 他发现，自己从战争学院学习的很多知识现在已经转移到仿真设备中。他会每隔几分钟就对仿真设备进行调整，使其一直转动，这样他就不会陷入上下波动之中，并始终以敌人的视角看待自己的位置。最终我们会像控制仿真设备一样，控制战争的所有内容，这很令人兴奋。[1]

当搜集的最终数据通过分布式共同基础系统（Distributed Common Ground System，DCGS）返回到决策环节后，高级分析人员在虚拟知识环境主题专家和数据科学家的帮助下，可以迅速将数据重构成信息和知识。高价值知识可以帮助指挥官做出更快速、更高效的决策。然而，对情报搜集人员的这类分析性指导目前还不存在，情监侦系统的效能还不能发挥到最大。但它应该出现。军人、作家弗兰克·基特森（Frank Kitson）将军在他的著作《低烈度作战》（*Low-Intensity Operations*）中，强调这一需求：

> 陆军在这种任务（平叛行动）中扮演重要角色，首先要确保情报工作沿着能够满足自身需求的方向前进；其次，在人和物两个层面都能够做出直接的贡献，即使在有些情况下，运行现有组织的这些人，比如警察，并不欢迎这样的协助。[2]

基特森建议，平叛行动和非正规战争中的情报，需要有直接针对性和具体性。如果想做到具体，那就需要拥有深入且最新的知识。这些知识来

[1] 原注：Orson Scott Card. *Ender's Game,* (New York: Tom Doherty Associates, 1977), 260.

[2] 原注：Frank Kitson. *Low-Intensity Conflict: Subversion, Insurgency, and Peacekeeping,* (St. Petersburg: Hailer Publishing, 2007 reprint), 77.

自能力强的高级情报分析人员，而不是情报搜集人员。所以，情报分析人员必须使用前端分析结果，即我们所说的**解构**，来指导情报搜集工作。即使是在混乱且喧嚣的城市作战环境中，也必须对情报搜集人员进行这样的指导。情报分析人员知道，混沌之中同样存在秩序[1]，需要指导情报搜集工作去验证假设，去监视特定地点，在区域搜索过程中搜集大量的征候。下面这位作者有关混沌边缘（edge of chaos）的解释，可以用来理解情报分析人员通过提供具体的指示，向情报搜集人员下达情报搜集的内容、地点和方式等指令：

> 相反，所有这些复杂系统都获得了一种能力，可以使秩序和混沌形成一种特殊的平衡。而其平衡点——混沌边缘——就在于，系统的组成部分不会静如止水，也不会狂风大作。混沌边缘就是生命有足够的稳定性保持自我，有足够的创造力，使其配得上生命这个名称。混沌边缘存在于新思想和创新永远都在蚕食着现状的边缘。[2]

这一段的意思是说，分析人员必须将看似混沌的局面，转变为某种秩序的图景，因为只有在秩序图景当中，功能网络才可以被清晰看到，才可以被锁定、找到和有序合作。不幸的是，这种给予情报搜集人员的特定分析指示，在传统的思维中却无法施展；因为在传统思维中，分析人员能够做什么、不能做什么，存在着非常严格的官僚规则和流程，阻止了分析人员和情报搜集人员之间形成一个扁平的信息网络（进行共享和合作），而对于分析人员来说，即使他们想传递特定的指示，但现实使他们很难做到。

换句话说，高级情报分析人员要与情报搜集专家进行直接交流，

---

[1] 原注：Sun Tzu, 92.（译文引自：孙武，《孙子兵法》[上海古籍出版社，2006 年 7 月第 1 版]，“势篇”第 47 页。）

[2] 原注：M. Mitchell Waldrop. *Complexity: The Emerging Science at the Edge of Order and Chaos*, (New York: Touchstone, 1992), 12.

搜集专家负责执行或控制具体的情报搜集活动，包括人力情报、反情报（counterintelligence，CI）、技术情报搜集人员、设施专家、社区专家、功能专家（比如巴格达公司税法专家），以及开源专家等。高级情报分析人员使用电话、自动化系统、聊天室或者电子邮件等方式，对情报搜集专家进行指导。除了上述传递手段之外，情报分析人员还需要编写指示信息，并通过即时通信（instant messaging，IM）与情报搜集专家进行在线交流，或者将信息发送至网站的电子公告栏，然后由情报搜集专家（例如操控捕食者无人机的图像分析人员）根据观察指标（或缺乏观察指标）开展特定的情报活动。当然，高级情报分析人员要随时做好参与讨论或进行解释的准备。此外，在不需要对目标进行提前确认的情况下，情报分析人员可以对情报需求进行更新升级，或者将情报需求通知情报搜集人员。在信息通信过程中，自动化系统必须有助于：(1) 提醒高级分析人员进行信息更新；(2) 提供部分已经更新的表格或图形；(3) 将信息打包，并通过互联网快速、准确和安全地分发。最后要说的是，分析人员可以使用以下框架向情报搜集人员提供具体的指示。

- ★ 行动文书。
- ★ 具体的观察指标：功能、生物、态势、文化和技术。
- ★ 预料中的行为体或其他现象可能发生的地点和时间。
- ★ 报告指示信息或其他类型的指令，例如有关敌人针对美军情报搜集行动可能的反制措施等。
- ★ 标准。
  - （1）时效性（时间限制，为满足时效要求而承担风险的意愿）。
    - • 信息价值的最晚时限（latest time information of value，LTIOV）和信息价值的最早时限（earliest time information of value，ETIOV）。
  - （2）具体性（具体到如下程度："要在这个十字路口盯住一个站在那个角落里、长袍下穿着一双跑鞋的男子，这个人的手里拿着手机，身上没有配饰，脸上裹着厚围巾”)。

(3) 准确性（坐标参数，GPS 上的位置点)。

(4) 相关性（与任务、优先情报需求、信息需求，或者其他情报来源需求的相关性)。

(5) 清晰性（具体情况、清晰描述、确切地址、需要观察的详细行动、国家图像判读度分级系统 [National Imagery Interpretation Rating System，NIIRS] 以及情报搜集人员需要输入的数据类型和清晰度)。

四、分析推演

有关主动权争夺的推演，即“行动—反应—再反应”的推演，应该让所有的情报分析人员都参加。虽然有些推演在某些组织中进行，但分析推演却不能在分析机构中开展。《战争论》中的一段话，可以帮助我们理解为什么需要推演：

> 既然敌对双方不再是抽象的概念……既然战争不再是抽象的东西，而是特殊的行动过程，人们就自然可以根据实际现象所提供的材料，来推断那些应该知道而尚未知道的将要发生的事情了。敌对双方的任何一方都可以根据对方的特点、组织和设施、状况以及各种关系，按盖然性的规律**推断出对方的行动**，从而确定自己的行动。[1]

这类推演应该成为高级分析的一部分，也应该作为情报分析机构的高

[1] 原注：Clausewitz, 80.（译文引自：克劳塞维茨著、军事科学院译，《战争论》[商务印书馆，1978 年第 1 版]，第一卷、第一篇、第一章“什么是战争”，第 32—33 页。)

级认知技能，传授给所有联合部队和军种情报分析人员。

情报分析人员需要使用推演方法，分析友军、敌军、中立势力以及市民和企业，得出“可能发生什么”的结论。当然，要得出这样的结论，就必须研发和使用一种由分析和文化驱动的推演模型。毫无疑问，分析推演也是极具挑战和极难实现的。很多困难就藏在我们所称的**“钟摆思维”**（pendulum thinking）里。所谓钟摆思维，指的是敌人眼中的友军、友军眼中的敌人，以及敌人眼中的友军对自己和敌人的看法，此外还包括友军、中立势力和东道国的看法。我们需要超常的思维人员，需要他们使用这样的推演，更重要的是，他们要将对敌人、环境、设施、人口、中立势力和商业利益等因素的深入思考融入推演之中。

分析推演的目的，首先是**寻找、发现和占据主动**。因此，通过推演可以得出打败敌人思维的方式，了解他们的思维方式，在智力上超越他们，从而预测和阻止他们的行动。在行动方案可行性方面，与传统的军事决策推演相比，高级分析推演有几个方面的不同。

- ★ **第一**，高级分析中的推演以获得主动权为目的。要想找到、维持主动权，高级情报分析人员必须研究友军、敌军、中立势力和东道国的各类活动。研究过程中，每个竞争方都可能获得主动权，都可能在“行动—反应—再反应”的循环中率先出手。如果有人只是做出反应，而不是率先行动，产生的结果以及由此形成的假设都将是不同的，而这就是优先情报需求的引擎。
- ★ **第二**，高级情报分析人员还要对推演中的“行动—反应—再反应”循环进行细致研究。为了寻找、发现和维持主动权，分析人员必须充分了解斗争所处的环境和竞争对手的情况，而要获得如此详细的信息，分析人员必须对敌军、东道国以及围绕敌军和东道国的文化进行深入研究。
- ★ **第三**，高级分析推演要全面研究敌军、中立势力和东道国的计划、战略、目标、意图、意愿、局限性和资源。

- **第四**，为了实现目标，高级分析推演人员还要理解敌军、中立势力和东道国的**条件准备活动**。有些条件准备活动是可见的，容易被理解，但有些是不可见的，隐藏在人们的意志之中，难以根除和检视。
- **第五**，高级分析人员要从友军以及每个竞争方的角度出发，研究敏感变量和机会窗口。
- **第六**，高级分析推演人员要有意识地预测竞争对手的下一步行动，使指挥官有可能对敌采取先发制人行动，从而使他对友军指挥官的行动做出反应。
- **第七**，高级分析推演人员要从"行动—反应—再反应"的循环中推导出假设，并将假设解构成观察指标，尔后与情报搜集人员一道，通过有目的、有方向的情报搜集，寻找这些观察指标。

高级分析推演是理解敌人决策环、选项和限制条件的重要方面。虽然对更加复杂的智力推演的需求是显而易见的，但托马斯·劳伦斯下面这段话强调了这种思考的必要性。

> 开展推演，需要了解我们自身的情绪、了解别人的复杂性和易变性，以及任何可能对我们的意图有利的事情。我们必须对他们的意图进行合理的安排，从而使战争变得更加正规和细致。我们不得不妥善安排自己的思路，当然这是首要的。我们还必须安排敌人的思路，安排战线后方支持我们的人的思路，因为战争的一半发生在后方；也要考虑翘首企盼战争结果的敌人的思路；以及密切关注局势的中立势力的思路；这就是说，我们要考虑方方面面的东西。[1]

分析推演还可以帮助分析人员了解敌人的战略目标、策略、战术，

[1] 原注：T. E. Lawrence. *Seven Pillars of Wisdom*, (New York: Anchor Books, 1926), 195.

以及将使用哪些资源实现自己的战略。它可以启发各种类型的思考，这些都是分析人员必须具备的认知能力。它也可以帮助推演人员提升对敌人意愿、动机、意图、思维和计划过程，如何做出决策，如何使用情报搜集手段（不论何种手段），以及他最信任的信息源等抽象概念的洞察能力。

这就是说，任何城市作战环境中的行动、互动、交易都**包括了人的因素**，包括中立势力、敌军、支持敌军的人、东道国、商业企业以及无辜旁观者。所有人都有思想、观点以及对最为捉摸不定的因素的不同看法，即他们究竟能够忍受何种程度的艰辛，能够经受何种程度的痛苦，或者为了赢得或实现他们的目标，他们究竟愿意付出何种程度的努力。克劳塞维茨下面的思想，可以帮助我们理解意志的重要性。

> 要想打垮敌人，我们就必须根据敌人的抵抗力来决定应该使用多大的力量。敌人的抵抗力是两个不可分割的因数的乘积，这两个因素就是现有手段的多少和意志力的强弱。现有手段的多少是可以确定的，因为它有数量可作根据（虽然不完全如此），但是意志力的强弱却很难确定，只能根据战争动机的强弱作概略的估计。[1]

所有人和机构都以某种方式、样式或形式，与美军、美军机构及其盟友处于竞争关系。所有人都有自己的信仰和坚定的意志。因此，美军和美国机构工作人员，需要提出并使用一种有条理的方法，去理解在城市这口大锅之中相互碰撞、颠覆或倾轧的人们的欲望、动机以及意志。因此，指挥官需要使用这种分析推演的过程，预先采取行动并塑造行动，或者即使指挥官已经无法阻止事件发生，也要在竞争性行为和碰撞发生之前，对即将发生的事情做到心中有数。

---

[1] 原注：Clausewitz, 77.（译文引自：克劳塞维茨著、军事科学院译，《战争论》[商务印书馆，1978 年第 1 版]，第一卷、第一篇、第一章“什么是战争”，第 27 页。）

有了上述基本原理，我们可以得出这样的结论：美军和美国机构工作人员必须要理解作战环境中的每个竞争对象，跟踪掌握他们的动机、目的、战略、意图、意志、工具，以及每个竞争者实现上述目的的能力。有趣的是，每个竞争者都在采取措施，希望能够实现他们的目的和目标。这样的努力就是要创造一种预期的结果，同时又可以利用出人意料的行动和活动，挫败、震慑或击中他的竞争对手。这就是主动权。每一方都利用自己的能力实现目标，只要他们认为时机合适。主动权的重要性已被证实，因此必须努力争夺之，但争夺它的本身的确是个波动的过程。每个波动过程都包含对主动权的再争夺，同时做好准备应对其他竞争者可能的攻击，以便寻找、占据和维持主动。

作为情报推演最重要的内容之一，高级分析人员必须要理解竞争对手的决策环，总体目的就是要抢在敌人之前预想到行动和效果，或者抢在敌人之前预测、占据和维持最重要的优势——**主动权**。传统上，美军采用了约翰·博伊德（John Boyd）上校的模型[1]，分析如何抢在敌人决策环，即“观察—定位—决策—行动”（observe, orient, decide, and act，OODA）循环之前。不幸的是，如果人们运用这种模型对付流动的大型城市作战环境中的竞争对手，他们将落后于竞争对手的决策，而且会发现主动权变成了虚幻的、妄想的和遥不可及的。为什么这样呢？

在博伊德模型中，观察人员发现自己已经处于某种方式、形式或样式的战场之中。这个模型是由朝鲜战争中的飞行员创建的，当时边行动边观察的方式是可行的。在一定技巧和运气的帮助下，有的人可能在行动开始后就获得主动权。然而，如果面对一个藏于城市之中的叛乱之敌，如果还想再获得主动权，就会发现在战术上和战役上都无法获得。因为太多无法预料的事情会发生，城市中充满了无法预料的事件或行动，这也就是克劳塞维茨所谓的“阻力”（friction）的实证。此外，

---

[1] 原注：1985年春，我在高级军事研究学系学习时，约翰·博伊德上校访问了我们学校。他对OODA闭环的探讨影响了我今后的思考。

敌军、友军、中立势力或东道国之间，任何两者之间的互动，都可能产生新的行动，其他方也会因之而动，从而丧失主动权。从该模型的“观察”模式开始，我们的军队可以不断定位、决策和行动，但占据主动的往往是敌军、中立势力或东道国。

有了高级分析推演后，需要一个稍有不同的模式。这一模式不是为“反应”设置条件，而是为“抢先行动”设置框架。正因为如此，高级分析推演人员可以预测其他竞争对手的活动。他们会构建可能的二级和三级效应，努力避免镜像效应。高级分析人员还要采取反制或先发制人行动，判断可能的敏感变量，以便在与其他对手（如果他们出现且可以利用的话）的竞争中获取主动权，同时保障自己免遭变量操控。高级分析推演模型概念实际上是约翰·博伊德模型的附注。这一模型可称为AWOODAM^2 [1]，即“预测—推演—观察—定位—决策—行动—结果测量—行动调整”（anticipate, wargame, observe, orient, decide, act, measure outcomes, and modify activities）。使用这种模型，将迫使情报分析/计划和战役计划人员预想竞争对手可能的行动，以及对手可能对友军行动做出的反应。它还将帮助高级分析人员理解敌人如何看待城市作战环境，以及敌人如何为他们的行动设置条件的。AWOODAM^2 模型可以帮助高级分析人员制定观察指标，可以对敌人即将采取的行动进行预警，帮助己方获得主动权。

在推演使用的AWOODAM^2 思维模型中，文化专家主要扮演敌人、中立势力以及东道国势力，模拟提出他们的目的、战略、筹划过程、决策、行动和评估。在条件设置环节，情报和作战筹划人员，以及扮演敌方的专家，将推演四组对手的活动，掌握各个竞争对手为了实现目标和目的，尤其是为了获得主动权，而可能采取的行动。这种“四方推演”还可以帮助美国及其机构人员判断和了解哪些具体的效果和行动最符合自身行动利益，以及哪些效果和行动必须要避免。这种类型的推演可以帮助筹划人员判断竞争对手如何思考和观察，他们行动的范畴，如何预测美军的行动，

[1] 原注：Hall, 104–105.

以及他们承诺（意志）的程度及其决策环，也就是说他们如何对特定的行动做出反应。

前文已经提到，现在有必要深入研究一下，为了进一步优化博伊德上校的 OODA 理论，高级分析需要在模型前面加入“预测和推演”两项内容，在后面加上“测量和调整”两项内容。预测和推演指的是，高级分析人员在给定的有关敌人、作战环境和友军态势的前提下，使用“**深度思考**”的认知技巧，预测敌人可能采取的行动。尔后，分析人员利用一种严谨的推演程序，并在一个人工合成环境和当地人的帮助下展示他们的预期假设，同时由美军专家扮演进攻性强且善于思维的敌人，在推演环境中与他们进行对抗。这样的行动一旦结束之后，分析人员再使用博伊德的 OODA 模型，深入思考敌人行动、可能的反制措施，目的就是要抢在敌人之前采取行动。推演环节的最后，分析人员希望设计一种方式，可以**测量**效果和行动的成功程度，并将其与意图、战略和目的进行比较，必要时**调整**他们的想法或行动。一旦分析人员就具体的行动和效果有了清晰的结论后，指挥官就要对他的计划进行调整，投入更多资源，或中止行动。其他竞争者也会从各自的文化角度、选择范畴、局限性和为了做出选择而进行的条件设置，以及竞争对手可能具备的意志程度和指挥官意图等角度，看待当前局势，而关于这一点，分析人员要从所有相关的视角出发进行衡量。分析人员需要阐释和衡量竞争对手的能力，以及当地或地区作战环境造成的限制或不足。

这一议题的重要性表明，我们有必要深入探讨传统的军事决策推演。美军正在使用的推演方法需要从以下几个方面进行调整。

- 正规化和范式化。人脑中会形成一成不变的、简单化的信息推演活动，但高级分析推演却要摒除这一情绪。
- 将所有的推演与政治、军事、经济、社会、信息和军事功能领域绑定。人们会发现，在所有的平叛行动中，包括跨国公司和民事活动等在内的因素，都应该成为显著且重要的考虑因素。

- 认识到竞争对手 / 敌人往往占据主动权，并率先采取行动。在传统的推演中，人们会发现，美军或盟军往往首先采取行动，并长期占据主动权；然而，在平叛行动中，敌军或其他竞争对手往往会占据主动权，迫使我军做出反应。当一方在“行动—反应—再反应”的推演循环中做出反应，由此而产生的假设将与率先采取行动截然不同。而这种假设又会影响到情报搜集，影响到后续将信息变成知识这一脑力活动。
- 在情报推演中，要用当地人来模拟敌人或竞争对手。传统的推演通常使用美国人模拟敌人，忽略了文化因素及其在思考、筹划、决策以及结果中的重要性。这样的模式缺少对敌人如何思考以及思考什么的理解，以及抢先行动和拒绝实施战略的机会。
- 接着上一个问题，要在推演中加入四组竞争对手[1]。推演必须是互为对抗的：友军对抗敌军。不幸的是，在流动的城市角斗场中，还有许多竞争性因素也在不断碰撞、倾轧和颠覆。由于环境的复杂性以及许多竞争实体的出现，高级分析推演中至少需要四方对立势力：友军、敌军、中立势力和东道国。每一方都在一定时期内占据主动权，因此导致其他竞争对手做出反应、采取行动。指挥官因此需要预测他们的角色转变，制定战略以做出反应，并在丧失主动权后努力获取主动权。
- 假设敌人或其他竞争对手已经设计出完善的计划。传统的推演常常认为对手没有目标，缺少筹划、执行和评估结果的能力。但事实恰恰相反。我们当前和未来的对手都有目标、战略、目的、意图、资

---

[1] 原注：推演的目的是为了争夺主动权。推演既是为了预测竞争对手的行动（即对手占据了主动），也包括预测对手对我方行动的反应（即我们占据了主动）。此外，城市作战环境中的许多竞争对手都有其自己的目标、目的和战略。因此，有时他们的行动与美国利益相抵触。如果他们让我们的指挥官措手不及，他们就会占据主动权。因此，尽管我探讨了四组对手，但事实上对手的数量更多。所有方都能够且常常影响指挥官的决策、行动和期望的结果。

源以及某种程度的意志。现代冲突中的这些不可见的因素，必须要在情报推演中详细体现。

★ 对未知的事情进行预测。不幸的是，在行动方案分析中扮演红队或敌人，最多也只是一场“临时游戏”（pick-up game），代表的是美国情报分析人员在类似情况下可能会做的事情。这种临时游戏，在考虑敌人如何思考、如何觉察以及如何感知的过程中，要么人为地将其设置成对己有利的情况，要么简单套用友军的价值条件，但事实上敌军和友军的决策者和参谋军官之间的差异是非常大的。

★ 使用建模与仿真（M&S）方法。在开阔地域使用动能打击常规目标方面，美军的建模与仿真能力具有优势，但这种优势无法运用到本文所主张的争夺主动权的推演之中。高级分析人员需要进入一个人工合成环境，他们的行动需要应对全部敌人。

★ 推演必须推动情报分析和情报搜集。今天，为了争夺主动权的推演很少能推动优先情报需求的发展，主要因为优先情报需求用于确定行动路径的可行性，假设一开始就应用到推演之中。从争夺主动权的情报推演中形成的假设，必须进行解构，然后用来推动分析性情报搜集工作。从这一点来看，推演和由此而产生的假设，就是“**优先情报需求的引擎**”。这一点今天还没有现实，但就在我们为明天做准备时，应该让它成为现实。

有关分析推演另一个有意思的地方在于，它必须以非常详细的程度，判断取得成功所需的条件准备活动。这些词都是简单的词，但它们究竟意味着什么呢？在前面已经探讨的连续且直接的分析性条件准备活动中，虽然优先情报需求的条件准备活动至关重要，但这是难以设想的，更不用说在未来任务到来之前就开始行动了。因此作为一个合理的标准，传感器的条件准备活动应当与指挥官的信息需求相关联。然而，如果有关情报行动的条件准备活动在未来经常出现，并且包含了大量未知因素，尤其是在激烈的城市作战环境中，我们应该如何以及在何地构设这些条件呢？我们如何知道在何地以及如何为数据工作构设条件呢？我们如何知道在何地以及如何为一个融合性知识环境创造条件呢？我们如何知道指挥官的决策——将推动他对有价值的数据、信息和知识进行探索——究竟是什么呢？我们如何知道哪些条件才能满足需求呢？我们如何才能断定那些与我们的利益进行互动、主导我们的思维、与我们进行倾轧或颠覆的对手们呢？我们如何才能知道自己的行动能否主导和控制我们的对手呢？

这些问题的答案就隐藏在分析推演中的**“预测”**环节。对于筹划一个可见或不可见的反制行为和行动来说，预测是非常有必要的。预测需要我们理解未来会如何演变，因此需要情报数据，需要为情报搜集进行条件准备活动。预测可以使我们的指挥官在敌人采取行动前先其一步，可以挫败、摧毁或者影响敌人的思维。在这样一个知识驱动的分析推演领域内，情报分析人员必须得到支援，情报和作战筹划人员必须在给定的作战环境下，使用文化专家和技术专家，同时还要使用能够说当地语言的当地人进行补充，以预测竞争对手的行为、行动或反应。

在建模与仿真环境下的最佳推演，常常与人们进入（™）MYST 人工合成环境后的体验很相似，或者与人们观看《指环王》《角斗士》和《特洛伊木马》等影片中的战斗场景很相似。在这些合成场景中，分析筹划和作战筹划人员会碰到作战环境中各种物理的和难以理解的因素，这些都可以通过三维或者四维的地理空间信息系统（geospatial information system，GIS）进行现实描绘，诸如叛乱分子的实体、建筑物、基础设施、正常和异常的人为活动等要素。负责仿真的软件不仅要能够勾勒出真实的场景，还要为参加推演的分析人员提供选项，并让这些选项发挥作用。

随着当今时代媒体信息的快速传播，筹划人员必须要预测在一个不可见的信息领域，竞争各方如何占据主动权。这个领域虽然抽象，但对于要在物理的和难以理解的领域内占据主动权的人来说，信息领域的地位越发重要了。

为了帮助读者更广泛且深入了解分析推演，以下提供了更多的解释：

★ 推演可以帮助人们了解可能的二级和三级效应，无论它们是来自可见的行动还是不可见的行动。这两类效应和行动一般都能引发某种结果，无论是短期还是长期结果，无论是重要还是不重要结果。在城市当中，无论如何复杂，结果可以是可触摸的（例如暗杀），也可以是不可触摸的（例如愤怒），或者是两者的结合。在城市中，即使从善意出发、非常微小的事情，都可能呈指数扩张，影响并产生巨大的负面后果。指挥官必须拥有一种有组织的、科学的方法，可以从军事、外交、信息或经济效应和行动等方面，预测可能的二级和三级效应。

★ 有关主要行为体或竞争各方的“行动—反应—再反应”的推演，可以帮助分析人员了解更大范围的可能性，了解它们会在何时发生，了解这些观察指标或征候的出现或消失，了解最可能的结果等等。

★ 城市中的文化视角和知识，对行动和效果能够产生如此显著且重要的影响，这就越发说明，推演的攻防双方都要有当地人参加，因为他们熟悉当地的文化特点，了解复杂适应性系统即将发挥作用的那个特定区域。这些当地的推演参与人员，可以为潜在的结果或者预期的行动提供一种当地文化视角。这些当地的推演参与人员甚至可以是关在监狱里等候发落的罪犯。正因为这些罪犯有着比普通平民更为复杂的残酷性，因此使用他们参加推演，其效果甚至会好于使用当地知识渊博的文化专家。

★ 不断推进的推演可以帮助人们对特定方案能否成功所依赖的**“假定”**进行评估。无论是坏的假定，还是可信性不断下降的好的假定，都可能成为指挥官及其决策过程的祸根。从这一点来看，克劳塞维茨可帮助我们理解假定易变的特性：

> 由于各种情报和估计的不可靠，以及偶然性的不断出现，指挥官在战争中会不断发现情况与原来预期的不同，他的计划，或者至少同计划有关的一些设想，会因

而受到影响。[1]

指挥官需要一种可以对这些**“假定”**进行检视的方法，这些假定持续地和有条不紊地支撑着他们的决策和相应计划。质量不高的假定往往会导致计划或决策失败。如果人们不理解错误的假定会如何对相应的计划、使用的工具甚至优先情报需求造成影响，他们肯定会措手不及。推演中的假定，是城市作战环境中进行现代筹划的重要内容。

情报在提出假定的过程中发挥着重要作用。因此，在判断假定是否有效，以及可能会对行动或计划的结果构成影响的过程中，情报也应该发挥积极作用。人们必须对假定进行检查，制定各种行动方案，从逻辑上预测决策、效应和行动的结果。此外，假定也随着文化视角的变化而不断演变。情报人员必须帮助作战计划人员从相关文化的角度来看待假定和可能结果。

得到当地人支援的文化专家，可以帮助人们辨别特定假定中可能存在的思维错误和由此衍生的固有判断。此外，如果提出的假定是错误的，文化专家可以帮助辨别假定的可能结果，还可以帮助人们弄明白假定是否错误。文化专家也可以帮助情报筹划人员将假定解构成各个要素或者必要因素，然后将它们进行拼图，或者将相应的观察指标加入优先情报需求清单，无论是传统的还是非传统的清单都应如此。文化专家还可以帮助军事分析人员理解流向分析中心的数据信息，它们是优先情报需求搜集活动的结果，因此可以帮助指挥官调整或放弃已经被证实是错误的假定。

★ 推演可以帮助作战和情报计划人员理解**“敏感变量”**和**“机会窗**

[1] 原注：Clausewitz, 102.（译文引自：克劳塞维茨著、军事科学院译，《战争论》[商务印书馆，1978 年第 1 版]，第一卷、第一篇、第三章“军事天才”，第 69 页。）

口”的概念。从技术上说，变量指的是一种可以产生变化的因素或条件。[1] 机会窗口指的是某个时间、地点或环境，一方可以利用它获得敏感变量快速变化所产生的优势。这样的窗口还指，某一方或者所有方都对变量的指数性影响做出反应的时间，或者竞争的一方意识到这种变化，并利用这种变化获得相对于对手的优势。懂得了这些概念之后，当敏感变量发挥作用后，人们就可以知道友军或敌军做出反应的可能性，以及这样的变量即将发挥作用（即机会窗口或脆弱期）的时间、地点和环境，重要的是能够在狡猾的敌人利用这些变量占据优势后，知道如何全身而退。

另一个有趣的地方是，变量和推演的关系非常密切。为什么会这样呢？

★ 首先，变量是复杂城市环境固有的重要因素。变量影响结果。例如，如果指挥官在设计效果和行动的过程中，假定重要的变量是不变化的，如群众的态度，一旦群众的态度发生了变化，原先的效果和行动就将出现错误，留下的只能是垂死挣扎。

★ 在一个复杂适应性系统不断发生互动的作战环境中，细微的扰动都可能导致不成比例的结果。指挥官必须预测到这种样式的“阻力”，或者预测到这种无法预料的机会事件的出现和影响。一个小孩冲过街道，被车队的领头车辆撞死，虽然是一件偶然事件，但却能够产生不成比例的结果，例如暴动、大规模抗议，甚至世界媒体谴责美国在这个东道国的存在。1991 年我们的 3 名士兵被拖着穿过摩加迪沙的大街，2004 年我们的黑水安保公司职员被吊死在费卢杰桥上，这些例子都说明，一件看似很小（很不幸）、孤立的事件，最后都能够引发巨大的后果及二级和三级效应。这些事件会造

[1] 原注：The American Heritage® Science Dictionary. Houghton Mifflin Company. 28 May, 2007.

成巨大的影响，其原因就在于人、机构、行动之间的不可见关系，它们在事发当天的互动，正好成为结果和后果爆发的催化剂。

★ 城市环境中充满了敏感变量。要通过争夺主动权的推演来预测和理解这些变量，如果我们不了解其文化，不了解不断流动城市的能量及其人民、宗教、象征、气候和习俗等关系，这样的推演将是非常成问题的。事实上，敏感变量造成的挑战非常复杂，分析人员和指挥官通过推演后会发现，这些变量的产生和影响，它们重要程度的波动，以及它们对任务完成的潜在影响都是非常难以预测的。某些情势和变量不会产生什么后果；但在另外一些情况下，却能够产生比预想的更为严重的爆发和影响。这两组变量之间的差异，体现在变量、人口、机构与不断调整和变换的作战环境等要素之间的不可见或“隐蔽”的关系之中。有目的地寻找和预测潜在变量的出现及其后续影响，是争夺主动权的分析推演最为重要的内容。所有指挥官都需要这种类型的工作，了解可能发生的情况以及如何利用这样的工作，以便在情势需要时，至少获得一系列选项。他们不希望发生的，就是自己被突发事件打得措手不及，事实上，任何决策都伴随着这种突发情况。

★ 那么，敏感变量本身含有哪些显著的危险，通过推演可以减轻这种潜在的后果吗？当然，这种“**意外因素**”（surprise factor）会造成某种决策和情绪上的无力感。出现这种无力感之后，就会在美军身上产生某种程度的脆弱性，使敌人获得巨大的机会。然而，这种类型的意外是可以减少的，如果高级情报分析人员足够谨慎，比如辨别出现意外事件的可能性、形式、领域（空中、地面、网络空间、认知领域等），可能出现在指挥官和参谋们面前的时机，以及可能出现的地点等等，通过这样的预测，可以找出哪些因素可以削弱意外的效应。

★ 只要进行了质量很高的预测性推演，只要制定了一系列应急作战方案，指挥官和参谋们就可以“听见”那些先发制人或者预测性条件准备活动，那么任何敏感变量都可以被利用或者被削弱。这样的"开口""大门"或者说"机会窗口"，城市作战环境中的每个竞争方都可以获得。只要预测到敏感变量的出现，以及可资利用或者可以消灭的"大门"或"机会窗口"，竞争方就可以很现实地获得所有优势中的最大优势，包括主动权、动量、节奏、位置、知识、决策和心理影响。因此，高级分析人员必须学会预测敏感变量的出现，以及与之相伴的"大门"或"机会窗口"，并且通过分析推演获得这些知识。如此复杂的智力活动所需的思维技巧，就存在于高级分析的认知过程之中。

★ 敏感变量在作战过程中的影响并不是没有特点的。首先，变量是中立性质的，因此竞争过程中的所有参与方都平等地受其影响。其次，敏感变量是竞争方之间互动的结果，包括内部的认知和利用。也就是说，优秀的分析人员可以为他们的敌人、中立势力、东道国和自己，预测敏感变量和相关的"大门"或"机会窗口"。对于分析人员来说，一旦有了这些知识和理解之后，特别是理解了那些使变量变得敏感或可能敏感的关系之后，在模板和自动化手段的帮助下，就可以为四个参与方解构变量，同时制定出观察指标，并且判断这些敏感变量何时产生，何时发挥实际效果并产生影响。

高级分析人员必须认清危险和可能的纠缠关系。敏感变量可能是危险的，但对于任何竞争者来说，如果利用好它，就有可能带来优势。一旦有了这些知识之后，美国情报分析人员就可以积极使用优先情报需求，对潜在的敏感变量进行监视，确保敌人、中立势力或者东道国无法利用这些特殊的情形获得优势。即便了解了它们对变量影响的敏感性，高级分析人员也会观察敌人活动中出现的敏感变量及其脆弱程度。从这一方面说，指挥官和他们的作战参谋们要与情报分析人员密切合作，不间断地采取行动，确保变量不会被操纵。然而，在高度协调的情报系统中，他们还需要等待并且利用敌人对变量的敏感性，从而在对友军最为有利的时刻操纵机会窗口。

因此，为了预测变量何时产生，以及何时应该操纵机会窗口，他们必须密切关注行动方案和四方推演的结果。通过在情报推演中操纵变量的方式，他们能够深入了解敌人或者竞争对手如何看待友军的敏感变量和薄弱点，以及敌人如何看待他们自己的脆弱点。或者，在某些情况下，高级分析人员可能认为敌人缺乏这种思维水平，从而使他更容易受到突然出现的有利（对友军的操控）变量所引发的意外攻击的“冲击”。

★ 无论有多少红队人员对思维进行评估，也无论做了多少交叉验证，人都是会犯错误的。大部分错误都是心理错误或者判断失误。在情报推演中，无论是人还是机器都有逻辑上的瑕疵，都可能导致错误。一些最为常见的错误包括错误假定（甚至在假定已经被证明是错误的时候依然不改正）、不合逻辑的推论、疏忽所致或所犯的错误、缺少知识或者使用了被扭曲或过时的知识、镜像效应、专家证言、轻率的归纳、倒因为果的谬误、错误的困境、过度泛化、循环推理、错误类比以及不承认矛盾等等。一旦错误出现，参与方就要小心调整行动或者小心推进，同时要掌握更多关于潜在危险的知识。

五、分析战略[1]

高级分析人员需要一个开展这项工作的战略。没有战略会导致分析混沌。所有的分析机构都有分配任务、确定优先顺序的机制，但对于高级分析来说，使用动态的分析战略却是必要的。即使有远见卓识的领导者会定期设计和使用一个分析委员会，并制定后续的分析战略，但这种方法需

[1] 原注：这一观点来自作者在亚利桑那州瓦丘卡堡与斯科特·莱文上校的探讨，时间是 2008 年 4 月 25 日。莱文上校解释说，他在茅斯沃斯的联合分析中心工作时就是采用了分析战略，且效果明显。

要进行全面的解释，且必须由联合或军种条令予以规范，从而推动训练和教育、材料研发、领导力提升和组织设计向前发展。分析战略提供一种思考、筹划、执行分析任务的“路径”。从这个角度来说，战略就是获得特别目的或结果的计划、方法、系列行动或策略。[1]

不管什么级别的分析，无论是四星战区层面，还是连级情报支援团队（intelligence support team，IST）层面，都需要分析战略。分析战略应该是不断变化的。由于分析工作必须组织严密，因此对于判断什么是重要的，对于采取智力和努力来应对瞬息万变的情势来说，分析战略是必不可少的；此外，分析战略可以用来预测美军和敌军的下一步行动，并将分析重点集中到高风险、高可能性后果的分析行动上。使用分析战略，还可以帮助判断和执行领导人优先关注的事项，并始终聚焦在指挥官决策所需的优先情报需求上。对于前线分析人员来说，指挥官的优先情报需求和信息需求，在所有的竞争性信息需求当中始终是主要方面。然而，正如前文已经探讨的，高级分析人员还面临着其他需求，包括假设、期望、预感和疑惑等。

为了避免各种需求相互竞争，分析人员始终需要两种类型的分析战略。第一类，高级分析人员需要在分析专家的指导和主持下开展工作。该人应该是最资深和最有经验的分析人员，应该是高级情报官和指挥官最信任的人。该人应该带领其他分析人员开展工作，执行分析战略，该战略来自领导层与分析人员在分析会议上的协作，并通过帮助分析人员应对分析挑战，以便为他们提供指导。分析专家往往负责执行高级情报官和指挥官的分析战略，并基于结果最大化和可资利用的人才这两个支柱筹划工作。分析战略的第二类，来自单个高级分析人员的思维之中。所有分析人员都应该有一个关于假设、预想、预感和疑惑的战略，作为优先情报需求和信息需求的补充。分析战略将提供实现所有分析需求的方式。对于所有分析

---

[1] 原注：Dictionary.com Unabridged (v 1.1). Retrieved April 27, 2008, from Dictionary.com Web site: http://dictionary.reference.com/browse/strategy.

工作来说，分析专家将作为与情报搜集专家和管理层、与虚拟知识环境的知识经纪人、与大型情报单位的初始接口。分析专家和高级情报官负责向各情报单位、分散部署的情报搜集人员、虚拟知识环境以及指挥官和作战军官等分发情报分析重点和优先工作信息。由于分析战略对风险管理和降低不确定性的贡献，这种共享式的分析战略可以提供一种协调一致的行动，以发现足够的数据，并将数据转变成信息和知识，从而推动对态势的理解，增强做出高效决策的能力。

分析战略应该包括如下要素：

* 任务、优先事项，以及了解其他分析人员为了进行分析对话、相互交流、分享思维与观点开展了哪些工作。
* 愿景。
* 作战环境 / 敌人。
* 目标。
* 最低战略。
* 条件准备活动。
* 资源。
* 限制条件。
* 使用红队对分析假定、竞争性假设、高层次思维（比如综合）以及有瑕疵的思维（比如镜像效应、倒因为果的谬误等）进行检验。
* 分析、搜集活动和焦点。

六、结语

总结本章，我们现在可以说，为了提高分析的质量，高级分析需要一些非常重要的倍增器。本章不仅给出了这些倍增器的内容，而且对它们进行了解释和强调。本章所提到的一些倍增器，可以使高级分析变得更为强大。按照文中出现的先后顺序，这些倍增器包括：(1) 分析性条件准备活动（数据、传感器和知识等架构）；(2) 使用虚拟知识环境；(3) 情报分析人员负责向情报搜集工作提供智力催化剂，并与情报搜集专家建立伙伴关系；(4) 分析推演；(5) 分析战略。这五个倍增器都不是那么容易找到和得到的，但对于开展高级分析工作来说，却是非常重要的。今天的情报分析人员确实开展了很多本章中所提到的工作，不过还有很多工作没有展开，甚至有些问题的重要性还没被充分认识。造成这种状况的原因包括：缺少原则，对本章所讨论的需求缺少认识，传统的角色和任务，组织文化和结构（包括财力），训练和教育不足，以及在作战部署之前开展的分析性任务预演中有限的建模与仿真等等。本章建议的所有倍增器都是绝对必需的，都需要快速建立起来，以便为高级情报分析提供支撑。

读完本章，读者应该做好了进入下一阶段智力旅行的准备。那么，以下的章节将对高级分析的 14 个要素的详细内容和意义进行分析研究。

第二部分

高级分析方法

[第5章]

解　构

定义：将一种思维或行动分解成基本的要素，以更好地辨别其含义，或更完整地理解其意义。

附加解释：解构是情报工作流程的起点，之前只有关于思考的心理活动。它包括将功能、假设或行动分解成多个部分或基本要素。解构的工作，就是将概念、观念、需求或任务分解成各个要素，从而获得更好的洞察力和理解力，并通过寻找或观察分解后的各个部分和部件，搜索和找到其相关属性、特征、特定实体的部分和部件之间的行为、互动和行动。

一、解构背后的理论

在我们研究解构之前，首先要解决下面的问题：我们为什么需要进行解构？答案很简单。进行解构的第一且最重要的原因，就是寻找情报分析人员所感兴趣的人和组织之间的行动、互动、组织、关系、交易、行为和牵连。第二，在没有完全公开或者掌握真实情况之前，情报分析人员应该有一种有序的方法，有目的地寻找“整体”中的各个部分、部件或方面。第三，分析人员只有开展了这项前端分析工作，情报搜集工作才能证实或者证否他们的理论、假设、预感、预想和疑惑，后端分析工作也是如此。

解构理论的核心在于其矛盾的对立面，也就是说，最终需要对搜集到的数据进行重构，形成结论信息，并将信息综合形成知识。这两个主题，即重构和综合，将在本书稍后讨论。

要想开展解构工作，情报分析人员需要使用高级分析的多种基本认知要素。然而，在进行解构时还要始终记住，他们寻找的绝不是解构所产生的部分和片段本身。物理学家戴维·玻姆（David Bohm）下面这段话可以帮助我们理解整体性（wholeness）的概念。

> 正如我们所看到的，从本质上说，思维碎片来自我们已经固化的洞见，而正是这种洞见构成了我们的总体自我世界观，它们遵循我们关于这些问题的机械化、程式化、习惯化的思维模式。由于最基本的现实常常要超出这种固化的模式，因此这些洞见本身是不够的，且会产生各种形式的模棱两可与模糊混乱。然而，一旦我们的思维方式成为一种原始的、创造性的洞见，没有任何固定的限制或障碍，我们的总体世界观将会少了限制，所有的方式都将成为一个和谐体，因为存在于其中的碎片已经不存在了。[1]

高级分析的 14 个要素，就好像是计算机的参数选用表（pick list），分析人员可以选择一个、两个或者好几个高级分析要素，用以指导他或她的思维。不管高级分析人员选择使用什么高级分析要素，分析关注的焦点依然是解构的结果，即城市作战环境中情报行动的五种观察指标：**文化、技术、功能、态势和生物等观察指标**。另一个焦点是要设计出观察指标，以满足分析人员对时效性、具体性、准确性、相关性和清晰性的标准要求。分析人员工作的目的，依然是要在智力上胜过捉摸不定的敌人，并提出足

---

[1] 原注：David Bohm. *Wholeness and the Implicate Order*, (London: Routledge & Kegan Paul, 1980), 32.

够具体的观察指标，使得传感器和人力情报搜集手段可以发现或注意城市作战环境中隐晦的、不明的、模棱两可的观察指标。

当高级分析人员将需求解构成更小的部分和要素，从而更高效地运行情报搜集系统时，他或她必须从眼睛所看到的整体出发。为什么如此呢?世界上的事物都是直接或间接相互联系的，世界就是由一个整体叠加成另一个整体，并展开形成一个更大的整体，情报分析人员必须具备整体观，了解他或她所寻找事物的整体，了解他们计划做的事情，了解整体的运行方式，了解整体的内涵及暗示的意义。这种相关性和整体性理论，体现在下面这段有关整体性的认识之中，而这也正是东方哲学的一个重要方面。这段话来自物理学家菲杰弗·卡普拉（Fritjof Capra）：

> 东方世界观最重要的特征，也有人说是核心，就是它对整体、对事物和事件之间关系的重视，世界上所有现象的体验，都是基本的统一体的表征。所有事物都被认为是相互依存、不可分割的，都是共同宇宙整体的部分；都是共同现实世界的不同表征。[1]

这段话对于情报分析人员取得成功非常重要。这就要求高级分析人员即使在对优先情报需求、信息需求、假设、预想、预感和疑惑进行解构时，也依然要着眼于整体。分析人员心中必须要有一幅图景，即他或她认为他们在寻找什么，及其如何行动、互动、交易、行为。这种整体的工作方法，以及由此而产生的解构，对于向大量传感器和人力情报手段分配任务至关重要，可以告诉他们搜索什么、何时搜索以及采取什么方法搜索情报。

在城市平叛行动中，情报分析人员不能向情报搜集系统提出简单但又宽泛的问题，更不能期待得到可以满足特定需求的具体和及时的答案，从而生成可指导行动的知识。不幸的是，情报分析和搜集系统的设计目的，与城市作战环境中搜集高价值情报的需求恰恰相反。也就是说，当打击常

---

[1] 原注：Fritjof Capra. *The Tao of Physics*, (Toronto: Bantam Books, 1975), p.116–117.

规军事力量时，情报系统设置的目的，很大程度上是针对开阔地形环境下的常规部队。正因为如此，它需要大量的功能观察指标并利用它们进行情报搜集，提供重要的移动目标指示信息（moving target indicator，MTI）及图像、红外、地理空间和通信情报，以及各类人力情报。即使在常规作战情报分析和搜集行动中，情报分析人员也必须对他或她所希望得到的内容进行解构，将其变成观察指标之后分配给情报搜集人员开展工作。这样的解构能够产生功能观察指标，包括炮管的数量、坦克的数量和队形、后勤保障、通信保障等等。但这种获得观察指标的单一途径，对于在城市环境中组织情报活动还是不够的。

在大城市里，有一小部分常规部队在使用情监侦系统打击敌人。但我们的敌人非常狡猾，适应能力强，大部分都是些叛乱分子和非正规作战人员，能够很好地隐蔽在平民之中，他们的行动也能很好地隐藏在复杂城市环境和文化之中。叛乱分子及其网络运行所处的环境，只能用“流动的”一词来形容。我们之所以很难理解叛乱分子将要做什么，他打算怎么做，他的动机，他打算在何地执行计划，以及何时执行等等，其关键就在于流动性这一特征。大型城市作战环境的动态性所固有的变化无常的特性，使叛乱分子及其网络可以隐藏在这些变化的情绪和能量之中，别人很难看见。卡普拉博士下面这段话可以帮助我们理解流动性这一概念的永恒性。

> ……不仅相信动和变是自然界的重要特性，而且认为男男女女们观察到的变化是以常态的模式存在的……道家的主要特征就是永无止境的运动和变化这一自然循环规律……这样的观点是，自然界中的所有发展，无论是物理世界还是人类处境，都存在着来来往往的循环模式，都存在扩张与收缩的循环模式。[1]

关于信息需求的解构，与在开阔地形常规情况下的情报分析人员相

[1] 原注：Capra, 95.

比，在城市作战环境中的情报分析人员必须具备更丰富、更具体的知识。首先他们必须设计，尔后更为积极地组织情报搜集工作，以寻找观察指标。但观察指标、征候和特征——历史上推动了情报搜集发展的三个衡量标准——之间究竟有什么区别呢？**征候**指的是一种反映敌人采取或者拒绝采取某行动的意图和能力的信息。[1] **特征**指的是一种可区别的或可识别的标记、特点或性质。**观察指标**指的是物理上、生理上和情绪上的属性或缺失项，可被直接进行观察或测量。在本书中，我们对问题进行了简化，只使用观察指标一词。之所以使用这个词，其原因就在于观察指标本身的具体性，而特征一词在技术上很难理解，征候又在内容上过于宽泛。沿着这样的思路，特征可以是非常技术层面的，但这远远超出本书的写作内容；而征候又过于宽泛，无法在城市工作中发挥作用，因此我们选择使用观察指标，对情报搜集和高级分析的结果进行指导。

让我们花点时间深入研究一下观察指标。在城市作战环境中对付叛乱分子或非正规敌人，情报分析人员必须使用上文已经提到的五种观察指标，即：**文化、技术、功能、态势和生物等观察指标**。前文已对它们进行了定义。这些观察指标来自对优先情报需求、信息需求、假设、预想、预感和疑惑的解构。情报分析人员正是从解构中获得观察指标，并将其应用于特定的情报搜集工作——正确的时间、正确的地点、正确的行动。在这个过程中，我们发现分析人员的智力和知识都促进了情报搜集工作。

不幸的是，在城市作战环境中，人们首先需要获取知识，再对需求进行解构，并设计出五种类型的观察指标。这种对知识的压力，来源于解构行动本身的性质。分析人员必须要了解他们需要寻找的对象，比如敌人及其条件准备活动、意图、目的、目标和武器等等。他们还要明白，敌人常常会使用孙子所谓的“奇”和“正”[2]，因为这些部队可以拥有极大的主动

[1] 原注：DOD Dictionary of Military and Associated Terms, October 2007, http://www.dtic.mil/doctrine/jel/doddict.

[2] 原注：Sun Tzu, 91.（译文引自：孙武，《孙子兵法》[上海古籍出版社，2006 年 7 月第 1 版]，“势篇”第 47 页。）

权和自由行动权的优势。此外，解构需要大量的知识和经验，足以了解优先情报需求、信息需求、假设、预感、预想和疑惑的每个要素和特征，唯有如此才能判断出每个观察指标中的重要因素。从这一角度看，高级分析人员必须能够理解并且提出观察指标，寻找敌人的平衡点，以及除了在分析专家眼中才能出现的那些难以为人看见的事情。[1] 此外，进行解构工作的分析人员还必须对作战环境和文化有足够的了解，知道这些特征究竟如何影响在作战环境中不断变化的敌人、平民、组织、互动、行动、交易和行为。

对于在复杂城市作战环境中打击潜伏的叛乱分子和非正规敌人来说，高级分析的 14 项认知要素是积极开展情报行动的不可或缺内容。高级分析人员正是使用一种、两种或者全部认知要素，才能制定出观察指标，直接指导情报搜集工作。如果分析人员利用解构流程，获得了诸如特征、行为、表征、关系或者能量等关键要素时，他就已经获得了足够的知识和理解，可以设计出打击潜伏的、出没不定的蜂窝状网络敌人的观察指标。我们应该看到，绝大部分分析人员的知识储备，还不足以对需求进行解构，而这正是设计上述观察指标所必须具备的。然而，在其他分析人员和大量主题专家（本地的和外地的）的联合支援下，情报分析人员可以学会对需求进行解构，并且提出所需类型的观察指标。在这样的工作中，观察指标必须要具体，目的是在指挥官试图减少不确定性、管控风险且做出可能的有效决策时，能够立即并直接对其有用。

为加深对这一复杂过程的了解，我们再对解构工作进行深入探讨。首先且最重要的是指挥官的优先情报需求。此外，来自参谋们的信息需求也必须进行解构。然而，在城市环境中工作的情报分析人员也必须追求分析需求，这对于制定积极的、在城市作战环境下最大限度发挥情监侦效用所需的情报分析计划至关重要。这些分析需求包括预想、假设、预感和疑惑。所有这些情报需求的定义如下：

---

[1] 原注：Klein, 111, 147.

- **优先情报需求**：指挥官和参谋们需要了解敌人或作战环境时，一种表述情报支援优先顺序的情报需求——《国防部军事术语词典》（*DOD Dictionary of Military Terms*）。
- **信息需求**：关于敌人和其他与作战环境相关的信息条目，需要对它们进行搜集和处理，以满足指挥官的情报需求——《国防部军事术语词典》。
- **预想**：一种前瞻或预期的行动状态。[1]
- **假设**：一种关于自然世界的试探性理论；一种尚未证实，但如果是真实的，就可以解释某些事实或现象的概念——维基百科。
- **预感**：一种预先的征兆或猜疑。[2]
- **疑惑**：具备某些特征或特性的事物、事情或人，这些特征或特性如此模糊不清，以至于引起了人们的好奇或猜测。[3]

既然我们已经知道和了解了解构理论，以及需要解构的对象，现在让我们进入实践领域。第一步，让我们探讨一下分析人员在推动情报搜集工作中的作用。在很大程度上，如今的分析人员在情报搜集工作中没有发挥足够积极的作用。造成这种状态，错不在情报分析人员。他们没有受过复杂的高级分析训练，而正是高级情报分析，强调分析人员和情报搜集人员的紧密伙伴关系。此外，分析人员接受的各种命令指示，让他们疲于应付其他工作。

但由于情报分析人员没有深入参与情报搜集环节，导致情报搜集人员缺少对推动情报搜集工作所需的非常具体的、基于分析的知识。情报搜集

[1] 原注：Dictionary.com Unabridged (v 1.1). Retrieved March 31, 2008, from Dictionary.com Web site: http://dictionary.reference.com/browse/expectation.

[2] 原注：Dictionary.com Unabridged (v 1.1). Retrieved March 31, 2008, from Dictionary.com Web site: http://dictionary.reference.com/browse/hunch.

[3] 原注：Dictionary.com Unabridged (v 1.1). Retrieved March 31, 2008, from Dictionary.com Web site: http://dictionary.reference.com/browse/mystery.

人员往往要靠自己去获取宽泛的情报需求和观察指标。情报搜集专家当然也了解他或她的功能领域，即情报搜集工作，但他们缺少知识，无法使用特定观察指标来指导情报搜集人员在合适的地点、合适的时间，针对合适的观察指标、合适的行为开展情报搜集工作。情报分析人员与搜集过程的脱节（decoupling），使得人力情报和通信情报人员不得不制定自己的观察指标，而且导致前线搜集人员在缺乏具体的指示情况下使用分布式情报搜集系统，缺少有效运行这一系统的必要知识和理解。

那么，在城市情监侦行动中，我们能确定分析人员与情报搜集工作“脱节”的后果吗？这样的后果就是观察指标本身缺少具体性。它使人们感到，只有一种观察指标是有用的，即**功能观察指标**。它还可能导致情报搜集人员尽其所能地设计观察指标，但结果却发现自己的工作还不够。不考虑付出的努力和行动的意义，分布式分析和搜集系统对于前线分析人员所寻找的东西缺少专门的知识。一旦对需要什么及如何寻找缺少理解，那么在按照非常具体的观察指标进行定点连续侦察时，他们往往会采用区域侦察的方式进行，因为这样的方法比较容易实现。此外，对分析和搜集系统的指导也可能是模糊和混淆的；例如，下达了一条报告“异常情况”的指示，但没有附注具体时间或地点等内容，而只是要求进行观察并上报详情，事实上，这类特定观察指标必须包括上述已经探讨的时间、地点和行为等。

使问题变得更加复杂的是，城市总是动态变化的。无论是对分析人员还是情报搜集专家，这种状况都造成了巨大压力。这些压力来自角色和任务的转变，从而导致决策转变。决策的转变又造成知识需求的转变。新的和有价值的知识的转变，又对情报分析和搜集专家生成指挥官在指挥与控制过程中降低不确定性、管控风险所需的知识产生了巨大压力。此外，叛乱分子嵌入平民之中，和他们共同生活，完成日常工作和职责。在这种文化环境下，叛乱分子及其支持网络看起来、听起来都和东道国平民没什么区别。也就是说，他们几乎是不可见的。

要找到这些“不可见”的互动、交易、行动、行为以及他们的网络，美国情报分析人员必须寻找、判断，或者至少识别出隐含的、不明确的、往往转瞬即逝的观察指标。这一过程可称作“**去模糊化**”（disambiguation），意思就是使模糊化之后不可见的东西可以被人们看见；去除模糊化，使事物变得清晰起来。[1]“**去模糊化**”指的是，通过理解不断发生的行动、互动、交易和行为，来了解城市里究竟发生了什么。城市里发生的事情当中，大部分都是合法的，但也有一些是不合法的。挑战就在于如何区分这些合法与不合法的行为，尤其是支持叛乱分子的网络。当人们互动、交易、行动和做出行为时，行为本身会产生特定的结果和征候。它们本身具有的可测量的特性，能够被人们发现、记录和理解，可以帮助人们了解将要发生什么，以及已经发生了什么。但这些不断出现的特性很难被人们看到，即使看到了，也很难进行理解。它们发生得很快，且常常只出现一次。因此，对于寻常的观察者来说，这些东西都是不可见的，或者难以区分的（例如两人在繁忙的街道上碰面所产生的文化交流）。

上述讨论并不是说现在的融合中心（fusion center）的理念不好，事实上恰恰相反。我真正想阐述的是，分析人员必须参与并实际推动情报搜集工作，分析人员必须在规范的机制基础上，与情报搜集人员凝聚成一个团队，而不是偶然的组合；并不是所有情报行动中都会设立融合中心，其情报分析人员并不都具备足够的知识和心理敏感性，可以将需求解构成观察指标，并最终将数据转变成信息和知识。只有拥有好的观察指标，才可以很好地使用情报搜集手段。情报分析和情报搜集的这种联合，将可向高级分析人员提供数据，由他们将数据转变成指挥官在决策中可以使用的信息和知识。

一旦分析人员和主题专家将信息需求解构成观察指标，由分析人员和情报搜集专家组成的团队，就需要着手设计优化的情报搜集方案，以搜索、发现和报告相应的观察指标。通过思维和机械工作，分析人员可将数

[1] 原注：Dictionary.com Unabridged (v 1.1). Retrieved March 06, 2008, from Dictionary.com Web site: http://dictionary.reference.com/browse/disambiguate.

据转化成信息和知识，从而回应或者满足优先情报需求、信息需求、预期、预感和疑惑等方面的需求。

解构是一个复杂的问题。因此，高级分析人员需要一些基本的工具，以帮助他或她开展这项工作。这些辅助手段包括基线、使用虚拟知识环境、使用当地主题专家以及情报推演等。本章接下来的内容将逐一探讨这些工具。但首先，让我们简要研究一下基线（baseline）问题。那么什么是基线呢？所谓基线，就是一种基础的标准或水平，或者一种或多种特定的价值，可以用作对比或控制。[1] 基线的功能是什么？可以依据它判断什么是正常的，这样情报分析人员及其搜集团队就可以判断什么是异常的。有不同种类的基线吗？答案是肯定的，在任何城市作战环境下，都存在技术、文化、功能基线。因此，我们需要研究一下，为什么基线对于试图将需求解构成观察指标的分析人员那么重要。

基线是思维的基本出发点。如果分析人员有一个标准点或起始点，他或她就可以对变化进行衡量。此外，对于除了解构之外的其他高级分析要素，比如异常分析、群体分析、倾向分析、文化分析等，基线同样至关重要。尽管基线的价值就在于它的实用性，但使用基线本身也是困难的，原因是其产生的时间或更新的时间、所需的知识，甚至在均匀场（uniform field）中寻找一个最新的基线是非常困难的。此外，更新基线所需的知识，常常超出了前线分析人员知识储备的范畴。更有甚者，基线也是不断变化的，因此必须始终保持最新状态；若非如此，指挥官及其参谋们将会根据错误的数据进行思考和决策。不管挑战的难度多大，对于那些需要通过异常分析、群体分析、倾向分析和文化分析等手段，将需求解构成观察指标的高级分析人员来说，基线依然是非常重要的。

为了更有效地对信息需求进行解构，我们需要进行一些思考。我们要确定需解构的东西，需要使用思维对分析焦点进行解构。此外，分析人员

[1] 原注：Dictionary.com Unabridged (v1.1). Retrieved March 31, 2008, from Dictionary.com Web site: http://dictionary.refrence.com/browse/baseline.

还要选定一位主题专家，在思维、知识及其应用方面提供帮助。从这一点看，我们在努力使我们的思维发挥作用：

> 特别重要的是，我们的思维必须勾勒出这些关系的模式，以及世界万物之间的联系、网络和关联性。我们还需要考虑第三种情况：那些影响我们所有人的看不见的内容。我们看不见构成宇宙的原子或细胞。我们看不见也摸不着夸克或阴影光子（shadowy photon）。我们看不见数字如此戏剧性地改变我们的世界。我们无法量化我们的意识或潜意识。但是谁又能否认它们的存在呢？[1]

这段话表明，那个围绕且影响我们所有人的无形世界的重要性，所有事情之间的关联性，以及这些无形影响和关联性对所有活动的重要性。要做到这一点，需要分析人员深刻反省并使用深度思考的方法，我们将在批判性思维那一章对其进行研究。

另一个考虑是，要想取得成功，分析人员需要在三个领域进行条件准备活动，我们在前面已经探讨了这三个领域，分别是知识环境、传感器和人力情报、数据等架构。这种分析性条件准备活动是前瞻性的，也是预测性的，因为开展条件准备活动，需要分析人员充分预想他或她的需求，以满足未来事态的需要。例如，在大型城市环境的一处居民区发现疑似爆炸物工厂，在对该地点进行定点连续监视之前，分析人员就必须进行条件准备活动。

分析人员必须考虑作战环境的性质和影响。尤其重要的是，分析人员还必须考虑可能目标周围的设施、文化、功能等要素，以及技术环境，甚至包括可能目标的结构信息。此外，分析人员还必须考虑文化对人口和基线的影响，例如拒止、卫生、宗教、儿童玩闹、使用汽车以及

---

[1] 原注 Hall. *Stray Voltage*, 199–200.

社会互动等等。

阻力是另一个重要的考虑。正因为如此，分析人员必须预测阻力（即无法预料的事件）的可能出现和影响，以及它将如何影响分析和搜集行动。

开展解构工作的高级分析专家，需要对分析和搜集标准进行具体化。这些标准包括时效性、具体性、准确性、相关性和清晰性等。这些标准需要应用于分布式搜集系统及其针对的人员、组织和机器等。

参加解构工作的高效的高级分析人员，还需要考虑复杂环境的影响，例如敏感变量的快速出现、机会窗口以及可能的二级和三级效应。其中一些影响可能和复杂性科学中的蝴蝶效应（butterfly effect）相似，无法进行控制。此外，分析人员需要知道，现实中呈现的混沌状态其实是一种常态，且混沌之中总会有有影响力的秩序模式。这些秩序模式通常包含敌人网络的功能和波动。

解构工作中有最后三件事是分析人员必须要考虑的：(1) 他或她思维中出现的瑕疵，以及需要向谁进行验证；(2) 对敌人的活动要具有进攻性和预测性；(3) 在配备了当地专家的组织内或组织外红队的支援下开展推演，并且推翻他们自己的联合情报分析和搜集计划。这一方法可以找出分析人员思维过程中的可能薄弱点和潜在的瑕疵，它们可能会阻碍即将到来的情报行动。

让我们研究一下广泛意义上的解构实例。我们做一个说明性的假设，在波斯湾地区的一个大型城市内，居民区的某座房子是炸弹工厂。那么在指导情报搜集的方法上，人们应该将这样的假设分解成哪些具体的指导，好让情报搜集人员知道分析人员希望他们开展侦察的时间及期望看到的活动？你可以回忆一下，所谓解构，就是将事物分解成特定的要素，分析人员将这个假设分解成很多层面的具体要素，以发现构成整体的所有要素，但要素本身要足够具体，可以用分布式或碎片化的方法进行搜集。回想一下，我们可能会记得整体与关系的理论——任何事物和其他事物在某种程度上都是相互联系的，都有一些基本元素或者组成要素，它们都作为整体的一部分发挥着作用。我们可能还记得，敌人的条件准备活动也是非常重要的，也需要进行解构，需要重点关注。

分析人员发现，他或她需要一种心理模式以开展工作。这种模式的一方面内容，就是去证实或者证否他们的工作假设，以及敌人为了实现其目标或目的，会如何进行思考、观察、筹划、决策以及执行计划。一旦按照我们的假设开展工作，我们就需要记住下面这句格言，作为辅助我们的心理模式的一部分：如果假设正确，如果这座房子外面有一个炸弹工厂，我就会看到一些行动、互动、交易和行为发生。下面的论述，正是高级分析人员在思考这一分析问题时可能思考的东西。我们使用第一人称来帮助读者理解问题。

我能看到一些**功能**出现。如果关于炸弹工厂的假设是正确的，制造炸弹的人将会采取反监控措施，以提供早期预警。我将看到有人运送生活必需品。我将看到运送物资者经常处于黑暗的掩护下。我将看到一些疏散演练。我还将看到对室内或室外厕所的使用在增加。

我将看到一些**技术**活动。我将看到越来越多的热量从家庭发电机里散发出来。我将发现更多的手机通信。我将看到更多的互联网使用情况。我将闻到焊接的气味，就是金属燃烧的气味。我将会发现室内外厕所里的粪便和尿液在增加。我将看到房子里不分昼夜都有热量散发。我将看到有人在屋后焚烧垃圾，而垃圾焚烧的气味也异于通常。用电量将增加。在有限的时间内，和周围房子相比，这栋房子保暖的时间将更长。

我还将看到一些**态势**活动，可以帮助证实或者证否我的假设。例如，我将看到一些车辆堵住院子的入口。我将看到一些正常的活动消失了，比如儿童的打闹。我将看到屋后有更多的垃圾。我将看到这个家庭购买的食物和水超出了正常水平。

我还将看到或注意到一些**文化**活动消失了。例如，我将看不到有人像往常那样来串门。我将看不到主人出去上班后妇女们留在家里。我将看不到男女都在用屋子外面的卫生间。我将发现不管什么时候，窗帘总是拉上的。夏天时看不到有人睡在房顶了。从周围邻居口中听不到关于这座房子的小道消息。

我还将看到一些**生物**度量和测量指标异于平常。比如，住在房子里的人显示出异常的紧张和急躁，比周围其他人要严重得多。我将测量运送物资者的血压。我还将看到，运送物资的人眼球运动更快。

解构得出的结果就是观察指标，非常具体的观察指标，可以用来推动情报搜集工作。然而，即使分析人员获得他或她想要的观察指标，工作还远没有结束。他或她还需要做什么，才能获得最佳结果呢？答案就在于，分析人员必须与搜集专家合作，选择正确的时间、正确的地点、正确的场合，去寻找或发现即将出现的观察指标。他们必须判断某些行为最可能出现的时间，确定搜集取样率（sampling rate）和观察效果最佳的时间点。此外，分析人员要使用前文已经探讨的分析性搜集指示信息，将这些详细的指示传递给分布式搜集系统的各个要素，包括人、组织和机器。他们还必须从敌人的角度努力思考。这样做的话，他们就可以从敌人的视角思考下面这些问题：

- 我对美国分析和搜集工作有什么看法？
- 我应该如何躲避美国的传感器和人力情报？
- 美国人怎么做会使我失败，我应该如何秘密地采取反制行动？
- 美国情报机构会在什么地方、以什么方式观察或者监视我？
- 我和我的手下能使用手机吗？
- 我应该什么时候转移，转移到什么地方，如何转移？
- 在美国搜捕我的情况下，我应该如何进行我的职能规划，如何执行？
- 获得关于危险的早期预警的最佳方法是什么？
- 我应该如何防止美国人发现我的反监控活动的征候？
- 我应该如何补充制造炸弹的原料？
- 我应该如何招募人员来履行众多职责，以维持网络运行、执行必要任务呢？
- 还有没有其他替代通信手段，是美国情报人员无法发现的？

毫无疑问，叛乱分子也在作战环境中开展观察活动，这些活动正是高级情报分析人员特别感兴趣的。这些关于敌人的“思考”虽然都是设想，但对分析人员来说却是非常有帮助的，可以帮助其对复杂城市作战环境中的信息需求进行解构。思考敌人是怎么思考作战环境的，通过与分析敌人的意图、目标、战略的结合，可以为高级分析人员提供一些强有力的方法，帮助他们开展针对叛乱分子的行动。敌人（例如上文探讨的制造炸弹的人）的某些想法可能是：

- 作战环境是流动的，也是在不断变动的，这会使我们的节点和联系发生变化和转变，避免被敌侦察。
- 作战环境为我们开展简易爆炸装置（IED）袭击提供了机会，提供了必要的功能和保密措施，可以帮助我们在不遭受美国人阻碍的情况下发动简易爆炸装置袭击。
- 作战环境使我们可以掩盖简易爆炸装置袭击。
- 作战环境使我们可以袭击多个地点，从而对东道国和美国制造压力。
- 作战环境使我们在发动简易爆炸装置袭击后，在美国人做出反应前，通过互联网和媒体就可以获得想要的信息。
- 作战环境使我们拥有了主动权，可以在任何时间、地点和强度下，使用简易爆炸装置和车载简易爆炸装置（vehicle-based improvised explosive device，VBIED）袭击美军、东道国以及其他部族或部落。
- 作战环境使我们能够在不被注意的情况下，搜集与成功筹划、安置和执行有关的情报信息，因为我们融进了社会，融进了不断变化的作战环境。
- 作战环境使我们可以执行多个关键功能，这也正是我们的网络得以生存和运行的关键。
- 作战环境使我们能够隐蔽和执行我们的功能活动，成功地运作一个炸弹工厂，而不用担心被发现，因为美军情监侦和通信优势在这座城市中无法发挥。

- ✶ 作战环境使我们可以隐藏自己的条件准备活动。
- ✶ 作战环境削弱了美军的力量，因为他们动不了、看不见，也不能使用情监侦手段发现我们的节点和网络。
- ✶ 作战环境使我们能够找到最佳的简易爆炸装置袭击地点，可以将简易爆炸装置运送到这些地点，将它们埋起来，并且在我们监视人员的眼皮底下引爆，同时可以在互联网上获得大量的点击率。

接下来，高级分析人员必须理解，为什么在一个动态的、复杂的城市作战环境中解构相关的心理活动是如此困难。这个问题的答案就在我们敌人身上。为什么这样的敌人如此难以理解和发现呢？我们的敌人很狡猾，善于混入、伪装和欺骗，他们是隐藏物理和电子痕迹的高手。此外，一部分平民也在支持这些敌人及其网络，他们的做法通常都隐藏在日常行为之中，或者只是被动地执行一些任务，比如知道了一些即将发生的事情，但没有报告。此外，敌人混在平民中间，与其周围的人说话一样、看起来一样，行为也一样。敌人的网络功能和行动，甚至条件准备活动都隐藏在日常生活的行动、交易、互动和行为之中，已经成为一种正常的文化行为和行动。

另一个难题是，由于敌人网络都是蜂窝状的，都是立足于当地，因此在一个地方发现的有关敌人及其网络、行动和习惯特征方面的线索，往往不适用于其他地方。此外，敌人的网络链接反复无常。从这一点看，他们就好像是夏天花园里的蜘蛛网，仅仅一些变量的细微变化（像花园里的风或阳光），就会使它们时隐时现。那些在合法行动掩盖下支持敌人网络的平民，一般也很难被发现。通常，他们会在无辜的表象下活动好几年，避免出现可疑行为，他们会混进日常的行为之中，看起来一切正常。

然而，总是有一些敌人网络支持者会犯错误；这些错误应该成为解构的目标，尤其是在进行异常分析、群体分析、倾向分析、符号分析和文化分析时更要如此。所有人都会犯错误。如果他们知道自己参与了可能导致他们入狱的非法活动，那么他们肯定会比平常犯更多的错误。即使美国情报机构有传感器和人力情报开展监视工作，但敌人及其网络支持者的活动可能在很大程度上仍不为西方人所知。正因为目标侦察的困难性，要求解构的结果必须成为情报搜集的焦点。此外，理解目标的本质意味着，情报分析人员在拥有具体的观察指标及与搜集人员开展最佳合作之外，还必须判断进行观察的正确地点、正确时间和正确行动。我们应该如何克服这些挑战，如何寻找和发现那些反映网络活动的行动、互动、交易和行为，并指引我们发现高价值目标呢？下面的这些思考，为高级分析人员解决和克服这些挑战提供了方法。

当分析人员及其主题专家参与解构工作时，他们必须使用一种思维框架，包括文化、技术、态势、生物和功能等思维，其关注的焦点是解构什么、为什么解构、什么时间开展解构工作。分析人员在解构需求时，从一开始就要确定哪些拥有知识和思维技巧的主题专家或其他分析人员可为其提供帮助，以提出文化、技术、态势、生物和功能等观察指标。他们还要判断自己需要何种机器支援。此外，他们要考虑传感器和人力情报，因为它们有可能提供所需的情报搜集工作，可以发现分析人员正在寻找的东西；它们还可以提供数据框架，向分析人员提供搜集的结论数据。

在这样的思维过程中，知识从简单升华到复杂，首先是知道，然后是理解，最后是评估。使用这一方法，分析和综合就成为一个互动的、不断变化的整体。其观点是，对组成要素不断进行分解，直到发现所要寻找事物的精髓或核心。这就是还原分析（reductionism analysis），也是多年来美军做得非常好的工作。然而，我们现在要探讨的是，纯粹的还原主义也是危险的，例如对过程感兴趣，很努力地将需求分解成最小化的可能的碎片，但却忘记了努力的原因，无法或者不愿意从心理上将手头的工作与一个更大的价值联系起来，同时也不能将基于观察的情报搜集工作综合成一个更宽泛、更有价值的整体。[1] 一位著名历史学家，在思考二战期间对德

[1] 原注：Wayne M. Hall, “Shaping the Future: A Holistic Approach to Planning,” unpublished paper, National War College, Washington DC, March 1992, 7.

国城市进行空袭时，说了下面这段话，可以帮助我们理解纯粹的还原主义的危险：

> 在牺牲整体的前提下，只看到问题的部分……会导致我们的重点放在手段上，而不是结果上，只会画趋势的平行线，混淆了通过控制达成摧毁的目的，有时甚至将战略简化成目标问题。[1]

在进行解构时，要想规避还原主义陷阱，分析人员必须首先预想到解构后的状态。此外，他们必须将解构看作是一个机器和脑力工作的过程，其目的是将搜集到的数据重构成信息。作为解构的另一种结果，分析人员必须要做好准备，参与到纯粹心理功能的综合活动之中。高级分析人员通常使用综合的方法，将数据和信息转变成知识和理解。正是通过这种独特的人类心理功能，指挥官才能获得足够的知识，从而理解态势、做出决策和采取行动。寻找这些观察指标本身，并不会提供真相，也不能提供完整的图景。相反，情报分析人员在机器、其他分析人员和主题专家的帮助下，将“搁浅”的数据转变成有意义的“锦囊”。正因为如此，分析人员和支持他的主题专家都需要理解已经搜集和融合的数据，并将其转变成信息，尔后综合成知识。通常，由于时间和知识的限制，他们只会为指挥官提供部分知识供其决策使用。因此，任何在城市作战环境中战斗的现代指挥官，都必须适应模糊性，容忍风险的波动，并愿意在不同程度的风险和不确定性下采取行动。

通过解构的过程，我们可以从以下问题中提炼出观察指标：我们从解构后的部分和片段中能够演绎出什么，某系统各个组成部分是如何共同起作用的。这种演绎包括对需求的内部运作及其动力来源的思考，甚至包含对人类思维过程和虚拟过程所看不见的事物的思考。此外，进行解构的人

---

[1] 原注：David MacIssac, “Voices from the Central Blue: The Air Power Theorists,” *Makers of Modern Strategy from Machiavelli to the Nuclear Age*, ed. Peter Paret (Princeton: Princeton University Press, 1986), 635.

必须思考如何发现他们解构的结果，以创造一个期望的结果。他们不能因为不知道如何搜集所产生的观察指标，就轻易放弃解构的过程。正如前面提到的，分析 / 搜集专家组成的团队可能还需要从情报机构中的其他人或者虚拟知识专家那里寻求帮助，以判断“如何”搜集观察指标。

二、结语

在本章结尾部分，让我们回顾一下学到的解构方面的知识。第一，我们要学会思考非常困难的问题。第二，我们需要学会对指挥官的优先情报需求、参谋们的信息需求进行思考的方法，并将这些需求分解成各个要素，使用这些要素推动情报搜集工作。在本章的思考中，我们发现，分析人员本身也有自己的需求。这些需求的内容包括知识优势、决策优势以及主动权的重要性。因此，除了优先情报需求和信息需求之外，高级分析人员还要参与到**假设、预想、预感和疑惑**的解构过程之中。第三，根据本章的观点，分析人员应该了解解构的认知功能，即高级分析所特有的五类观察指标：**文化、技术、功能、态势和生物等观察指标**。第四，由于高级分析和特定解构工作的复杂性，分析人员还需要从其他人或组织那里获得认知技巧和知识。这种思维和知识支持可以来自分析人员的组织内部，可以来自情报界，来自相对可靠的当地主题专家，以及虚拟知识环境中的主题专家。第五，最后一点，本章强调了分析人员需要懂得对其思维和知识能力进行核查的必要性，强调了从红队或其他专家那里寻求帮助的重要性，因为这样做可以修正其思维过程，确保能够认识潜在的心理错误，避免在解构工作中陷入与认知相关的陷阱。一旦错误思维战胜了最为关键的思维，分析人员和决策者都可能陷入逻辑和思维的陷阱，而这一点正是他们极力要避免的。因此我们将在下一章探讨批判性思维。

[第6章]

批判性思维

定义：一种“检验假定、识别隐藏价值、评估证据、评定结果”的智力过程。[1]

一、批判性思维背后的理论

高级分析工作不能缺少批判性思维。人都是在思考的；因此，他们都会犯错误。所有人都会犯错误；这是人类的本性。正是意识到人类思维存在缺陷，高级分析人员才能时刻保持警惕，不陷入逻辑和思维的传统心理陷阱和错误之中。分析人员很清楚，人类的思维非常容易使自己相信不会犯心理错误。不幸的是，所有人都需要努力提高自己的批判性思维，因为所有人都有心理误区，都会掉进陷阱之中。我们相信自己的聪明才智和绝对正确，认为不会掉入陷阱，但却悲惨地发现，即使最聪明的人也会犯错误。那些担负最重要的分析工作的高级分析人员，却可以从方法上不断地将这种错误降至最低，并且尽最大可能在犯错误之前调整自己，从而避免

[1] 原注：Myers, xv.

错误决策和人员伤亡。

要想减少犯错机会，至少是减少心理错误的影响，高级分析人员需要一个有目的的心理过程。这样的过程，需要我们采取一些步骤减少心理错误的密度和影响。还有其他更加重要的步骤可以做吗？首先，他们需要不断反省，对可能会犯的心理错误进行思考。此外，高级分析人员使用了批判性思维，可以从其他人或组织那里获得批评意见。例如，分析人员可以先建立一种假设，然后从红队或者虚拟知识环境中的主题专家那里寻找关键意见。其次，分析人员可以搜索过去发生的类似问题，从中得出判断当前工作的材料和结论。

这种方法听起来符合逻辑且容易操作。但我们还是会犯错误。为什么我们注意到自己会犯错误之后，还会继续犯错误呢？这里面有如下几个原因：

- ★ **第一**，对所有人来说，承认错误，或者承认有心理误区是非常困难的。
- ★ **第二**，人们都不善于反省。反省需要时间，更重要的是，反省会危及自己的观点，因为对诚实的人来说，反省常常会证明他自己是错误的。
- ★ **第三**，当进行思维时，我们常常不希望花时间验证自己思维的正确性和自己可能犯下的错误。每个人都希望按照自己的思维进行下去。因此，尽管我们一开始都希望回到自己犯错误的地方，但最终我们还是被现实打败，对错误的判别和修正的可能性只是暂时而已。尤其是当发现需要检视的观点事实上成为后续思维的基础时，这一问题将变得更加严重。
- ★ **第四**，无论是人还是组织，都会寻找和使用批判性思维方法。我们通常不会对个人的思维能力发表高见，从更大的角度来看，不会对群体的官僚主义观点发表高见。正因为如此，即使分析人员可以判断出错误或潜在错误的结论，他或她也常常会拒绝其他人提出的建议，因为分析人员怀疑他们的思维有问题。

★ **第五**，如果分析人员通过回顾过去，或者通过历史类比发现了自己的错误，他们所引用的材料，或者他们没有批判性地看待自己的情况和历史情况之间的差异，将会使得他们得出错误的结论，尤其是当他们试图通过过去发生的事情来证实一个假设时。[1]

要想进行好的思考，这些问题都是非常有挑战性的。因此，好的高级分析人员怎么做才能开展高效的批判性思维呢？方法之一，高级分析人员必须要有一个非常有用的理论基础，以便从中得出结论。方法之二，高级分析人员必须拥有和使用批判性思维模板，用以帮助引导他或她**思考自己的想法**。高级分析人员必须理解它的框架和支撑思想，才能让它发挥作用。此外，分析人员必须要了解批判性思维中存在的一些固有挑战和问题。除了这些问题之外，分析人员必须要知道如何克服这些问题，如何应对批判性思维固有的挑战。分析人员还需要了解一系列心理错误的本质和特征，以及识别它们的方法。此外，他们必须知道，在对自己的想法或结论进行批判时，应该向谁寻求帮助。应该知道，有些人和有些过程都能为他们提供帮助。

作为我们知识旅行的第一步，让我们研究一下批判性思维的理论基础。有一些理论基础可以帮助我们了解批判性思维的含义，以及如何最佳地应用批判性思维。克劳塞维茨在《战争论》中提到了“批判性分析”（critical ananlysis），其概念与批判性思维相近。克劳塞维茨说，批判性分析是“把理论上的真理应用于实际事件”，这样做，“不仅使理论上的真理更加接近实际，而且通过经常反复的应用，会使人们更加习惯于这些真理”。[2] 克劳塞维茨还提出了批判性分析的三个方面，即考证历史上可疑的

[1] 原注：Heuer, 38–40.

[2] 原注：Clausewitz, 156.（译文引自：克劳塞维茨著、军事科学院译，《战争论》[商务印书馆，1978 年第 1 版]，第一卷、第二篇、第五章“批判”，第 144 页。）

事实；从原因推断结果；对使用的手段进行检验。[1] 孙子也间接地谈到批判性思维。他说：

> 计利以听，乃为之势，以佐其外。势者，因利而制权也。兵者，诡道也。故能而示之不能，用而示之不用，近而示之远，远而示之近；利而诱之，乱而取之……卑而骄之，佚而劳之，亲而离之……[2]

虽然认同两位理论家的观点很容易，但我们对克劳塞维茨的观点还是稍有不认同，由于情报在现代冲突中的重要地位，我们必须将高级分析人员纳入批判性思维之内，而不仅仅涉及指挥官，克劳塞维茨对此进行了雄辩的论证。

批判性思维中的心理错误并不只发生在某一方——在非正规战争和叛乱活动中，所有方和所有人都会犯心理错误。就像犯心理错误一样常见，人们试图通过事后回溯来最小化自己的错误，从而为自己的思维方式找到合理理由。在高级分析过程中，思考对于批判性思维的成败至关重要，因此，我们下一步讨论的重点就是人们最相关和最常见的认知错误，高级分析人员可以通过一些方法来规避或是将错误影响最小化。

镜像效应是危害最大的心理错误之一。所谓镜像效应，指的是"根据美国在相似情况下的可能行动，假设其他方也会采取美国的方法，用这种思维填补分析人员自己的知识缺口"。[3] 镜像效应危害尤大，因为它会引起不良的、虚假的和肤浅的思维。对于犯镜像错误的人来说，他们本身就隐藏着一种傲慢的态度。镜像效应会导致情报分析人员和指挥官不断碰到出

---

[1] 原注：Clausewitz, 156.（译文引自：克劳塞维茨著、军事科学院译，《战争论》[商务印书馆，1978 年第 1 版]，第一卷、第二篇、第五章"批判"，第 144 页。）

[2] 原注：Sun Tzu, 66–67.（译文引自：孙武，《孙子兵法》[上海古籍出版社，2006 年 7 月第 1 版]，"计篇"第 7—9 页。）

[3] 原注：Heuer, 70.

乎意料的事情，而不知其原委。但我们知道陷入这样一个循环往复的尴尬局面，其原因就在于他们犯了镜像效应的错误，没有从敌人真实的角度开展困难重重的思维活动。

高级分析人员在进行批判思维时，如何知道镜像效应是否影响他本人或者其他人的思维呢？问题最简单的答案是看一下关键词或关键句子，比如：**我们在胡德堡的作战旅不可能做敌人所做的事情；敌人会这样做，因为这样做是有意义的；敌人已经完全丧失理性了，需要以非理性的方式对待他。敌人不会采取这种行动，因为这毫无意义**。这些都是引人警醒的句子，可以警告分析人员他们可能在做镜像判断，并应该在他或她的头脑中引起警报。

同样有意思的是，敌人肯定也会成为这种错误智力活动的牺牲品。聪明的分析人员可以利用竞争对手之间的这种共同倾向，获得针对敌人思维的优势。这样，富有进取心的高级分析人员就可以对镜像效应进行批判性思维，从而获得相对于敌人的智力优势、行动自由、位置和优势地位。

为了预防镜像效应，高级分析人员必须意识到自己落入这种陷阱的倾向。一旦知道自己可能受镜像效应影响，并已采取措施对这种缺陷保持警惕，分析人员还可以采取其他措施来避免这种认知灾难。例如，他们可以利用美国和当地的主题专家，对自己的假定、结论和推理进行批判。此外，他们可以使用红队来提供评论，并对分析人员的批判性思维提出质疑。推演过程中镜像效应会频繁出现，并在这个过程中重复出现。此外，红队和高级分析人员一旦察觉出镜像效应，就要提醒指挥官和参谋们注意。然而只是发现问题还不够。优秀的指挥官应该感谢分析人员发现这一问题，但这样的指挥官还会问他或她如何克服这一问题。高级分析人员需要提供一项或数项建议，以解决这个问题，他们不能自私自利。

批判性思维的另一个问题就是**“假定”**（assumption）。错误的假定往往是计划制订和执行失败的唯一原因。人们一般通过假定的方式，在他们已知和未知之间搭起桥梁。人们需要做出假定；否则他们计划的制订或执行将无法进行，因为在行动的筹划阶段，总是存在严重的信息和知识缺口。但是，他们需要时刻注意做出假定过程中的潜在心理错误。根据《国防部军事及相关术语词典》，“假定”的定义为：

> 对当前态势的猜测或者对未来事件发展的推测，在没有确凿证据的情况下，这些猜测或推测都被认为是正确的，可以帮助指挥官在筹划过程中完成态势评估，并就行动计划做出决策。[1]

错误的假定会导致错误的情报分析，进而影响筹划和决策。一位作者告诉我们：

> 经验告诉我们，当分析判断被证明是错误的，通常不是因为信息有误。原因在于，分析人员做出了一个或更多错误的假定，却未遭到质疑。[2]

一旦支撑他们思维的“假定”是错误的，人们就会做出错误的决策，从而导致错误的执行和结果评估。克劳塞维茨在《战争论》中也认识到关于假定的潜在问题，他说：

> （战略……）就是拟制战争计划；并且必须把达到这一目标的一系列行动同这个目标联系起来，也就是拟制各个战局的方案和部署其中的战斗。所有这一切，大多只是根据那些与实际并不完全相符的预想来确定，而许多设计细节的规定根本不能在事先做好。[3]

---

[1] 原注：*DOD Dictionary of Military and Associated Terms*, October 17, 2007.

[2] 原注：Heuer, 69.

[3] 原注：Clausewitz, 177.（译文引自：克劳塞维茨著、军事科学院译，《战争论》[商务印书馆，1978 年第 1 版]，第一卷、第三篇、第一章“战略”，第 175 页。）

考虑到情报分析人员无法参与所有行动来验证他或她的假定是否正确，考虑到他或她的工作中每天都会提出许多假定，情报分析人员应该如何克服，至少是降低提出和执行错误假定的可能性呢？这是一个关键问题，我们将在接下来几个段落里予以回答。

在沿着这个思维脉络研究下去时，我们可以确切地得出这样的结论：情报工作总是离不开假定。高级情报分析人员需要假定，因为他或她工作的对象是未知的东西。尤其重要的是，当处理作战环境中的敌人和许多方面的工作时，分析人员面临着许多未知情况。在思考如何搜索和寻找善于隐蔽的敌人及其网络支持者时，分析人员面临着未知情况。因此，情报分析人员必须围绕敌人的战略、企图、目的、目标、技术和武器等内容做出假定。情报分析人员还要围绕未来敌人的袭击以及开展这些袭击的方法进行假定。从更具体的角度来看，分析人员必须就敌人发动袭击或行动的条件进行假定，如敌人在一处庇护所内的行动。假定驱动分析人员如何思考和考虑未知或未来的世界。假定支撑着分析和情报搜集专家如何决定和执行搜集策略。假定支撑着分析人员如何将数据重构和综合成信息和知识。因此，分析人员必须不断做出假定，它是批判性思维的重要组成部分。然而，一旦分析人员提出和使用的假定是错误的，又会对他们的批判性思维产生不利影响。因此，下一部分我们将探讨高级分析人员能做出的最佳假定，以及如何判断错误假定的出现及其后果的方法。

高级分析人员应该如何验证他或她的假定是否正确，应该如何改善呢？方法之一，就是分析人员要认识到假定的重要性及力量。从这一点来看，分析人员必须要知道什么是假定，错误的假定究竟会导致什么样的潜在错误。分析人员必须要关注他或她的假定，并且不断考虑假定的正确性。这看起来似乎理所当然，但实际上不是，因为人们经常做出假定，或者认为它们就是事实，但当他们的思维被其他活动占据时，往往会忘记这些假定。检验假定正确性的另一方法是，情报分析员必须要求其他人检查和批评她或他的假定。他们也可以向情报机构内部的分析人员，甚至是外部虚拟知识环境中的主题专家请求帮助。在参谋队伍中，如果组织了红队并开展工作，红队人员将会是帮助情报分析人员检查他或她的假定是否正确的最优秀人员。换一句话说，分析人员应该认识到他们的假定，不要忘记自己只是在做假定。他们应该将假定看作假设的一部分，且要对其正确性进行验证。最后，分析人员要对她或他的重要假定进行解构，使其成为观察指标，并且不断观察事件、行动、交易、互动或行为的出现，因为这些迹象可以帮助分析人员验证假定是否正确。

我们称为**深度思考**的认知现象，是批判性思维的另一内容。它非常重要，本书将其视作高级分析的基础。尽管如此，但深度思考既非一种思维，也不是一种理解。**深度思考**的定义是，通过花费时间和精力，对特定事物进行批判性思维和深入思考。

谁能否认深度思考在情报分析工作中的重要性和需求呢？然而，尽管没有多少人会否认它的重要性，但事件、行为和组织等因素，限制了情报分析人员在工作中使用深度思考。什么意思？直截了当地说，深度思考常常无法展开。有的时候，分析人员没有受到深度思考的训练，也没有受到这方面的教育。有的时候，部署在前线的军事部队，在作战和行动中所产生的噪声和能量，使参与的分析人员无法开展深度思考。有的时候，设计简报、生产产品等压力，占据了分析人员的全部有效时间。因此，正如所定义的那样，深度思考与情报分析人员的繁忙工作产生了矛盾，他们知道应该进行深度思考，但面对繁忙的工作节奏，又因为被大量的工作所累，不得不从事那些无止境的日常繁杂工作。

情报分析人员通常用计算机工作，遵循着行业规定和安全要求，还要受到数据流、任务、行为、生产计划和各种简报的“轰炸”。很简单，他们没有时间开展深度思考。因此，分析产品有时并没有经过深思熟虑，其中充斥着逻辑和思维错误。此外，许多情报分析人员没有机会学习如何开展深度思考。他们所接受的训练是使用自动化手段，而不是学会“如何思考”。面对复杂的环境、藏兵于民的叛乱分子、各种设施的技术需求、复杂的文化，以及高级分析中的高层次思考，这些都需要时间、精力和恰当的环境作为保障。我们应该如何解决分析人员面临的矛盾，或者是两难困境呢?

这显然是对领导层的挑战。高级情报官员必须为他或她的情报人员的能力设立标准，让他们开展深度思考，情报机构中的其他领导也必须帮助高级分析人员进行深度思考。当然，我们可能只向最为优秀的分析人员提供开展深度思考的环境和时间，因为试图向所有的分析人员安排和提供这些时间是不切实际的。无论如何，高级情报官员必须确认需求，提供深度思考的环境，尔后与高级分析人员进行一对一的会面，以探究那些肩负着对环境、敌人、文化、平民、设施开展深度思考任务的人的思维。

当然，深度思考也是思考。但思考什么呢？开展深度思考，需要大量的思考技巧。深度思考需要开发。深度思考包含对未知事物或疑惑的孜孜探求。深度思考是一种还原主义方法，目的是通过综合，使还原的结果提升到更高层次。否则，还原主义只是对思维过程的强调，而不是对结果的深度思考。一旦还原本身的目的不是将结果综合成更高层次的含义，还原主义本身将是危险的，这一点可以从俄国作家费奥多尔 · 陀思妥耶夫斯基（Fyodor Dostoevsky）的下面这段文字中读到：

> 人是一种轻佻且不调和的生物，比如象棋手，他们或许喜欢的是游戏的过程，而不是结果。谁知道呢……人类在地球上唯一孜孜以求的目标，就存在于生命中不断获得的过程，换句话说，并不在于获得了什么。[1]

将还原的结果分解得越来越小，并赋予其更高层次的内涵，这就是还原主义的目的。因此，还原主义不仅仅是将事物解构成越来越小的部分或碎片的行为。从这一点来看，那些开展深度思考的分析人员，在开展还原和解构时，必须要进行综合。因此，开展解构工作的分析人员心里必须牢

---

[1] 原注：Fyodor Dostoevsky, "Notes from Underground," in *Existentialism from Dostoevsky to Sartre*, ed. Walter Kaufmann (New York: New American Library, 1975), 77.

记观察指标，即使情报搜集的结果可能与观察指标相反。这些都应该进入分析人员的脑中，成为“假设”或者“预想”。

综合可以帮助人们克服深度思考某一方面的负面效应，高级分析人员在开展深度思考工作时，还可以使用其他方法。例如，开展深度思考时，高级分析人员可以有目的地进行**因果分析**（cause and effect analysis）。不恰当地使用因果分析是批判性思维的弊病之一。但如果使用正确，因果分析方法将对分析思维有极大的好处。克劳塞维茨的下面这段话可以帮助我们理解因果关系在批判性思维中的重要性。克劳塞维茨是这样说的：

> 批判的任务是探讨原因产生了什么样的结果，是探讨使用的手段是否同目的相适应，当原因同结果，目的同手段都很直接时，这一任务是容易完成的……但是，像世界上其他活动一样，在战争中组成整体的一切都是彼此联系着的，因此每一个原因，即使是很小的原因，它的结果也会对整个行动的结局发生影响，都会使最后的结果有所改变，尽管改变得很小。同样，每个手段也必然会影响到最终的目的。[1]

使用因果关系分析方法时，高级分析人员必须首先了解真实结果（在因果分析情况下），并追溯产生这些结果的起源或起源物。不幸的是，在复杂城市作战环境中，产生结果的原因往往有很多。但在这些原因当中，总有一个是首要原因。即使是在克劳塞维茨时代，军事理论家也很难为某个结果找到对应的那个原因。因此克劳塞维茨告诉我们，顺着结果或结局通常可以找到许多原因：

> 战争中事件的结果很少是由单一的原因产生的，而是由许多

[1] 原注：Clausewitz, 158.（译文引自：克劳塞维茨著、军事科学院译，《战争论》[商务印书馆，1978 年第 1 版]，第一卷、第二篇、第五章“批判”，第 147、148 页。）

原因共同产生的，而且仅仅公正而认真地追溯事件的一系列根源还不够，更重要的是还必须弄清楚每个原因的作用。这样，就必须对原因的性质做进一步的探讨，于是批判的研究就进入了纯粹的理论领域。[1]

作为批判性思维另一个方面，分析人员还需要考虑和思考限制条件。有些限制条件是自己强加的，例如美军交战规则。但其他一些限制条件却是专门针对敌人的。缺少炸弹部件或者炸药，可能就是制造炸弹的叛乱分子的限制条件。第三类限制条件涉及美国及其盟国与在城市环境中活动的叛乱分子之间的竞争，对竞争各方的行动和行为能力进行限制。开展深度思考的高级分析人员可能还感兴趣的是，对敏感变量和机会窗口的出现及其影响的思考，这应该是高级分析人员的知识储备。敏感变量可能是平民的情绪、突然出现的沙尘暴或者是一次偶然的炸弹事件，但却能点燃一系列事件，导致人和能量的聚集，有时甚至会无法控制。因此，最好要预测敏感变量可能的出现和影响，还要预测机会窗口及其如何影响冲突中的各方。

在任何城市环境中，复杂性都是最突出的。虽然现在不是详细探讨复杂性理论的时机或场合，但任何大型城市都包括复杂适应性系统的互动、行动、碰撞、倾轧和颠覆，其结果都是无法预料的。凡事都相互联系，当某个单元、节点、某个人或某个组织发生了扰动，城市这个有机体的其他部分也会跟着发生变化。作家米歇尔·沃尔德罗普（Mitchell Waldrop）这样解释这一现象：

在一个个例子中，信息都是相同的：一切都是相互联系的，且常常具有无法想象的敏感性。微小的扰动不会总是微小。在适

[1] 原注：Clausewitz, 157.（译文引自：克劳塞维茨著、军事科学院译，《战争论》［商务印书馆，1978 年第 1 版］，第一卷、第二篇、第五章“批判”，第 145 页。）

当的情况下，最微小的不确定性也会增长，直到系统的未来变得完全无法预知，换句话说，出现混沌局面。[1]

通过深度思考，分析人员可以理解所有事物之间难以想象的联系性。这种理解可以帮助分析人员了解因果关系、扰动关系、敏感变量和机会窗口，从而为他们操控局势或者保持权力优势提供条件。这种理解，还会使分析人员通过开展深度思考的方式，寻找明显的和隐藏的关联。即使是一个规模小、不显眼的行动，都有可能产生二级和三级效应，进而演变成巨大的国际丑闻。敏感变量虽然会转瞬即逝，但却能够产生严重的后果。这些变量出现和发挥巨大影响的时间，又被称为机会窗口。城市环境中复杂性的最后一个内容是，所有的事情都在不断移动、不断变化，包括人的因素。因此，城市是流动的，且看似混沌，没有秩序和规则。分析人员必须学会在一个总是变动、常常变化、令人意外，甚至看似即将坠入混沌的深渊，但事实上却在混沌边缘颠簸的环境里开展深度思考。[2] 有了复杂性理论之后，人们就会明白，混沌之中也蕴含着秩序。[3] 高级分析人员通过批判性思维中的深度思考方法，可以思考和寻找隐秩序，因为隐秩序往往会让我们知道敌人在嘈杂的混沌中即将干什么的蛛丝马迹。

作为批判性思维的另一方面，分析人员还必须寻找事实和证据。在不危及生命的情况下寻找确凿事实，并将它们作为证据，这是非常困难的事。在一个不断变动且变化的环境下，高级分析人员要想迅速找到和使用这些证据，则尤其困难。有时，分析人员找不到事实和证据，因为它们隐藏在作战环境的噪声之中，因为敌人在保护它们，因为民众不会提供事实作为证据，因为分析人员没有寻找和发现事实和证据的资源，或者是因为寻找所需的证据需要花费太长的时间。那分析人员应该怎么做呢？问题的

[1] 原注：Waldrop, 66.

[2] 原注：Waldrop, 252.

[3] 原注：Sun Tzu, 92.（译文引自：孙武，《孙子兵法》[上海古籍出版社，2006 年 7 月第 1 版]，“势篇”第 50 页。）

答案有三个方面：

* **第一**，分析人员必须判断他或她手里有哪些事实，是否还能找到更多的证据，或者是否会有更多的证据浮出水面。
* **第二**，高级分析人员会就情势发表声明，陈述主张，或者提出假设。
* **第三**，他或她必须要证明这些主张，或者证实或证否这些假设。

要想证明自己的主张，或者证实或证否自己提出的假设，分析人员必须掌握证据和事实。因此，分析人员必须着手搜集证据和事实，且通常用来反驳他或她的假设或提议，而非用来证实，因为证实会导致思维定式（mind-set）：证实一个主张比发现一个真相更为有趣。分析人员将在搜集专家的帮助下寻找支撑其主张的证据，还要在虚拟知识环境和情报机构里主题专家的帮助下，利用证据证实或者否定自己的主张。这也是批判性思维的一部分，需要使用情报系统，通过分析和搜集活动来寻找证据。

作为深入探索批判性思维旅行的下一步，我们将探讨分析人员思维和逻辑中通常会犯的错误。这里探讨的并不只局限于高级分析人员会犯的错误，还要考虑和提高发现别人可能犯错的能力。这样的探讨不会深入批判性思维的任何方面，而只是将这些错误告诉读者，通过为每个错误提供一两个案例，帮助情报分析人员进行理解和日常应用。

* **专家证言**（expert testimony），并不是建立在事实基础之上，而是建立在专家的看法、信念或理论之上，或者是建立在某个特定层级的人的证言基础之上。专家证言反映的是军事领域中的传统等级问题。有时，由于其他人比自己的级别高一点，人们就会倾向于相信或赞同他们的意见。在他们看来，级别地位越高，其思维或结论越能超过其他人。但是通过本书的分析，我们看到这是不正确的，我们还可以毫不含糊地说，级别和大脑不能画等号。然而，一个难以

解决的问题是，那些级别更高的人手握着比他下属更多的权力。因此，级别低的人往往会折服于级别高的人的结论。这是一个非常危险的立场，因为级别高的人也可能是错误的。因此，级别低的人必须要有他或她的思想，也就是说，不能一味逢迎级别高的人，要能够提出问题，并向分析人员提供更好的思路。如果这样的思想与上级的思想不相符，那就顺其自然吧。好的领导总是会与各个级别的人开展深度探讨，会聆听并接受下属的意见和思想。这些开明的领导明白，级别并不等于大脑。

★ **个人偏好**（ad hominem），是人们在从事政治活动时常常犯的错误。他们没有回答问题，也没有建立逻辑论证，而是选择攻击那些与他们争辩的人。个人偏好是指：(1) 依靠某人的偏见、情绪或者特别兴趣，而不是某人的知识或理智；(2) 攻击对手的性格而不是回答他的问题。[1] 例如，情报分析人员史密斯中士在简报会上没有检讨自己的错误或者分歧点，之所以如此，是因为他认为琼斯中士是个傻瓜，他因为不聪明总是提一些非常差的提议。

★ **循环推理**（circular reasoning），是一种推理方法，其前提依赖于或者等同于结论，这是一种错误逻辑，即认为“A 是用来证明 B 的，B 是用来证明 A 的”；也被称为循环逻辑。[2] 以下例子可以说明这个问题，“我认为萨拉非阿拉伯人（Salafi Arabs）是邪恶的，是自杀式爆炸事件的幕后黑手，因为他们的宗教激进主义是支持自杀的；正由于宗教激进主义的原因，萨拉非主义会宽恕自杀，因此萨拉非阿拉伯人是自杀式爆炸事件的幕后黑手”。分析人员必须警惕坠入这样的逻辑陷阱之中；给出承诺很容易，但做起来很难。结论必须要跟在前提的后面，但无论一个人多么巧妙地将前提与结论之间的直接联系隐藏起来，结论总是不能和前提一样。

---

[1] 原注：Dictionary.com, http://dictionary.reference.com/browse/ad hominem (accessed March 23, 2008).

[2] 原注：*Webster's New Millennium Dictionary of English, Preview Edition* (v 0.9.7), Dictionary.com, http://dictionary.reference.com/browse/circular reasoning (accessed March 23, 2008).

★ **过度简化**（oversimplification），就是将事物简化到错误、扭曲或误解的程度。[1] 例如，我们可以想象一下美国进入二战的时机。过度简化导致的思维错误，可能使我们认为，1941 年 12 月的珍珠港轰炸导致美国参加二战。但我们知道，这仅仅是美国参加二战的原因之一。如果分析人员的思维按照过度简化的逻辑进行，他或她最终会犯其他的一些错误，例如在因果推理中会产生不合逻辑的推论（non sequitur）和错误。

★ **轻率的归纳**（hasty generalization），指的是在证据或样本很少的情况下，进行抽象归纳，或者只是基于很小的案例就得出结论。固定程式就是一种轻率的归纳。举一个关于轻率的归纳例子，情报分析人员注意到一辆汽车行驶在居民区内，很多车库的门都打开了，基于此，分析人员得出结论：他们已经发现了这个居民区内的敌人网络。分析人员必须谨慎，不能成为轻率的归纳的牺牲品。他和她必须花些时间，用事实来支撑质疑或归纳。在快速变化的形势下，这一点可能很难做到，因为分析人员没有时间，也没有资源开展深思熟虑和煞费苦心的工作，无法在只拥有一点证据的情况下，通过对整体的归纳和推导而形成假设。但是，分析人员能够使用这些归纳的方法，将其归入**"疑惑"**的范畴，因为并不是所有事情在分析工作一开始就非常明确。因此，分析人员必须进行归纳工作，并且在分析"疑惑"工作中进行归纳。必须搜集足够的证据来进行归纳，但这些证据不能是例外的或者不寻常的。

★ **倒因为果的谬误**（post hoc, ergo propter hoc），指的是"B 出现在 A 之后，因此 B 的出现是因为 A"[2]，这种错误认为，由于一件事跟在另一件事之后，因此第一件事肯定是第二件事的原因。这种通过事

[1] 原注：Dictionary.com, http://dictionary.reference.com/browse/oversimplification (accessed March 23, 2008).

[2] 原注：Wikipedia, "Post hoc, ergo propter hoc," http://en.wikipedia .org/wiki/Post_hoc_ergo_propter_hoc.

物发展先后顺序开展的分析，会产生这样一个推导性结论，即由于一件事情跟在另一件事情之后，那么之后的事情必定与之前的事情或行为有关联，或者是由其造成的。如果分析人员缺少证据，比如在城市作战环境下开展工作，常常会成为这种谬误的牺牲品。让我们来看这个例子。如果一个人在没有其他信息支援的情况下，相信诡辩是正确，他就可能陷入这个错误的逻辑之中。再看一下这种关于事物发展顺序和结论的案例。一个车队在路上行驶，遭到简易爆炸装置袭击。安全部队抵达并对区域进行检查后，发现一名年轻男子手里拿着摄像机。负责处置的中士得出结论，在简易爆炸装置爆炸后，这名男子之所以拿着摄像机，是因为他是敌人渗透进来的人，其任务就是通过摄像方式执行叛乱分子的信息作战行动。不幸的是，这名男子只是一个无辜的旁观者，恰好在错误的时间和地点出现在特定区域内。但是清除逻辑思维中的错误往往需要时间。再举一个例子，关于分析人员开展的趋势分析工作。一名分析人员查找过去的资料，审查了重要的行动报告。他得出结论，因为袭击B紧跟在袭击A之后，袭击C将在同样的地点、几乎同样的时间发生。一旦袭击C发生在不同的地点和不同的时间，分析人员就知道他或她的逻辑存在错误，但他或她并不确切地知道错在哪里。

★ **错误的困境**（false dilemma）指的是，存在两个替代选项，但只能选择一个，而事实上有一种或更多的其他选项没被考虑。[1] 错误的困境是一种通过将复杂整体中的各个部分的对立绝对化，从而减少部分之间的缓冲，但事实上，这些部分之间往往存在一种转化或者灰色地带。例如，在巴格达特定居民区内执行文化基本职责的高级分析人员认为，如果这里的人不是叛乱分子，敌人如何在这个社会立足呢。于是他沿着只有两条道路的思维走下去。他相信，这里的

[1] 原注：Wikipedia, “False dilemma,”http://en.wikipedia.org/wiki/False_dilemma, (accessed March 23, 2008).

人要么是友好的，要么就是叛乱分子。有了这样的思维后，他就陷入了错误的困境的谬误之中，事实上他们并没有考虑有的人是“骑墙派”（fence sitter），有些人仅仅因为害怕而态度消极。人的动机往往非常复杂，远不是“是与非、黑与白”那么简单。因此，分析人员应该考虑思维中的第二条路径。也就是说，他和她必须要知道，在涉及人的情势之中，没有简单的是与非、黑与白，或明显的立场或倾向。相反，复杂性总是存在的，人们对于自己的决策和之后的行为，有着无限多的复杂理由。

★ **历史类比**（historical analogy），通常用来支撑一种论证。历史类比的方法，对高级分析人员很有用，但前提是他或她没有成为历史类比错误推理的牺牲品。那么，使用历史类比这种思维和论证方法有什么问题呢？霍耶尔告诉我们，由于历史类比使用的是对比的方法，因此从某个角度来说，使用该方法是一件好事。但他认为，在使用过程中分析人员需要注意到一些危险。他说：

> 当然，难点是用于对比的两种情况确实要具有可比性。由于两种情况在某些方面类似，在推理中就会有这样一种倾向，即它们在所有方面都是相同的，并认为当前态势和历史态势将会产生相同或相似的结果。[1]

他认为，要想使用历史对比或类比的方法，分析人员不仅要进行对比，而且要考虑到两者之间的不同之处，正是这些不同，使得从历史类比中得出的结论有时是不合时宜的。如果分析人员从对比中获得无法使用或者不合时宜的结论，他或她就会冒在逻辑和思维上犯错误的风险。

[1] 原注：Heuer, 39.

★ **不合逻辑的推论**，是一种与前提不相符合的推论或结论。[1] 这是一个非常有意思的谬误。它指的是，人们为了某事进行辩论时，其思维过程与他们的立场或前提不相联系。其论断与最初的前提或提议没有关系。举一个例子，一名分析人员在谈论逊尼派叛乱分子。他或她的逻辑可能是这样的：逊尼派叛乱分子大部分来自沙特阿拉伯；因此，库尔德武装分子绝不会在伊拉克执行恐怖活动。在与当地主题专家围绕自杀式爆炸开展工作时，主题专家说伊拉克人不会进行自杀式袭击，因为根据伊斯兰教教义，自杀的人只能下地狱；因此，那些进行自杀式袭击的人，只会是沙特的宗教激进主义者。

前文已经提到，批判性思维是高级思维中最具挑战的内容。虽然思维是有趣的，也可以产生巨大的效果，但它也会让我们犯错误，产生心理错误。批判性思维包含如下心理思维过程：我们如何思考，我们的朋友和敌人如何思考，在行动所处文化中的人和领导人是如何思考的。这种思维不是简单地思考我们或我们的竞争对手是如何思考的。不，它的外延远远超出了这一简单的等式。正因为如此，所有的分析人员必须具备以下思维能力：**能够思考敌人是如何思考——友军领导人及其情报团队是如何思考、如何执行后续行动和行为的**。反过来，友军指挥官和情报团队，不仅仅要思考他们自己，还要**思考敌人是如何思考的，以及敌人是如何思考我们、友军指挥官及其情报参谋的**。这条思维脉络反映出世界的复杂性，而这也是高级分析得以立足和行动的基础。

当思考自己的思维时，我们必须要真诚。如上所述，所有人都会犯错误，而且是不断地犯错误。因此，高级情报分析人员必须警惕他们习惯犯的认知不足和错误，同时要想尽办法克服这些问题，或者将其影响减至最低。此外，分析人员要充分认识思考的重要性，即思考他们的对手如何思

[1] 原注：Dictionary.com, http://dictionary.reference.com/browse/non sequitur (accessed March 23, 2008).

考他们自己及友军的能力，思考他们的友军领导人是如何思考的。所有这些挑战就构成了复杂性。但是，如果不进入这个“他人思维”的世界，情报分析人员永远也不会成功。

所以说，思维中究竟有哪些潜在的错误会对我们的分析任务产生负面影响，又有哪些克服这些潜在错误的方法呢？（为了便于理解，下面的叙述用第一人称进行。）我是不是忽视了寻找正确的专业人才，好一起解决我所面对的特定问题或挑战呢？我是不是没有从其他分析人员那里得到支援呢？我是不是没有正确表达需求？为了节省时间，我是不是把局势理解得过度简化了？我的思维中是不是有一些非常错误的假设，或者根本没有假设？我是不是陷入镜像思维的陷阱之中，以至于没有认识到敌人可能采取的正确战术，没有想到敌人可能采取的条件准备活动呢？我有没有被专家（包括指挥官或其他权威人员）的意见牵制，造成没有从敌人的角度、思想和认知方面研究各个选项呢？在研究与基线相关的异常现象时，我是不是使用了错误的因果逻辑呢？

说得更加具体一点，我必须要问，分析人员在技术环境下究竟会犯哪些错误。在探索分析过程中的心理错误时，还会出现几个可能的问题。首先，进行自我批判的分析人员可能会担心，他或她可能对问题所处的技术环境进行了过度简化。过度简化后果是严重的，会导致人们对研究难以捉摸的、看不见的技术世界徒劳无功。正由于有了这种态度和由此而导致的遗漏，高级分析人员可能会错过有价值的观察指标。这可能是因为他或她没有对既有的技术观察指标进行识别、解释和探求，或者没有找到正确的技术辅助手段，去理解和厘清技术环境，使它可以被认识和“看见”。分析人员可能没有思考敌人会如何使用技术这一问题。同样的，分析人员可能也没有想到平民是如何思考、如何使用技术的，以及他们是如何看待美国的技术优势的。他或她可能对技术基线进行了过度简化，或者没有从参谋队伍、当地技术专家和虚拟知识环境的专家中获得技术专家的帮助，导致无法设计技术基线，在敌人采取技术条件准备活动时，无法看到其中的异常之处，更无法发现无形技术世界里这些行为是如何呈现的。

在进行批判性思维时，分析人员还可能会碰到哪些认知问题呢？首先，分析人员可能没法从情报机构中找到合适的主题专家或分析支援力量，无法帮助他或她解决特定的问题或挑战。但从积极方面看，开展批判性思维时，分析人员需要合适的主题专家帮助自己开展批判性思维，并提供可以帮助做出决策的足够知识。从这一点看，高级分析人员需要准确理解主题专家或者情报机构中其他分析人员，究竟可以为他或她的工作提供哪些帮助。

有些人可能来自分析人员开展工作的目标社团。因此，高级分析人员可能会碰到下面这样的内部对话："我需要找到和使用当地人，让他们帮助我制定城市平叛作战环境中开展高级分析所需的三类基线，即技术、文化和功能等基线。"按照这样的思维，分析人员需要回答下面的问题：我能从哪儿找到主题专家呢？我怎么才能得到他们的支持呢？我应该让他们做什么才能解决需求呢？我怎么才能确保他们了解我的要求？我怎么才能说清楚我的标准呢？我应该如何评判我所需要的知识产品呢？

这些都是很好的问题，但不幸的是，它们都很难回答。一般来说，知识经纪人可以提供帮助。或者分析人员可以与情报机构中合适的利益社团开展合作，或者可以从更高一级的情报机构（包括负责监视分析工作的人和机构）中寻找合适对象，帮助自己解决这些问题，并上报分析人员在信息和知识方面所关注的需求和要求。举个例子，我们考虑一下在大型城市开展平叛和非正规战争行动中，文化主题专家对分析工作提供的支援。前线分析人员肯定需要得到文化方面的支持，才能发挥高级分析的基础作用和职责。这些主题专家中有的来自美国及其盟友，但有的就是当地人，他们非常熟悉城市状况，并且了解情报行动将要发生的地区。一些所需的主题专家必须非常了解分析人员开展工作的区域，不仅要了解难以捉摸的、模糊的和变动的观察指标，而且要有足够的知识，知道怎么观察或搜集，知道在哪儿寻找目标，知道分析人员开展工作的最佳时间，还要懂得作战环境、观察指标、限制条件和标准等内容。这一过程听起来容易，但考虑到情报行动所处的态势，事实上很难找到这种支持，即使找到也很难利用。那么这些困难是如何造成的呢？

支持指挥官的决策是高级分析存在的理由。但在等级制的情报机构之中，各种情况纷繁复杂。因此，由于一些分析人员无法控制的原因，情报系统可能既没有能力提供主题专家支持，又没有这方面的优先考虑。或者说，作为一个相关的问题，情报界可能无法找到合适的主题专家，满足情报分析人员的特定需求。在个体层面，分析人员没有能力使用熟悉当地社区的文化主题专家，没能和他们一起从具体的文化角度开展推演，判断摩擦点，提出预想、疑惑和预感。此外，分析人员还可能从虚拟知识环境的知识经纪人那里得到错误主题专家的支持。或者说，分析人员可能没有正确表达他或她的知识需求，这又会加重虚拟知识环境主题专家、情报界，甚至是情报行动中提供直接支持的知识经纪人的工作负担，甚至使他们产生混淆。

高级分析人员必须与情报搜集专家建立紧密关系。不幸的是，这一问题不仅仅在过去存在，原因在于烟囱思维（stovepipe thinking）、组织等级，最严重的是高级情报领导没有清醒认识到分析人员与情报搜集专家建立这种关系的必要性。情报组织将每个功能（分析和搜集）都用“篱笆”（wall）围了起来，且严格要求每个功能只能开展思考和本职业务。因此，分析人员不会习惯于向搜集人员开发并提出观察指标。此外，分析人员一般不会向分布式情报搜集机构里许多部门提供详细的指导。因此，虽然他们知识丰富，但美国分布式节点中的工作人员，可能并不了解前线分析人员需要得到支持的具体内容、观察指标和标准。一旦他或她陷入了自己的分析“胡同”（lane），高级分析人员就不大可能与情报搜集专家建立关系。批判性思维中的这一问题，导致情报搜集专家只专注于情报搜集，即使没有机构向他或她提供本书阐述的五类观察指标。此外，分析人员可能并不知道传感器和人力情报的能力和可用性。因此，分析人员也就没法从整体的角度筹划观察指标、情报搜集及其时间和空间等问题。在一个相关的错误中，即使分析人员出于某种机缘巧合为情报搜集工作给出了观察指标，可能它们的质量并不高。再进一步说，不断自我反省的高级分析人员可能无法从以下三个方面预测阻力：(1) 他或她的视角；(2) 情报搜集人员的视角；(3) 敌人的视角。高级分析人员可能会过度简化，无法要求情报搜集工作验证他或她的假设、预想、预感、疑惑和假定，无法提供一种明确的可以降低不确定性、减少风险的方法，最终只会给指挥官带来复杂且模棱两可、难以操控的局势。关于情报搜集工作，现在让我们深入挖掘一下批判性思维中更为典型的一些错误。

★ **设计并确保数据流**。分析人员可能没有与搜集专家和技术专家研究设计数据架构和传感器架构。分析人员可能没有确定数据的标准，即潜在的、信息价值的最晚时限（LTIOV）以及信息价值的最早时限（ETIOV）。分析人员可能忘了去思考那些非传统和低层次资源如何及时提供数据，以便发挥作用。这就需要分析人员与技术专家、搜集专家一起处理数据架构，共同组成搜集和分析团队。

★ **让情报搜集人员了解分析指导**。上文已简要提到，分析人员可能意识到，他或她没有理解情报搜集和分析机构的整体性，因此没有向每名情报搜集人员联系和解释他或她为什么有这样的需要。分析人员可能没有想到他或她希望搜集和分析系统出现的时间，什么时候达到最高的取样率（与分析人员认为敌人活动将最强的时间相联系）。分析人员提出的需求可能不够具体——正确的时间、正确的地点、正确的观察指标以及正确的行动。或者说，分析人员没有根据最新的知识，向各类情报搜集人员通报变化和最新重点。提出假设的分析人员没有解释清楚他或她的标准，即时效性、具体性、准确性、相关性和清晰性。当然，上面提到的这些分析人员可能没有做到的事情，正是要想在城市作战环境中战胜狡猾的叛乱分子时所必须做到的。

★ **获得和使用错误或过时的数据**。有人认为，批判性思维中的这一错误可能不适合讨论。毕竟，一些人相信数据的至高地位。同样是这些人，他们可能会得出这样的推论：一个人所要做的全部工作就是让别人能够获得数据，分析人员要知道如何使用这些数据。不幸的是，如果有人做出了这样的论断，他或她就已经错了。我说这句话的依据是什么呢？一般来说，在现有的数据海洋中遨游，按照一个被证实的真实性和有用性的要求，在正确的时间寻找和发现正确的数据，这对分析人员来说是很困难的。更确切地说，分析人员需要获得我们可以称为有用或有价值的数据。但糟糕的是，并非所有数据都是有价值的，因为有的数据是过时的，有的在事实、数字和结论上是错误的。我们要知道，确保分析人员获得好数据、好信息、好知识是非常重要的，即使这不是批判性思维中最关键的部分。让我们简要看看批判性思维中存在的一些错误，也是高级分析人员在考虑数据时可能会犯的错误。

分析人员需要数据。但他们需要哪些数据呢？我们都知道，通过互联网的公开资源就可以获得海量数据。除此之外，分析人员还可以通过情报和作战系统获得大量数据。因此，分析人员非常有可能成为错误数据的牺牲品，而无法轻易找出最相关的数据，稍有不慎就与过时数据打起了交道，所有这些都意味着，分析人员的思维可能犯两个方面的错误：使用了正确数据，但是没有思考好；或者使用了错误的、篡改的、谬误的或过时的数据，但是思考得很好。

★ **获取知识过程中存在的错误**。在简要探讨了与数据有关的思维错误之后，现在让我们研究一下知识问题。当高级分析人员搜索有用的或者可以增加价值的知识时，他们会面临哪些挑战和问题，或者说，当分析人员构建新知识时，他们会遇到哪些挑战和问题呢？出于讨论的原因，如果读者能够在这个简要的知识旅行中，深入分析人员的心理以了解他或她的问题，就会帮助读者了解知识是如何与批判性思维联系在一起的。让我们考虑一下分析人员寻找的关于知识的一些疑难假设。

(1) 首先，我可能会受到所遇到的第一个知识的影响。这是一种自然倾向，尤其是对于那些承受着压力、缺少时间且没有经验的分析人员，更是如此。或者，我可能会使用过时的知识进行思考。这很重要，因为我会将知识作为我思考的基础。当然，我的思考会向指挥官提供可指导行动的情报知识。因此，我需要一种不需要耗费太多的时间就可以判断知识准确性的方法。

（2）另一个关于批判性思维的问题，就是将数据与知识混淆起来。从讨论的角度来看，我们认为数据是“一种作为事实、统计或者代码的信息片段”。[1] 知识是“通过经验或学习获得的一种熟悉、觉知或理解”。[2] 当然，知识很难获得，也很难使用，需要通过训练、教育、直觉、经验以及通过获得其他知识的方式，经过综合和分析判断，才能获得。数据就不同了。它一般是单独的，呈现出的是一条独立的事实或数据，或一系列事实和数据。在情报工作中，数据可能是显示器上的闪动，或者一个报告、一幅图像或者进入处理器的计算机语言。但是一般来说，数据本身不会产生结论或意义，需要机器或者人的认知工作，将数据变成指挥官决策所需的信息和知识。提取含义，指的是更高层次的综合和评估的思维技巧。数据就是其“本体”，知识则是通过机器和认知工作而形成的。

（3）批判性思维中的另外一个问题，即不花费时间或智力去核实所获知识的真实性。因此，这些材料可能是错误的、过时的甚至是抄袭的，这就为可能的欺骗埋下了祸根。

（4）最后一个关于知识的问题是，负责生成分析人员所需知识的人、人们或组织，也可能会犯错误，从而生成错误百出、逻辑上有问题的不适宜的知识。

---

[1] 原注：Dictionary.com, Unabridged (v1.1). Retrieved March 22, 2008, from Dictionary.com website: http://dictionary.reference.com/browse/data (accessed: March 22, 2008).

[2] 原注：*Webster's II New Riverside University Dictionary* (Boston: Houghton Mifflin, 1984), 669.

高级分析人员应该如何克服这些问题呢？我们可以考虑以下几个方面的内容。

★ **组织**。作为基础步骤，高级分析人员必须对自己的思维进行组织，使其更为有效。这似乎是一个微不足道的结论，然而，在充满了紧张、恐惧、疲惫、炎热或寒冷以及充斥着压力的忙碌世界里，组织问题绝不是一个小问题。因此，使用高级分析人员的批判性思维模板是一件明智的事情。这样的模板不应该是一项严格的由 A 步骤到 B 步骤再到 C 步骤等的计划。如果错误地设置模板，可能会导致对清单照本宣科，进而产生依赖。清单模板可能令高级分析人员得出这样的结论 ："只要我对照清单逐条检查，就万事大吉。"相反，模板应该作为如何思考困难问题和挑战的指导。它应该成为思考分析需求的推进剂。它应该用来鼓励思考其他人是如何观察、如何思考的。

- 批判性思维模板应该能让使用者了解敌人会如何令我军措手不及，或者我军指挥官会做出如何选择令敌军措手不及。批判性思维的思维模板应该帮助分析人员确定重要和关键的事项。它应该鼓励分析人员考虑困难问题，这就需要大量的知识和思维，例如需要知晓和使用文化去获得优势，而不仅仅是寻找并获得文化意识。一个有效的批判性思维的思维模板，应该鼓励创新和更高层次的思维，使分析人员将各类数据、信息或知识融合起来，以得出结论，赋予其一系列内涵，或者能够回答以下问题 ：这个结果意味着什么？如果我们这样做了，结果会是什么？哪些是变量，它们为什么是敏感的？为什么局势中固有的这些变量突然变得敏感且产生巨大影响了呢？

★ **文化**。不可否认，情报分析人员在试图理解和利用自己行动所处作战环境的文化时，可能会犯错误。除非高级分析人员意识到这一问题，并且采取措施消灭错误或者减少其影响，否则他们也将不会例外。高级分析人员在文化方面犯的错误，可能包括以下几个类型：

(1) 我可能没有注意到并减少我对文化镜像效应的偏好。

(2) 我可能没有通过使用文化情报分析、异常分析、群体分析、综合以及趋势分析等方法，设计出文化观察指标。

(3) 我可能没有寻求和利用红队人员的专业知识。

(4) 我可能没有寻求和利用当地主题专家的专业知识。

(5) 我可能没有寻求和利用虚拟知识环境中的文化主题专家、工程师和科学家的专业知识。

★ **反省**。如果高级分析人员反躬自省，他或她就会看到自己有没有可能陷入镜像效应之中。如果分析人员知道他或她犯了镜像效应的心理错误，他们就可以尽最大努力，从目标对象的思维出发进行思考，尽量避免出现镜像效应。要做到这一点，分析人员需要得到美国和当地文化主题专家的帮助，他们可以帮助分析人员从目标对象角度出发进行思考。这些主题专家会评判他们的思维，帮助分析人员保持最大可能的智力纯粹性，帮助他们提出可行的替代结论或者思维方法，从而使分析人员最终获得能够支持指挥官筹划和决策的知识。

二、辩证法

既然我们已经探讨了批判性思维存在的一些错误，现在让我们思考一下高级分析人员为了支撑他或她的分析工作，可能采取的方法措施。批判性思维的内容之一就是使用辩证法（dialectic）。本书中，辩证法并不是指纯粹的黑格尔辩证法，也不是指马克思、恩格斯以及苏联的辩证法。相反，它是辩证法的一种衍生物，指的是一种创造性的思维，即通过充分了解议题、问题或者论点，寻找和发现矛盾，进而开展进一步思考，寻找新的或不同的答案。

这种类型的辩证法有助于开展更高层次的思考。它的定义是：

一个与黑格尔渊源颇深的过程，即通过陈述命题表达真相，提出矛盾的对立面，并通过有序的推理整合，解决矛盾对立面的过程。[1]

我们已经提到，辩证法包括正题（thesis）、反题（antithesis）和合题（synthesis）三个方面。辩证法的核心就是矛盾的概念。黑格尔著作的翻译家弗雷德里克·科普尔斯顿给我们介绍了黑格尔的矛盾观点，对高级分析人员颇有价值：

对黑格尔来说，矛盾是一种积极的力量，能够在一个更高的整体或综合中，以一种抽象的方式，同时呈现正题和反题。这种关于"存在"（being）和"不存在"（not-being）概念的整体，就是"生成"（becoming）的概念。但是，整体同时也产生"矛盾"，所以推动了人们寻求存在的含义，寻求绝对（Absolute）本身的本质或精髓。[2]

辩证法取决于思想、命题或者假设的表达，即所谓的**正题**。当人们详细审视正题时，他们就会发现矛盾，即与正题在逻辑上的不相符。矛盾产生讨论、思想、争论和辩论。很快，反题开始出现，作为解决矛盾的方法。**反题**是一个同等重要且明显矛盾性的命题。很快，通过更深入的讨论和辩论，关于反题的矛盾又出现了。通过更多的讨论和辩论，辩论双方寻找和达到一个有关解决方案和推理的更高层次。它一般都是新鲜且不同的，这就是**合题**。辩证法中的合题指的是，矛盾双方通过第三个命题得到

---

[1] 原注：*The American Heritage® Dictionary of the English Language*, 4th ed.(Houghton Mifflin Company, 2004),Retrieved from Dictionary.com website. http://dictionary.reference.com/browse/dialectic (accessed: March 23, 2008).

[2] 原注：Frederick Copestone, S. J., *A History of Philosophy*, Volume VII, Book 3 (New York: Doubleday, 1985), 192.

更高层次真相的调和。[1] 很快，人们又会在合题中发现矛盾，于是寻找真相的过程又开始，但真相永远也找不到。从这一点看，辩证法其实是为了实现更高水平思维的一种智力过程，是实现创造性思维和变化的催化剂。

三、了解技术环境

技术环境中存在一个解决问题的工作区（workaround）。在一个工作区里，分析人员必须提醒自己要思考技术环境。在使用批判性思维的思维模板时，这种记忆能够且必须出现。高级分析人员必须反思自己的专业技能，并了解自己能做些什么。分析人员需要知道所有技术分析中的两个维度，即可以看见的，也就是物质世界（比如发电厂）；看不见的，即非物质世界（比如射频能量）。他们必须得到组织内部拥有技术专长和证书的人的帮助；需要得到机构或组织所处的跨机构系统的支持；需要得到当地工程和科学社团的支持；需要得到盟友的支持；最后，还需要能够使用虚拟知识环境，能够获得技术主题专家、工程师和科学家的支持。作为另一种技术分析辅助手段，高级分析人员还需要拥有在所有环境下（即他或她计划进行情报搜集的环境）使用技术观察指标的系统方法。因此，分析人员需要得到上文探讨的科学家和工程师的技术支持，从而发挥三大基础性功能。**第一**，要将他们的需求（包括优先情报需求、信息需求、假设、预想、预感和疑惑）解构成技术观察指标（此外还有文化、态势、生物和功能等观察指标），从而为所有类型的情报搜集人员提供正确且具体的指示。**第二**，他们需要使用技术专家帮助开展推演活动，模拟技术环境中敌人开展的“行动—反应—再反应”活动，并且理解这些活动是如何与任何作战环境里的文化、功能、生物和态势等要素构成联系的。**第三**，高级分

[1] 原注：Dictionary.com, Unabridged (v 1.1). Retrieved March 23, 2008, from Dictionary.com website: http://dictionary.reference.com/browse/synthesis (accessed March 23, 2008).

析人员还必须寻找和使用技术专家，帮助自己将数据重构成信息，并将信息综合成知识。高级分析人员必须有目的地开展这项工作，因为如果他们在技术上不精通，就可能会故意避开高级分析活动中这一重要的内容。

四、红队、推演和批判性思维

一旦高级分析人员意识到需要认知和知识帮助，他们就必须要学会什么时候去寻找，从谁那里去寻找。分析人员并不是什么时候都需要帮助。对于在一个特定城市、特定文化中工作了很长时间的分析人员来说，情况更是如此，因为他们已经对威胁、作战环境和文化有了很多了解。但考虑到任何城市的凶险以及环境的流动性，即使美国最有经验的情报分析人员也都会有信息和知识的需求。

五、数据和数据流

有用的数据就好比是批判性思维发动机的燃料，分析人员应该如何找到这些数据呢?

★ 第一，分析人员必须意识到寻找相关数据过程中面临的最严峻挑战。这些挑战包括寻找正确的数据，寻找和使用毁坏的数据，使用过滤器将好的数据从不相关的数据中剔除出来，在没有认识到潜在问题的前提下找到好的数据，以及从海量数据中挑选出合适的数据。

★ 第二，分析人员在数据工作中必须运用指导标准，诸如时效性、具体性、准确性、相关性、真实性、来源可靠性，且数据可追溯性等。在大部分情况下，开展批判性思维的人还不具备这些能力；然而，分析人员必须知道它们的含义，努力满足和判断每个方面的需求。

- **第三**，分析人员需要在正确的地点找到正确的数据。这就需要知道在哪里能找到数据，或者使用哪些巧妙的手段能够寻找到正确的数据，并确保获得它们。寻找和提取数据，需要分析人员综合思考数据获取、联系、密码、准入资格以及数据路径等因素，因为只有具备了这些条件，才能寻找、发现、提取和使用想要的数据。
- **第四**，分析人员要依靠数据；因此，他或她必须批判地思考自己的数据需求，绝不能将需求交给那些不知道自己需求的人。

六、知识

我们必须批判地思考知识的价值，以及错误的可能性。我们必须批判地思考如何判断可能的错误或欺骗。做这样判断的方法之一，就是查清知识的起源，看看是哪些人或机构生成这样的知识，看看情报机构或虚拟知识环境中的哪些专家对知识进行了认证。这样的批判是思维过程的一部分，是分析人员在批判性思维中必须开展的。

七、像敌人一样思考

作为批判性思维的另外一个支柱，高级分析人员必须学会**像敌人一样思考**。要做到这一点，分析人员必须通过敌人的眼睛和文化视角看待这个世界。分析人员必须从敌人的思维活动角度，去感受、思考、感知，并进行行动和评估。这对任何人来说都是很难想象的，更不用说圆满完成了，因为我们每个人都受到自己认知和背景的严密限制。因此，**统觉**（apperception）就成为高级分析工作中批判性思维的一个重要考虑因素。统觉指的是，“一种限制了人的精神面貌和认同的教育、文化、教养、宗教、历史、神话以及习俗，它会影响人的思考方式、看待世界以及解决问题的方式，这是人们观念的核心，指导着人们对真理和世界观的思考。”[1] 为了理解**统觉**，高级分析人员必须与文化主题专家合作。如果幸运的话，分析人员将会得到有经验的境外区域官员（Foreign Area Officer，FAO）的帮助。但即使一名境外区域官员也不可能像当地主题专家那样，了解细微的、隐含的和模糊的东西，而主题专家可以做到这一点。此外，至少是在理想情况下，分析人员希望对当地各个教派的观念进行平衡，比如同时了解逊尼派和什叶派的观点，然后通过与会说当地语言、最近又在该城市活动过的美国文化人类学家合作，对所获观点进行平衡理解。当然，这是一种理想情况，是分析人员可望而不可即的。因此，高级分析人员需要使用一切他或她可以获得的帮助，并尽其所能地加以利用。然而，更为重要的是，认识到像敌人一样进行细致思考的必要性，这也是非常重要的，因为它可以使分析人员规避思考过程中的错误，至少可以警示分析人员，让他们知道自己的假设和预感可能是错误的，需要采用情监侦手段获得观察指标，了解何种无法预料的事情“可能发生”，从而采取相反的措施降低不确定性。

即使是自己内心最深处的感知，我们也很难说清楚为什么会用这样的方式观察世界，为什么我们将因和果联系起来，我们是如何判断谁是最重要的，我们是如何看到那些看不见的东西，为什么别人满足于更为容易的演绎推理（deductive reasoning）方法，而我们却喜欢归纳推理（inductive reasoning）的方法。大部分人没有时间进行这样的心理活动。但如果没有这样思考，即没有对我们的思维以及思维方式进行检讨，将会使我们成为天真、完全措手不及的牺牲品，当事件发展超出预期时，我们不会知道敌人是如何思考和感知的。因此应该认识到，作为高级分析人员，我们已经对自己的思考进行了检验，有足够的专业知识帮助自己克服文化上的障碍，可以深入敌人的统觉和思维过程。下面我们讨论一下如何学会像敌人那样思考，以及应该规避的可能陷阱。首先，我们应该解答以下问题，这也是我们思考敌人思维和认知的基础。

[1] 原注：William James, *Psychology*, ed. G. Allport (New York: Harper & Brothers, 1961), 120.

★ 第一个问题，关于**美国的分析能力、人力情报和技术情报搜集能力**，我们怎么看？如果从美国分析人员的角度回答这个问题，我们需要文化和当地专家的帮助。我们还应该阅读一些审讯报告，与那些曾经是叛乱分子，但后来又归顺政府的人探讨，因为他们曾经窥探敌人的思维，知道他们是如何思考、如何感知的。此外，分析人员还需要与负责监管分析工作的人、审讯者甚至是人力情报和通信情报搜集人员开展合作，因为他们与当地代理人打交道，知道参与这种思考过程的敌人是如何思考的。但同时，我们还要问一问我们自己，**我的思维是不是存在错误，如果错了，我怎么才能知道呢**？

★ 从敌人的思维和感知角度来看，第二个问题也很重要：**我怎么才能躲过美国的传感器和人力情报的搜捕呢**？美国分析人员需要了解传感器和人力情报的优势和劣势。为此，他们需要技术和人力情报搜集专家帮助自己判断每个情报搜集手段的不足和劣势，同时假设敌人已经发现了这些问题，他们会采取哪些恰当的反制措施。高级分析人员可能系统地寻找敌人感知的死角，并且使用地面、空中和人力情报等多种手段加强死角监控，并且假设这样的目标（比如敌人筹划对一处关键的产油设施发动袭击）对于友方是有价值的。他们还可以使用三维和地理空间信息系统（GIS）模式，判断敌人可能会如何反制美国的监视，并利用观察死角。对于第一个问题，分析人员需要不断自我检讨，找出他们思想中可能出错的地方。

★ 第三个问题，分析人员应该将他们的意识加载进敌人的意识，然后问这样的问题：**美国人怎么做才会导致我们失败呢，我应该如何秘密进行反制呢**？从这一点看，敌人肯定非常了解如何开始条件准备、筹划和执行等工作，从而确保取得成功。当然，敌人也会担心所需的准备工作进程遭到破坏。他们还会担心美国人对他们的计划、条件准备和实际进攻行动实施先发制人攻击。他们会担心，美国人找到他们的网络节点然后撤离，最终会阻碍他们实施同步计划和活动的努力。然而我还要强调的是，分析人员必须检查自己的思维，看有没有陷入镜像效应，或者思维和逻辑中的其他错误。

★ 第四个问题，敌人会问：**美国人会在什么地方、如何监视我们，如何积极追捕我们**？对于狡猾的叛乱分子来说，除非出于欺骗目的，他们是不会使用手机的。但是，他们无法控制支持叛乱分子网络的所有人都不使用手机。叛乱分子可能还会思考美国和盟军人力情报行动。因此，他们担心周围会有内奸或者向美国人提供有害信息的人。当然，这要求美国人力情报的隐蔽工作必须是坚实的和有文化意义的。同时还意味着，要谨慎选择将搜集的情报传递给情报部门的方式。此外，敌人可能会担心遭美国无人机的侦察。他们可能会考虑在深夜采取行动，或者只在复杂城市居民区的迷宫内，沿着街道和胡同的阴暗面活动。通过这些批判性思维之后，当遇到其他批判性思维时，分析人员必须反省并且检查他自己的思维：**我是不是对的呢？我陷入了镜像效应的陷阱了吗？我是从文化的视角观察敌人的吗？我知道哪些事情对敌人重要吗？我了解敌人的意志吗，我了解敌人怎么看待我们的意志吗？**

★ 第五个问题，分析人员需要从敌人的视角问这个问题：**在美国人搜捕我时，我应该如何继续开展功能性筹划，如何继续执行我的计划呢**？敌人肯定会从他们的视角出发，去思考、筹划和有效开展反侦察行动。这样的计划肯定包含文化内容，且技术含量不高，其目的就是躲避美国的高科技传感器。敌人可能还会多次演练逃生线路。此外，对于非常狡猾的叛乱分子来说，基线和异常特征将是一个问题。也就是说，叛乱分子将会思考美国分析人员和情报搜集人员如何追捕他，并确定基线的重要性——美国分析人员将利用基线搜索和发现异常的文化、技术、功能、态势（尤其是居民区）和生物等特征。沿着这样的推理逻辑，美国分析人员将会预测，敌人已经在考虑建立早期预警网络，为他或她提供威胁预警。由于敌人很清楚美国的技术情报搜集工作是世界上最好的，因此在人力情报早期预警和反监控行动中，敌人肯定会使用符号、信使、儿童信使、哨兵等手段。分析人员可以通过红队、文化专家以及可靠的当地人，验证和交叉验证自己在这个问题上的考虑。

* 第六个问题，分析人员应该像敌人那样思考和提出问题：**为了维持我的网络，完成至关重要的任务，我将如何招聘人员履行我所需的众多职责？**分析人员会预测，敌人可能利用当地领导人物招募人才，并且为任务筹措必要资金。最有可能的是，叛乱分子不会向他的网络支持者提供任何有关网络的信息，他们每个人只盯着自己的任务。这就是说，高级分析人员不得不将多个看似孤立、互不相干的信息融合成一个整体，正如叛乱分子将许多人的个体活动融为整体活动——他的支持网络——一样。在叛乱分子的思维中，他可能不会使用年轻且冲动的男性，因为这些人很容易遭到怀疑。正因为如此，他可能会考虑使用老人、乞丐、无家可归者、精神不健全者、女性、儿童等，开展支持其网络的工作。需要说明的是，高级分析人员需要进行分析反省，在思考敌人如何思考的过程中，思考自己的想法是不是正确的。

八、结语

为这个重要章节做结论时，批判性思维是分析人员必须不断参与和提升的内容。毫无疑问，自我批评总是比批评他人更困难。然而，我们不仅要偶尔为之，更需要经常为之。批判性思维对于养成最佳思维习惯至关重要，因为它需要分析人员从三个层面进行思考：

* **第一**，分析人员必须对批判性思维进行内化，认识到他或她的思维只是个体的思考。
* **第二**，分析人员必须从外部寻找支援力量，帮助自己进行思考，在批判性地检查他或她的思维时，必须获得当地人和技术专家的帮助。

★ **第三**，分析人员必须要对别人思考的方式保持批判的态度，学会发现错误。他们有义务质疑那些看似错误的假设和糟糕的想法。

本章中，我们了解了许多著名理论家如何思考批判性思维的。作者引用了克劳塞维茨和孙子的思想，阐述和解释批判性思维中一些重要内容。此外，读者还学习了**深度思考**，以及它对批判性思维的重要性。本章列出和探讨了思维和逻辑错误的多种类型，这些都是分析人员容易犯的错误，比如镜像效应、个人偏好、过度简化、倒因为果的谬误、错误的困境、历史类比以及不合逻辑的推论错误等。在本章的最后部分，读者了解了有关批判性思维的挑战，以及应对和克服这些挑战、成功开展好思维的方法和措施。本章结尾部分，作者为读者列举了一系列有关敌人如何看待美国情报分析和搜集工作的问题。对于批判性思维来说，不仅仅要从友军——尤其是开展批判性思维的单个分析人员——的角度进行思考，更要从敌人的角度进行思考，包括敌人如何用批判性思维的方式思考他自己和美军。

只要使用得当，批判性思维会是一种强有力的手段。但要想全面地开展批判性思维，情报分析人员必须谦虚谨慎且不断反思。分析人员必须寻找和采取建设性批判主义方法，提高自己的认知能力。此外，考虑到现代作战环境的复杂性，要想成功且有效地开展批判性思维，分析人员必须得到其他分析人员的帮助，包括内部和外部的红队专家、情报机构中的情报人员以及虚拟知识环境中主题专家的帮助。这章关于批判性思维的内容，是开展解构过程中高强度工作的逻辑延伸。按此逻辑，下一步，批判性思维形成的思考将进入联系分析环节。

[第7章]

联系分析

定义：对人、组织、内部网络节点以及网络之间的行为或功能关系、交流方式、关联方式以及如何开展联系和交流工作的理解或见解。

一、联系分析背后的理论

所谓联系，是指系统当中任何节点之间存在的行为、物理或功能纽带。联系同时还是一系列相关联整体的一部分，比如运输和通信系统中的一部分，联系或纽带的一部分，因果关系、平行关系、互反关系或相关关系的一部分等等。联系分析与高级分析的其他13个要素密切相关。然而，想深入了解其内涵却比较难。

联系分析依赖于掌握很多有关联系的知识，以及人与组织之间的关联性。它包括友军和盟军之间联系的知识，也包含敌军内部联系和关联的知识。联系分析对于城市环境中筹划和决策具有特别重要的作用。人口稠密的城市环境中充满了形形色色的关系和关联，且都处于不断的动态、静默、显现和消失的状态之中。联系分析对于理解环境中各要素之间的关联性，比如设施、人口、组织以及诸如宗教之类的文化进程等，都是十分重要的。由于人是城市行动中最重要的部分，因此美军筹划人员必须花费大量的时间和精力去正确认识并重视人和组织之间的关联性。因此，与节点或单元一样，联系也在日常的分析、筹划、决策、执行和结果等环节中发挥重要作用。

奇怪的是，连接整体的各种联系，比如敌人的大量网络，形成了一个既有优点又有弱点的相互作用的整体。强大的联系形成强大的网络；脆弱的联系则正好相反。一般来说，单元和节点是无法发现的，即使发现了，也很难对其产生影响。从另一方面来看，联系成为影响单元或节点的一个方法，可以为灵活的筹划人员和决策者提供信息宝库，使他们可以对单元和节点产生影响，进而影响人和组织的态度。从理论层面分析，联系与克劳塞维茨的阻力理论是相关联的。他认为，好的指挥官可以从过去和眼下的联系中发现即将出现的阻力。关于这一点，克劳塞维茨告诉我们：

> 此外，每次战争都有许许多多的特殊现象，它好比是一个未经航行过的、充满暗礁的大海，统帅可以凭借智力感觉到这些暗礁，但是不能亲眼看到，并且要在漆黑的夜里绕过它们。如果再突然刮起一阵逆风，也就是再发生某种对他不利的重大的偶然事件，那么，就要求他有最高超的技巧和机智，做出极大的努力……熟悉这些阻力是一个优秀的司令官必须具备的、常常受到赞扬的作战经验的主要部分。[1]

高级分析人员为什么要重视联系呢？联系将人、事件、组织、过程、交易、互动和活动连接在一起。同时，它们还是信息的可靠载体，赋予节点和各类活动大量的动力和能量，其中就包括化学物品、资金、思想、数

---

[1] 原注：Clausewitz, 120.（译文引自：克劳塞维茨著、军事科学院译，《战争论》[商务印书馆，1978 年第 1 版]，第一卷、第一篇、第七章“战争中的阻力”，第 97 页。）

据、信息和知识等。联系是人与人之间、人与组织之间以及组织与组织之间联系的血脉。

有了更高层次的知识，并对影响的结果有了深层次了解后，美国的权力要素就可以直接和间接地影响目标对象。一般来说，间接的方法包括对人、组织、功能、机器和进程之间的关系进行袭击、操控、刺激或者干扰。当然，其对立面也是存在的：敌人可以通过破坏联系的方式，袭击我方节点或者重要节点或者功能。此外，本章中即将阐述的五类联系，不仅将整体与整体、群体与群体联系在一起（将在后文进行探讨），而且是敌人发动突然袭击的突破口，成为袭击或操纵的变量，成为阻力（或机会事件）的催化剂。因此，我们要对孙子下面这段话反道而行：

> 故形兵之极，至于无形。无形，则深间不能窥，智者不能谋。因形而错胜于众，众不能知；人皆知我所以胜之形，而莫知吾所以制胜之形。[1]

也就是说，通过联系分析的方法，我们就可以在敌人潜行、移动以及将自己隐藏在繁忙城市的喧嚣之中，看穿敌人行踪，发现他们的行迹。

我们应该考虑各种关系，因为我们正在参与和即将参与的是以人为中心的冲突。未来的冲突将会是大型城市区域中平民之间的较量。平民之间的较量，免不了与各种关系有关。人是社会性的动物。因此他们有人际交流的需求。人们必须要与其他人和组织之间构成关系，并且使用这种关系。人类的联系，对于任何社会功能——特别是针对叛乱分子的成功活动——至关重要。这一点在《魔鬼经济学》（*Freakonomics*）这本畅销书中得到了很好的阐述。作者在书里详细研究了贩毒集团。这个集团内明显存在大量的联系，且主要是通过目的和利益连接起来的人际联系：

[1] 原注：Sun Tzu, 100.（译文引自：孙武，《孙子兵法》[上海古籍出版社，2006 年 7 月第 1 版]，“虚实篇”第 67—68 页。）

> 位于“黑色门徒”（Black Disciples）金字塔顶的120人，获益最高。但他们得以立足的金字塔却是非常的庞大。他们每人都下属3名军官和大约50名步兵，因此，为这120人服务的人数多达5300人。此外还有20000名不需要支付报酬的马仔，这些人的目标仅仅是想成为步兵而已，除此以外别无他求。为得到这个机会，他们甚至自愿交纳帮派会费。[1]

高级分析人员在试图使用联系分析方法时可能会遇到巨大挑战。一般来说，任何事和任何人都以某种方式相互联系。通过联系思维，高级分析人员在智力上有能力将问题的范围缩小，并且学会通过使用联系分析的方法思考问题。

联系对于成功开展平叛作战至关重要。叛乱分子或恐怖分子隐藏在城市之中，在其单元和节点之中开展行动。这些单元或节点与其他许多单元和节点联系一起；所有这些联系在某种形式下都是高度相关联的。但这些联系不是持续性的，也很难找到和断定。联系分析还是建立心理关联的方法，可以帮助我们理解或“看到”节点或细胞之间的关联。如果情报分析人员能够发现联系，他们就可以找到和锁定单元或节点。例如，如果美国情报行动无法锁定执行特定活动的叛乱分子的单元或节点，他们就可以从单元或节点及其功能之间的关联入手，寻找和发现这些联系。这一关联点就是人，在某个单元和节点之中隐蔽行动的敌人，肯定要与隐蔽在其他单元和节点中的人构成联系。即使是“独狼”也需要某种形式的联系，从而获得支援。

有些联系看似模棱两可，但是可以反映出人的意识与机器之间的紧密关系。人的认知和机器通常是一体的，目的就是发现社会和叛乱分子网络中各要素之间明显的或者尚不明确的联系，以及朋友和亲戚之间的人际联

---

[1] 原注：Steven D. Levitt and Stephen J. Dubner, *Freakonomics* (New York: HarperCollins Books, 2005), 102.

系。通过这样的方式思考，分析人员就可以使用高级分析的认知要素，将看到的单元和联系看作是蜘蛛网和薄纱，其上的单元和联系来来去去，与其他单元和联系时而关联、时而不关联。

不幸的是，我们可以很容易得出这样的推断，单元和节点之间的许多联系看似不关联，其实已经联系在一起，这就给那些寻找特定单元和节点的分析人员带来了困难。这种复杂性和多样性，需要我们更多地了解联系和单元变异的知识，重视它们的存在，预测它们的发生。

此外，联系还能产生群体。正是有了联系，信息才能快速传播，从而使群体（后文还将谈到）发生快速跃进，产生重要结果。人和机器的联系产生了群体。前一天，联系可能在某个位置发挥显而易见的作用，但到了第二天它们会变得看不见、不起作用，或者处于休眠状态。通过对群体的解构，高级分析人员可以推断或者理解，构成叛乱分子网络的各个单元和节点之间的众多联系。此外，聪明的分析人员会看到联系瞬间即逝的特征，即使在有着其他联系、单元和节点的群体状态下也是如此。前一秒联系可能出现并且作为一种手段，但后一秒就消失了，然后下一秒又出现、又可以看到，后一秒又永远消失了，也可能是异变到其他地方或者会以一种完全不同的样式再次出现。好的思维和先进的机器可以通过因果联系进行思考、设想和发挥作用，从而帮助指挥官对付这些联系，这些联系就是敌人网络的生命线。

联系的本质是什么？联系的程度可以强也可以弱。网络的强度也与联系有关。联系的强度，可以看作是制造炸弹的人和他的信使之间的**信任程度**；联系运行的**时长**；传输的**清晰程度**，比如通过光纤或者无线电联系；**可见性或不可见性**；**熟练程度**，比如叛乱分子使用女性作为人力情报特工；**不可行性**，比如使用心理上被控制的人进行自杀式袭击，或者让他们装成乞丐担任信使。联系一旦变弱就会削弱网络的整体力量以及与其他联系和单元的关联性。联系是任何网络的“阿基里斯之踵”（Achilles’ heel），因为它们可以是透明的，可以被操控，也可以被弱化。此外，联系也可以具备“纤维性颤动”（fibrillate）的特性。[1]联系的纤维性颤动包括移动和变化。这种移动和变化可以非常轻微，也可以非常明显。然而，通过联系的纤维性颤动，高级分析人员就可以使联系发生变化，从而发现联系的关联、目的、特征和强度。联系可以是机械性的，例如通信中使用光缆将人和组织联系起来。联系可以是短暂的，比如某人去某个大型机场；联系也可以是永久性的，比如连接机场的通信光缆和电缆等。

分析人员必须思考联系及其权力来源。人际联系的权力来源，可能就是信任或者使用的频度。机械性联系的权力来源，可能就是权力产生的来源，或者在遭到重击之后——比如建筑受损——能否恢复的能力。电子联系的权力来源，可能就是数据包在网络空间中传送的速度或传送数据包的带宽。而思维联系的权力来源，可能就是在没有直接指导的情况下，理解和执行任务的思考、意图和消化能力。对于功能性联系来说，其权力的来源可能就是拓展某件商品功能的能力，或者一台运送网络组织头目的车辆的运送能力，或者是促使功能发生的催化剂——钱。最后，某个组织的权力来源，就是它与其他组织或者相关知识库的联系。

联系可以预示未来。按照这样的思维逻辑，联系可以将当下与未来联系一起。我们不仅可以想象敌人行动及其网络会发生什么变化，而且应该考虑将当下与未来联系起来的究竟是什么，并观察它们的优势。例如，敌人可能在计划一次暗杀。为了筹划、演练和执行这个任务，敌人必须为成功做好准备。这一条件准备过程，肯定包含了在网络中建立联系和节点。所有类型的联系构建完成后，这些联系就是观察指标。分析人员在进行解构或分析性深度思考时，脑子里需要勾勒出这些观察指标。

分析人员必须熟悉五种类型的联系。这里探讨的联系既包括非常具象

[1] 原注：这里我借用了医学上的词汇，用以描述对联系的扰动。当联系发生颤动时，它会出现波动，进而显得或者变得与没有颤动时一样。这就是美国高级分析人员想要的状态，即在他们选定的时间、地点和环境下，对各种类型的联系产生颤动，从而使美国指挥官获得各种优势。

的联系，又包括抽象且看不到的联系。

- ★ **技术联系**。例如电信系统中两个或多个节点之间的光纤网络，以及数据包、带宽、互联网、手机、电子或射频能量、热排放、能量排放（如电脑时钟）。
- ★ **人际或社会联系**。人与其他相关人的联系，尤其是具有一定影响力和重要性的人；关联性；关系；友谊；宗教等。
- ★ **组织联系**。某个组织或者由组织构成的群体，它们协同工作，相互联系。
- ★ **思维联系**。通过思维进行观察、想象、探讨或联系。
- ★ **功能联系**。在特定功能领域中——比如情报搜集、设施维护等——进行的移动和动作。

敏感变量会影响联系的强度。所谓敏感变量，指的是一种对刺激、干扰或影响做出的潜在反应，可能会迅速影响某人的任务或者条件准备活动，其原因就在于正确的环境或态势条件存在于特定的设置和环境之中。一旦变量对变化或快速增长变得敏感，它们就会在力量上变强或者变弱，它们有增强或者减弱联系力量的潜力，或者使看不见的联系变得看得见。一般来说，这可以反映出敏感变量发挥作用最大的机会窗口是很短暂的。我们可以称这些时间段为敏感变量的机会窗口。这一过程中的强弱似乎是无法触摸的，比如人际联系中的信任；联系的长度，比如物理联系；联系的强度，比如家族关系；意图、目的和任务命令的清晰程度，比如意图联系；以及通过思维产生的联系、关系和永久关联性，比如在思维联系之中。

分析过程中，我们不能忘了所有事物之间的联系性。有了这些努力后，我们就可以看到各种联系网络了。在每个网络之中，我们都可以发现与其他关系和联系相关联的关系和联系。网络关系的连接节点，即联系，都是相似的。作家弗朗西斯·库克（Frances Cook）在描述印度教神祇因陀罗（Indra）时是这样说的：

> 根据神性无限性的特征，工匠为网格中的每个“眼”都挂上一颗闪闪发光的宝石，由于网格本身在维度上是无限的，因此宝石的数量也是无限的。这些悬挂的宝石，乍一看上去，仿佛是闪闪的繁星……如果我们随机选择一颗宝石进行观察，并且仔细查看，我们会发现在打磨得非常光滑的宝石表面，显现网格中所有其他宝石的影子，也是无限的。[1]

和因陀罗神秘的宝石“网络”相似的是，联系既可以是物理的、看得见的，又可以是物理的、看不见的，比如两栋楼之间埋在地下的电缆。联系也可以是看不见的，比如人和人之间的关系和联系，包括行为、情绪、思想和看法。关联着思想、偏好、情绪和活动的人际联系，在文化上是独立的，也很难找到。最容易发现的联系就是物理联系了，例如电话线或者电力线路。最难发现的联系，就是联系着人和组织的时而出现、时而消失的人际联系，这种联系还是数据、信息和知识的看不见的渠道。所有联系中最难发现的，就是意图和思维的联系，它们用领导人的意图和任务命令，将网络中的各个要素捆绑在一起。举个例子，基地组织内的思维联系将组织的各个分支松散地联系在一起，它们通过奥萨马·本·拉登及其恐怖团伙的意图和思想，将分散在西班牙、德国和印度尼西亚的一小撮恐怖分子联系在一起。

联系分析还与高级分析的其他认知要素，即趋势分析、文化分析、群体分析、异常分析以及综合等，紧密联系在一起。为了解联系分析，简要地对这些要素之间的关系进行阐述是有益的。

- **联系分析和倾向分析**。所谓**倾向分析**，就是通过思考和研究人们的普遍倾向，组织的行为和行动倾向，当前环境或态势、事件、行

---

[1] 原注：Francis H. Cook, *Hua-Yen Buddhism: The Jewel Net of Indra* (College Station: Pennsylvania State Press, 1977), 2.

动、行为的心理快照，放射物能量的散发，以及所有这些相互作用和相互交织可能预示的未来，来领悟事物的意义。联系可以帮助分析人员发现当前态势中最细微的变化，使他或她可以预测和注意还没有出现的行动。那些将附近所有事情关联在一起的联系，通常是人眼看不见的，因此很难使用倾向分析进行研究。但前文已经说了，分析人员可以有意识地使联系发生纤维性颤动，发现那些正在起作用的联系，以及它们和谁发生联系、发挥作用的频率及其特点和功能。分析人员可以使联系发生变化，因此可以在敌人的网络中产生变化。这些变化可以使高级分析人员了解倾向以及倾向所表明的运动，从而使分析人员正确地使用一种或所有五种观察指标，来观察这种运动进入到一个变化了的网络状态或位置。

★ **联系分析和文化分析**。所谓**文化分析**，指的是通过传统且基于文化的态度、行为、社会规范和条件等要素，了解特定的文化、平民及其行为模式。联系将有关系的人关联在一起。这些关系在密度、可视度、使用频度、活动方式以及力量和衰减等方面，差异都很大。联系如何发挥作用，取决于它们所处的文化。因此，高级分析人员应该知道和了解他们的文化，以及文化如何影响人际联系，这样我们就可以使用这些联系达到情报分析和情报搜集的目的。此外，联系还将人与组织关联在一起。这些组织可以是商业组织、宗教组织，也可以是休闲娱乐组织。联系的目的是多样的，比如有人从市场购买食物，购买电视机，去网吧，或者见面喝咖啡或喝茶。叛乱分子和恐怖分子可能在那些看似合法的组织掩护下隐藏行动。因此，高级分析人员必须判断、跟踪，并将人和组织的联系关联起来。高级分析人员需要思考敌人的行为或者非行为活动，不仅仅要从美国情报分析人员的角度，更要从对象文化中的人和组织的角度进行思考。这样进入一个迥异于美国文化的思维中看待问题，需要巨大的勇气，但同时也是非常必要的。要想了解文化当中哪些联系还在发挥作用，我们必须首先了解文化。然后，也只有在这时，美国情报分析人员才能够了解联系及其连通性、优缺点和周期性（以一定的间隔重复发生的趋势）。[1]

- **联系分析和群体分析**。所谓**群体分析**，就是辨别从几个到几百万个事物通过结群、运动、共同合作而组成一个整体的意义。群体本身就是关联；联系提供了这种关联性。群体拥有“胶水”，从内部将各个事件连接在一起，成为一个群体，又从外部将它们变成一个宏观的群体。要了解将各个事件连接在一起的胶水（比如在群情激昂的人群中，胶水就是那个在误炸事件中丧生的孩子给围观人群造成的情绪），人们必须要了解将群体关联起来的联系。群体也拥有推进剂，比如在上面例子中，随着人们情绪不断增长和固化，经过足够的时间后，这些情绪就可能压过理性行为。这种推进剂会使群体发生移动和变化，可能是最细微的变化，也可能导致群体的死亡，甚至产生蝴蝶效应，即群体中最微小、最不起眼的事件，也可以引起巨大的后果，产生不成比例的结果。要想理解群体的二级和三级效应，人们必须了解群体内各个部分之间的关联。
- **联系分析和异常分析**。**异常分析**指的是，辨别与正常或通常秩序、形式或规则发生偏离的情况的含义。异常就是将人们认为是正常的，与那些偏离了正常尺度的状态进行对比。联系可以帮助高级分析人员理解异常现象。随着联系发生移动和变化，分析人员可以推断出某种异常出现的可能越来越大。从这一点分析，由于联系和异常之间的关系，通常高级分析人员会干扰或扰乱现有的已经构建的联系，目的就是要产生异常，或者加快现在的异常进程，使其变得更为成熟，可以更早被人利用。异常分析取决于发现或者提出和应用三种类型的基线，即技术、文化和功能等基线。基线与基线之间存在着联系，从而可以帮助我们理解异常。这一点对于所有五种类

---

[1] 原注：*The American Heritage Dictionary of the English Language*, 4th ed. (Houghton Mifflin Company, 2004), http://dictionary.reference.com/browse/periodicity (accessed February 17, 2008).

型的联系都是如此。

★ **联系分析和综合。综合**是指将事物、事件、活动和能量整合成统一的、整体的人类认知活动。综合涉及各种组合。也就是说，我们要有意识地寻找、发现和混合各种思维和活动，从而产生一个不同的或者全新的整体。综合虽然与分析有关，但它将分析得来的多种思想混合成一个更高级、更有内涵且更具可用性的思想。综合还与异常、群体和重构有关。要想进行综合，我们不仅需要明显的联系，而且需要那些看似不相关的联系，正是这些联系将各个部分捆绑、“胶合”或者固定成一个更大的整体。要想使用“联系”来帮助我们进行综合，意味着我们必须对五种类型的联系有着丰富的知识，同时还要了解每一种联系是如何将其他的思维、活动和互动综合成一个不同的结合体或更高层次的思维的。

我们还可以通过问一些关于联系的问题，帮助深入了解联系。这些问题包括：

★ **什么是联系**？这个问题的答案是，任何可以将一个部分或某些事与另外的部分或事进行关联的东西，都可以称为联系；[1]它可以发挥连接、关联和结合的功能；它可以指在相似事件之间构成的相互关联的整体；还可以指交通系统的整体；或者一些联盟和结合体；或者一种因果关系或互反关系。

★ **联系存在哪些类型？**包括技术、人际、组织、功能和思维等联系。

★ **联系的功能是什么？**在我们已经理解了联系的五种类型后，答案是：将人、组织、事件、活动、交易、互动和行为进行关联；搭建关系的桥梁；使节点结合起来；使信息流动起来；帮助人们学习；

[1] 原注：Dictionary.com, http://dictionary.reference.com/browse/link (accessed February 17, 2008).

资金流动；物资流动；人口流动；在结构不固定的网络中，勾勒出其结构和规则的轮廓。

★ **联系或者数个联系与规模更大的网络之间是什么关系？**这个问题的答案包括很多方面，这里列举几个例子。联系可以提供功能；联系是脆弱的；联系是窥探网络内部机制的窗口；联系的衰败将会削弱大的网络；联系如果运行正常，可以使网络变得更强大；联系可以作为信息传递、人口移动、思想交流的渠道，联系可以产生结果，可以反映出之前行动产生的后续效果。

★ **联系会衰减吗？**答案是肯定的。联系的强度是不同的，而且从出现的那一刻开始就逐渐减弱。有的联系需要很长时间才能衰减，比如被保护得很好的光纤电缆；有的联系则对干扰非常敏感，会迅速且不断地衰减，例如炸弹制造者的信使。如果炸弹制造者对信使非常信任，那么这个联系就是牢固的。如果炸弹制造者开始怀疑信使的意图和诚实性时，联系就进入了衰减过程，而且很难再恢复到之前的程度。衰减过程中会出现迹象，因此在解构过程中，高级分析人员必须使用观察指标寻找联系的衰减，因为顺着这样的联系，可以触及网络的软肋。

★ **联系具备自清洁的功能吗？**答案是未知的。不过联系、节点和大型网络之间，似乎存在一个清理不想要的、不需要的部分和功能的过程，通过清洁自身，提高联系的生成、活动和效率。因此，我们可以这样推断，联系具有自清洁的功能，叛乱分子可以使用这种功能，确保他们的联系具有活力，以保持密切联系和高度灵活；如果有需要，联系也可以消失。要理解这个概念，我们可以借用自然科学中细胞自清洁的概念，我们称为细胞清洁的**自噬**：

> 清洁过程：其实质是垃圾搬运，即细胞的细胞质被旧的蛋白质和其他不需要的酸渣所包围，尔后这些蛋白质和酸渣会被清理出去。对细胞质的清理，意味着给了任何一

个细胞新的生命。[1]

- **敌人会如何看待他们的联系？**敌人会将他们的联系看作是网络的关键部分。联系可以增加网络的强度；可以加深网络的弱点；可以推进网络的衰减；也可以加速网络的死亡。对我们来说，敌人也可能会陷入镜像效应，可能会认为美国的情报分析人员和传感器难以发现和找出这些飘忽不定的联系。如果敌人足够狡猾，肯定会使用假联系和网络来进行欺骗。只要有了优秀的反监控和早期预警措施，敌人无疑就会知道他们的联系当中哪些受到了干扰，而正是这些联系支撑着他们的节点和网络。

有意思的是，高级分析人员可以预测叛乱分子可能会使用的联系，以及为了完成叛乱任务可能会启动的联系。这些联系根据叛乱任务的不同而不同，包括建立安全庇护所、建立炸弹工厂、袭击设施、绑架、实施自杀式爆炸等等。然而，无论任务如何，都必须要有联系的存在。知道这些以后，下面让我们了解一下分析人员可能面临的挑战。

- **第一**，高级分析人员需要根据联系类型、特征、强度、联系强度的来源、衰减程度以及产生衰减的原因等内容，确定我们需要寻找什么。
- **第二**，高级分析人员必须认识到五种类型的联系会在什么时候出现，虽然这些联系具有模糊性，而且敌人往往想把它们隐藏起来。
- **第三**，高级分析人员跟踪这些联系，找出每个联系背后的权力来源，比如活动经费、接受的指示、接受的训练、演练等等。
- **第四**，高级分析人员必须知道如何干扰或刺激每种类型的联系，从而窥见构成网络的每个结合体。

[1] 原注：Vojo Deretic and Daniel J. Klionsky, “How Cells Clean House,” *Scientific American*, May 2008, 74.

那么联系是如何工作的呢？所有的联系都具备某些目的或功能；否则，它们就不能成为联系。功能也就表明了它们的目的：联系使节点和单元关联起来；它们提供信息与通信；它们是交通的渠道。例如，让我们看看下面这个很熟悉的节点：大型机场。机场通过明确的航线与其他机场构成联系。这些航线也可以称为空中联系。机场与当地的商业以及其他机场之间有着通信联系，可从大量的供应商和商业活动中获得食物、燃料和后勤保障。这些都是联系。技术人员去机场维修飞机，也从机场回来。机场通过运输安全管理局（Transportation Security Administration，TSA）获得联邦政府的安全保护，还要获得当地警察的安保防护。出租车公司和司机提供运输服务。维修人员来机场工作，为到港和离港的飞机进行清理。所有这些工人都与他们的朋友、家庭、银行、理发店、教堂，当然还有为他们支付薪水的公司构成联系。人们去机场旅行，这也是一种联系，尽管只是一种暂时的联系。因此，单单一个机场，就与所有的社会和商业组织构成了数不清的工作联系。它们共同构成了一项复杂的观察工作，那么对于分析人员来说，这样的复杂性意味着什么呢？

★ 当一位分析人员试图找出叛乱分子或恐怖分子的单元或节点时，他或她必须明白支撑单元和节点的**联系的多样性**（multiplicity of links）。各种各样的联系从这些单元或节点中进进出出。高级分析人员必须要有一种思维框架，鼓励自己不仅要从单元和节点中寻找显而易见的联系，而且要寻找那些难以捉摸的、通常看不见的联系。他们不仅要思考联系的功能特征，而且要思考联系的技术、文化、态势和生物等特征。
★ 分析人员必须了解关联着不同单元和节点之间的联系有什么不同的特征。从单元和节点中进进出出的联系有着不同的特征。思考联系问题的分析人员，必须尽可能从最深入的层次，全盘考虑这些联系。当然，这样做的目的就是尽可能了解目标，对它们进行解构，并且使用由此产生的观察指标，指导各类情报搜集手段去发现、确定和跟踪这些联系。如果联系是一直存在的，比如光纤电缆，这样做无疑会比较容易；但如果联系是机动性和流动性强的，比如信使，那么这样做就比较困难了。分析人员必须能够找出主要的联系，既要掌握它们，又要学会使用它们，只有这样才能成功地得出正确的效果和行动，不仅影响着单元和节点本身，而且影响着将它们关联在一起的联系。

★ 分析人员在思考联系时，还要考虑时间因素。有些联系是持续性的，有些是短期的，有些是暂时的，有些只是一次性的。

★ 分析人员必须要知道，联系在本质上是相通的。联系与单元和节点有关，与它们之间的关系有关。再回到刚才机场的例子，某个人去机场，或者从机场出来，他不仅与机场本身发生联系，而且与交通以及提供交通工具（出租车或通勤列车）的人发生联系，因为他必须通过这些工具去机场，或者从机场出来。

★ 分析人员必须要考虑联系的衰减特性。如果联系是可以看见的，它们可能看似很强大、很有活力，可能在慢慢移动和运动着，也可能在一眨眼的工夫就消失了。联系可以是强大的，但随着时间的推移，它们的力量会发生衰减，其原因可能是：使用减少了，人们的不信任，受到干扰，人际关系中的自然衰竭或中断等。一旦发生衰减，联系就会弱化、异变甚至消亡。

- 这里需要深入探讨一下联系衰减问题。有些活动着的联系，一开始似乎比较强大，但随着时间的推移会发生衰减。让我们再拿信使的例子阐述这个问题，这名信使每隔几天就将信息传递给一个藏在某处制造炸弹的人。制造炸弹的人认为这是一个很强的联系，因为同样一个人频繁地传递信息，他的到达、认同、信任和贡献使得这一联系很强大。但是一旦这名信使好几天没有出现，或者他到达后的行为有异常，那么这一联系就会出现问题。这就是发生了联系衰减的例子：权力、信任和观察指标的衰减。有些衰减是自然而然的，有些是被制造炸弹的人或者团伙头目所承认的。有些衰减会引起团伙头目的怀疑，并且会采取措施强化安保，不让信使进入，或者干脆消灭掉信使。分析人员在思考联系时，需要将衰减看作一个观察指标，即联系的能量在衰减，而且随着联系的每一次衰减或衰变，这一观察指标的价值也在不断减少。此外，如果信使是一个人力情报来源，分析人员应该考虑那些正常和异常的衰减以及观察指标，这需要从分析人员本身和敌人的角度两个方面进行观察，然后设计和塑造行动，确保这一信息来源的联系不发生衰减，仍然保持强大的功能。

★ 那些担负着网络中主要功能任务的人，比如行动安保、后勤、通信、维修等，他们的联系反复无常。这些联系（或人）完全隐藏在既定的文化之中；他们身上体现了各自地域的文化特征（比如衣着、说话、姿态、行为以及社会准则等）。从他们身上可以找到其他的联系，然后又可以找到更多的联系。他们组成了网络的关系，他们作为一个整体就成了网络之网络（人的网络和机器的网络）。例如某人向一处叛乱分子或恐怖分子团伙提供后勤保障，那么这个人就是一个联系。此外，这个人还与他的表亲、兄弟、朋友、配偶、子女等产生联系。换句话说，联系的复杂性，远远超出了我们的眼界或认知领域。社会网络分析（SNA）由于其辨别即使是最细微关系的能力，成为联系分析的重要配套行动。

★ 联系将各种各样的能量，从单元和节点中运进运出。能量往往以完全不同的样式出现：可以是思维，可以是媒体的能量，可以是渠道本身，可以是成就，可以是服务，或可以是某项功能等等。有些联系是电子传输的渠道；电子联系就是这一类联系的案例。有些联系是信息传递的渠道，可为能量排放提供催化剂；电子邮件就是一个例子。

网络中单元的能量，取决于它与其他单元以及与整体之间的关联性。如果单元被打破或被削弱，网络也就丧失了应有的力量。如果单元仍然保持完整和强大的联系，网络就会有力量，即紧密地联系成整体，而不是单独一个单元，或者各类单元的总和。这一观点为我们思考和挫败网络及其单元、节点和联系提供了一种可行的方法：通过认知强化方法，发现和锁定敌人的网络，其实就是寻找、发现和理解它的联系。训练有素的分析人员必须学会使用联系、节点和单元，以便在即使淹没于大型城市作战环境中嘈杂人类互动噪声背景之下，也能将这些联系找出来。有趣的是，分析人员和指挥官必须要在正确的时间，对这些联系进行扰动，从而干扰、影响或者消灭这些单元和节点，达到观察它们的能量或行动的目的，尤其是要通过这种方法，了解节点之间联系和关系的本质。

前文已经提到，敌人将不可避免地变得更加狡猾；因此，他们肯定会制造假单元和假节点，使用伪装的联系，欺骗和迷惑美国情报机构。因此，情报分析人员在开展联系工作时，必须高度谨慎，因为这些联系可能是假的，目的是为了欺骗。正如象棋中的进攻与阻击一样，如果情报分析人员足够聪明，他们就可以利用将敌人网络和节点关联在一起并发挥必要作用的联系，作为自己情报搜集、欺骗、双面间谍行动的媒介。

当开展联系工作时，会出现有趣的思维双重性的现象。一方面，友军的联系比较脆弱，容易遭到攻击和操纵；另一方面敌军的联系也比较脆弱，容易遭到攻击和操纵。这是两个高智力竞争对手之间的激烈比拼；美国必须要赢得这场斗争，要同时控制主动权及敌人的心理和情绪。因此，高级分析人员必须从敌人的视角了解和理解联系：不仅是那些功能性联系（它们如何运转），而且包括敌人头目及其下属如何思考他们的联系，如何预测袭击。运用高级分析的原理，分析人员通过观察敌人的行动可找出其薄弱点，以克服自我分析的联系薄弱点，并做好应对这些薄弱点未来遭敌攻击的准备。换句话说，我军也要隐藏或者遮掩自己加强联系的努力，因为敌人毫无疑问也在盯着他们，也在寻找可以用来攻击、操纵或欺骗的薄弱点。

为了开展联系分析，分析人员需要理解复杂适应性系统如何在作战环境中发生互动，了解这些对他们是有好处的。当复杂适应性系统发生碰撞、颠覆和倾轧，就会消耗能量。每个复杂适应性系统都试图继续它的任务，退回或变化它的姿态，和/或采取一种不同的样式，从而使它们完成选择。这些行为都会产生能量痕迹，我们可以通过与信息素（pheromone）和草标（wisp）的对比，发现这些痕迹。对于信息素来说，发生碰撞、颠覆和倾轧的联系，在它们向着碰撞的地点或领域移动过程中，会产生无法去除的痕迹。通过信息素，我们就可以沿着痕迹顺藤摸瓜，就好比蚂蚁沿着信息素安全返回它们的巢穴。所谓草标，指的是一根细长的草棍或者一条细长的痕迹。复杂适应性系统发生碰撞后，在它们与其他类似系统发生互动，驶入或者返回各自的基地后，都会留下这一行动的痕迹。通过寻找和发现联系，可以帮助我们理解它们的行为方式及其源头和行动线路。从这一点看，联系留下了一个草标。这种知识求索道路，可以让我们思考复杂适应性系统的联系，它们与时而出现、时而隐没的**鬼火**（ignis fatuus）在本质上相似。所谓的鬼火，就是一种“可以在晚上看见的闪动着的磷光，环绕着沼泽地，据说是有机组织解体后释放出的气体自燃所致”。[1] 分析人员必须要思考和设计观察指标，时刻关注那些时而出现、时而消失的联系，它们如同**鬼火**一样。

作为联系分析的最后一部分，我们必须认识到联系分析的挑战，以及高级分析人员如何才能克服这些问题。

- ★ 开展联系分析，需要大量的、最新的和相关的知识。
- ★ 高级分析人员必须推动针对联系的情报搜集工作。
- ★ 高级分析人员必须确保设计和获得正确的数据、传感器和知识等架构。
- ★ 开展联系分析时，高级分析人员必须思考和预测可能的二级和三级效应。

[1] 原注：Dictionary.com, http://dictionary.reference.com/browse/ignis fatuus (accessed February 17, 2008).

* 高级分析人员必须针对敏感变量和机会窗口的出现进行思考和筹划，他和她可以从有利于自己的角度，寻找和使用这些可能的敏感变量和机会窗口出现后所导致的薄弱点。
* 高级分析人员必须了解关系，了解联系。这些关系是复杂的，因为许多关系是文化、技术和行为层面的，对于美国非工程专业情报分析人员来说，是很难理解的。
* 高级分析人员必须了解敌人如何思考自己的网络和联系，以及他们如何思考“我们”是怎样看待他们的网络和联系的。

使用联系分析时，高级分析人员如何才能克服这些挑战呢？下面这几条可以帮助我们进行应对：

* **使用模板**。高级分析人员在进行联系分析时，必须使用心理模板。这样的模板，是我们思考复杂挑战的指导。
* **获得专家的帮助**。开展联系分析时，应由专家提供高级分析支持和必要的功能，并在高级分析的相关领域提供支持，比如群体分析、异常分析、文化分析、倾向分析及综合。这些专家将可以帮助解决联系分析固有的文化、技术和人类行为方面的挑战。
* **建立伙伴关系**。分析人员可以提供观察指标，并向分布式搜集系统告知作战环境、观察指标、理由、信息价值的最早时限（ETIOV）、信息价值的最晚时限（LTIOV）以及标准等内容，使它们通过自动化工具，了解最新的动态。
* **利用联系衰减**。思考如何加速或推迟联系衰减的时间。通过联系衰减，我们可以窥见网络及其功能和特征，缩小追捕网络关键节点的范围。
* **寻找草标和鬼火**。联系是周期性的。正因为如此，它们时而出现，时而消失。但它们总会留下痕迹，比如信息素，或者我们可以看见的时而出现、时而消失的痕迹。不过我们必须要知道何时、何地

以及为何寻找这些痕迹；寻找的内容是什么；并且为所有内容准备观察指标。尔后，我们必须在联系出现时，确定联系的草标和信息素，并且通过特定的情报搜集活动，为分布式共同基础系统（DCGS）提供原始数据。

★ **使用红队和推演**。使用红队、推演和批判性思维等方式，帮助理解网络以及将网络中各个部分、片段和功能关联在一起的联系；了解这些联系是如何移动、构建、消失、能量减弱和衰减的；了解与每个联系相关的观察指标。红队人员还可以帮助检查分析人员的思维、假设和结论，避免思维过程中的典型和非典型的错误和陷阱。

★ **像敌人一样思考**。通过像敌人一样的思维模式进行思考，分析人员使用敌人可能用到的行动模板进行思考。敌人头目在联系方面可能会问自己的问题包括：

（1）我如何才能让自己必须要做的行为看起来是正常的？

（2）我如何才能挫败美国情报系统的企图，不让他们看清和发现我们网络的迹象、联系及其存在或行为？

（3）我应该如何预测美国人将怎样看待我们的网络及其支撑性联系呢？

（4）我应该如何让网络功能和联系在周围环境中看起来是正常的？

（5）我如何看待美国的分析和搜集功能，在理解、寻找和发现我们网络联系方面，美军到底具备什么能力？

（6）我怎样才能使网络和联系躲开美国的传感器和人力情报呢？

（7）美国的哪些做法可能会导致我们的网络和支撑性联系失败，我能采取哪些对抗措施？

（8）美国在何地以及如何监视或追捕我们的网络和支撑性联系？

（9）我应该在一天里的什么时候使用网络和联系完成必要的工作？

（10）什么才是为我们网络及其联系提供早期预警的最佳方法？

二、结语

在本章的结尾部分，我们要按照顺序对主要观点进行概括。从广义上说，联系对叛乱分子和非正规敌人网络的重要性不言而喻，联系是他们最大的权力来源和力量来源。因此，高级分析人员责无旁贷，需要研究这些联系的本质，从而进行深入分析研究。这是一项困难的心理活动，不仅需要了解和理解这些联系，而且需要掌握它们，进而影响它们的行动、出现和变异。本章主要提出了以下几个重要观点：

★ 人际、组织、功能联系和关联性是非常重要的。关联性是联系和网络的核心。美国情报分析人员的联系分析工作卓有成效，很大程度是因为通过与开展人类联系分析多年的执法部门官员的交流，学会并掌握了这一技巧。

★ 联系分析的主要“行为体”是人、组织、设施，以及他们（包括人和机器）所参与的活动、互动、交易和行为。

★ 联系会出现、衰弱、消失和再现。这就是它们难以被发现和追捕的原因。

★ 通过联系，可以找到敌人的关键核心和节点。事实上，敌人的网络如果没有了良好的功能联系，或者它们不再执行功能和活动时，这些网络就会萎缩，或者成为一种无关痛痒的状态。

★ 联系会衰减。它们一出现就已经开始了衰减的过程。对于所有联系来说，衰减的过程是自然而然的，因此情报分析人员必须充分理解联系衰减的过程，时刻注意那些预示着联系即将出现和消失的征候。

★ 联系有一些非常有趣，但又似乎完全不同的特征，包括信任（程度）、传输的清晰程度（指的是机械联系）、可见性或不可见性、熟练程度甚至是不可行性。**信任**发生在两个或多个人之间。信任一般出现在人类联系之中，甚至有些机械性联系也会出现对人的信任。**清晰程度**指的是数据的纯粹性，电话传输的通畅性，甚至包含文化代码或象征的符号学内涵。**可见性**可能出现在人类联系之中，也可能出现在机械性联系之中。联系有时会以各种各样的方式活跃和出现，比如射频传输，或者某人将监视结果报告传给制造炸弹的人。在其他一些情况下，联系也可能不活跃。有的时候，联系即使处于活跃状态，人眼和意识也看不见它。**熟练**联系，指的是可以让人达成所愿的联系。负责向一处安全庇护所内头目运送资金的信使，就是这样一个例子。**不可行性**联系指的是，执行某个联系功能是非常不可能的。比如最近在伊拉克发生的，叛乱分子用心理上被控制的人充当自杀式炸弹袭击者。对于许多人来说，这一行动是惨无人道的，完全不应该发生，但它依然是通向死亡的一种联系。

★ 本章探讨了**联系的纤维性颤动**。这是医学上的术语，形容重要器官或肌肉的震动或颤动。在医学中，一旦心脏进入纤维性颤动或者停止搏动，可以采取去除纤维性颤动的方法进行救治。本文中，情报分析人员可以干扰联系，也可以使联系颤动，从而使整个网络都移动和颤动起来，进而暴露出联系的部分、要素、功能甚至是整个网络；如果不是对其进行干扰的话，这样的网络更多是静止的，而且是看不见的。

★ 本章还研究了联系的五种类型，分别是**技术联系**（光纤电缆、射频能量、电子），**人际 / 社会联系**（信使、关系、宗教活动、医护人员），**思维联系**（我知道那个制造炸弹的人此时此刻在想什么，他还将干什么），**组织联系**（共同协作、互相通信的个体或者组织）以及**功能联系**（情报搜集、安保）。

★ 最后，本章深入研究了联系分析与高级分析其他要素之间的关系。联系分析与倾向分析、文化分析、群体分析、异常分析、模式分析以及综合之间，有着非常紧密的关系。事实上，如果将高级分析的各个要素单独拿出来使用，则未必会达到最佳效果。只有各个认知要素按照最佳组合、产生最佳思维时，高级分析才能发挥最好作用。

读完本章后，读者已经做好了进入下一章即模式分析的准备。正如只有当我们介绍完批判性思维后才探讨联系分析一样，模式分析之所以出现在联系分析之后，是因为模式是通过联系关联在一起，并且依靠联系才能出现。

[第8章]

模式分析

定义：对一系列相关行动或事件进行辨别。

一、模式分析背后的理论

模式由各种痕迹或特征组成，反映的是个体、组织或者一系列相关行动的特征。模式建立在推动人类行为的关系之上，比如日常活动、互动、交易（这是非常低的层次），以及战略、意志和决策（这是更高层次的思维和活动）。关于模式，有这样一种哲学方法，可以帮助我们理解其力量和含义。物理学家、哲学家卡普拉解释说：

> 另一方面，中国人不仅深信流动和变化是自然界的关键特征，而且认为这些变化之中包含着一定的模式，可以被男男女女观察到。贤人可以认识这些模式，并且根据模式指导自己的活动。[1]

[1] 原注：Capra, 95.

这段话表明，情报分析人员需要理解宇宙当中持续的驱动和变化，一直到亚原子层面；分析人员同样还要意识到，伴随这些驱动和变化的，是大量可以理解、可以看见的模式。这就是模式分析努力寻找、发现、理解，并要转化为知识的对象，从而帮助指挥官做出决策。

要想了解模式分析，我们必须深入研究**模式**和**模式分析**的含义。首先，分析人员必须知道，模式的类型有四种，分别是**技术、人际／社会、功能和组织等模式**。分析人员还应该意识到，模式分析是预测敌人或竞争对手下一步行动的关键要素。人类之所以能够产生模式，是因为人类倾向于习惯性的行为、思想和行动；人们很少改变他们的模式，即使有证据表明他们需要进行改变时。无论是人还是组织，都会陷入行动的车辙和模式之中，即使他们在努力避免出现这种状况。人是习惯性的生物，且都在潜意识地展示出他们的行为模式。当打破（或者被迫打破）这些行为和行动的模式时，他们就会变得不舒服。而一旦变得不舒服，就会产生特定的观察指标；因此，聪明的高级分析人员有时会使模式发生变化。正如我们可以通过模式变化找到普通人和无辜的人一样，阴谋者和网络支持者，甚至是渗透者，都会使用模式掩盖他们不可告人的动机；而一旦发生变化，动机就会被发现，因此他们必须要改变自己的行为和行动模式。另外一个例子，敌人可能会利用这样一个事实，即人们在通过一处安检站后，总是排队穿过一座繁忙的大桥。如果我军改变了人群的模式，以及人群经过安检站的模式，敌人利用模式获得的优势也就消失了。再比如其他一些代表许多人的常见例子。人们每天都走同样的线路去上班。他们按照惯例每天早上阅读报纸和喝咖啡。他们坐在会议室里相同的位置，穿着同样的服装，与同样一群人一起交流。他们会按照从家庭或学校同学关系中产生的人际关系模式来做生意。他们喜欢按照惯例活动；我们每个人都能从惯常模式中获得舒适感。

其次，高级分析人员需要知道如何在思维中运用模式分析。模式使我们可以看到群体之间的关系。模式可以使高级分析人员对联系（包括技术、社会／人际、组织、功能和思维等联系）之间的关系进行理解和可视化。模式可以是心理图像或信息。例如，在针对关键要害设施发动袭击之前，敌人的条件准备活动可能会发出某种文化和功能的信号。模式还可能以符号的形式呈现。所谓的符号分析，指的是辨别图示、图画、迹象、标记、照片、句法、单词、声音、身体语言以及涂鸦上反映出的文化迹象和标记的意义。符号分析可以揭开模式。符号分析可以产生模式，具有文化和语言专业知识的专家可以帮助我们理解它们。尤其重要的是，高级分析人员可能希望从符号模式中，寻找和理解隐藏的文化内涵以及未来行为的征候。这就需要分析人员拥有大量知识，首先要通过观察指标找到正确的模式，然后理解获得的数据，最后将数据和信息综合成知识和对态势的理解。分析人员有时无法理解模式，但由于所有模式固有的隐晦的搏动，分析人员可以窥见模式的出现及其含义。

模式可能包括离经叛道的行为和犯罪行为。假设罪犯在特定时间抢劫了特定区域的房子，并且多次盗窃同样的东西，我们就可以使用模式分析来破案。如果喧嚣的人群在同一时间、同一地点、同一天聚集在一个有名的小旅馆前，而且总是争吵不停，那么我们就可以看到一种模式了。当局有时会针对即将出现的模式采取先发制人的措施。在这个喧嚣的人群聚集模式中，如果采取先发制人行动，比如在这个小旅馆的停车场停放一辆巡逻警车，很容易就能阻止聚集事件的发生。最后一个例子，也是高级分析人员可能会使用的例子，即人们参加宗教活动和仪式的方式、时间和地点都是确定的模式。例如，人们在同样的地点、同样的时间、同一天，沿着同样的道路去清真寺礼拜。对于寻找和利用模式来说，这是很有用的，而且很容易发现偏差，可以帮助我们提出分析困惑，或者帮助我们评估是否需要进行社区定点连续监视。不显眼的模式同样也很重要。例如，假设我们在跟踪某些模式，突然这些模式或者部分模式不见了，我们有必要深入局势之中，提出分析困惑或做出假设。

针对城市作战环境中的叛乱分子，我们开展的高级分析需要寻找模式吗？当然，答案是肯定的。例如，无论叛乱分子是计划袭击一座重要大桥，占领一处安全庇护所，还是运作一个炸弹工厂，他们都需要进行条件准备活动。而网络中的每一次行动，都会产生一种模式，即使敌人非常小心谨慎亦不例外。例如，他们可能要求平民提供给养。而那些运送给养的平民，肯定还需要将废弃物运走。在我们怀疑是炸弹工厂或安全庇护所的房子里及其周围，总是会有安保、反监视和早期预警行动。叛乱分子如何开展这些行动是因人而异的，但他们都需要利用传感器、哨兵、警戒兵、逃生活动、给养、医疗等等，如果是炸弹工厂的话，还需要存放炸药，以及运送炸弹引信和包装物。只要我们正确观察和解释，每一件事都能展示它的模式。不幸的是，这些模式大部分时间都是看不见的，即使在行动过程中，也只会产生非常细微的痕迹。因此，开展针对模式的情报分析和搜集工作，需要极大的耐心和细心，需要具备高水准的文化、技术、生物、态势和功能知识，这些知识可以从高级分析人员本身得来，也可以从主题专家身上得来。

模式包括组织行为，也包括个人开展的行为、互动和交易。当一项任务或预期，将许多个体集合起来开展某项行动，为了完成任务的个体集合，就形成了组织的模式。官僚主义就是一种模式。它们努力在其进程、流程和活动中建立一种惯例。这些惯例就成为组织和个体行为的模式。当雇员严格诠释和遵守官僚规则时，不需要多久，模式就出现了，并且主导着人的思维进程。优秀的高级分析人员可以预测这些结果，原因很简单，因为群体行为成为可辨别、可预测的模式。例如，在卡特琳娜飓风后，即使有越来越多的证据反映联邦紧急事务管理局（FEMA）既有流程已经不足以应对事态需要，但他们依然按照既定的流程开展行动。甚至在国家紧急状态情况下，联邦紧急事务管理局的雇员还是将装满冰和水的卡车停在路旁，而那些需要这些冰和水的灾民就在几英里（1英里约为 1.6 千米）之外。在庞杂政府官僚体制下工作的联邦紧急事务管理局的工作人员，被大量规范和规则产生的行为模式所束缚，以至于常识和权威都被磨灭了。联邦紧急事务管理局工作人员的怠政、懒政以及麻痹，实际上是组织行为模式的产物，并且逐步恶化成条条框框的规范和规则。这些模式都是可以预测的；然而，出于各种各样的原因，模式既无法预测，也无法被深度地思考。

我们还应该搞清模式分析与趋势分析、联系分析、倾向分析、文化分析、异常分析、群体分析及综合之间的关系，这些都是高级分析的核心要素。思考它们之间的关系是非常有必要的。

★ **趋势分析和模式分析**。**趋势分析**指的是，辨别过去发生的功能导向的事件或活动的意义，以了解在功能上相似的事件或活动将来如何发生。模式分析与此不同，它包含了对一系列连续的相关行动或事件的分析。模式包含了趋势，有时甚至使趋势的清晰性变弱。模式一旦出现，可以帮助人们寻找、发现和理解趋势及其关联性和影响。模式可以帮助我们理解内涵，更重要的是理解趋势的内涵。模式往往是趋势的预兆，趋势也可以是模式的预兆。因此，我们发现，模式和趋势是互相纠缠的，虽然不那么明显。那些从事模式和趋势分析工作的高级分析人员，存在着这种潜在的认知需求，它们密切联系在一起，而那些忘了这一层关系的人将会尝到恶果。

★ **联系分析和模式分析**。**联系分析**指的是，对人、组织、电子、机械和思维联系之间存在的行为、功能、关系、交流方式、关联方式的分析，以及使这些关联和关系发生作用的方法的分析。联系分析当然也与模式分析相关。例如，联系关联着模式。联系关联着群体，而群体又会产生模式。此外，联系可以识别模式，也可以反映出模式的优势，因为联系不仅可以反映模式即将出现，而且可以反映模式通过衰减而造成的静默，还可以影响到模式的清晰性、动机和能量排放。人与组织之间的联系，常常可以反映出模式。为什么？很简单，人们总是习惯性使用联系。联系给每个个体和组织提供了相互关联、相关通信的方式。而关联（方式、时间和地点）又会产生模式，尤其是当行为和行动在一段时间内发生。当然，分析人员必须知道联系是如何产生关联的，关联是如何产生群体的，群体最终是如何演化成模式的，这些对于分析来说都是有用的。

★ **倾向分析和模式分析**。**倾向分析**指的是，通过思考和研究人们的普遍倾向，组织的行为和行动倾向，当前环境或态势、事件、行动、行为的心理快照，放射物能量的散发，以及所有这些相互作用和相互交织可能预示的未来，来领悟事物的意义。模式可以说明某种倾向即将开始，或者某种静默的倾向即将出现。模式与人有关，而人可以激活倾向，也可以让倾向成为现实。此外，模式还显示个体和组织的偏好，通过一段时间建立或发展，偏好将演变成倾向。模式可以容纳或装下倾向，因此会使分析人员对倾向及其内涵的知识和理解更加模糊。此外，我们可能还记得，模式分析辨别的是一系列连续的相关行动或事件；这些相关的行动和事件，常常包含了由个体组成的群体，及演变成有组织的群体。沿着这样的思路进行下去，模式就是人或组织的群体前进、获得权力、丧失权力或者衰变的方式。这些行动、停滞或衰减，就预示着趋势，但它们是非常难以搜索、发现和识别的，也很难利用它们获得了解倾向及其内涵的优势。如果我们发现了这些模式，就可以深入其基础和内部结构，并且向倾向分析内注人线索，这样我们就有获得优势的潜力，比如行动和立场自由，而敌人必将对此予以反击。

★ **文化分析和模式分析**。**文化分析**指的是，通过传统且基于文化的态度、行为、社会规范和条件等要素，了解特定的文化、平民及其行为模式。文化和模式分析是相关联的。模式可以是人的、组织的，也可以是功能性的，所有这些都受到文化影响。人们通过他们做什么，如何互动，如何进行交易，如何表现，展现出各种模式。事实上，文化强烈地、不可磨灭地影响着模式。人们按照模式进行思考，模式又表现为行为或非行为活动，但一个人的文化背景不仅影响着他的思维，而且决定着他所采取的模式，包括社会、行为、功能、技术和组织模式。文化可以对不同的模式进行模糊化或清晰化处理。问题在于，模式所包含的内容几乎无法被发现，因为它们隐藏在特定文化的众多层面里。人们准备婚礼、接生和葬礼的方式都是社会模式。由于一些作恶者会利用这些情况获得优势，从而发动袭击、转移武器或资金，这就迫使分析人员去理解这些模式。但不幸的是，文化可以掩盖异常，而异常的出现，又可以判断出敌人的网络及其邪恶活动的模式。因此，为了在陌生地域、陌生城市尽可能多地了解模式，高级分析人员必须知道如何运用文化，使那些看不见的东西变成看得见，也就是说，使用文化的去模糊化功能，寻找、发现或注意和掌握如何使用自己的优势去发现模式。要想获得有关文化及其模式的如此深入的知识，分析人员需要与文化主题专家进行合作。一般来说，最有价值的主题专家往往都是本地人，尤其是来自工作的对象区域。这些主题专家可以帮助解构分析人员寻找的目标（即模式），并且使用文化分析做这件事。主题专家可以帮助高级分析人员和搜集专家绘制或制定即将出现的观察指标，将它提供给情报搜集人员，并且对相关的所获数据进行快速分析。文化基线也与模式相关，因为它们可以帮助认识文化行动之中的异常现象。异常是行为变化绝佳的指示器，可以反映出与既定模式的偏差，进而预示未来发生的事件。文化中的活动还会混淆分析人员所寻找的模式。如果高级分析人员不能深入了解他或她正在开展工作的对象文化，或者如果他或她不使用主题专家，那么模式就有可能变得深奥，以至于分析人员根本就不会发现它们。

★ **异常分析和模式分析**。**异常分析**指的是，辨别与正常或通常秩序、形式或规则发生偏离的情况的含义；或者辨别某些应该出现但却没有出现的问题的含义。异常分析和模式分析是紧密相关的。我们说基线对于区分异常情况是非常必要的工具，这就是一个证据。模式就是文化基线、功能基线和技术基线的一部分。此外，异常还包括不同于平常，或者缺少了平常状态下所预期的东西，而基线正好可以帮助我们看到这一点。模式就是这一思维过程的一部分，因为它们的出现或者消失，都表明了异常的出现和消失。为了寻找和发现异常情况，寻找者脑中必须有模式，利用模式指导身体和心理的工作。这些模式就是我们已经提到的基线的一部分。预期出现的模式如果消失了，其本身也是一种模式。模式当中哪怕最细微的变化，都能反映出异常。因此，高级分析人员必须首先思考这一关系，尔后认识到，异常现象的出现通常强烈表明分析人员需要寻找已经发生变化的模式。因此，我们可以得出这样的结论，模式和异常现象不可避免地交织在一起。

* **群体分析和模式分析。群体分析**指的是，由几个到几百万个不等的个体组成的群体，它们集合起来产生的力量，超过单个个体力量的总和。群体分析可以帮助发现那些潜在的行为、互动、交易、行为和情绪是如何从看似无害的、独立的，变成巨大的、无法预测的力量群体。模式也可以用来预测群体的出现。群体中蕴含了许多不同的模式。模式反映出群体不仅能够在当下发挥作用，而且能够在未来发挥作用。
* **综合和模式分析。综合**指的是，将事物、事件、活动和能量整合成统一的、整体的人类认知活动。人们通过对人和组织的行动、互动、交易和行为的综合，来认识和理解模式。人们将人和技术互动产生的结果进行综合。其综合的结果就产生了模式。人们需要功能的作用来维持生命。而分析人员通过对功能的综合，来认识模式。比如，人们需要吃食物，会从供应商和市场上采购食物。他们购买什么，花多少钱购买，这些就构成了模式。高级分析人员必须使用这些模式，但他们需要对某个人或者某个家庭采购的东西进行综合，并将结果与附近其他人进行对比，判断维持生活的功能模式是否有异常。

让我们再花点时间，研究一下如何使用模式，模式为什么如此重要。模式对于战斗安全（OPSEC）的筹划、执行和评估都是不可缺少的。风险管理者负责为指挥官提供有关战斗安全的关键信息需求，同时也负责不断地对设置和跟踪模式行动进行提醒，因为这些模式会帮助敌人获得情报、判明美国意图。

模式对欺骗行动结果的筹划、执行和评估同样是必不可少的。分析人员必须知道敌人如何看待他们的友军和行动模式，并且要按照他们对这些模式的信任程度设置条件，从而使这些模式足以成为获取数据信息、开展行动的渠道。要想挫败敌人欺骗行动的企图，友军指挥官和计划人员必须知道自己的模式，知道敌人对友军模式的感知，知道敌人如何思考自己的模式，敌人通过情报或开源情报搜索所相信和信任的。此外，模式对于推演也是至关重要的，因为我方情报和欺骗行动计划人员必须判断出敌人如何看待他们的模式，判断出敌人将采取哪些搜集方法去寻找这些模式，从而得出有关行动意图和计划的结论。

现在让我们再回到情报分析和搜集领域来思考模式。模式对于思考如何开展针对敌人的情报搜集工作非常重要。敌人网络的头目或关键人员，一般都会形成特定的机动模式和安保模式。如果美国的情报分析和搜集专家设计出可以监视这些模式的观察指标，并将任务分配至各情报搜集人员，那么他们就具备了发现敌人行动的能力，而敌人的行动所包含的模式往往是看不见的。

然而，狡猾的敌人头目在建立模式时也会非常小心，他们会不断地变换惯例和行为，降低遭人或传感器监视的概率，以避免这些模式被发现或被跟踪。不过，支持敌人网络的那些人，并不在意有人监视他们的行动、交易、活动和行为。支持者们往往不具备高超的活动技能，肯定会按照人类的模式活动，此外，他们也不会采取一些驱散或者迷惑的方法，防止别人寻找和跟踪他们的“蚁穴”。这些网络支持者就构成了支持的模式，通过他们可以找到节点、联系和网络的要害点位。

分析人员预测和发现模式，通过跟踪它们来了解网络、了解别人如何支撑网络、了解这些支持者的行为是如何为网络提供能量和功能的。这是打击敌人网络的非直接方法。这种方法的双重威力不仅在于它可以发现和观察敌人的网络，而且一旦采取打击措施，敌人阵脚就立刻会出现认知上的不协调，因为他们以为美国人眼睛看不到的东西竟然被发现了。

从上面探讨的关于高级分析中的模式分析来看，读者肯定已经了解，在大型城市环境中打击叛乱分子时，对模式的思考将是多么的复杂。那么，分析人员寻找以及试图了解和理解模式时，应该如何成功地使用模式分析进行思考呢？

★ **第一**，分析人员必须了解主题。我们已经讨论了模式有好几种类型，包括**技术、人际／社会、功能和组织等模式**。这些只是模式类型的典型代表；但事实上，模式的类型还可能更多，因此分析人员需要通过经验和主题专家的帮助，对模式进行识别和归类。分析人员不可能拥有了解全部模式所需要的知识，因此，必须要从拥有足够知识的人那里寻得帮助，由他们建议自己如何寻找、理解、预测和融合高级分析的其他要素。无论是当地人还是美国及其盟友，或者是其他熟悉这种语言的主题专家，都需要对目标国家很熟悉，都需要对当前问题了解透彻，包括周围环境，这些就是主题专家最大的价值所在。

★ **第二**，高级分析的解构对于寻找和发现模式至关重要。当然，敌人不希望自己的模式被发现。如果被发现，别人就可以利用这些模式来了解他们支持和运行网络的意图以及行动弱点。因此，他们必须隐藏和模糊模式，在美国分析人员苦苦寻找时，他们还会给出错误的模式。高级分析人员必须对他们寻找的东西进行解构，使其成为具体的模式类型，从而来理解狡猾的敌人可能试图混淆的模式，或者用错误模式进行欺骗的真实模式。高级分析人员还会预测和挫败敌人欺骗模式的企图，但只有使用上文已经探讨的这种彻底的、知识驱动的、前端的分析方法——解构——才有可能做到。

★ **第三**，模式分析可以帮助人们寻找当前数据、信息和知识，从而首先认知模式，尔后理解它们的重要性及其对美国行动的影响。

★ **第四**，分析人员可以使用模式分析来寻找新的模式，或者从现有数据中寻找和理解模式。要想做到这一点，他或她必须理解模式如何与群体分析、异常分析、符号分析、文化分析及综合联系在一起。只有当分析人员进入更高层次的思维领域时，只有当它与高级分析的所有要素建立认知联系时，模式分析才能最大地发挥它的效果。

前文已经讨论了模式与欺骗有密切的关系。要探讨这部分内容，让我们首先研究一下欺骗。什么是欺骗？根据《国防部军事及相关术语词典》，欺骗指的是：

通过操纵、扭曲或者捏造证据的方式，误导敌人，从而使敌人采取一种对其自身利益不利的方式开展行动的措施。[1]

在构建欺骗行动中，最有用的措施就是模式。然而，与欺骗有关的模式拥有两面性，即友好的一面和敌对的一面。此外，还可能包括东道国，中立势力，跨国组织，安保公司，以及当地的、地区的、国际的和美国国内的媒体，它们也都存在于模式和欺骗的关系之中。孙子下面这段话，可以帮助我们更为深入地了解模式和欺骗的关系。孙子说：

故形兵之极，至于无形。无形，则深间不能窥，智者不能谋。因形而错胜于众，众不能知；人皆知我所以胜之于形，而莫知吾所以制胜于形。[2]

如同好朋友应该做的那样，孙子的建议是，我们应该避免向敌人暴

[1] 原注：Department of Defense, *DOD Dictionary of Military and Associated Terms*, Joint Publication 1-02 (Washington, DC: Joint Staff, Joint Doctrine Division, J7, April 12, 2001, as amended through October 17, 2007), 145.

[2] 原注：Sun Tzu, *The Art of War*. Translated and edited by Samuel B. Griffith.(London: Oxford University Press, 1971.)（译文引自：孙武，《孙子兵法》[上海古籍出版社，2006年7月第1版]，“虚实篇”第67—68页。）

露我们的“形”和模式，除非我们想利用这些“形”和模式迷惑或欺骗敌人。他还告知我们，敌人也在进行观察和搜集工作。因此，我们需要了解敌人可能在寻找哪些模式，或者通过敌人的模式，我们能观察到什么。他还建议我们，在寻找模式，在判断敌人故意使用模式欺骗我们时，应该将重心放在敌人指挥官的思想上。

现在让我们更加具体、更加深入探讨欺骗与模式之间的复杂关系。首先，高级分析人员必须在冲突中考虑双方或者所有方，考虑他们如何思考自己的模式，如何思考对方的模式。因此，分析人员必须进入敌人头目的思想中，意识到这些人肯定也在试图进入我们的思想中。欺骗在其本质上就是一种心理上的竞赛，充满了预测和欺骗、邪恶的思维和行动。这种智力战争体现在以下方面：

> 大部分情况下，欺骗的比拼是无形的。它们比拼的是智力，而不是力量。虽然物质上的东西在欺骗中起一定的作用，但高明的欺骗者会设想物理效应究竟会对敌人的思维产生哪些影响，如何控制这些物质的东西，当然，还有如何选择正确的时间进行欺骗。[1]

此外，我们要意识到，敌人可能会有意向我们展示以欺骗为目的的模式。他们不想暴露模式，因为这样做很危险。《安德的游戏》（*Ender's Game*）一书中的这段话，可以帮助理解敌人的行动，以及辨别这种严密隐藏的模式是多么困难：

> 这是很微妙的。安德没有办法长时间看到它。战舰全力追赶，所有战舰中没有明显的旗舰，没有明显的神经中枢。但慢慢

[1] 原注：Hall, *Stray Voltage: War in the Information Age*. (Annapolis, MD: Naval Institute Press, 2003), 120.

地，马泽尔一遍又一遍地播放录像，安德开始看到所有运动都在聚集，都从一个中心辐射出去。中心点在转移，但却很明显。他看了很长时间，终于看到了舰队的眼睛，舰队中的“我”，这也是做出所有决策的基点，此时情况很明显反映出这是一艘特殊的战舰。[1]

从这一点来看，我们必须预测到，敌人也在预测我们。也就是说，他在预测我们怎么看待我们自己的模式，以及我们准备怎么欺骗他们。因此，这种对双方的追问，可以帮助分析和搜集行动，将“真实”模式从“不真实”模式中筛选出来。然而，我们还可以得出这样的结论，敌人对我们展示出来的模式，也一定心存警惕，除非他们从自己的背景和角度理解了这一问题；他们肯定会采取历史视角；他们还会受到敌人的思维定式、认知和文化偏见的影响。

在思考模式和欺骗过程中，高级分析人员必须意识到他们很有可能掉入镜像效应的陷阱，从而将自己对模式的价值判断，等同于敌人个体和群体思维中的价值判断。这是非常危险的，假如我们的对手非常聪明的话。因此，我们必须与当地人和美国的文化专家合作，从敌人的视角出发，判断哪些可能是真实的，哪些东西是虚假的或在文化上粗暴地试图操控他们的思想。友军也会试图识别敌人的模式，因为这些模式可以告诉我们敌人的意图、决策、训练程度、安保原则和战斗安全。聪明的指挥官可以通过高级分析的理性思考，预测敌人通过于己有利的模式想要看到什么，并且将其想要看的东西给他们看，从而为欺骗他们的意识、干扰他们的决策流程做好铺垫。与此同时，在开展现代复杂的欺骗行动中，指挥官还需要努力工作，防止敌人发现我们不希望他们看到的模式。

关于欺骗和模式探讨的最后一点是，我们必须记住，模式与群体有关系。在我看来，群体是“通过汇总或搜集各个部分，将其组成一个总体和

[1] 原注：Card, 268.

总和”。[1] 这些群体可以是组织、人、行为的模式，有时还可能包括群体本身的模式。这些群体内部的模式可以帮助我们判断未来可能出现的事情，如果出现，无疑会影响我们试图欺骗对象的思维。

关于模式我们还需要思考另一方面内容，就是**模式衰减**。这里的衰减，指的是能量或影响力的减少。模式有着不同程度的能量或影响力。能量和影响力波动的原因有很多，包括模式构成、行为模式中人的动机程度、模式所体现意图的重要性、与其他模式的联系、对其他群体或模式的影响，以及预测相似模式或其他模式行动的准确性等等因素。

对高级分析人员来说，参与模式分析是非常重要的，可以帮助他们理解模式衰减的现象，从而了解为什么模式会出现和消失，有时甚至还会再出现。那么关于模式衰减，我们应该怎么做呢？

- ★ 随着时间的流逝，模式的不再使用，以及模式的形式或目的不再产生结果，模式就逐渐衰减了。
- ★ 如果组成某个模式的人逐渐意识到，自己已经或者正在形成模式，并且采取反制措施提高他们的战斗安全，模式就发生衰减了。
- ★ 当冲突的一方有意控制模式的出现和消失、优势与劣势时，模式就会发生衰减了。
- ★ 最后，它们与人类意识（包括敌人、友军、中立势力和东道国）之间的联系越来越弱，或者联系变得越来越不明显，模式也会发生衰减。

在我们开展的高级分析工作中，我们必须问自己一个问题，我们在打击一个有组织的、有效的敌人网络时，能否使用模式分析。毕竟，所有城市环境中的敌人网络都是扁平的、变化的、移动的，而且都是西方人眼睛

[1] 原注：Dictionary.com, http://dictionary.reference.com/browse/aggregate (accessed February 16, 2008).

和意识所看不见的。这样的网络会暴露模式吗？如果是这样，我们真的能寻找、发现和利用敌人网络的模式吗？这些问题的答案是肯定的！但要做到这一点，我们需要了解敌人的网络以及它是如何工作的，敌人是如何使用它的，民众是如何支持它的，我们还需要了解网络的功能和特征。

所有人和组织，甚至如我所描述的网络，都能够产生一个或更多的模式。请回忆一下我们刚开始探讨模式时提到的四种类型，即**技术、社会／人际、功能和组织等模式**。如果我们脑中带着这些模式靠近敌人及其网络；如果我们在当地主题专家的帮助下，理解了敌人思维的工作方式；如果我们理解民众如何支持他的网络；如果我们理解了网络的功能和特征，**我们就会理解并且认识到网络产生的模式**。按照这样的思路继续深入，我们需要了解自己正在寻找模式的类型，无论它们是有形的，还是无形的。我们必须理解所处社区的正常情况和异常情况，以及基线的三种形式，即**技术、文化和功能等基线**。

我们还需要了解敌人为了完成任务而开展的条件准备活动。这些条件准备活动暴露了大量的模式，包括有形的和无形的，也包括它的四种模式。我们必须了解模式的类型，这些模式会在民众对网络的支持活动中暴露出来。比如，如果敌人头目认为，美国及其盟国的人和机器无法在夜间看到他们的行为，他们就会选择在夜晚运送食物、水、零部件以及机器等等。因此，我们将发现在夜晚会逐渐出现一种**输送活动**的模式。此外，我们肯定能看到，当开展这些输送工作时，会出现一种**时间窗口**的模式。我们能看到，这些模式包括敌人的**反监控行动**和合法（从敌人的角度看）的支持行动，比如使用符号代码，或者使用技术代码（如文字信息、加装红色滤镜的手电筒等）；我们能看到一种**认证模式**，以及作恶者或房子的主人对支持者进行认证的**时间长度**；如果支持者在他或她的长袍下或公开用垃圾袋携带垃圾，我们甚至还能看到一种**体型巨大的模式**。

所有这些模式分析都不容易，相反挑战总是伴随左右。当然，我们需要哨兵和地面传感器为我们报警，监视这些即将出现的行动。但是，如果他们通过观察指标知道自己需要寻找什么，如果高级分析人员使用模式分析来分析搜集到的数据，那么即便是最好和最神秘的敌人网络也会变得更容易被发现，因此更容易受到指挥官的攻击。

在结束本章时，我们需要首先确定和讨论高级分析人员在尝试使用模式分析时可能面临的重大挑战。然后讨论分析人员可以做些什么来提高他们克服这些挑战的能力。高级分析人员在使用模式分析时可能面对以下挑战：

- 开展模式分析，需要知识支持。开展模式分析，需要对文化和模式的四种类型——技术、人际 / 社会、功能和组织等模式——具备丰富的知识。
- 高级分析人员通过使用模式分析设计观察指标，但他们的心里总要有一把尺度。也就是说，当拿到搜集到的数据后，高级分析人员需要使用模式分析，帮助理解数据，并将数据转变成信息和知识。这样的知识可以帮助我们验证假设，确认预期和预感，甚至解决我们的困惑。
- 高级分析人员必须知道如何干扰敌人的网络，并从中提取相关的模式。这样的干扰包括行动、提供对敏感变量的见解、创造机会窗口，从而确定干扰期间可能会暴露的模式。
- 要想理解模式分析，高级分析人员必须能够理解复杂的关系。高级分析人员必须知道敌人怎么思考、怎么观察，怎么看待他们自己的模式和我方的模式。他或她还必须知道我方领导人如何思考自己以及敌人的模式。这就是复杂思维的症结所在。

高级分析人员确实拥有一些选项，来帮助他们应对与模式分析相关的挑战。这些选项包括以下建议：

- 高级分析人员必须使用思维模板，来保证自己始终全神贯注，并且作为自己思维的触发器，防止因为工作忙乱而遗忘一些事情。

★ 高级分析人员必须得到专家的支持。这些主题专家可以是本地的，也可以是当地的，还可以是美国或者盟国的主题专家。无论如何，为了使用模式分析，高级分析人员不可避免地需要雇用各类主题专家，因为他们拥有与当前问题相关的广泛主题的专业知识。

★ 每个高级分析人员都要有一个情报搜集专家作为自己最亲密的伙伴。因为高级分析人员需要做前端解构工作，设计出可以使用的观察指标，尔后与情报搜集专家合作开展情报搜集工作，寻找与敌人和当地民众模式有关的观察指标。

★ 高级分析人员必须与他或她的上级机构、情报机构以及虚拟知识环境合作，去理解、预测、观察和领会模式的衰减。有了这些知识以后，高级分析人员就可以促进和延迟衰减，或者从衰减的出现中解读出含义。

★ 高级分析人员应该始终将模式和群体联系起来。当寻找群体时，高级分析人员不仅要看到整体，还要看到群体呈现出的整体的各个部分，就是那些将群体各个部分黏合在一起的“胶水”，以及推动一个群体吞并另外一个群体的“助推剂”。这些群体常常显示出某种模式，特别是当群体的规模、力量、速度和影响力都在增长时。

★ 高级分析人员需要获得红队人员的帮助，让他们对自己的思维、假定和逻辑进行验证。从反思的角度看，在开展模式分析时，高级分析人员需要注意他或她犯某种心理错误的倾向，因此需要红队人员对自己的思维进行交叉检查。

★ 高级分析人员必须获得虚拟知识环境的帮助。尤其重要的是，在虚拟知识环境下可以执行高级分析人员需要获得帮助或没有时间做的许多任务。比如，高级分析人员可以使用虚拟知识环境获得主题专家支持，进行推演，设计专门用来寻找和发现模式的观察指标，使用模式分析对数据进行重构，并且将数据快速转化为信息和可用知识。

二、结语

本章即将结束，我们已经知道，在持续数个世纪的冲突之中，模式对冲突中的各方都起着重要作用。在城市冲突中的现代作战环境下，模式显得更加多样和复杂。如果使用正确，大量的模式及其复杂性将会使模式分析变得极具挑战性。不幸的是，我们很容易坠入自我欺骗的模式，说服自己相信我们开展的就是模式分析，而事实上我们只是就模式某一方面进行简单的分析。考虑到这种情况，高级分析人员应该做些什么呢？作为一种战术，高级分析人员需要使用思维模板，帮助自己沿着模式分析的议题思考下去。另一种方法是，高级分析人员需要理解模式分析如何与高级分析的其他要素建立关系，并且综合运用联系分析、趋势分析、群体分析、异常分析、倾向分析及综合等方法。

我们已经探讨过，模式的重要性体现在以下几个方面：

- ★ **第**一，模式对于冲突双方都很重要，既可以保护自己，迷惑敌人，不让敌人识别出自己的意图，又可以积极地寻找和识别欺骗模式，进而袭击或者操纵敌人的模式。
- ★ **第**二，尽管看似无形，但敌人的条件准备活动的模式是多样的，易受模式分析影响和利用。
- ★ **第**三，分析人员开展模式分析时，必须要了解敌人、文化、敌人网络、敌人的条件准备活动，以及敌人是如何观察、思考、决策、行动和评估的。

了解了上面探讨的有关联系和模式分析的知识后，读者已经准备好进入下一阶段趋势分析的讨论。读者可能会对下一阶段研究感兴趣，因为它能帮助我们辨别趋势能干什么和不能干什么，趋势与倾向的区别是什么，以及高级分析中需要引起我们重视的四种趋势的应用。

[第9章]

趋势分析

定义：辨别过去发生的技术、文化和功能导向事件、互动、交易、行为或活动的意义，以了解相似的事件或活动将来如何发生。

一、趋势分析背后的理论

情报分析人员可以通过良好的思维、统计分析、可视化、高速数据融合以及对过去发生事件的深入观察等来识别趋势。趋势也可以成为良好决策的辅助，因为决策者及其参谋们能够有目的地观察趋势的出现，而这些趋势可能会破坏他们精心设计的计划。趋势有四种类型，每种类型都对我们开展趋势分析非常重要。

★ **人际／社会趋势**，可以反映出人们如何与亲戚对话，如何参与娱乐活动，如何工作，如何结婚，如何办丧事以及如何交换信息。在趋势出现、发挥作用、衰减或消亡的过程中，社会趋势对于理解趋势可能的结果非常重要。人际／社会趋势显示出人们的行动是如何展示其生活的。人们在孤独时的行为，或者在过去事件中的行为，都会体现在人们的行为表征之中。趋势表明，当人们孤立地行动或思考时，以及当他们聚集成越来越大的群体时，他们最容易感到压力。人们通过参与功能性活动的方式所表现出的行为，可以表明趋势的存在。比如说，一个人如何为上班做准备，如何上班，以及上班沿途干什么，都可以用趋势描绘出来。我们很容易注意到偏离趋势的情况，因为这是一件异常的事情。

★ **功能趋势**，可以来自简单的休闲活动，也可以来自守灵这样的复杂活动。叛乱分子的功能性行动尤为重要。叛乱分子为了发动袭击，或者开展自杀式爆炸，他们必须进行条件准备活动。在绝大部分情况下，条件都是功能性的。然而，所有的功能都是趋势的一部分，从头至尾都可以反映趋势，可以反映出因果关系，可以帮助我们预测叛乱分子下一步要干什么。

★ **技术趋势**，往往出现在人们使用技术时。当人们打电话，介入或者使用互联网，使用电、水和下水道，使用汽车和其他交通工具，甚至使用医疗设施时，都能产生技术趋势。

★ **组织趋势**，同样也很重要。有组织的交易、互动、行动和行为都体现出趋势，只要某人足够认真地观察，就能了解我们所要寻找的趋势的组成。同样的，许多组织都是官僚性质的。官僚组织通常会采取有组织的方式行事，因此在观察和判断趋势方面至关重要。组织以很多方式包容吸收，又通过很多不同的潜在影响来输出结果。组织吸纳的东西（比如公司，甚至网络），组织输出的东西（无论是有组织的还是偶然形成的），都反映出可能的趋势，都可以帮助我们识别和了解明显或隐藏的趋势。

趋势是重要的，一方面原因就是叛乱分子会为他们的不法活动做准备。为了完成任务，叛乱分子必须在特定地点做好准备。假如袭击一座桥，他们必须进行监视和情报搜集。他们必须招募人员为其网络服务。他们必须找到和占据一处安全庇护所。他们必须要有食物和水，要有武器、弹药和爆炸物。他们还必须要有通信等等。从过去得来的趋势告诉我们，敌人可能怎样执行这些任务，从而启发我们预测他们在未来将会怎么做。

有趣的是，在任何计划活动的开始阶段，比如情报搜集阶段，都存在大量的趋势。负责成功执行任务的官员必须获得有关目标的信息。因此，趋势可以告诉我们情报搜集活动的端倪，并且通过趋势分析不断显示出来。尔后，这一特定的趋势会快速消失，其积极情报搜集活动也就变成消极的搜集活动，只能坐等变化发生。在袭击之前不久，积极的情报搜集工作又会从不同的角度和来源重新展开，远远超过对大桥的简单观察。因此，通过视觉展示这一趋势，会形成一个我们称为“浴缸”（bathtub）的曲线。如果分析人员没有注意到这一曲线，他们就没有办法发现敌人的条件准备活动，而事实上，这些行动往往会有一个休眠时期，且肯定会在发起袭击前再次浮现。

当研究这一曲线时，分析人员会发现，包括情报搜集工作在内的早期行动会突然减弱，尔后似乎消失了。事实上，这就是曲线的底部。行动的这一阶段就是处于休眠状态的情报搜集，它会随机监视环境，确保没有发生任何重大变化。随着袭击不断临近，趋势曲线会不断上扬，这就是浴缸曲线的顶端，表明搜集的强度在加大。如果分析人员足够警惕，通过研究以前针对设施的袭击历史，他们就能通过现有数据发现这些趋势，分析工作可以将这些数据转变成当前趋势信息，尔后呈现在他们的眼睛和脑海中。

趋势与三类基线密切相关，即**技术基线、功能基线和文化基线**。让我们快速回顾一下这些基线的含义。

- ★ **技术基线**。一种心理模板，模板上的要素可以作为正常的技术标准，通过它们可以寻找和发现与技术流程、扩散和外溢等相关的异常情况，这些流程、扩散和外溢一般来自某所房子、设施的某个部分、活动区、运输工具、居民区、居民聚集区，甚至宏观上看来自一座大型城市。
- ★ **功能基线**。一种心理模板，模板上的要素可以作为正常的功能标准，通过它们可以寻找和发现与功能或特定的行动、任务和活动相关的异常情况，这些行动、任务和活动是个人或组织进程所要求和预期的。

* **文化基线**。一种心理模板，可以作为与社会共享知识和价值相关的标准，通过它们可以衡量或比较特定地区发生的事情，这些事情往往是由特色人群的独特生活方式所展现出的。

基线对于趋势分析至关重要，没有它们就没有基线分析。但是，基线必须是最新的和准确的——在充满活力的城市作战环境的旋涡中，这可不是一件小事。此外，分析人员必须知道，趋势分析与异常分析和倾向分析有关联，因为它们依靠的是同样类型的基线。因此，高级分析人员不能孤立地使用趋势分析。分析人员必须综合使用异常分析、趋势分析和倾向分析，了解每种分析使用的三种类型基线。基线为何如此重要呢？有以下几个原因：

* 趋势的变化意味着偏离基线所描述的标准。有些事情导致了这样的变化，这就是明显的因果关系。
* 如果没有这三种基线，当与现在对比时，我们不会了解过去发生了什么。如果不了解这些，分析人员就无法预测未来。
* 情报分析人员必须理解基线，从而确定和理解异常现象。只有理解了异常现象，才能开展好趋势分析。

我在努力寻找或关注的对象，其本质是什么呢？这是一个关键的分析问题，趋势分析可以帮助高级分析人员解答这一问题。首先，分析人员试图解开或者关注活跃行动、不活跃行动、互动、行为或交易的**技术层面**。我们所寻找对象的技术层面往往是无形的。因此，分析人员必须深入技术基线，在无形的技术世界找出正在发生什么。此外，分析人员必须寻找和利用技术专家的知识，帮助自己理解环境和技术基线，而且在出现技术异常时，能帮助自己理解为什么会出现技术异常，同时技术专家还能帮助我们设计观察指标，并借此理解趋势，以便更好地预测未来。

此外，分析人员必须理解他或她所寻找目标的文化层面。分析人员寻找的**文化层面**包括：作为某文化一部分的人如何行动、互动，如何开展他们的活动和业务，如何进行交易和行为。同时，它还包括构成某文化的人如何思考、感知、感觉、交流、进行非语言沟通和做出决策，以及它如何看待社会强加的约束，如何看待和使用技术。因此，文化趋势对于完成情报分析任务至关重要。

开展趋势分析时，分析人员必须对**"表象"**（appearance）感兴趣。表象可以是永久的、飘忽不定的，也可以是有形的或无形的。分析人员必须判断和了解"表象"，以便了解趋势，因为趋势的表征往往不会自动显现在我们的头脑中。我们很少能够通过文化活动本身发现其某个部分。相反，我们总会发现，自己所寻找的文化层面总是与技术、社会或人际功能的其他方面纠缠在一起。

还有一个角度可以帮助我们认识和理解趋势，这就是**周期性**（periodicity）。周期性指的是，某件事按照有规律的间隔显现或发生。我们需要确定，有关社会和敌人行为的假设会不会反复出现，是不是循环链的一部分，会不会随机出现，也就是说会不会时而出现在这里，时而出现在那里。

趋势看似无形的特质，还可能会被其本身的**模糊性**（vagueness）、**微妙性**（subtlety）和**歧义性**（ambiguity）的程度所左右。这些用词都是文化和技术层面的用词，因此人们必须详细了解文化和技术，以便了解模糊性、微妙性和歧义性，正是这些特性可以模糊或确定趋势。

最后一点，当我们试图理解所寻找对象的本质时，我们必须关注**关系**。高级分析人员必须有意地判断关系，因为这些关系表明趋势存在，甚至是趋势的意义。不幸的是，我们所考虑的关系类型并不会马上显现出来。它们往往是无形的，除非对方是一个有经验的、有学识的当地人，或者是一个有着技术背景的人，不仅仅能够理解关系中的技术层面，还知道技术层面如何影响文化层面，以及如何与文化关系纠缠在一起。

理解了关系往往就能理解因果，以及它们可能如何预示未来。但我们还必须深入了解文化、功能和技术，以便充分理解关系，在趋势分析中加以使用。而且，我们能够找到技术、文化和功能等基线之间的关系，所有事物都是相互关联的。因此，一旦某个关系因为干扰而发生变动，连接在这个关系之上的其他关系也会发生变化。更复杂的是，我们还要找到互动、行为、交易和行动之间的关系。此外，我们发现人和组织之间存在许多关系，这些关系构成了趋势的核心，因为它们揭示或掩盖了所讨论的趋势。我们可以推测，趋势总是不断移动的，它们总是散发出不同程度的能量和特征，这些能量和特征可以被观测到。

从这一点说，我们需要探讨是什么让趋势变得如此有挑战性。首先，我们需要确定分析人员在开展趋势分析时可能会面对的挑战。然后，我们将找出高级分析人员克服趋势分析挑战的方法。

- ★ 趋势分析是一件很艰难的事情，因为趋势时而出现、时而消失。趋势的这种特征，使得难以对其进行跟踪，更不用说保持持续跟踪了。城市的移动，以及大量的互动、行动、交易以及个体和组织的行为，都是产生这种震荡的原因。趋势的震荡来源于破坏或袭击产生的毁伤，其原因是对支撑城市的基础设施发动的直接或间接、有形或无形的攻击。
- ★ 趋势衰减。也就是说，它们表现为新生趋势，并因构成趋势的行为或交易获得力量，但由于缺少输入或者关系被实际打破，趋势的力量会丧失。
- ★ 趋势可能会掩盖在繁忙城市的喧嚣之中。按照这样的思维，对分析人员所看到东西的错误思考，以及对他或她所阅读东西的错误结论，都可能掩盖真正的趋势。出现这种困惑的原因有很多，比如繁忙城市中的剧烈运动，城市多媒体的噪声，分析人员缺少文化、技术和功能知识，难以识别和跟踪明显的或模糊的趋势。
- ★ 趋势与过去发生的事情有关。趋势分析试图从过去发生的事件中，勾勒出通往未来的直线。不幸的是，事情的发展往往不是沿着一条可以预测的直线前进。因此，我们在考虑从过去通往未来的直线同时，也必须考虑逻辑的指数跳跃、顿悟和创造性跳跃等因素。

★ 趋势受到镜像效应的影响很大。所谓**镜像效应**，是将一个人的思维、经验和价值，强加在处于不同文化和背景下的其他人身上，目的就是要了解他们是如何思考和行动的。让我们回顾一下典型的镜像效应案例。

（1）案例 1：敌人将会袭击清真寺，因为在我们看来，这样做是明智的。

（2）案例 2：敌人不会在夜间发动袭击，因为他们没有夜间观察装置（night observation device，NOD），能见度较低时，军人不会在看不见东西的情况下发动袭击。

（3）案例 3：敌人不会对妇女和儿童聚集的地方发动自杀式袭击，因为任何文明人都不会如此丧心病狂。

记住这些与趋势分析有关的挑战，我们需要考虑一些方法来克服它们对我们思维的影响。

★ **第一**，也可能是最重要的一点，分析人员必须通过趋势分析思维模板，帮助他们在紧张、疲惫和忧虑的直接影响下进行深入且准确的思考。

★ **第二**，分析人员必须学会思考、证实或证否他们所认定的趋势，并且检验自己的假设。在对态势进行准确理解过程中，趋势是如此重要，以至于它们的出现或者解读绝不可以想当然。趋势对于态势理解非常重要，因为指挥官需要具备对信息和知识进行综合的能力，并将产生的理解应用于决策。《陆军战地手册 3.0》（*Army Field Manual 3.0*）将态势理解定义为，"利用共同作战图景（Common Operational Picture，COP）进行分析和判断的产物，用于确定任务、敌人、地形、时间、现有兵力和平民（mission, enemy, terrain, time, troops available, and civilians，METT-TC）各要素之间的关系等”。[1]

- **第三**，分析人员必须学会思考趋势。也就是说，分析人员必须学会思考构成趋势的各个片段，并使用智力、经验和直觉，将它们综合成一个整体（趋势），这期间还需要得到当地或者美国主题专家的帮助。这一心理过程，将会使分析人员发现趋势当中显而易见和隐藏其中的含义。
- **第四**，分析人员需要从情报机构、虚拟知识环境、红队和推演对手中获得帮助以发现趋势，确保在这一过程中不发生心理错误。比如，分析人员需要检查自己的思维，有目的地将自己有关趋势的假定、结论和假设送上“断头台”（murder board）。他们需要使用当前有用的基线，就像我们之前探讨的，使用正在发现和已经发现的趋势，来预测敌人未来的行动，尤其要寻找观察指标，它们可以表明逻辑上的指数跳跃，以及从过去到未来的直线发展趋势。
- **第五**，分析人员需要与搜集专家合作，寻找和锁定可以反映当前趋势的出现、衰减以及消失的行动、互动、交易和行为。这一过程开始于高级分析的解构环节，因为分析人员在这个环节设计观察指标。
- **第六**，观察人员需要学会像敌人一样思考，首先要了解他们通过趋势寻找什么，然后与情报搜集专家合作指导搜集工作，寻找与趋势或其影响相关的观察指标。高级分析人员必须具备足够的智力，才能了解所获得数据及将其融合成一个整体的意义。在开展这项工作中，可能需要进入敌人的思维，理解他们看待美军指挥官行动的视角，理解他们看待美军指挥官情报支援系统能力的视角。例如，狡猾的敌人会理解趋势，会在他们的欺骗计划中植入错误的趋势。高

[1] 原注：U.S. Army, *FM 3-24* (Washington, DC: Headquarters, Department of the Army, December 2006), Glossary-8.

级分析人员必须预想到这些复杂的思维，并将这些思维与行动和影响联系起来，即美军指挥官及其情报保障人员的心理影响或结果。

★ **第七**，高级分析人员在寻找和理解趋势过程中，必须考虑阻力的因素。什么是阻力呢？根据克劳塞维茨的观点，阻力包括无法预料的机会事件，即：

> 由于受到预先考虑不到的无数细小情况的影响，一切都进行得不理想，以致原定的目标远远不能达到……这种可怕的阻力，不像在机器中那样集中在少数几个点上，而是处处同偶然性接触并且会引起一些根本无法预测的现象，这些现象所以难以预测，正是因为它们大部分都是偶然性引起的……这样，阻力，或者在这里叫作阻力的那些东西，使看来容易的事变得困难起来。[1]

阻力影响着我们看待和思考所获数据的方式，影响着我们将数据融合成趋势的方式。但是让我们看一看，为什么阻力到处存在，为什么它对趋势分析有着如此大的影响。首先，众所周知，阻力是城市平叛行动中的一个因素。城市在不断移动和变化。人们也在不断活动，从而引起变化。这些变化会带来阻力，这和克劳塞维茨描述的一样。但克劳塞维茨没有解释的是，竞争中双方或者所有方都会产生阻力，这意味着，我们在某种程度上是在进行一场识别和利用阻力影响对手的竞赛。在进行趋势分析中，我们能够看到可能出现阻力的征候，但前提是我们必须了解各种趋势和现象，比如趋势衰减、趋势消亡、趋势关系以及趋势的浴缸曲线。

平叛行动中的阻力，包括周边地区突然出现非政府组织，而美国情报部队正在这个地区开展定点持续监视行动；警察随机拦截一个跑步者，因

[1] 原注：Clausewitz, 119–121.（译文引自：克劳塞维茨著、军事科学院译，《战争论》［商务印书馆，1978 年第 1 版］，第一卷、第一篇、第七章“战争中的阻力”，第 95、96、98 页。）

为我们想要通过他对敌人的网络进行改变和扰动；或者一处可疑房子门口出现了一个乞丐，但我们并不想打草惊蛇；某组织的工作人员突然出现，但当时我们的“假”工人正在电话机上安装小型传感器；一辆垃圾车就在我们正在监视的房子旁抛锚了，造成了我们没有预料到的意外干扰，让我们无法捕捉到敌人网络造成的干扰。此外，复杂适应性系统，包括叛乱分子及其支持者、美军以及盟军，它们之间都会**碰撞**、**倾轧**、**颠覆**，且在此过程中，会产生**能量排放**和**能量痕迹**。通过这样的互动，复杂适应性系统将后退、绕道，并试图继续它们的任务或中止它们的任务。尽管我们无法为阻力制订计划（如果我们可以，那就没有阻力了），但我们可以预测无法预料的变量发挥作用。我们可以构建敏捷的组织和思维方式，以了解阻力是如何影响趋势的。有时我们必须得出这样的结论，即阻力是趋势出现的原因，或者说阻力导致了趋势的消失或衰亡。

随着时间的推移，趋势会以偶然遭遇和事件的形式出现在我们意识之中；它们可以引发这样一种认知，即让我们探索和寻找进一步的解释。趋势一般从过去而来，却可以通过当前的报告或发现而形成，并与发生在过去的事情相融合。有时，分析人士认为，在预测未来的过程中，趋势几乎总是沿着相同的道路或类似的事件继续发展。但事实并非总是如此。聪明的分析人员可以发现这一假设推理的潜在错误之处。

什么样的思维更有用呢？趋势不应该基于一项重要行动的某一功能方面，比如一个简易爆炸装置爆炸以及它们的植入和引爆。相反，我们应该选择寻找或发展包括敌人的网络、敌人的条件准备活动、敌人的战略、敌人各种网络功能和特征在内的趋势以及相关趋势。趋势一般会出现在因果分析之中。这种分析会出现在行动之前，筹划过程中，或者在计划执行之后不久。克劳塞维茨让我们有理由思考，因果分析的使用是否与趋势分析有关系。例如，他在《战争论》中告诉我们：

> 但是，像世界上其他活动一样，在战争中组成整体的一切都是彼此联系着的，因此每一个原因，即使是很小的原

因，它的结果也会对整个行动的结局发生影响，都会使最后的结果有所改变，尽管改变得很小。同样，每个手段也必然会影响到最终的目的。[1]

这段话表明，使用趋势进行分析的人，往往会被因果关系所迷惑。但当人们使用因果分析方法时，他们又会被趋势分析所迷惑。因此，最优秀的分析人员，会同时使用两种方法，懂得两者之间的关系，也时刻警惕远处可能暗藏迷惑的云团，它们随时可能扑向那些毫无戒备之心的情报分析人员。

大多数取证分析（也就是产生趋势的方法）是建立在事后情况评估、筛选之前的报告、审核图像、对过去事件回溯的基础上的，以便寻找关于人员、炸药运输以及简易爆炸装置条件准备活动等重要信息。这种类型的分析是必需的和有用的。但我们需要的不仅仅是认知方面的工作。趋势分析必须包括一个更为广阔的视野，能够从更大范围得到收获，即文化、技术、态势、生物和功能等方面收获。人们在趋势分析中使用的数据，其来源不只是过去发生了简易爆炸装置事件的那个特定地点。进行趋势分析的人员，必须意识到它与其他行动、交易、互动和行为之间的关系，而且意识到所有这些集合而成的整体，以及如何能够生成决策所需的趋势。

最后一点，我们在前面已经提到，趋势分析只有和高级分析的其他要素合作时，才能发挥最佳作用。趋势分析需要与异常分析、群体分析、倾向分析、符号分析、模式分析及综合配合使用。高级分析人员使用所有这些认知工具的智力能力，不仅能生产出可以帮助我们预测未来事件或行动的特定观察指标，而且能帮助我们快速理解对指挥决策有用的数据。当所获取的数据包含高级分析的多种认知要素时，当分析人员对其进行缜密思考时，分析成果就成为对知识和态势的高质量理解，可以帮助指挥官做出

[1] 原注：Clausewitz, 158.（译文引自：克劳塞维茨著、军事科学院译，《战争论》[商务印书馆，1978 年第 1 版]，第一卷、第二篇、第五章“批判”，第 148 页。）

最快速、最有效的决策。

趋势可能会误导人。这并不是说它们没有价值，但分析人员必须警惕，不能将趋势作为情报分析的唯一信息来源。分析人员不能将所有时间都放在追踪趋势上；他们需要积极寻找条件、变量和人类的互动，这些都可能导致敌人或竞争对手破坏趋势；他们还需使用不同的技术、战术和流程；需要非常警惕他们自己的方法，需要警惕我们所说的“隐藏的”或“无形的”趋势，而这些趋势已经存在很长时间了。

趋势分析与倾向分析，都涉及运动、对未来的展望、强烈的认知以及自动化辅助等内容。然而，趋势分析与倾向分析不同，趋势分析指的是对未来的展望，更多地来自对过去发生事件和数据的取证和搜集。经过这样的分析，分析人员得出关于未来的结论。另一方面，倾向分析更多的是对**当前的街道、周边地区或行动的快速感知**，有意或无意地关注态势中微小的波动和不同点，预测当前或者未来可能发生的危险事件。趋势分析处理重大活动和过去事件，使用数学建模的方法，沿着直线通往未来；例如，假设在某个地方发生了一次较大的简易爆炸装置袭击，并且留下了这些观察指标，那么在同样的地方，还可能会以相似的方式再发生一次袭击。倾向分析是整体的，包括把各种潜在的和微妙的观察指标带入某个人的意识中，并通过综合将它们变成一个整体，不仅要预测相似的活动，而且要预测**不相似的活动**，无论是在周边地区还是在相关地区，甚至可能是在其他地区。进行趋势分析时，分析人员寻找的是别人既没有注意，又没有思考过的东西。人们似乎会发现事件、行动、互动、交易和行为的表现征候，但却没有弄明白它们的含义，因为他们看到的是一些貌似模糊、抽象、模棱两可和无意义的东西。因此，他们看到的东西只是进入了自己的潜意识，不断徘徊，最终消失得无影无踪，除非分析人员从它徘徊的地方获取了数据、反思、观察和思考。倾向通常来自一种经验，以及对某一主题、道路、社区、街区、行动或建筑物的熟悉度。当倾向发生时，人们会本能地意识到有些事情将发生、正在发生或者不会按照我们的预期发生，并且采取行动或者改变自己的做法。

二、结语

高级分析人员需要意识到趋势在所有行动中的作用。事实上，我们可以得出结论，趋势分析至关重要。但是，进行趋势分析需要比过去更具体、更深入的思考。为什么？答案就在于我们的敌人具有适应性，他们也在学习使用趋势，采取欺骗或者其他形式的对抗措施，将自身趋势的影响降至最低，虽然趋势本身无法完全消失。考虑到这一点，让我们复习一下本章的重点内容。

- ★ 本章研究了趋势的四种类型，即人际 / 社会、功能、技术和组织等趋势。
- ★ 本章提出了"浴缸曲线"（bathtub curve），当敌人进行条件准备活动及其所产生的趋势开始出现时，这一曲线就显示了出来。也就是说，当敌人开始条件准备活动时（比如敌人为了发起针对某个特定目标的袭击而开始搜集情报时），在开展情报搜集工作中会产生很多数据，汇总这些数据就可以形成趋势。这样趋势曲线会爬升至峰顶。当敌人获得了进行筹划、演练和推演的足够数据后，情报搜集活动就会减少为定期的观察和报告。因此，我们刚刚提到的峰顶趋势将会快速下跌。当敌人准备发动攻击时，趋势会再次抬升，因为叛乱分子指挥官需要更多的数据来支撑计划和执行计划，同时需要更多的数据开展善后的工作。
- ★ 本章强调了趋势分析依靠的三种类型基线，即技术、文化和功能等基线。分析人员如果不掌握当前的基线，就无法开展好趋势分析。
- ★ 本章对与趋势有关的一些重要观点进行了简短讨论。这些重要观点包括：趋势的表象，周期性（其显示或出现的频率），模糊性、微妙性和歧义性的程度，以及与其他趋势的关系等。
- ★ 本章提到了一些分析人员在开展趋势分析时，可能会遇到的挑战。一些主要挑战包括：趋势的反复；趋势的出现与消失；一段时间内趋势的衰减，危险行动和作战环境中的趋势变化；趋势可以是无形的，或者模糊到让分析人员相信没有任何事情的发生可被解释为趋势，但事实上趋势已经出现，并且在不断逼近；趋势通常都涉及过去；趋势还受镜像效应的影响。

本章还提出了一些在开展趋势分析过程中可能遇到挑战的应对之策。分析人员必须构建有关趋势的假设或预期，并对它们进行解构，使用情监侦手段对这些预期的有效性进行证实或证否。分析人员需要学会思考趋势——它们是由各个相互联系的部件和功能、起始和结尾、原因和结果构成的整体。分析人员必须时刻注意，且积极寻找和利用敌人的趋势。利用趋势的最佳方法之一，就是学着像敌人一样思考，因为敌人在努力隐藏自己的趋势，或至少是为了制造足够的混淆，让美国情报分析人员对相关趋势的位置、性质、衰减程度和浴缸曲线感到困惑。最后，本章探讨了情报分析人员如何在寻找趋势时预测阻力（即无法预料的机会事件），了解趋势内涵，即使是在充满了阻力的事件和行动中也要勇于面对迷惑和混沌。

[第10章]

预期分析

定义：使用思维、直觉、预知、知识、经验或先见等方式，事先了解敌人或竞争对手可能采取哪些行动，并且验证、证实或者证否这些假设或假定。

一、预期分析背后的理论

预期（anticipation）是高级分析的必然产物。人们必须学会如何思考和运用预期，执行建立在心理活动基础之上的预期所需的思维过程和机器工作不会自然而然地出现。预期是寻找、发现和从敌人手上夺得主动权的好方法，而敌人不可能放弃主动权。预期聚焦在敌人的思维、认知、能量场、移动和行动等方面。它还包括提出关于敌人意图、意愿、目的、战略、动机、决策、能力、条件准备活动必要性，以及敌人为了实现其效果而采取的相关行动和活动等方面的假设。然而，我要问的是，我们能否以一种系统的方法思考、筹划、决策和行动，从而抓住和保持主动权？我们知道敌人会试图夺回主动权吗？我们知道斗争永远在继续，而且会延伸至所有的冲突领域，包括空中、陆地、网络空间和信息领域吗？“出其不意”这一主动权的最关键组成部分（即预期分析）却很难实现。法国平叛理论家罗杰·特兰基耶（Roger Trinquier）下面这段话可以帮助我们了解，当正规部队为了获得冲突中最重要的因素——出其不意——而对游击队发动攻击时，将会发生什么事情：

> 尽管一些指挥官在调动他们的部队时表现出了聪明才智，甚至是娴熟的技巧，但他们的行动总是大同小异。成功的关键因素——出其不意——却常常从未实现。我们已经看到，我们部队驻扎和行动所在地的平民们，都在为游击队通风报信，没有什么部队的行动能逃得过他们的眼睛。绳索从来没有完全松过。[1]

在我们进入预期分析这一重要领域之前，有一个挥之不去的问题会牵动读者的思绪，需要现在解决。他们会问：预期和预测（prediction）的区别是什么？这是一个非常好的问题，在我们深入研究预期分析之前，需要回答这个问题。所谓**预测**，就是通过事实或经验，经过计算、知识或严密的推理，前瞻未来会发生的事情。[2]《联合出版物 2.0》联合情报一条就用了**预测**一词，[3] 但高级分析人员不应该使用这一术语。之所以不按照条令规定使用，其原因就在于城市作战环境始终处于运动之中，复杂适应性系统在不断碰撞、倾轧和颠覆，极其难以预料，此外敏感变量变化太快，使得预测很难有某种程度的准确性，因此无法预测。但是，《联合出版物 2.0》却说，“虽然情报必须辨别和获知敌人的所有能力，但最有用的还是有关未来以及敌人意图方面的预测能力”。[4] 高级分析人员当然同意联合出版物有关这些用词背后的意义和内涵。我们所探讨的词语中，就包含了**“预**

[1] 原注：Roger Trinquier, *Modern Warfare: A French View of Counterinsurgency* (Westport: Praeger Security International, 2006), 49.

[2] 原注：Dictionary.com. *WordNet® 3.0.* Princeton University; http://dictionary.reference.com/browse/predict.

[3] 原注：Department of Defense, Joint Staff, *Joint Publication 2.0, Joint Intelligence* (Washington, D.C.: U. S. Department of Defense, 2007), xiv.

[4] 原注：Joint Publication 2.0, II–9.

测”，其意义是“计算、知识和严密推理的准确性”。换句话说，预期是要在事情发生前进行预想、展望，并且提前采取对抗措施废止或阻止事情发生。[1] 预期的准确性小于预测；因此，对于美军在城市作战环境中介入的冲突来说，预期是一个更为合适的词，即使在未来100年也依然如此。

美国开展平叛和非正规作战行动的城市作战环境中，无论是作战环境、自然环境，还是城市的居民，都在不断变化、移动、异变和适应，其行为的方式远不是一个有序、线性和可预测的正规环境系统。相反，作战环境是建立在混乱基础之上，而且排除了任何准确性因素，因为任何人和组织都在不断互动，他们生存和工作的环境也在不断互动。

问题的核心是复杂适应性系统。复杂适应性系统，指的是处于互动、行动、交易和行为之中的人和组织。复杂适应性系统的互动，指的就是它们相互碰撞之后的倾轧、碰撞和颠覆。复杂适应性系统是复杂系统的特例。它们之所以复杂，是因为它们的多样性，由多种相互关联的要素构成；并且具有适应能力，因为它们具有改变和从经验中学习的能力。[2] 此外，在复杂环境下，我们可以找到很多潜在的二级和三级效应，如果再考虑敏感变量和机会窗口等因素，这些效应可能爆发成具有战略意义的事件。在复杂环境下，克劳塞维茨所谓的阻力可能会处于巅峰状态，因为我们所面对的复杂适应性系统很少按照我们希望或者预期的那样活动。

因此，在我们讨论的作战环境下，人和组织在相互竞争，军事行动充满了错误和风险。情报人员能做的最好的事情就是积极地进行预期，但有时他们预期的结果会是错的。要想在复杂作战环境中争夺主动权，指挥官必须了解这种错误的高风险。但是，如果没有预期，如果不积极争夺主动权，他们只能被动应对，这也是有军事历史记载的多少个世纪以来，所有职业士兵的噩梦。

---

[1] 原注：Dictionary.com. *WordNet® 3.0.* Princeton University; http://dictionary.reference.com/browse/anticipate.

[2] 原注：Wikipedia, “Complex Adaptive System,” http://en.wikipedia.org/wiki/Complex_adaptive_system.

当美军在大型城市环境中开展平叛行动时，所有的事情都在不断变化和移动。要想描述这样的环境很复杂。这不是一个静态的、干净的、线性的试验，无法严格控制变量，无法设计可量算的尺度，结果也无法预测。复杂性的最佳解释是：

> 复杂性指的是，大量独立的自主体，以多种方式相互作用……然而，正由于这些互动的多样性，使得系统作为一个整体自发地自组织起来……此外，这些复杂的自组织系统还具有适应性，它们不会像地震中石头滚落那样被动做出反应。它们积极地从任何发生的事情中获得主动权。因此，为了学习经验，人的大脑不断组织和再次组织数十亿个神经节点……最后，这种复杂的、自组织的和适应性系统中的每个部分，都包含着某种活力，使它们与静态事物间产生质的差异，而诸如计算机芯片或雪花这样的静态事物，则毫无复杂性可言。复杂系统通常更为自发、更为无序，也更有活力。[1]

预期是主动权的主要方面。所谓主动权，指的是一个“贯穿行动全程的环境设定或主导行动的词”。[2] 这是一个恰当的高层次定义。但是，它的含义究竟是什么，我们为什么对它感兴趣呢？一个简单的答案就可以弄明白主动权的含义。让我解释一下，为什么对所有参加大型城市环境下军事行动的人来说，主动权都是如此的重要。无论是谁，只要拥有了主动权，就拥有了以下的优势：

★ **第一**，占据了主动权后，就拥有了向目标积极迈进的能量。获得了

[1] 原注：Mitchell M. Waldrop, *Complexity: The Emerging Science at the Edge of Order and Chaos* (New York: Touchstone Books, 1992), 11–12.

[2] 原注：Field Manual 3.0, U.S. Army (Washington D.C.: U.S. Department of Defense, February 2008), p. Glossary-8.

主动权，就可以采取行动，而不是被动应对，因此可以利用对自己有利的能量推动局势朝向目标前进。

- **第二**，占据了主动权后，就拥有了决定何时、何地组织行动或行为的优势，从而实现自己的目标。
- **第三**，拥有主动权的人还拥有位置优势。位置可以体现为物理优势，比如一个小分队占据了一个城市的关键建筑物；也可以体现为非物理优势，比如自己的网络机器人移动得更快，可以抢在敌人机器人之前发现网络空间里敌人埋伏或欺骗行动的位置。位置还可以体现在人的思维里，主导敌人指挥官的思维和决策。
- **第四**，拥有主动权的人，也就获得了行动自由的优势，而行动自由又可以带来节奏和关键节点的优势。军事哲学家孙子的下面这段话，可以帮助我们理解思考、寻找和保持主动权的重要性。

> 故善战者，求之于势，不责于人，故能择人而任势。[1]

主动权如此的重要，以至于竞争的所有方都希望获得它。因此，最著名的游击战理论家毛泽东告诉我们：

> 一切战争的敌我双方，都力争在战场、战地、战区以至整个战争中的主动权，这种主动权即是军队的自由权。军队失掉了主动权，被逼处于被动地位，这个军队就不自由，就有被消灭或被打败的危险。[2]

---

[1] 原注：Sun Tzu, 93.（译文引自：孙武，《孙子兵法》[上海古籍出版社，2006 年 7 月第 1 版]，“势篇”第 53 页。）

[2] 原注：Mao Tse-tung, *On Guerrilla Warfare*, trans. by Samuel B. Griffith II(Urbana: University of Illinois Press, 2000), 98.（译文引自：毛泽东，《毛泽东选集》[人民出版社，1991 年 6 月第 2 版]，第 410 页。）

因此，在所有竞争中，主动权来来回回不停变动，所有方都试图获得并占据主动权，或者获得相对于对方的优势。主动权不仅是物理层面的，比如谁第一个发动攻击；它还应该是智力层面的，指挥官和他的参谋们应该知道，敌人和平民（尤其是在平叛行动环境下）是如何思考和感知的。指挥官有义务在参谋们的帮助下，通过先发制人获得主动权，并且知道敌人将会如何反应。二战期间英军著名将领威廉·斯利姆（William Slim）爵士如下的一段话，可以帮助我们了解主动权的重要性：

> 我选定了一批情报官员，让他们在我的指挥部里充当日本人的角色，我常常和他们探讨……敌人会对这一计划做出什么反应。当然，我每天都收到有关日本行动、意图和部署的报告，我们了解他们，或者可以判断他们，但我一般会按兵不动，只有当我考虑成熟敌人会如何对我的计划做出反应，即我希望他们如何应对我，而不是我如何应对他们之后，我才会定下方案。[1]

按照这样的思维脉络，指挥官和他的参谋们必须意识到，他们并不总是手握主动权。他们有时也是处于被动应对状态，但他们必须了解，敌人时刻都在筹划重新抢夺主动权。从这一点看，在这个为争夺主动权而发生于所有冲突和竞争领域的无休止斗争循环中，指挥官和参谋们始终与敌人交织在一起。

那么，在这场争夺主动权的斗争中，什么才是最重要的呢？在任何一场战斗中，指挥官总是最重要的人，其次就是情报分析人员。他们帮助指挥官了解敌人和平民如何思考和感知，了解友军指挥官如何通过推演证实或者证否有关主动权的假设，了解在一场无休止的争夺主动权的斗争中，会产生哪些可能的二级和三级效应。

对于城市叛乱活动来说，争夺主动权的斗争可以呈现很多形式，可以

[1] 原注：William Slim, *Defeat into Victory* (New York: Cooper Square Press, 2000), 210.

发生在冲突的所有重要领域。它能以向平民提供商品和服务的方式存在，比如提供安全、水、污水处理和光等。它也能以通过大量通信手段提供真实信息的方式存在。它还能以通过与人们对话，听他们的倾诉，减轻他们的苦恼等方式存在。对善于隐藏的敌人来说，指挥官面临着两难的困境。一方面，他需要打击叛乱分子，因为如果不打击他们，叛乱分子就会打击他，并且获得所有的由于占据了主动权而带来的优势。另一方面，指挥官无法像以前一样通过非暴力行动和行为获得主动权，而这些行动和行为只是为了寻找和捕杀叛乱分子。指挥官必须要走出这一困境。但问题是如何才能走出去?

答案就是，指挥官可以通过预期分析走出困境。预期包含了解敌人的目标、动机和意图，了解敌人想要如何实现自己的目标，了解敌人将要通过**条件准备活动**和**塑造**方式，采取什么措施执行自己已经事先筹划好的计划。说得更具体一点，指挥官和参谋们可以使用预期分析，判断敌人的意图、战术和资源。他们可以使用预期分析，了解敌人在想什么，何时可以这么做，希望如何完成自己的行动，也就是说**对敌人的意图进行判断**。最重要的是，指挥官及其参谋们必须预期，为实现其目标和战略，敌人及其网络将会如何组织袭击和其他行动。此外，友军指挥官和参谋们必须预测这些行动和行为，特别要了解和明白敌人为了完成任务，可能采取哪些**条件准备活动**。指挥官的高级分析人员必须设计观察指标，用于判断敌人的条件准备活动，了解条件准备活动之间的关系，并且对这些活动的可能结果进行分析。指挥官的高级分析人员和情报搜集专家，还需要搜集与条件准备活动有关的数据，并对所获数据进行重构和综合，将其变成可指导行动的知识，足以降低不确定性，并对风险进行管控。这一过程可以使指挥官采取针对敌人的**先发制人行动**，或者在敌人试图发动袭击时保持“蛰伏待机”。

一旦高级分析人员对敌人下一步可能做什么，或者敌人将会对我们做何反应有了初步印象或思考的话，高级分析人员就要考虑，敌人会不会按照自己的期望采取行动，或者他们怎么才能区分敌人的欺骗行动和真实行动。情报分析人员还要区分我军诱导的敌军行动和单纯的敌军行动。分析人员需要理解和区别由于美军或联军行动而导致的因果现象，以及不是由美军或联军行动导致的现象。分析人员不仅要知道友军行动即将发生，而且要详细了解这些行动将如何开展。按照这样的思维，分析人员需要依靠情监侦手段获取数据和信息，预测敌人下一步可能会做什么，并要从敌人的视角预测未来行动会产生什么样的效果和结果。

这种基于预期的行动可能是错误的。毕竟，当人们开展预期分析时，他们必须具有进取性，正如前面已经提到的，他们面对的是一个勤奋、适应性强、进攻性强的敌人，后者不会按照分析人员希望的那样出牌。因此，高级分析人员必须抢在敌人决策的前面，通过足够的远见和能量，破坏敌人的筹划和决策。毕竟，高级分析人员要挫败的就是这些能够适应环境，能够超前思考的敌人，这些人肯定会努力避免出现可被别人利用的模式和趋势。因此，这样的敌人很难用预期分析进行捕捉。然而，考虑到这种差异，必须承认一点，如果情报分析人员理解了敌人用以实现其战略目标的意图、意志、战略和资源，他们就可以缩小敌人的选择范围，从而提出假设，并从预测敌人行动或行为中获益。

预期具有双重性。我们通过感知、思维和行动开展的所有事情都具备双重含义，一方面是适当的感知、思维和行动。另一方面，就发生在敌人（或者非作战环境中的竞争对手）的脑子里。情报分析人员希望通过预期分析，抢在敌人决策和相关行动的前面，但他们必须知道，敌人和其他竞争对手也在做同样的事情。因此，友军和分析人员在思考对手及其思维时，他们同样需要知道，敌人也在思考美军指挥官和他的参谋们，思考这些美军是如何进行思考和感知的。正如友军指挥官和参谋们在预测敌人的目标、目的、战略和条件准备活动一样，我们的敌人或竞争对手也在做同样的事情。预期分析的双重性概念可以从《安德的游戏》一书中窥见端倪：

他将精力集中在游戏上，试图从战争中汲取知识。不仅学习战争本身，而且要考虑如果他们再聪明些可能会做些什么，如果

> 他们未来还这样做，安德会做何反应。他生活在过去的战争中，也生活在未来的战争中，都是清醒的，也都是熟睡的……敌人休息的时候，他在仔细研究以前的推演，努力发现自己的弱点，努力猜测下一步会发生什么。有时他已经对敌人的奇思妙想做好了完全的准备；但有时他并没有。[1]

这些无形的斗争，尽管看起来是抽象的，但实际上却是正常的。任何一个想获胜的竞争者都会对此司空见惯。因此，任何一个竞争者都会努力预测对手的思想和相应行动，并且预测对手的行动或行为所获得的相应优势。但这样的心理活动，需要人们深入了解作战环境、敌人和平民。因此，这些人必须预测并且证实所预期的结果，且要使用有价值的情监侦手段，对假设或者假定进行证实或证否。为了开展预期分析，指挥官和他的参谋们必须要在这种智力战斗中具备两方面的优势，即知识优势和智力优势。

让我们再把思维稍微打开一点，读者们肯定会赞同预期分析和风险控制的行为方式，不是针对胆小鬼的，也不是针对完美主义者的。只要认识到主动权的重要性，只要想在思维上战胜敌人，这些方式就适合他们，因为他们意识到，只要开展预期分析且先发制人，就会收获巨大的好处和必然的优势。因此，情监侦手段对于预期和争夺主动权是不可或缺的。让我们重复前文的讨论，友军指挥官和参谋们必须使用情监侦手段，对他们的预期进行证实或证否。此外，他们还需要使用情监侦手段，对敌人预测友军的行动并且做出反应的情况进行监视。最后一点，友军指挥官必须使用情监侦手段，对敌人试图在拥有主动权后操纵局势的情况进行监视，还要对敌人为不丧失主动权而采取的措施进行观察。

让我们再深入一步研究预期分析。进行预期分析，需要情报分析人员

---

[1] 原注：Orson Scott Card, *Ender's Game* (New York: Tom Doherty Associates Book, 1977), 281–283.

努力在思维上超越敌人，包括深入敌人的思维，像敌人一样思考，以便判断敌人思考的东西，从敌人的角度了解敌人的能力是什么，理解敌人如何看待作战环境及其影响，了解敌人如何看待主动权，理解敌人如何完成自己的目标；也包括从敌人的角度思考敌人如何进行条件准备活动，才能确保取得成功，才能获得位置和知识上的优势，从而达成所希望的效果。当然，这种试图理解敌人思维的工作，必须要规避可能出现的镜像效应，关于这一点，我们已在第 6 章做了介绍和分析。因此，进行预期分析的分析人员，必须关注镜像效应的苗头，并且使用大量的技巧，比如利用红队人员、当地主题专家和美国的文化主题专家等，才能避免出现这一问题，因为一旦出现镜像效应，将会对分析人员的思维产生巨大危害。

预期需要分析人员（以及他的领导）提出假设、预想、疑惑或预感。它还需要分析人员不仅具备有关敌人思维过程和能力的大量知识，而且要了解美国及其盟友传统的和非传统的情报搜集活动。它需要分析人员与情报搜集管理人员和实际执行情报搜集工作的人员（比如人力情报官员和操控无人机系统的人员）进行通力合作。由于平叛人员必须迅速行动，以胜过在快速变化的流动网络中活动的狡猾敌人，因此分析人员、搜集人员和操作人员之间必须始终存在紧密的联系，以便更好地进行预期分析。

不幸的是，由于任务的困难程度，以及超过不良后果的平均风险，预期有时会受到忽视。但是，如果友军不进行预期分析，对立情况就会发生：被动应对。一旦敌人做出了反应，那就说明我们的领导已经失去了积极的个人和组织能量，无法保持行动自由，并且失去了位置（包括物理、智力和网络空间位置）优势。指挥官和他们的情报分析人员必须以这种积极的思维方式和运用情监侦手段，来引导理解和使用预期，因为他们的优势远远超过了手中的劣势。

对分析预期影响最大的阻碍因素，就是分析人员对情报生成的“先入为主”观念。当然，这句话并不是谴责所有的情报生成。情报生成依然是情报工作的重要方面。所谓情报生成，就是为了满足情报用户的需要而准备的报告或产品。我们要在情报生成和有目的地利用分析工作占胜敌人之间求得平衡。由于预期分析本身固有的复杂性，开展这项工作的人必须组成团队，从而预测敌人的思想、行动，并且通过正确的行动，向指挥官建议如何才能挫败敌人的行动，以获得主动权或迟滞、中断敌人的决策。情报生成依然是必要的，但它非常耗时，如果人们不小心，情报生成活动——比如撰写概要和简报等等——可能会成为情报分析人员存在的目的，而牺牲了他们在城市平叛行动中真正需要执行的其他任务。

让我们沿着这一思维进行下去，不幸的是，情报生成往往是在思考已经发生的事情。例如，趋势分析、模式分析和联系分析，虽然对于好的情报分析来说，这些都是非常重要且必要的，但主要都是针对过去事情的取证。当分析人员孤立地使用趋势分析、模式分析或联系分析，或将其作为执行分析的首选方法时，他们无法很好地思考人类的创新活动，无法经历认知的跃进或顿悟，甚至无法预期未来的行动。趋势分析、模式分析和联系分析是重要的，但只有当人们将它们与预期思维和进攻性分析平衡使用时才能取得实效。

前面已经提到，预期包括对敌人目的、战略、战术、技巧和支持活动的理解。理解的内涵要超过了解。理解既包括知识，又包括构成知识的关系。不幸的是，这种理解不仅是文化和技术密集型的活动，有时甚至是难以捉摸的，远超过了分析人员所能了解的，除非他们是文化人类学家或工程专家——能够理解特定的技术，特别是生活在那个社会的人和组织使用的技术。因此，参加这些类型的分析活动，分析人员必须寻找和使用主题专家——包括合适的当地人，让他们帮助自己开展高级分析，从而克服知识和思维上的不足。

现在，让我们深入到预期分析的另一个关键方面：条件准备活动。理解这个问题的第一步，我们需要问自己一个问题，即条件准备活动是怎么与预期思维相关联的？答案相当简单。如果敌人将要针对一个防护严密的设施发动攻击，我们可以认为，要想确保成功，他们必须进行条件准备活动。如果我们的假定是正确的，如果我们判断出他们为了完成袭击需要采取的步骤，我们就可以将这些步骤解构成观察指标。要想将它解构成我们所需要的深度，我们无疑需要情报机构和虚拟知识环境的帮助，寻找和利用主题专家的知识和经验，让他们帮助我们提出与敌人条件准备活动相关的五种观察指标。一旦分析人员和主题专家将条件准备活动中的步骤进行了解构，就可以开展预期行动了，此时我们的手里已经有了观察指标，尔后分析人员就要与搜集专家合作，指导传感器和人力情报手段搜集情报信息，再预测这些条件准备活动将会在何时、何地以及如何开展。如果预期分析人员和他们的主题专家可以将所获数据综合成模式或趋势，他们就可以向指挥官提供足够的态势知识，辅助指挥官行动。分析人员的工作就是要破坏敌人的准备活动，或者在敌人进行条件准备活动前开展行动。如果预期分析与由此产生的先发制人效果和行动是正确的，那么友军的指挥官最起码也能让敌军产生某种程度的迟滞和不同步，最好效果则可以使指挥官抢在敌人行动或袭击计划之前先发制人。按照这样发展下去，友军指挥官就可以获得主动权，虽然可能是一种难以捉摸的方式。

在读者看来，预期分析无疑很容易理解；然而，它却是非常有挑战性的。为什么？第一，友军指挥官和他的高级分析人员打击的对象，是那些具有强烈攻击性且拥有完成任务的强大意志力的人。第二，敌人根植于文化之中，隐藏在社会活动里。因此，他们的行为和条件准备活动非常容易隐藏和遮蔽。第三，如果一个人开展各种各样的条件准备活动，他就会忽略一切，眼里只有发动进攻这一项任务了。

高级分析人员如何深入开展预期分析呢？对于初学者来说，他们必须积极思考。比如，他们应该连续地追击敌人，不仅是敌人的物理特征和行为，而且包括敌人的感知、思维、计划、决策、行动 / 执行以及执行过程中的反馈。分析人员还要考虑敌军的任务，敌人对限制条件、障碍、作战环境、美国能力的看法，以及敌人是如何定义胜利的。高级分析人员还需为自己做好准备，建立一个知识环境，帮助自己训练和联系拥有合适知识和技能的人员，帮助自己判断敌人所需的条件准备活动，这些问题集在某种意义上是敌人完成任务所必须经历的。这些问题集和条件准备活动，随着任务的不同而不同；比如说，敌人计划摧毁关键设施的各个部分不同，导致他们设置炸弹工厂和生产简易爆炸装置的条件准备活动也将不同。此外，分析人员还可以通过情报推演，判断敌人可能要做什么，以及敌人占据主动或者做出反应时，他们开展行动可能会产生什么样的迹象。高级分析人员必须要对敌人袭击的情景以及相应的条件准备活动进行推演，确保每个情景都是可行的（当然是从敌人的角度来看待的）。这些模式和观察指标在某些方面是相似的，但在许多方面也是不同的。分析人员必须判断这些相似之处和不同之处。作为智力工作的一部分，高级分析人员需要使用预期分析进行思考。为此，高级分析人员应该开展以下方面的思考：

- 敌人想做什么？
- 我如何才能预期他的行动，扰乱他的条件准备活动，或者破坏他已经准备就绪的计划？
- 如果敌人想要进行不法行动，哪些文化因素会影响到敌人？
- 在哪里才能找到敌方进行条件准备活动的人员，他们如何开展互动、行为、交易，如何进行条件准备活动？
- 在每一类条件准备活动中，哪些文化迹象或标记会出现或者不会出现？
- 我如何才能发现和看到有人通过窗户、街角，甚至街上玩耍的儿童进行监视活动呢？
- 如果我关于条件准备活动的猜测是正确的，会出现哪些技术要素或者技术表征呢？
- 如果我发现很多地方手机通信突然增加，我能顺势找到潜在的目标吗？
- 这些手机通信中存在模式吗？
- 我能从敌人哨兵使用的照相机镜头中看到反光吗？
- 我能从可疑目标附近的房子里发现互联网通信在增加吗？
- 那些开展条件准备活动的人，他们有生理或心理上的变化吗，或者有肢体动作的迹象吗？

★ 如果我的期望是正确的或者错误的，那么条件准备活动中到底有哪些功能要素或行动、交易、互动和行为？

★ 有没有出现可能显示敌人条件准备活动迹象的奇怪噪声、气味或者异常表象呢？

高级分析的一个有趣方面是，它究竟有多少认知要素与其他要素相关。特别是在这种情况下，预期分析与倾向分析是关联的。让我们对此进行讨论。首先，让我简要地对倾向分析进行定义（后文还要进行深入研究）。所谓**倾向分析**，指的是“通过思考和研究人们的普遍倾向，组织的行为和行动倾向，当前环境或态势、事件、行动、行为的心理快照，放射物能量的散发，以及所有这些相互作用和相互交织可能预示的未来，来领悟事物的意义”。这一定义既解释了倾向分析的概念，又反映出它与预期之间的关系，同时还为我们了解这一复杂问题提供了实践视角。

要想避免从一种倾向状态向另外一种倾向转换的认知循环，当某些有意思或重要的事情发生时，当有些我们平常不会遇到的事情出现在我们意识之中时，潜意识就会给我们一种智力上的“感觉”。在这一阶段，受过高级分析训练和教育的人，就会产生一种意识、预感或者奇怪的感觉。分析家乔治·弗里德曼（George Friedman）说道：

对情报的直觉判断并不荒谬……分析人员就生活在这个不完整且不断变动的情报世界里，必须要在时间和事件的压力下得出结论。有经验、有天赋的分析人员的直觉，是向决策提供分析和最佳猜测的桥梁。[1]

“感觉”和“意识”开始在分析人员的思想中形成一种认知。通过研

[1] 原注：George Friedman, Strategic Forecasting (STRATFOR), Geopolitical Intelligence Report 07.12.2007, *Week out of Focus: Washington, Iraq and Al Qaeda*; www.stratfor.com/reports.

究，通过与情报机构中其他分析人员的探讨，通过他或她自己的创新，以及将数据综合成知识，并且通过虚拟知识环境中主题专家的帮助，分析人员就可在无法名状的感觉或意识中提炼出实实在在的思想。对于一些经验丰富的分析人员来说，这一过程往往是自然而然发生的，但即使如此，它有时也能刺激环境和特定环境中的变量，从而产生细微的变化，而这对于倾向分析确实十分必要。通过刺激或扰动，高级分析人员可以使自己脑中引起认知失调的意识或感觉变得成熟和清晰。当分析人员拿到倾向分析的结果后，预期也就到来了，他们要通过预期和随之而来的情监侦活动，将这些意识转变为行动。

如果高级分析人员从倾向分析中获得了意识，即在一个大型城市作战环境中，某个特定区域、特定行业将会发生一些不同寻常的事情，他或她就要对区域之内的这些建筑物和行业进行数据搜集和处理。分析人员要开展的心理活动就是**分析性感觉**（Fingerspitzengefuhl），可以刺激直觉或**"内在事实"**（intrinsic actuality）的状态。在军事历史上，这种分析性感觉往往是指挥官面对战场或某种态势时产生的感觉或触动，他们可以从这一战场或态势中获得大量信息，并通过自己的心理、经验、直觉以及对态势的理解，迅速得出结论。克劳塞维茨称这种意识为**"眼力"**（coup d'oeil），其意思就是迅速理解一种态势或一个事件，可能只是一瞥而已；而按照克劳塞维茨的思想，它就是预期的精神支柱。克劳塞维茨在他的《战争论》中阐述了这一观点：

> 要想不断地战胜意外事件，必须具有两种特性：一是在这种茫茫的黑暗中仍能发出内在的微光以照亮真理的智力；二是敢于跟随这种微光前进的勇气。前者在法语中被称为眼力，后者就是果断。[1]

---

[1] 原注：Clausewitz, 102.（译文引自：克劳塞维茨著、军事科学院译，《战争论》[商务印书馆，1978 年第 1 版]，第一卷、第一篇、第三章"军事天才"，第 69 页。）

高级分析人员应使用某些指挥官直觉上的**“分析性感觉”**和**“眼力”**，但分析人员的这种感觉来自经验和直觉，形成了有关敌人或作战环境状态的特定预想、预期或者预感。正是这种感觉将倾向分析和预期分析联系在一起。一旦有了某种事情将要发生的感觉后，分析人员就开始进行预期分析，以便理解这仅仅是倾向分析的前兆。

分析人员在主题专家和情报机构的帮助下，对从倾向分析中获得的期望或预感进行解构，形成可以预测敌人行动的观察指标。分析人员要与情报搜集主管和情报搜集专家合作，不仅仅是为了给人力情报和传感器布置任务，还要向情报搜集专家解释以下这些有效要素，包括：(1) 作战内容；(2) 观察指标；(3) 地点；(4) 时间；(5) 可疑行动；(6) 标准（时效性、具体性、准确性、相关性和清晰性）。在高级分析概念中，这样的列表就是思维模板，可以用于指导情报搜集人员。当在大型城市中使用情报搜集系统搜集观察指标时，当对付敌人网络时，当努力寻找敌人为发动袭击或其他行动所做的条件准备活动迹象时，这样的指导是非常必要的。很简单，待命中的观察人员需要被刺激，进而理解自己究竟在寻找或发现什么。这样的刺激与许多资源或机器有关，无论是一个人力情报线人在观察一项行动，一位语言学家坐在信号情报设备前聆听关键词，一个计算机程序从数据中筛选相关图像，还是一位传感器操作员在观察无人机传送的全景视频画面，以查看特定兴趣区域（named area of interest，NAI）是否发生他们预计会发生的事情。高级分析人员需要向人和机器提供指导，让其聚焦在一起，在正确的时间和地点寻找正确的观察指标，确保预期分析取得成效。时刻警惕的人力观察者在重要性方面类似于量子探测设备；量子探测设备可以将微小的信号放大，从而理解大的宏观的行动或交易，而这些行动或交易，都是一个更大且不断演化的整体的一部分。但是，这些大脑需要激励，需要促动，需要刺激。

回到本章的案例：分析人员开展研究，努力在可疑问题上寻找已经存在的知识。分析人员需要与情报机构中的其他分析人员以及虚拟知识环境中的主题专家进行会商。随着数据和知识的不断积攒，分析人员在开展预期分析时，逐渐从单一层面的分析向深度推进。但是，由于预谋发生在高度敏感且不断变动的区域，因此分析人员必须在倡导开展直接行动之前，确信它是“脏的”。因此，他才能提议对某个地点进行连续监视行动，以对他的预感进行证实或者证否。

一旦开始了连续监视行动，分析人员就会向指挥官建议对叛乱分子在周边的网络进行干扰，但并不直接针对敌人的预谋。于是，指挥官向周边地区派遣了一支移动缓慢的美国和伊拉克巡逻队，距离敌人的预谋地点仅有三个街区。这一连续监视行动中加载了大量的文化、生物、技术、态势和功能等观察指标，对敌人的预谋进行严密观察，通过派遣巡逻队来干扰敌人的网络，从而观察究竟会发生什么。这种“猫捉老鼠”的行动样式，对于挫败敌人善于隐藏的优势非常有效。行动中，分析人员可以通过预期，寻找可以证实或者证否他们的预想、预感或假设的信号或暗示。

在这种情况下，高级分析人员可以预期他或她想要跟踪和学习的观察指标。尤其重要的是，高级分析人员需要清楚自己必须辨别敌人认知、计划、决策、评估以及反馈调整的文化影响。因此，分析人员将会使用主题专家和当地人，提出预期分析和倾向分析中正确的观察指标。分析人员还会使用分析专家，作为有组织的分析监视活动的一部分，用以寻找观察指标和机会窗口的出现和征候，其目的就是对变量进行影响，即那些可以影响敌人行动能力和应对我军能力的变量。

分析人员尔后要与情报搜集主管和情报搜集专家合作，使用人力情报或者优化的传感器组合，去发现 / 观察细微的倾向，包括机械 / 人力、传统和非传统倾向。在这种情况下，巡逻队无疑会对敌人的网络产生干扰，如果敌人在这里的预谋是非法的。然而，那些不了解文化的观察人员是无法注意到这些行动的。因此，在事情发生前，分析人员就要与当地人和主题专家合作，以推演敌人网络可能会做出什么反应。分析人员及情报机构中的保障人员，将会预测网络的功能，从而制定出一些预期的观察指标，用来证实或证否分析人员的假设。从这一点看，分析人员需要大量的专业力量，帮助自己像敌人一样思考，其结果可以对敌人进行扰动或不进行扰动。分析人员需要了解敌人是如何看待扰动的含义的，需要了解通过何种方式证实或证否他的评估、思维、智力偏好，还需要了解文化对其思考影响的方式。这一过程就是预期的核心。

技术可以帮助高级分析人员开展预期工作。它对高级分析人员的重要作用主要表现在以下几个方面：

- 通过建模与仿真，判断敌人在任何情况下可能的物理和心理选项，可以帮助分析人员预测敌人的行动、互动、交易和行为。
- 使用软件和硬件手段进行解构，指出情报搜集的优先选项，帮助分析人员预测敌人的下一步行动或行为，使友军的行动可以塑造、击败、打乱或者挫败敌人的最佳计划。从这一点看，预期对挫败敌人头目的决策速度、认知和士气有着极大的影响。
- 使用非物理性的复杂模型观察敌人网络在特定情况下的功能和任务，看看会出现哪些行为，从而推断特定文化中人的可能行动或反应。这种行为可以推动情报搜集工作证实或证否预期假设。
- 使用地理空间信息系统或者三维建模手段，查看敌人用自己的网络传感器、警报器、个人判断、他人判断以及他自己的**本体感受**（proprioception）等手段在看什么、闻什么、感觉什么和听什么。所谓本体感受，指的是通过对身体内部的刺激而产生的对运动和空间定位的无意识感知，以便预测可能的行为或潜在的行动。[1] 高分辨率图像、地理空间信息系统产品、三维地形数据、主干分层（thematic layering）等等，都可以帮助进行这方面的预测，都有益于决策活动。

其他重要的技术分析功能同样存在，都可以助预期分析一臂之力，包

[1] 原注：Dictionary.com. *WordNet® 3.0.* Princeton University; http://dictionary.reference.com/browse/proprioception.

括：数据挖掘；数据操控；使用基于分析的具体观察指标指导情报搜集工作；开展推演；预测敌人的行动；设计情报搜集工作，以证实或证否敌人的预期行动。每一项工作都需要时间和精力。

预期分析要求了解敌人的目的、战略、战术、技术和支持活动，其具有文化上和技术上的敏感性，有时仍然是难以捉摸的，远远超出分析人员认知范畴，除非分析人员是文化人类学家，或者是经验丰富的境外区域官员（FAO）或工程师。因此，开展这些类型的分析时，分析人员必须寻找和使用主题专家（包括合适的、可靠的当地人）帮助自己开展高级分析，进而克服知识和思维的不足。

作为这一段研究的最后讨论内容，我们需要认识一些有关预期分析的具体挑战，以及高级分析人员如何克服这些挑战。

★ 第一个挑战，高级分析人员必须知道“如何思考”预期分析。作为这一挑战的核心部分，分析人员必须知道和了解敌人如何思考。由于敌人不会站出来告诉我们他们如何看待主动权，因此托马斯·劳伦斯在《智慧七柱》（*Seven Pillars of Wisdom*）一书中的下面这段话，可以帮助我们从敌人的视角理解主动权的一些内容：

> 对这一规则的推理就是完美的情报，以至于我们可以在确定的情况下进行筹划……它（叛乱）拥有支持它的群众，在这些群众中，100人中就有2人是积极分子，剩下的人则是怀有同情之心，不会背叛这少数人。这些活跃的叛乱分子有着保密和自我控制的美德，他们还有速度、耐力以及独立供给保障的优势。[1]

这些优势——包括完美的情报工作、平民支持、速度、耐力和

[1] 原注：Lawrence, 194-96.

独立等等——是获得主动权的关键，高级分析人员必须认真思考每一项优势，从而为获得主动权铺设条件。使用预期分析思维模板，可以帮助高级分析人员使用高级分析的相关元素以及正确的观察指标，来预测敌人的条件准备活动和实际攻击行动。

- 第二个挑战，高级分析人员使用预期分析时，必须运用正确的知识，帮助他或她进行预期分析。争夺主动权的斗争是必要的，但也有问题。一位作者的下面这段话，可以帮助我们理解部分挑战，即了解敌人也在利用知识寻求优势：

> 一种无形的、竞争性的动态正在其中发挥作用，这是一场斗争，是一场为了赢得相对于敌人优势的斗争。竞争双方都知道，他们面对的是强敌。每一方都知道，自己有能力获取最好的知识，并且比对方更快地使用这些知识，从而有机会赢得智力优势，甚至是决策优势。[1]

高级分析人员可以使用虚拟知识环境和知识经纪人——如果这些人存在的话——帮助自己开展预期工作。同样的，分析人员还可以从他或她的上级获得这种支持，也可以从情报机构内获得支持。高级分析人员必须利用拥有恰当安全许可的当地专家。分析人员必须使用这些主题专家帮助自己开展解构工作，从而将预期观察指标与恰当的情报搜集人员进行配对，理解所获的数据和开展推演工作。此外，分析人员必须能够在分析性条件准备活动的早期筹划阶段，就着手申请主题专家和知识支持，以便将所有可能的事情安排到位，来满足预期分析的需求。

- 第三个挑战，高级分析人员必须预测敌人的行动。为了阻止敌人发动袭击，分析人员不仅要预测袭击本身，而且要预测这样的袭击将

[1] 原注：Hall, *Stray Voltage: War in the Information Age*, 34.

如何、何时、为何以及在何地发生。这就是情报推演工作；情报推演不仅要由情报人员开展，而且需要红队人员、当地以及美国文化主题专家参与。这也是预期分析最重要的内容。比如，推演活动可以用来预测敌人如何为发动袭击准备条件，并且将这一预测与对变幻莫测的作战环境的理解融合起来，尤其是袭击发生或者正在进行准备活动的地点。此外，在推演中，高级分析人员需要使用当地人作为模拟敌军，与他们开展"行动—反应—再反应"推演。这一流程必须展开，只要敌人的网络还在活动，以及由其产生的条件准备活动还在发生的话。在情报推演中，分析人员必须充分考虑敌人可能的行为样式，敌人可能会怎样进行突然袭击，敌人进行条件准备活动时如何掩盖自己的行为，以及敌人将会如何预测美国分析人员的思维，敌人还会预测美国分析人员有哪些情报搜集能力，以预测和挫败他们的条件准备活动、袭击或其他行动。分析人员必须充分预想白天和晚上两种情景。最后一点，高级分析人员使用预期分析时，必须使用红队人员对他或她的思想和假定进行批评，寻找逻辑上的错误，比如使用错误的假定，陷入镜像效应的陷阱，过于简化文化的复杂性等等。

★ 第四个挑战，高级分析人员需要与情报搜集专家建立密切的伙伴关系，和他们一起设计综合的情报搜集计划。这种关系必须很紧密，使得整个团队有足够的积极性来开展预期分析。高级分析人员需要让情报搜集人员明白以下事情，比如：他或她在思考什么，分析人员认为在特定的作战环境下敌人会做什么，分析人员对具体观察指标的阐释，以及分析 / 搜集行动中某一分析标准制定的理由等等。高级分析人员必须与搜集人员合作，设计出可以满足分析需求的情报搜集计划。高级分析人员和情报搜集专家必须作为一个团队，将初始的和后续的分析指导传递给分布式情报搜集人员，确保他们始终掌握最新的态势变化。此外，高级分析人员需要让搜集专家明白，哪些搜集工作和观察指标是最重要的，需要在正确的时间、正确的地点获得这些正确的观察指标。

★ 第五个挑战，在使用预期分析时，高级分析人员必须了解他或她所研究的文化。文化差异巨大，导致这项工作显得极为困难，比如伊拉克的文化和美国的文化有天壤之别。因此，高级分析人员如何应对这一挑战呢？技巧之一是，分析人员必须努力获得有关文化的知识，认识到文化的独特性。从这一点看，与生活在这个文化中的人相比，分析人员必须清楚自己永远也达不到当地人那样的知识深度和理解程度。但通过不断的学习，通过与主题专家的合作，通过对任务的反复琢磨，分析人员可以做到对他们工作对象的文化有足够的了解。有了工作知识，并不意味着不需要认知需求。他们仍然需要传递知识，需要将这些知识应用到自己工作的区域，因为文化往往都有地域特性，因此不同的地区有不同的文化。分析人员必须从当地主题专家，以及外部文化主题专家那里获得帮助，因为他们拥有丰富的、近期的、实地的工作经验和流利的语言能力。另外一个和文化打交道的方式是，分析人员必须找到能够利用文化优势的方法，比如在繁忙的街道上使用乞丐作为信息员或情报员。按照这样的思维发展下去，分析人员、人力情报和反情报专家以及技术情报搜集专家必须合作提出信息来源和接头方式，作为监视网络的指标和警戒，以判断文化异常和细微的倾向何时会出现。另外一个帮助理解文化的方法是，高级分析人员必须学习有关社会如何看待和使用技术的基本知识。关于这一点，分析人员必须理解技术不断扩散的无形世界，但要做到这一点，他们需要得到当地和美国及其盟国电力工程师和其他科学家的帮助。这种与工程师和科学家共同合作的方式，对于寻找、升级和使用技术基线来帮助设计技术观察指标来说，显得尤为重要。聪明的高级分析人员会使用美国和当地的科学主题专家，来帮助他们一起设计情报搜集计划，寻找相应的技术观察指标，同时对所获得数据进行理解。最后一点，高级分析人员必须理解敌人如何看待美国对技术的依赖性，敌人如何看待美国人在昼夜条件下寻找他们的情报搜集能力，并要在理解敌人上述看法的基础上，充分利用他们的看法。当然，这样做的目的就是要在思维上超过敌人，挫败或者控制敌人使用现有技术执行其网络活动的图谋。

二、结语

这就是预期分析这一章的结尾部分。本章阐述了一个非常有趣的课题，即预期及其与主动权的密切关系。本章认为，预期分析、主动权以及保持主动权的重要性之间存在紧密关系。虽然在城市作战中，寻找、占据和保持主动权是很难做到的，但我们还是能够有目的地获得主动权，且我们必须要这样做，这也与多年来军事思想家们提出的军事理论相符。争夺主动权的斗争永远不会停止。但是，美国人可以得到主动权，并且保持最大的优势，只要美国的情报人员和指挥官学会通过预期分析进行思考和行动。要想开展预期分析，指挥官必须支持、保护和鼓励他们的情报分析人员和作战人员勇敢且富有进取心。开展预期分析有时会产生“干洞”（dry hole）或者错误，因为美军一直在阻力不断的环境中应付不可预测的人和组织，他们的情报、适应能力和创造力都已不再是简单的、浑浑噩噩的存在了。但是，美国情报分析人员在主题专家和当地人的帮助下，可以学会像敌人、平民以及其他竞争者一样思考，预测这些人为了达到目标、目的和战略可能会做什么工作，即条件准备活动。**条件准备活动**这个词组，对我们思考预期方面的工作至关重要。

所谓预期分析，就是人们：(1) 理解条件准备活动；(2) 预测由此产生的行动和行为；(3) 只要时间合适，抢先行动或扰乱对方。但本章也提出了在观察条件准备活动的行动和行为过程中的复杂性，此外对于那些混杂和隐藏在喧嚣城市的情绪和噪声背后的人，寻找他们也是非常复杂的。因此，本章探讨了预测的概念，分析了为什么预测这个词不适合用于复杂的城市作战环境。

本章介绍、讨论了复杂适应性系统的互动，描述了它连续倾轧、颠覆和碰撞的特点，这些特点造成系统的行为结果无法预测。但是，我们可以对它进行预期，并且沿着分析预感、理论或假设方向向前摸索，就会发现微弱的光亮，这意味着，我们最终会了解组成一个整体的所有重要关系（比如叛乱分子会对一座大桥发动攻击）。预期分析的目标是，通过优秀的思考，在敌人开始条件准备活动和网络行动时，提前采取措施或者打乱敌人的计划、决策和行动，从而获得主动权。

现在，我们要进入下一章，即技术分析。技术分析会将读者带入一个无形和有形并存的世界，其对于城市作战环境中平叛和非正规作战行动的筹划和执行是极其重要的。

[第11章]

技术分析

定义：获得关于特定事件、态势、行动和交易的技术方面的知识、理解和见解。

一、技术分析背后的理论

技术分析包括所有类型的机器、工具和设施的机械内部工作方式。科学家雷·库兹维尔（Ray Kurzweil）下面的思想可以帮助我们理解技术究竟是什么：

> 有一种解释，即技术就是学习一门技能；所谓技能，就是为了某种实践目的而对资源进行塑造……人的独特性就在于他能够使用知识记录的知识（knowledge-recorded knowledge），制造出先进工具……但当所有的材料按照正确的方式组装起来后（这里指的是现代技术和信息），就会发生“青出于蓝而胜于蓝”（transcendence）的情况。经过组装的物件，远远要比各部分本身的功能更好。[1]

[1] 原注：Ray Kurzweil, *The Age of Spiritual Machines* (New York: Viking, 1999), 16.

技术分析包括对电子、无线电频率和其他来源如何产生能量的理解，因此可以提供宝贵的特征和观察指标。技术及其衍生物，无论是有形的，还是能量排放等无形的，都能够影响作战环境，影响敌人、竞争对手以及老百姓的思考方式。所有人对于技术、如何使用技术、技术如何实现其目标等等，都有着自己的看法。从这一点来看，叛乱分子和普通人一样，都要过日常生活、开展日常事务，都极为依赖技术。

技术对于开展高级分析的人来说极其重要。考虑到情报分析人员在城市作战环境中针对叛乱分子进行情报分析的难度，这一点更是如此。在这种环境下，叛乱分子会隐藏和混在平民及其日常活动和行动之中。但是，叛乱分子及其网络支持者们必须使用技术。不幸的是，在绝大部分情况下，技术是肉眼无法看见的。但是尚有希望。在可视化、建模、高速计算等技术的帮助下，情报分析人员可以在针对叛敌网络的情报工作中了解敌人的状况。虽然很复杂，但敌人的网络还是可以被发现和处理的。首先一步，我们需要学会“如何思考”敌人的网络。作家、科学家凯文·凯利（Kevin Kelly）下面这段话可以帮助我们了解敌人的网络：

> 我们发现，很多系统都是平行排列的，就像大脑的神经网络，或像蚁穴一样。在这些系统中活动，就仿佛是杂乱无章的各个独立事件的相互交织。与一座钟表里因为因果关系发出的滴答声不同，这里有1000座钟表似乎同时运行平行系统发出滴答声。由于没有指挥链，任何一次行动都被融入整体，使得整体超过了各个部分的总和。整体产生的不仅仅是一系列重要的个体行为，还包括大量的同步行动，它们的整体模式显得更为重要。这就是群体模型（swarm model）。[1]

因此，即使我们看不见技术，但也知道它的存在，且在运行和释放出

---

[1] 原注：Kevin Kelly, *Out of Control* (Reading: Perseus Books, 1994), 21.

不同种类的观察指标和特征，就像凯利所描述的那样。因此，分析人员必须将似乎无形的东西变成有形。

技术活动同样很难寻找和发现，即使分析人员知道自己在寻找什么，即使他们已经向情报搜集系统布置搜集与技术有关数据的任务。所搜集到的数据常常是晦涩的，它的含义即使对于最有技术天赋的分析人员来说也是难懂的。弄清楚高级分析人员应该如何应对这一问题，是本章的目的。

在问题求索的第一步，让我们思考一下，叛乱分子在城市环境里使用技术手段运行一个具有颠覆性和暴力倾向的网络时，他们究竟拥有哪些优势和劣势。让我们探讨一下叛乱分子使用技术手段后，能够获得哪些优势。首先，他要混入文化所固有的技术噪声之内。叛乱分子及其支持者必须要像当地老百姓一样使用技术，但又要将他们使用技术掩盖起来。也就是说，他们需要将自己使用技术这件事变成模棱两可的状态：是敌人在使用技术，还是普通老百姓在使用技术？这个问题也是美国情报分析人员面对的主要困境。另外一个技术优势在于，叛乱分子可以利用美国由于其技术上的强大而产生的目空一切的情绪，即美国的大规模正规部队会将技术用于一切事物，会依靠技术解决所有问题。这样的目空一切，以及由此而产生的倾向性，为敌人袭击提供了可能性。比如，叛乱分子可以使用技术含量低的通信手段以及使用通信信号、标志等，而这些都可以非常好地混杂在文化活动中，而且会超出绝大部分美国情报分析人员的意料之外。他们还会限制敌人网络的支持者们使用技术，目的是躲避美国技术情报部门的监视。这种为了躲避侦察而放弃使用技术的方式，并不意味着叛乱的作用不会发生。相反，叛乱分子仍然能进行条件准备活动，比如情报搜集，只不过他们的观察员无法快速传递观察的信息。为了提高躲避侦察的能力，敌人还会试图了解他们的行动在技术意义上对从事技术情报搜集的人有什么不同，并决定采取反制措施。

第二步，让我们研究一下“如何思考”这个短语的含义。技术分析总是涉及如何思考的问题，因为技术充满了技术上的可能性和独特性。因此，我们可以这样说，要想开展技术分析，情报分析人员需要知道技术的特性和特征——正是它们产生了技术世界。但是，在打击叛乱之敌过程中，仅仅知道这些还不够。造成这种不够的本质原因在哪里？问题的答案在于那些潜在的可能性和关系，以及对技术活动的无形世界的想象。当我们思考“如何思考”时，我们需要考虑所看见东西的反面，关注那些我们看不到的。我们无法看到射频能量在特定空间里移动。我们无法看到电子从一个地方弹到另外一个地方。我们无法看到房子释放出的热能。我们无法看到气味，也无法看到声音。但是，这些对于技术分析都是非常重要的。因此，我们需要了解看不到的东西，不仅仅如此，还要设想这些相互作用的技术之间的“隐”关系。另外一种“思考的方法”是，我们需要同时考虑民众和敌人在**互动、行动、交易和行为**过程中分别如何使用技术。这四个术语就是分析人员可以使用得非常好的模板，他们在开展分析和搜集工作中，可以将这些模板应用于思考全过程。另一方面，技术基线提供了思考普通技术活动和异常活动的方法。有了技术基线后，我们就可以通过技术分析思考“是什么”以及“应该是什么”的问题，可以解释“不是什么”而是“应该是什么”的问题。我们将在本章深入研究技术基线的重要性问题。

然而，在城市环境中使用技术，敌人也有一些劣势。比如，周围的人如果知道身边有叛乱分子在活动，他们会通过当面和电信交流等方式，对这些活动议论纷纷，他们还会对自己的日常生活做出小幅度的技术调整。有哪些案例可以反映出当地人中出现叛乱分子后，这些人会做出什么样的反应？他们会限制或增加使用手机，而且说话变得谨慎，与通常情况不相符合。他们在家开灯、关灯都可能与正常情况不同。他们会减少使用短信，减少在晚上看电视和上网。在使用家用发电机方面也会非常谨慎，主要是节约用油，以备不时之需。此外，所有人都会犯错误，一旦我们知道要寻找和追踪什么，它们就会像信息素一样。有些事物或者“痕迹”是技术方面的。此外，当地人也会知道自己身边有外来人，不管他们是住在安全庇护所内的人，把物资带到庇护所的人，还是倾倒垃圾的人。网络支持者同样会留下电子痕迹，周围的人会发现、可能谈论或者因此而改变自己的电子习性。从这一点看，外来人使用技术的方式与当地人或基线是不同的。由于人们知道敌人的活动，敌人也将最终改变自己的技术行为。这样的变化可能是难以捉摸的、微妙的或难以觉察的，但常态将被打破，高级分析人员必须做好准备，要在观察指标指导下，通过情报搜集工作发现这些痕迹。

技术影响着人类所做的一切，甚至是他们如何进行最隐秘的思考过程。人们如何思考优势，如何对优势做出反应，如何积极利用优势，如何努力赢得相对于竞争对手的优势，这些过去是、现在是、未来也依然是冲突的支柱。然而这一支柱拥有双重特性。第一眼看来，高级情报分析人员最首要的角色和任务就是理解过去发生了什么，预感未来会发生什么。如果将这个支柱旋转 90 度，人们又可以从另外一个角度思考，如何看待技术和技术分析。也就是说，要从以下几个不同的角度，理解过去发生了什么以及未来会发生什么：从敌人的角度，从东道国的角度，从中立势力的角度等等。继续转动支柱，情报分析人员必须依赖外部专业知识来帮助他们获得技术情报，从而获得技术知识，以便对自己的思维进行补充，因为没有哪个参谋或组织能够回答所有的问题，提供所有技术知识。最后，高级分析人员必须积极进行思考，通过知识和具体的细节，为友军设计出寻找、占据和保持相对于对手和其他竞争对手的“**技术优势**”。

如果我们从功能的角度思考技术，那么技术问题将会变得更加复杂，比如，电网是如何运转的，或者自杀式爆炸的关键技术是什么。分析人员必须考虑敌人思考技术的方式，考虑敌人如何计划将其作为常用武器系统使用。不幸的是，广泛且在不断扩大的技术范围依然存在，这对军事和民事行动构成深远影响。前面已经提到，正因为技术范围广阔，导致任何参谋（无论是军事还是民事人员）都不可能具备所有的专业技术知识，无法为决策者快速决策提供支持，更无法将决策风险限制在可控水平，也无法降低不确定性。范围广阔的技术不能被忽视。因此，现代情报分析人员必须使用虚拟知识环境或情报机构，寻找和利用知识和应用的可能性，从而为决策者提供所需的技术专长。

国防部需要在基础物理、工程和其他科学领域接受过良好训练的情报分析人员，能够思考技术的使用及其内涵。未来最行不通的，就是本应该成为专家的情报分析人员，其知识范围却小得可怜，只懂得某一领域的某一技术。这些人当然有他们的价值，但他们无法帮助情报分析人员应对他们将不断面临的广泛技术挑战。可以说，情报分析人员必须了解技术、物理和电力工程基础知识。但更加重要的是，情报分析人员必须学会从广泛领域的合作工作会议中，寻找、使用和借用真正的技术专家，他们可将正确的技术知识用于解决决策问题。也许一些有技术头脑的人可以成为真正的技术能手，特别是当分析人员的背景和训练环境，可以帮助这些技术技巧贫瘠的分析人员完成高级分析所涉及的繁重工作时。当上述高级分析人员和技术能手们需要特定的技术和科学背景时，他们需要一种方法来获得这些能力。

由于技术无地界、无国界，因此开展高级情报分析的人需要考虑全球性的技术趋势、模式和事件。开展高级分析的人，必须不断搜索、定位和理解基于技术的态势觉知能力，并且能够利用这种优势。有了这种觉知能力后，高级分析人员就可以与日新月异的技术保持齐头并进，能够及时看到新技术的出现，而这些新技术可能会对美国的利益有害，或者美国情报分析人员可以利用这些技术获得相对于对手的信息优势。

思考冲突环境中技术因素的重要性很有意义。为什么技术分析在我们的工作中总是很重要呢？答案看似很复杂，实际却很简单。我们处在技术时代。事实上，我们的友军和敌军参与的绝大多数行动都与技术有关。在这样的竞争中，我们的敌人有时会使用非对称技术，这些技术可能在设计时技术含量就比较低；但也有时，敌人会使用最新的高技术，这些技术可以很容易从互联网上或者公开的商业市场获取。这些敌人会使用他们的思维和技术，图谋挫败美国拥有的技术优势。这些技术可以有效削弱美国的优势，以及美国在城市作战环境里的强大实力。

军队进行筹划、决策、行动、评估和调整所处的作战环境中，总是有技术因素存在。因此，开展技术分析不应该成为一种偶然；它应该成为一种有目的、有深意、有规划的行动，目的就是要使友军保持优势。叛乱分子或恐怖分子活动的城市地形也会影响基于技术的作战行动。尤其是在大型城市，技术影响的广度和深度是惊人的。从交通、电力，到通信、卫生和健康，再到个人获取和分享信息方式等等，无不与技术有关。

叛乱分子使用技术与美军进行竞争和战斗。他们使用大量技术含量低的设备：自制炸弹，包括在伊拉克和阿富汗激增的简易爆炸装置；缺乏射击方向系统的原始武器，比如 60 毫米迫击炮；地对地导弹；以及源源不断供应的 AK-47、火箭弹（RPG）、机关枪等等，与美国相比所有这些武器都是非常原始的，但在城市作战环境中同样有效。虽然技术含量低的武器无法与美国高技术武器相提并论，但叛乱分子使用的技术已被证明是有效的。随着叛乱分子对美国的技术能力越来越警觉，他们也会对自己的技术进行改进，以提升应对能力。他们学得很快，并且把学到的知识分派给作战部队，而只有装备了现代通信和互联网链接的扁平蜂窝状网络才能做到这一点。此外，叛乱分子还会使用低水平技术，但在对抗美国技术力量和优势的过程中却依然有效。不幸的是，在对抗中，高技术不一定能够战胜低技术，甚至可能无法获得优势。

例如，叛乱分子可以使用互联网进行筹划、学习、演练、协调、脱离冲突和通信。叛乱分子还可以使用手机进行通信，传送即时信息，传递数字图像。因此，情报分析人员必须预测敌人会如何使用技术，开展诸如情报搜集、安全运行、信息上报等工作（比如，条件准备活动过程中开展的监视和情报搜集活动），同时还要传送他的决策和计划。分析人员需要思考特定文化内的平民如何使用技术进行参与、执行、交易、互动和行为，有了这些信息之后，人们才可以找到有关敌人及其支持网络的线索。

高级分析人员在进行技术分析时，如果碰上自己技术知识不够用的领域时，应该怎么做呢？首先，分析人员需要研究和回答以下几个问题：

★ 敌人这样做的技术意义是什么？
★ 是否存在技术基线，它是不是最新的？

★ 是否存在技术方面的态势、功能、生物和文化等观察指标？
★ 生活和工作在叛乱分子活动区域的人们，他们的文化互动、行动、交易和行为的技术方面是什么？
★ 潜在的高价值或监视目标，有哪些技术特征？

作为技术分析最重要的部分，高级分析人员必须要有技术基线。所谓**基线**就是一个数据库，通过设置工作定义，我们可以把它当作衡量或判断变化的环境或情况的出发点。**技术基线**指的是一种心理模板，模板上的要素可以作为正常的技术标准，通过它们可以寻找和发现与技术流程、扩散和外溢等相关的异常情况，这些流程、扩散和外溢一般来自某所房子、设施的某个部分、活动区、运输工具、居民区、居民聚集区，甚至宏观上看来自一座大型城市。

技术基线没有固定模板。因此，除非科学家和技术人员能够为技术基线设计框架，否则分析人员无法在城市环境平叛行动中考虑技术情报，他们不得不利用一己之力分析技术层面上重要的事情。下面这份列表是技术基线的简单例子：

★ 手机通信频率；
★ 房子、商业和文化建筑物内散发的热能；
★ 从房子里输出的电流；
★ 水量消耗；
★ 发电机的使用；
★ 燃料销售；
★ 电话的使用；
★ 电视/电台广播；
★ 光产生；
★ 电子在固定线路上流动；
★ 冷和热的区别，比如一座房子有人时和无人时的区别；

- ✶ 目标的温度；
- ✶ 空气的温度；
- ✶ 地面的温度；
- ✶ 垃圾堆的温度；
- ✶ 计算机甚至钟表发出的射频能量；
- ✶ 厕所散发的气味；
- ✶ 垃圾堆散发的气味和烟雾；
- ✶ 香烟的烟雾；
- ✶ 声音，比如金属、木头、装载、抬升、挖掘和车辆启动等；
- ✶ 家畜的粪便；
- ✶ 人的排泄物；
- ✶ 音乐；
- ✶ 烹饪的气味；
- ✶ 运动产生的能量。

分析人员需要技术基线数据库，以在诸如居民区或商业区等特定地点内，理解各类人际、商业、个体功能和行动的常用技术，以及这些技术是如何运转的（有形或无形）。不幸的是，任何技术基线都是密切关联的。也就是说，有些技术是一般性且扩散很广的，但大部分技术，包括使用技术的人和从技术中获益的人都是高度区域性的。这就意味着，分析人员既需要对他们感兴趣的地点设置一个基线，又要有必要的分析能力（包括时间、专业技术、现有知识）对任何技术基线进行升级。

任何一个有用的技术基线，都必须是最新且容易获取的。如果分析人员没有技术基线，那么他们有两个选择，一是构建一个基线，如果他们有时间和专业知识的话；另一个就是向虚拟知识环境或情报机构寻求帮助，以升级或构建一个新的基线。

高级分析人员必须知道使用技术分析的具体方法。这些具体方法影响到情报分析人员如何思考和使用技术分析，以及他们准备研究的深度。高级分析人员将优先情报需求 / 信息需求、假设、预想、预感和疑惑等解构成观察指标，然后他们要研究特定的技术参数和统计信息，思考并且提出技术观察指标。让我们回顾一下前文所研究的，技术观察指标是可以观察或测量的有形或无形的属性，通过这些属性可以观察或测量作战环境、支撑文化行动的设施以及任何作战环境中有形或无形的电力活动和能量中的技术要素。技术观察指标的来源，就在于将美军和跨机构组织所掌握的技术知识，与东道国掌握的技术，以及特定社区内、特定功能领域、特定年龄人员使用的特定技术进行综合分析。这项工作不仅仅对于追捕作恶者有效，还能为信息行动提供情报保障。

任何城市地区的设施都有着技术特性、特征和属性。该设施的每个部分，包括电网、电话线、下水道和供水系统、医疗网络、救火设施以及运输系统等，都依赖于自身独特的复杂技术。默认情况下，这些技术必须进入决策者的意识，成为他能够影响或反过来能够影响他的东西。无论是哪种情况，情报分析人员必须深入了解支撑该设施的工程和技术特性。没有这些知识，决策者无法实施想要的效果和行动，难以确保行动、效果与预期的结论保持一致。如果没有技术知识，他们可能沦为支撑该设施的技术的愚蠢牺牲品。

这样的脑力工作，需要高级分析人员在技术专家的帮助下展开。前文已经提到，传统的军事参谋们一般不会涉猎这些专业技术领域。如果分析人员需要帮助，他们必须从上级机构之外寻找帮助。比如，某个参谋人员手中掌握多少核物理学家、电力工程师、机械工程师或心理学家呢？答案是没有。当然，专业知识的缺乏并不能排除对它的需求。因此，指挥官必须通过分析人员，通过进入虚拟的专业技术世界，获得专业技术支持。

在作战训练中心（Combat Training Center，CTC），如何让高级分析人员做好使用技术分析的准备，应该是情报任务演练和临时演练系统（rock drill system）的重要内容。设定的情景应该能够解决技术情报的难题。为了帮助高级分析人员做好使用技术情报准备，首先需要找到来自国家实验室、科技机构和学术机构的虚拟主题专家，让他们进行角色扮演，模拟出这些技术主题专家究竟如何帮助自己应对技术分析中的挑战。此外，在基地的任务演练中，在分析人员前往任何作战训练中心，或者部署到战场之前，技术主题专家都应该成为前线分析人员的虚拟导师。即使分析人员完成了部署，这种师生关系也应该一直存在下去。如果高级分析人员无法找到合适的专家或中心帮助自己，他们只能尽可能用好手头的机器和技术了。

要想连贯使用技术分析，分析人员还需要一个概念框架。这一框架可以帮助他们获得足够的技术知识，足以支撑所有决策。其中一些框架就包括在情报参谋队伍中配置一些技术力量，在跨机构组织中配备一批技术力量，以及在部署地域附近配置有东道国和盟国的专业力量，还需要一个发现和整合这些主题专家和数据科学家的过程，一个设计或者要求他们提供特定问题、特定知识的思维过程。从这一点看，情报分析人员必须能够快速找到相关的知识技术 / 支援力量，帮助自己了解技术系统和设备的内部运作。这些支援可以帮助他们对行为进行细致解构；因此这些支援要足够深入，不仅能够寻找和理解某项重点技术的内部运作，而且能对它产生影响。此外，这样的支援还能够判断出技术观察指标，可以帮助分析人员和机器对所获数据进行重构，从而使其变成有助于增进态势理解和最终决策的信息和知识。

分析人员需要掌握对特定地点能够产生相当大影响的重要技术知识。他们非常有必要对设施的技术层面感兴趣。他们还需要了解武器、通信、计算机、电话、电视、爆炸物、照相机、机器人和无人机等方面的技术知识，以及对追踪、移动、分配货物和运输等技术手段有所了解。分析人员还需要了解来自特定文化和社区里的人如何实际使用技术：他们如何看待自己使用的技术，如何看待美国人使用的技术。这是一个非常重要的认知问题，分析人员必须始终把利用技术知识作为影响群众和敌人的一种间接手段。

二、城市环境中的技术

现代分析人员需要学会如何思考技术的作用，以及筹划、决策、行动、结果、评估和调整过程中的技术含义。他们必须学会如何为技术分析进行条件准备活动。也就是说，在任何情况下，在任何深度分析的初期，情报分析人员都必须学习技术、系统和信息结构。高级分析人员必须预测指挥官面对不同问题时所需的技术知识，并且为支援技术主题专家做好准备。他们还需要构建一种知识环境，以支撑前文已经探讨的有组织追溯活动，对用户来说更快速、合理和透明。这种以有组织的、强健的、规范的方式，与技术主题专家相连的追溯能力，应该成为任何作战部署的一部分。高级分析人需要这种能力，以便建立一种机制来寻找和发现技术知识。分析人员还需要知识经纪人，将自己与诚实、掌握了最新知识和经验的正确主题专家联系起来，他们丰富的知识足以真正帮助前线情报分析人员处理复杂的认知工作。所有高级分析人员必须学会这种技术条件准备活动。

分析人员必须思考他或她试图发现或得出结论的技术含义。为此，分析人员必须了解正在产生影响的技术，以及那些可能影响决策者完成任务，或者能够对对手、其他竞争者、东道国和中立势力产生影响的技术。分析人员必须考虑敌人如何思考和利用技术来获得技术优势，并在追求技术优势的过程中与敌人交战。分析人员在争夺决定性优势和主动权过程中，还需要考虑敌人对技术的创造性应用。为此，娴熟的分析人员会使用模式、联系和趋势分析，帮助推断敌人下一步将会使用的技术，以及友军如何对敌人产生影响。

高级情报分析人员需要考虑，东道国平民如何在他们的日常生活中（在家中）使用技术，以及他们如何在政治、社会、经济、法律、教育、宗教、设施、信息互动、交易和态势中使用技术。特别是，情报分析人员必须了解支撑东道国设施的基础技术，因为设施的功能是争夺民心民意的关键变量。因此，即使在最原始的社会，这些设施也是非常复杂的，远远超出了情报分析人员的知识范围（甚至超出了通信专家和工程师等专业人才的知识范围)。

情报分析人员需要了解敌人所使用武器的基础物理知识和技术，尤其是自制爆炸装置，比如简易爆炸装置、地雷或者自杀式爆炸袭击背心。分析人员需要了解敌人制造爆炸装置时使用的技术，了解敌人安放和引爆爆炸装置时使用的技术，以及敌人支援网络所使用的信息和传感器技术。理解这些知识不仅对削弱叛乱分子的技术影响很重要，而且对预测敌人为使用技术所做的准备也很重要。

技术在叛乱活动中扮演重要角色，比如开展侦察和人力情报活动，这些活动在直接行动任务启动前就已经开始了。拥有这些技术知识，高级分析人员就可以预测敌人必须要**为未来袭击进行条件准备活动时**将要使用的技术。有了这些详细且具体的知识和理解之后，高级分析人员就拥有预测和挫败敌人未来袭击的重要手段。因此，详细的解构工作就包括判断敌人可能正在使用或者计划使用的技术特征。

高级分析人员已经了解了筹划、执行、评估和调整过程中使用的技术，并且可以将这些知识与敌人、平民、中立势力和竞争者联系起来。这些知识有两层含义。它可以帮助理解敌人如何使用技术。此外，一旦掌握了这些知识，它还可以帮助分析人员设计使用对己有利的技术，从而创造出想要的效果和行动。理解技术知识还需要以下几个视角：

* **第一**，如果决策者想要影响机械性网络节点，参谋队伍里就需要有人了解节点的机械方面知识，足以设计出可以达到预期影响的行动。这样的知识还需要拓展到节点如何工作，在何处汲取能量，一旦被摧毁或被干扰，这些节点及其组件如何与可能的二级和三级效应产生联系等等。
* **第二**，情报分析人员需要知道和了解与预定目标有关的技术，从而设计出有形和无形的行动，产生想要的结果。
* **第三**，情报分析人员必须了解那些可以使目标运转、可以对目标产生影响的技术，以及目标与其他临时或永久性机械设备有关的技

术，对这些技术的了解，可以帮助设计基于效果评估的行动计划。

★ **第四**，情报分析人员必须足够了解有关目标的技术，知道可以观察哪些有形和无形的结果。

★ **第五**，情报分析人员必须足够了解技术，从而了解整体包含的各个部分的影响，它们如何产生了不希望的结果，我们采取哪些行动可以抵消这些结果的力量和影响。

★ **第六**，情报分析人员需要足够了解目标技术，从而确定针对这些目标的间接方法。

举个例子，假如一名高级情报分析人员正在研究一处核电站，分析人员必须足够了解核电站的技术，掌握系统各个功能组件。这种理解需要分析人员掌握以下知识：软件、硬件和安全设备维护需求；平均故障间隔时间；系统中关键和决定性点位；如何公开或秘密地影响这个系统；成功运行核电站节点的保养、后勤、人力服务（食物、水、遮蔽物、医疗和通信）以及管理需求等等。情报分析必须非常详细，甚至包括对工人生活区的判断和定位，无论是工程师生活区，还是负责保养和服务的门卫和厨师的生活区。

使用高级分析的情报分析人员，在思考技术分析的最佳运用时，脑中必须记住以下几件事。分析人员不能在心理上变懒，不能因为情况复杂或者自身知识贫瘠，就将技术问题抛之脑后。分析人员必须谦虚自信，承认需要帮助，并坚持不懈地寻找正确的知识和正确的主题专家，以帮助自己获得技术方面的优势。情报分析人员必须意识到，他们正与那些想利用技术在未来获得优势，并且袭击美军及其盟友的敌人竞赛。高级分析人员必须能够获得更为专业、更为创新和更为积极的技术主题专家的帮助，同时还要比敌人或任何其他竞争对手获得更好、更新的知识。

美军不能认为自己在使用技术上总是拥有优势，这样的傲慢将会导致灾难性后果。技术分析中的傲慢尤其危险，因为当分析人员变得傲慢时，就可能做出错误的假定，心中容不下新的观点，走上了错误道路。相反，人们必须保持诚实和谦逊，意识到有时其他人将在使用技术或创造新技术方面具有优势。明智的高级情报分析人员必须预想到，敌人未来也可能拥有技术上的优势。这些分析人员必须使用虚拟世界的主题专家和知识数据库，帮助分析人员找出如何识别某一特定技术知识的优势，以及如何中和或者抵消这些技术可能给对手带来的优势。

作为探讨技术分析的最后内容，我们还需要了解存在的困难，尔后探讨如何克服这些困难。技术上的挑战是无法超越的。但是，要想克服这些困难，分析人员必须了解这些挑战或问题本身，心中拥有取得胜利的战略。前文已经提到，电力和机械工程师、医生、知识工程师以及数据科学家，很少能够在战术军事指挥部里找到。但是，正是高级分析人员所需的这些专家，能够帮助他们完成现代分析人员必须开展的艰难认知和知识工作。那么，分析人员应该做什么呢？

第一，高级分析人员必须知道自己是否具备足够的知识或经验，去开展所需要的具体技术分析工作。这是第一阶段的分析挑战。它需要分析人员严肃且真诚地反思，他们思考和了解技术内在世界的能力。为了使用技术分析，高级分析人员需要经常使用技术主题专家。分析人员可以从诸如国家地面情报中心（National Ground Intelligence Center，NGIC）等处找到军事科学家。他们也可以从跨机构组织、情报机构或虚拟知识环境中获得支持。分析人员还可以从他们工作所在的东道国获得科学家和工程师。为了提高找到合适技术支持的可能性，分析人员必须要知道自己的问题所在，并且要问正确的问题，提出正确的专业技术需求。虚拟知识环境的知识经纪人可以帮助分析人员确定正确的问题，寻找可以解决问题的合适专业知识水平。

必须将分析人员从心理上组织起来。比如，他们需要使用技术分析思维模板，帮助自己充分深入思考困难问题，以发挥其惊人的潜力。为了检查自己的思维，分析人员需要在虚拟知识环境、红队人员、情报推演专家的帮助下进行批判性思维分析，他们可以检查分析人员的思维，批判性评估他们的假设、预感、预想和疑惑。

第二个问题，搜集城市技术观察指标和特征的工作非常困难。这一问题的难点就在于能否提出正确的技术观察指标，能否找到可以满足战术高级分析人员严格标准的情报搜集手段（这些标准包括时效性、具体性、准确性、相关性和清晰性），能否寻找合适的情报搜集融合手段，并且准确地向它们下达在无形的技术世界开展工作的任务。

为了提高情报搜集专家针对技术目标开展情报搜集的分析能力，分析人员必须利用技术专家将信息需求解构成技术观察指标，并将这些观察指标与文化、功能、态势和生物等观察指标交叉对比。他们肯定能够发现这五种观察指标之间的关系。分析人员和情报搜集人员组成的团队，同样需要技术人员的支持，从而将技术观察指标和情报搜集手段对应起来。单独某个情报搜集人员不可能完成任务。测量与特征情报（measurements and signatures intelligence，MASINT）也是技术分析和搜集需求的重要因素。因此，分析人员和情报搜集团队必须与技术人员合作，使用合适的地面和空中的测量与特征情报手段，通过优化组合，在正确的时间、正确的地点寻找正确的观察指标。

开展技术搜集工作，需要对许多情报搜集能力进行组合。但即使是在优化组合的情况下，技术搜集工作也常常只能产生“小片”或者数据碎片，需要进行快速融合和专家解读。这种机器和认知工作，在高级分析里又被称为“重构”，我们将在第 17 章予以介绍。在将所获信息转变成知识的过程中，技术专家需要与前线分析人员一起分析数据，并最终将其综合成知识。此外，高级分析人员必须在实际搜集工作开始及过程中，向情报搜集点位、人员、组织及时通报他们需要寻找对象的详细信息。他们同样需要与情报搜集人员合作，设计出数据传递渠道，以满足情报时效性和具体性的标准要求。此外，所有技术搜集工作都需要与其他搜集方式进行连通，互发提示和线索。所有搜集方法都需要有一条“复活”的渠道，通过提示和线索相互连通，将数据发送给分布式共同基础系统（DCGS），甚至还需要装备一个中断后应急服务器，用于清理可能的错误数据。

第三个也是最后一个挑战，高级分析人员必须学会像敌人一样思考。他们需要回答以下问题，并且理解这些问题的答案：

★ **我对美国技术搜集的看法是什么？**敌人会认为美国的技术非常先进。他认为美国的情报系统会听到和看到他的活动，除非他采取极端的预防措施。因此，美国分析人员需要预测敌人思考了这些情况以后会采取什么措施，或者在敌人害怕美国的技术能力能发现他作恶时，敌人会采取什么样的措施。但是，敌人同样相信美国的技术情报系统存在盲点，他会利用这些盲点，比如拙劣的人力情报无法发现准备严密的行动。从这一点看，敌人会认为，美国的技术搜集工作无法在城市环境中有效应用，美国指挥官对技术搜集依赖过多，但这些手段在城市环境中应用效果却不是很好。

★ **我应该如何躲避美国的传感器呢？**他可能得出这样的结论，即不使用手机。他可能选择在夜晚行动，如果步行的话，会躲在阴影里；如果开车或者乘坐公共交通工具，就混在车流里。他会对技术特征非常小心；他可能只会使用咖啡馆里的互联网，从一台机器换到另一台机器；他只会登录特定的带有符号代码和特征的网站。

★ **美国人的哪些技术行动会使我失败，我应该如何应对呢？**他担心美国的情报系统能够捕捉到细微的技术特征和观察指标，会监视特定的房屋或地点以寻找观察指标，会跟踪手机通信。他还会努力进行早期预警，设计有效的应对措施。

★ **美国人的技术可以在晚上看到我的行动吗？**他的结论是可以看到。因此，他会待在阴暗处，将他的行动和其他的活动混在一起，并对特定的条件准备活动进行伪装。

★ **在美国搜捕我时，我的行动会产生技术观察指标吗？**他的结论是会。他认为，产生技术观察指标的因素很多，比如手机、电视、互联网流量、散热、热成像以及在设施中使用技术等。这些都会使他担心，使他更倾向于使用技术含量低的手段进行通信和条件准备活动。

★ **使用技术提供关于威胁的早期预警的最佳方式是什么？**他会选择混合使用技术含量高和技术含量低的手段，并且依赖人力情报。但这并不意味着他不使用技术。他还是会使用某些技术进行安全保卫、情报搜集、早期预警和反监视行动，包括照相机、信息需求警报、短信、配备手机和望远镜（昼夜两用型）的观察哨，以及报警用的噪音器等等。

- **我应该如何防止美国发现我反监视行动中的技术特征呢？** 狡猾的叛乱分子会得出结论，他必须减少对高科技的依赖，多使用含量低和过时的技术。他会最大限度减少使用技术，会使用别人遗弃的手机。他还会减少参加重要会议，或者减少网络对人的依赖。他的支持者一般会在早上很早的时候出现。敌人会使用技术含量低的技术，比如符号、通信员和信使等，从而降低美国技术情报搜集能力。
- **美国人能使用他们的技术传感器侦测到我们补给行动的技术活动吗？** 答案是肯定的。因此，他应该怎么做呢？他会减少重要车辆的出动，除非是隐藏在正常的车流之中。他会减少通信，还会将车辆停在车棚里。
- **什么通信方式是美国情报人员发现不了的？** 他会从老百姓中选择符号、通信员、信使、送报人以及供应商。他将思考自己的支持者可能会犯哪些错误，并且在这些人犯技术错误时警告他们。这样的敌人还会在支援网络中设置虚假技术，以迷惑和迟滞美国的情报工作和决策工作。

三、结语

本章介绍了技术分析的概念。这对高级分析人员来说很重要，主要体现在两个方面。**第一**，善于隐藏的叛乱分子必须使用某种技术，且他们使用的技术可能完全被掩盖起来。**第二**，技术对于所有叛乱活动的重心——平民——至关重要。平民们如何看待技术，如何使用技术，这是非常重要的，不仅可以帮助锁定敌人，而且可以帮助赢得民心民意。当然，使用技术分析的总体挑战，就在于从成百上千个针堆中寻找正确的技术“针头”。这当然是困难的，它是如此复杂，以至于可能会逃脱分析人员和分析专家的审查。

有趣的是，技术分析工作并不是新鲜事物，信号情报（SIGINT）、地理空间情报（geospatial intelligence，GEOINT）、技术情报（TECHINT）和测量与特征情报专家，多年前就已经在开展技术情报工作了。但新事物是有目的地提出技术观察指标，以便为不同种类的情报搜集手段布置任务。新事物是通过系统、规范地使用技术分析，将信息需求解构成前文提到的观察指标，弄清楚技术搜集人员或人力情报究竟能够搜集到哪些观察指标，并且通过对所获数据的理解，将数据转变成信息和知识。新事物是有意识地强调技术情报可以将一个原本无形的城市氛围或世界变得有形，对于与技术高超的叛敌对决的高级分析人员来说，这一点很重要。新事物是我们了解到，前线情报分析人员本身没有掌握所需的技能，也没有合适的渠道获得这些专业知识，因此也就无法使用高水平的技术分析对需求进行解构，无法为情报搜集手段布置任务，无法进行意义构建（sense-making）。

当然，叛乱分子知道美国情报机构一直在追捕他们。他们还清楚自己必须使用技术，但狡猾的叛乱分子会避免滥用技术。因此，狡猾的叛乱分子会采取以下措施保护自己，而这正是使用技术情报手段的分析人员必须知道和了解的：

- **第一**，叛乱分子会对他们使用的技术进行模糊处理。比如，他们会将自己对技术的使用，混杂在大城市里每天发生的数以千计的合法使用之中。
- **第二**，他们会利用美国人对技术的依赖，总结美国人的模式并伺机发动攻击。托马斯·劳伦斯在《智慧七柱》一书中阐述了这个问题，并且认为这一问题对于进行叛乱活动如此重要，以至于它成为叛乱行动成功的六原则之一。[1]

---

[1] 原注：Schneider, 36.

★ **第三**，叛乱分子试图将技术含量高与技术含量低的手段混合使用。比如，他们会使用手机，但也会使用信使和小型的、老式的磁带录音机，将指示传递给其他的手机。

本章重点阐述了“思考什么”技术与“如何思考”技术，以及这两个问题之间的必然互动。“如何思考”的问题，对于理解和对不可见技术世界及其表征进行可视化处理至关重要。从这一点看，本章主张分析人员使用简短的模型，帮助他们解决大型城市环境下如何思考技术的问题。也就是说，使用人和组织如何使用技术进行互动、行动、交易和行为的模型。这种类型的技术分析既可以使用技术模板，又可以推动异常分析。

分析人员面临着这样的窘境，一方面需要掌握开展技术分析所需的科学和工程知识，另一方面需要使用技术分析来应对这个适应性强、狡猾且技术上精通的敌人，因此分析人员必须要具备本章所探讨的几项技能。下面通过提问的形式，帮助读者了解这些技能：

★ 当我们思考敌人在做什么或者计划做什么时，我们会发现哪些技术上的征候呢？
★ 是否存在可用的技术基线？这一基线是不是最新的？能否提供给我？
★ 态势、生物、功能和文化等观察指标中是否存在技术内容和内涵？
★ 生活和工作在特定地区的人，他们的文化互动、行动、交易和行为中存在哪些技术方面因素？
★ 敌人网络有哪些技术方面因素？
★ 潜在高价值目标（high-value target，HVT）和其他监视对象有哪些技术方面的因素？比如敌人想要对支撑某座城市的设施发动袭击，现正在开展哪些条件准备活动。

本章论述了设施的重要性。为了了解设施，情报分析人员必须理解设施的技术特性和结构组成。在很多情况下，这一做法对于分析人员来说是个巨大的挑战，因为每个设施都是不同的，这加深了知识需求的复杂性。分析人员需要寻求主题专家的支持，无论是美国的还是本地的工程师，都可以帮助他们获得这方面的知识和理解。

敌人在开展任何行动之前所做的条件准备活动都必须使用技术。因此，技术分析与预期分析是交织的，两者都在争夺主动权的斗争中发挥重要作用。这种关系非常重要，分析人员必须学会在国内基地和战斗训练中心进行的所有任务演练训练中，满足知识和思维的要求。

分析人员在使用技术分析过程中，必须认识到自己的优势和局限性。然而，我们需要避免让所有的技术分析人员集中在一起，否则将是最坏的事情，因为他们可能不具备所需的知识和经验。因此，他们需要不断反思，从情报机构和虚拟知识环境中寻找和发现合适专家，帮助自己设计使用技术分析。分析人员可能还会被搜集技术目标过程中使用的技术传感器弄得晕头转向。让我再重复一遍，专家可以在这个问题上帮上忙，我们可以从情报机构或者美国虚拟知识环境中找到这些专家。另外一个挑战，分析人员必须认识到，技术搜集工作永远不可能呈现一幅完整的图景或者“真相”，即使有了最好的技术观察指标也是如此。相反，这类搜集工作的结果可能是微乎其微的，而分析人员及其认知助手们必须将这些微乎其微的结果综合成一个完整的含义。最新的技术基线数据库同样可以帮上忙。最后，要像敌人一样思考他打算如何使用技术，以及如何掩盖技术的使用，这是一个挑战。因此，分析人员必须寻求对敌人、对敌人所使用技术以及对美国技术搜集能力非常了解的人的帮助。分析人员非常需要寻找和发现可以在这个问题上提供帮助的人。

本章的最后，技术分析对于成功运用倾向分析非常重要。事实上，倾向分析要想发挥最大作用，需要技术分析的襄助。因此，在技术分析这一章之后再进行倾向分析是恰当的。

[第12章]

倾向分析[1]

定义：通过思考和研究人们的普遍倾向，组织的行为和行动倾向，当前环境或态势、事件、行动、行为的心理快照，放射物能量的散发，以及所有这些相互作用和相互交织可能预示的未来，来领悟事物的意义。

一、倾向分析的重要性

倾向分析包含潜意识的倾向及其作用方式。设想一下，你在繁忙的大街上开车，突然发现前方的车要变道，但你不知道这人如何变道，只是确信他会变道。那么你是怎么知道这样的变道行为即将发生呢？再比如驾驶时遇到了迂回路，为什么我们会跟着潜意识进入一个未知的区域或街道，去穿过这个迂回路，听从某种非科学或者至少是难以描述的“指示”行事

[1]　原注：我要感谢下面这些人，在与他们的交谈中我受益匪浅，尤其对有关倾向分析的思考裨益良多。他们是：加里·西腾鲍姆博士、比尔·安德森博士、吉恩·波蒂特、弗兰克·安德森、卡罗尔·斯图尔特退役上校、马萨·克斯勒、帕特·朗格退役上校、哈利·巴肯退役上校、艾德·莱维特、马克·芬克尔斯坦、帕勒塔·奥蒂斯博士、鲁斯·格莱恩博士、安德尔·科斯特鲁特、哈德尔·阿尔汉姆达尼以及卡德希姆·阿尔瓦里。

呢？当没有任何迹象表明有人会说什么时，是什么让我们感觉他们会说什么？但我们就是知道他们会说些什么，而且很清楚他们会说些什么。这些就是倾向。倾向还包括物理学的亚原子层面。在这个转瞬即逝的世界里，发生了许多事情，可以证明倾向分析是高级分析的关键内容。物理学家卡普拉这样为我们描述这个世界：

> 在亚原子层面，物质并不以确定的方式存在于某个确定的地点，更多的是反映"存在的倾向"，原子的活动也不是以确定的方式存在于固定的时间，体现固定的方式，而是反映"可能发生的倾向"……我们永远也无法准确预测某个原子的活动；我们只能说它发生的可能性有多大……在亚原子层面，经典物理学中的固体物质分解成波状的概率模式，这些模式并不代表事物的概率，只是代表它们之间发生相互联系的概率。[1]

而人类（比如情报分析人员）也活在这样的世界里。比如，卡普拉下面这段话可以帮助我们理解一个抽象且复杂的问题：

> 我们进入物质本身，大自然不会向我们展示任何孤立的"基本构件"，而是展现整体中各不同部分之间错综复杂的关系网。只要方法得当，观察人员就可以发现这些关系。在观察进程中，观察人员构成了链条中最后一环，任何原子事物的属性，只有当它与观察人员发生互动后，才能被观察人员所理解。[2]

卡普拉博士的这些观点，为我们开展情报分析提供了几个线索。**第一**，作为一名观察人员，无论是人力情报特工还是分析人员，在寻找、发

[1] 原注：Fritjof Capra, *The Tao of Physics* (Toronto: Bantam Books, Revised Edition, 1984), 56.
[2] 原注：Capra, 57.

现或者解读细微的和模糊的运动或行动时，他们思考、观察和看到的东西是有极大差异的。**第二**，能量、关系和运动的世界是无形的。而倾向就发生在这样一个无形的世界里。当某个时刻和某个特定地点发生细微变动时，倾向就出现了。**第三**，这些关系可以，也将发生扰动。然而，分析人员和情报搜集人员必须知道他们在寻找什么，来发现微观的变化。

举一个有关现代情报分析的例子，假设一名人力情报官正在中东一座城市，他知道某条街是“脏的”，但这条街上并没有非法活动的征候。当问他为什么或者他怎么知道是“脏的”时候，这名官员会说他真的不知道，只是有这种感觉。最后一个关于倾向分析的例子，一名在巴格达执行巡逻任务9个月的陆军士官（noncommissioned officer，NCO）可能会意识到危险即将来临，而我们大部分人却根本看不到任何迹象。当我们问他，他是怎么知道某个特定时间某个街道或居民区是危险的或安全的时候，他会说“我不清楚自己怎么知道，但我就是知道”。他无法描述原因，但他仍然知道危险就在身边。

上面这些情景有什么共同点呢？**第一**，倾向发生并且出现在我们的潜意识里。它们促使我们以某种方式行事。**第二**，人们按照自己的潜意识做出决策和行动。**第三**，我们的潜意识接收到某种信息，从而产生倾向。在上面的案例中，在每个情景中，行为人都在不断接收信息，他们的个人潜意识将常态从异常状态，将安全从危险，以及将真实的数据、信息或知识从虚假的信息中分辨了出来。**第四**，倾向一般与经验有关。我们一直在自己的潜意识里看待事物、处理事情；它们构成了问题、深思、模式、趋势和警报的基础。我们在潜意识里对事情进行分类和比较。如果某件事的位置发生变动或者不“正常”，我们的潜意识就会向我们的意识传递信息，我们要么选择回应这一信息，要么选择忽略这一信息。**第五**，倾向与个人的直觉和创造力密切相关。因此，情报分析人员不仅需要获得数据，作为倾向分析中的催化物，而且他或她必须使用自身的创新能力，努力做到：

> 最大限度与问题说明、数据以及某人的经验和技能进行联系；使这些特性、数据和经验、技能相互配合，尽可能形成密切且灵活的整体，释放出当前数据与过去经验所包含的所有含义和可能性。好的直觉往往属于那些时刻准备、有意愿且有能力做出大量反应，而不是少量反应的人。[1]

这个问题如何与倾向分析及打击叛乱分子和恐怖分子有关呢？答案很简单：倾向分析可以帮助分析人员通过细微的、不起眼的征候、特征和观察指标，找到想要的东西，从而引导他们发现隐藏且保护得很好的恐怖分子及其可能活动。倾向分析可以帮助分析人员预测敌人的下一步活动及与其相关行动。如果分析人员可以事先确定倾向，他们就有办法知道和了解最细微和最不起眼的观察指标，并通过它们在特定的时间和特定的地点寻找特定的对象，从而生成假设，再通过对假设的解构，产生功能和文化等观察指标，以指导情报搜集工作。从这一点看，倾向可以让人们预测车可能在什么地方拐弯，"脏的"街可能出现在什么地方，危险可能潜伏在哪里等等。它使人类可以了解敌人的网络下一步将会如何异变，在什么地方异变，以及为何异变，从而使人们有办法对有关异变的假设进行验证。

二、倾向分析背后的理论

人、机器、组织和网络中的行动、行为和能量征候，一般来说都是从潜意识中开始的。它们作为思维、建议、内涵、推断和行动，存在于我们的意识之中。由于倾向过程出现在我们的潜意识之中，因此我们只有通过极端的心理活动，才能使我们的意识感知到这些苗头。我们知道有东西出现了。社区警察通过某些事情预感到将会发生抢劫，但他们并没有看到真

---

[1] 原注：Guy Claxton, *Hare Brain, Tortoise Mind* (New York: The Ecco Press, 1997), 72.

实的案发现场。有些事会让人力情报官预感，在他们选择作为秘密情报接头地点的街道上可能不安全，但事实上他并没有看到什么具体的东西。有些事让带领巡逻队的经验丰富的班长预感到一场袭击即将到来，然而并没有什么确凿的东西可以将威胁与预感联系起来。

上面提到的“有些事”，就是我们通过倾向分析得出的结果。这些“有些事”包含了能量、异常、运动、微弱变化、几乎无法察觉的行动，异地的一个手机电话，在废弃的小巷收到一条短信警报等等，但这些我们希望出现的或者通常情况下的“有些事”，可能不会出现或发生。这些“有些事”就是倾向分析。

让我们换一个角度，一个人哪怕是最细微的心理和物理活动，都能够预示某些事情的发生吗？倾向分析最核心的观点，是由一些著名的物理学家提出的：

> 如果从一个新奇的观点来看，宇宙会是由参与者的参与而“产生的”吗？……“参与者”就是量子力学中一个无可争议的新概念。[1]

这段话的意思是，犯罪分子哪怕只有一丁点在筹划过程中的心理活动和维持网络、为袭击做好条件准备活动的物理活动，都会产生倾向。

高级分析人员要对未来的叛乱甚至平民行为或行动的征候，或者敌人条件准备活动出现的征候感兴趣，这些征候在波动的社会海洋里只会掀起一点点涟漪，以至于这些活动对无知或缺乏经验的人来说毫无意义。高级分析人员希望能够深入作战环境的细微和潜在变化和转变之中，这些变化只能进入人的潜意识，很少能够进入人的意识之中。高级分析人员希望能够进入量子力学世界，因为在量子世界中，倾向不仅存在，而且是生动活

---

[1] 原注：Charles W. Misner, Kip S. Thorne, and John Archibald Wheeler, *Gravitation* (San Francisco: W. H. Freeman, 1973), 1273.

泼的。作家加里 · 祖卡夫（Gary Zukav）下面这段话，可以帮助我们了解量子力学。

> 量子力学将亚原子粒子看作是“存在的倾向”或者“发生的倾向”。这种倾向有多强，通常用概率来表达。亚原子粒子就是量子，指的就是事物的量。然而，这些事物是什么，仅仅只是猜测……亚原子现象的倾向……在特定条件下可以表现出来。[1]

但是如果即将发生的行动，可被这个地方的人直观看见，或者这样的行动会造成当地人改变他们的日常行为，或者让当地人预感到威胁的来临，那么这就成为行为的预兆。高级分析人员希望能够了解，并且跟踪这些分析疑惑。可以举个类似的例子，一辆车停在一个地方，其车轮朝外而不是朝内，这个符号突然出现在靠近小巷的一堵墙前，或者通常挂起来的一块毯子突然不见了。我们虽然不知道为什么，但一位母亲可能突然不让自己的孩子在这个地方玩，因为她的潜意识在发出尖叫，有情况将要发生，可能有危险出现。

高级分析人员希望了解这些微妙的、几乎无形的观察指标的含义。分析人员希望通过搜集人员利用特定观察指标搜集的数据，来预测行动或行为。这和弗洛伊德一些奇怪的心理学呓语（psychobabble）没有什么两样。不，这种事情是真实发生的，有了这种思维之后，我们不仅能够在倾向即将出现或者正在出现时进行预测，而且我们的指挥官能够因此改变和塑造倾向力量所产生的结果。作家马尔科姆 · 格拉德维尔（Malcolm Gladwell）的著作《眨眼之间》（*Blink*）中的下面这段话，可以帮助我们理解这一过程：

---

[1] 原注：Gary Zukav, *The Dancing Wu Li Maters* (Toronto: Bantam Books, 1979), 32–33.

> 这种具有适应性的潜意识，以及对这类决策的研究，成为心理学中最重要的新领域之一……有关具有适应性的潜意识的最新概念认为……像一个高速且安静处理大量数据的大型计算机一样，我们也需要这样的计算机，确保我们能够保持人类的功能。当你走上街道，突然意识到一辆卡车正向你驶来，你有时间考虑所有的选项吗？当然没有。[1]

有了这样的知识后，高级分析人员和他或她的情报搜集伙伴要作为一个统一整体，其工作的重点就是把这个居民区弄清楚，派出传感器和人力情报线人，在正确的时间监视正确的活动。如果高级分析人员能够正确使用倾向分析，他们就能获得合适的知识，帮助指挥官走在敌人决策的前面，并且在敌人的行动成熟或演变成危险的行动之前，采取措施打击敌人的条件准备活动或攻击行动。

因此，倾向分析对于成功开展高级分析的认知行动至关重要。由于作战环境的复杂性，敌人隐藏和混入的能力，以及敌人根植于文化之中等因素，倾向分析的重要性不仅体现在直接行动上，而且体现在情报分析和情报搜集上，即从敌人（或其网络支持者）的交易、互动、行动和行为之中，寻找具有预示性的观察指标。有了倾向分析之后，我们可以通过有目的地寻找和发现正常态势下存在的微小且无法体察的扰动，通过发现和注意敌人必备的但却细微且隐蔽良好的网络行动，通过发现和注意居民区或商业区对这些行动的反应等方式，在敌人行动之前采取行动。当我们使用倾向分析时，我们会选出一处居民区，将它与我们的三类基线——技术、功能和文化等基线——进行对比，并检测和识别最细微的变化。

当某一局势出现时，当人们或组织开展互动、行动和交易时，当他们以某种方式行为时，倾向就出现了。一般来说，当进行条件准备活动、直接行动，发生二级和三级效应、阻力（克劳塞维茨语）或偶然事件时，倾

[1] 原注：Malcolm Gladwell, *Blink* (New York: Little, Brown and Company, 2005), 11.

向就产生了。美国情报人员、机器和机构的有目的行为，也会产生倾向。也就是说，美国的情报人员、他们的伙伴（比如盟军或东道国政府机构）既可以改变环境，又可以有目的或偶然地对敌人网络进行扰动，从而使倾向浮出水面。倾向还可能是敌人或友军开展条件准备活动所产生的。此外，一旦倾向发生后，它们的振动或实际变化可能会出现在三种基线中的任何一种之中，因为倾向分析就是依靠这三种基线。此外，倾向对各种敏感变量和机会窗口产生的扰动非常敏感。

倾向分析对于赢得这场智力战争至关重要，因为我们的敌人都是技能高超、善于隐蔽的人。当然，我们的目标就是在智力上超过敌人，且在任何时候、任何领域都超过敌人。但在一个陌生的地域，面对狡猾的、隐蔽的、躲避在人群之中的叛乱分子，这一目标还是很难实现的，这里的平民反对美军及其行动，他们有着强大的网络。倾向分析可以帮助我们获得超越叛乱分子和非正规敌人的智力优势。

当我们面对这样狡猾的对手，却又没有办法挫败敌人的心理行动，我们该如何行动呢？虽然不容易，但倾向分析依然是高级分析人员策略和工具箱的有用组成部分。比如，如果我们使用倾向分析抢在敌人有形和无形的直接行动和联系之前，采取先发制人措施扰乱他们的意图，就可以获得针对敌人的优势。一旦敌人准备进行调整，他们就会变得更加有形，从而使我们可以连续地为使用倾向分析构设条件，进而抢在敌人决策进程之前。一旦我们的行动让敌人变得更加有形，我们就可以预测敌人的选择，并且通过情监侦手段（包括人力情报），对前期的分析预期进行证实或证否。此外，我们还要在倾向分析的有力帮助下，预测敌人的下一步举措，为确保拥有决策主动权创造条件。按照这样的思维进行下去，我们可以使用倾向分析预测敌人的欺骗图谋。敌人的欺骗图谋将在我们的倾向分析下毕露无遗，有了倾向分析，我们就可以发现最细微的行动，辨别出真实和虚假的活动。此外，我们可以干扰敌人的情绪，利用这种干扰减少他们对自己计划可行性的信心。我们还可以迟滞他们的决策，敌人的决策熵（decision entropy）是倾向分析中积极的要素，可以为我们的决策者所用。最后，我们可以在敌人头目的思想中输入这样观念：我们更聪明，有更好的分析和搜集能力，敌人是躲不了的，也骗不了我们。我们还可以让他们相信，我们有着更好、更快捷的决策能力，可以在任何情况下都抢在他们之前。倾向分析给我们提供了主导敌人思维的能力，因为除了最精明的当地人之外，他们的思想被认为是不可理解和不可接近的。

对于那些对特定居民区有着直接经验的人来说，他们可以很容易识别倾向。他们可能不会认为这些细微的扰动或打扰是倾向，但会有意识和无意识地认为有些事情不对头。然而，有些直觉非常强的人，即使对特定地点没有经验，没有采取特定行动，也可以分辨出倾向。有时他们会意识到有地方出了问题，但他们的感觉会完全被我们称为潜意识的混乱空间所抑制。

倾向分析依赖上面提到的三种基线，即技术基线、文化基线和功能基线。但作为我们追求知识的一部分，我们必须了解为什么基线对于倾向分析如此重要。答案就在于我们如何理解那些正常的情况，唯有如此才能理解哪些是不正常的情况。首先，让我们回顾一下基线的定义，研究一下它们是如何影响倾向分析的。**技术基线**指的是一种心理模板，模板上的要素可以作为正常的技术标准，通过它们可以寻找和发现与技术流程、扩散和外溢等相关的异常情况，这些流程、扩散和外溢一般来自某所房子、设施的某个部分、活动区、运输工具、居民区、居民聚集区，甚至宏观上看来自一座大型城市。如果倾向发挥作用的话，任何微小的波动——不管多么轻微，甚至只是短暂的波动——都可能出现和消失。举一个有关技术基线的例子，在一个通常情况下没有手机通话的地方，突然出现了一系列的手机电话，虽然只发生了 5 秒钟，但这就是异常。**功能基线**指的是一种心理模板，模板上的要素可以作为正常的功能标准，通过它们可以寻找和发现与功能或特定的行动、任务和活动相关的异常情况，这些行动、任务和活动是个人或组织进程所要求和预期的。举一个有关功能基线的例子，某人向一所房子运送东西，但一般情况下没有人向这里运送东西，这就是异常。**文化基线**指的是一种心理模板，可以作为与社会共享知识和价值相关的标准，通过它们可以衡量或比较特定地区发生的事情，这些事情往往是由特色人群的独特生活方式所展现出的。举一个有关**文化基线**的例子，儿童们不在他们通常玩耍的地方玩耍了，这就是异常。根据这样的推理，我们可以知道，如果某个文化居民区内出现了倾向，那么在其互动、交易、行动和行为中就会出现细微的不同之处。显而易见的是，高级分析人员必须使用倾向分析来推动情报搜集、重构和综合工作，确保通过倾向来获得优势。

开展倾向分析就是寻找异常，但它不同于高级分析另外一个相似的分析模式——**异常分析**。让我们简要研究一下倾向分析和异常分析的区别，以便厘清我们的思路。倾向分析就是及时捕捉某个瞬间快照。异常分析则包括对过去和未来的思考。因此，它比倾向分析更具包容性。倾向分析只是关注那些通常发生在人的潜意识当中的事情。异常分析是有目的、故意的有意识行为，目的就是系统总结正常与异常的差别。倾向分析通常极其微妙和不起眼。异常分析也可能包括一些微小的事情，但也包含正常与异常之间非常明显的区别。倾向分析通常包含非常具体的地点，比如某个居民点的较小区域；异常分析则包括更大的区域，甚至是整个居民区或整个城市。

倾向分析和**综合**关系密切。事实上，为了进行倾向分析，分析人员必须在分析过程开始之前和结束之后进行综合。正是通过综合，倾向才会首先在分析人员的思维过程中出现。分析人员（通常是在当地主题专家和功能主题专家的帮助下）形成关于某一小巷、居民区、居住区或商业区的心理快照，这些都与功能、技术、文化、生物和态势或环境有关。他或她会将这些似乎无关的要素聚集成一个整体，这个过程就是综合。分析人员将整体倾向解构成观察指标，这些观察指标会进入情报搜集系统。一旦搜集到数据后，分析人员首先要重构数据以形成信息，并将信息综合成可指导行动的知识。我们还将在第 18 章，即综合一章，对这一重要关系进行深入研究。

倾向分析还与高级分析的另外一个要素——**趋势分析**——是相互联系的，两者的区别就在于思维的心理和潜意识功能。趋势来源于对过去的行动、爆炸和运动等等的研究，以便产生一种可以直接通往未来的直线。趋势分析使用“若则逻辑”（if-then logic）：若 X 在过去发生过，则 Y 将会在未来发生。另一方面，倾向分析是关于“可能发生事情”的本质，也就是说，通过理解特定时间某些事可能发生或者不可能发生之间的关系，来预测可能性。因此，倾向分析一般不涉及趋势分析的直线思维，也并不依赖于详细且丰富的编年记录。它确实进行了创新分析和指数分析，从时间快照中推断出可能发生的事情，并涵盖更广泛的创新可能性。此外，倾向分析包含直觉、经验、微观数据的分拣、特定地点的微妙变化等，以及将微妙的文化异常注入人的潜意识之中，去判断和识别事情的未来状态，这种状态可能按照直线形式发展，也可能不按照直线形式发展。通过倾向分析预测的事情，也可以通过推断或异常的创新思维跳跃来预期。

但还存在一个问题：我们无法看到别人的潜意识，甚至无法看到自己的潜意识。不幸的是，这个地方正好是零碎数据和信息混杂的地方，只有一个非常不守规矩和无序的潜意识对它们进行组织。我们如何开始处理存在于我们潜意识和他人潜意识之中的倾向呢？以下几步会有所帮助：

- ★ 理解倾向分析现象，并且学会使用这样的力量。
- ★ 下大力气与对这一挑战和问题有经验的人一起工作和探讨。花时间盘问，勇于在已知“脏的或危险的”工作区域的模拟地形中穿行，搜集零碎数据和信息，用于进行倾向分析。
- ★ 研究倾向，并且对它们的发展进行实验，向传统的和非传统的传感器下达任务，了解所获相关数据，并为倾向分析提供见解。
- ★ 向那些在平叛行动中经验丰富的人请教，获得他们的经验和观点，通过仿真和变换环境，发现产生不和谐或做出后续决策的原因。与这些人进行对话，刨根问底，持续调查，直到确定是什么原因导致受访者得出街道是脏的或危险的结论。让参与者记下任何可能不适当的东西：儿童的行动引起怀疑，车轮胎为什么朝向马路外而不是朝内，一些平常拉开的窗帘为什么关起来了，平时不蒙面的女人为什么突然蒙面了，平常喧嚣的交谈和音乐为什么突然消失，如此等等。

★ 使用模型帮助人们理解倾向现象的影响，这也是任何军队都要重视的，特别是开展有关敌人的思考时。技术人员可以构建恐怖分子和叛乱分子在开展筹划、收集物资、搜集人力情报、训练、招募、获得资料、学习、交流、隐藏、欺骗以及移动等行动时，所参与的主要功能和行动的模型。他们可以向这些模型中加入特性，这些特性是从任务报告和与经验丰富的人一起工作收获的，可揭示倾向分析的实用性。他们还可以与一些专家合作，搜集建模所需的数据，这些人包括分析专家、当地专家或普通人、审讯人、俘获的恐怖分子和叛乱分子、经验丰富的专案官、人类学家、当地警察、跨国组织工作人员、巡逻队领导、拥有应对叛乱分子和恐怖分子经验的心理学家和心理医生，以及反恐分析人员等。通过这些仿真，他们可将信息注入我们试图进入对象的潜意识，从而打开其潜意识的大门，这样就可以理解究竟发生了什么；并且利用这样的了解，设计文化、态势或功能等观察指标，将倾向分析应用到重构和综合之中。

★ 使用数据挖掘和知识发现的方法，可以辨别作战环境中的模式，从而设计观察指标，并对事件进行理解。人们在思维的过程中，需要给出模式和趋势，帮助理解出现的征候或观察指标，从而开展倾向分析，并且理解其含义。从这些含义中，分析人员可以窥见人们的意识，进而了解为什么这些人能够直觉地或潜意识地知道一些东西。特别重要的是，分析人员还可以使用有机体或虚拟知识环境的数据挖掘功能，重构数据世界，利用地理空间信息系统三维仿真重构视觉世界，使用建模与仿真重构潜意识世界，而这又可以帮助受众了解自己为什么会得出“这条街道是危险的”结论，为什么受众认为犯罪分子会躲藏在某个建筑物内，为什么美国陆军士官认为会发生伏击，或者附近埋有地雷等等。

读者无疑已经猜到了，倾向分析可能是高级分析中智力要求最高的要素。最好的一点是，它很抽象。最差的一点是，由于它与潜意识的依附关系，使其似乎是无法看透的，但它的征候，比如某个时间内的快照中包含有极其微弱的变化和扰动等，却能够反映出敌人的活动或反应。因此，在开展倾向分析时，我们需要深入研究重要的挑战，找到可以克服这些挑战的方法。使用倾向分析时，可能面临的挑战包括：

- ★ 充分理解倾向分析，并且要在抽象且复杂的情况下连续使用这种方法。
- ★ 寻找和使用不断更新的基线。
- ★ 懂得如何思考倾向分析，即前端解构、后端重构以及综合。
- ★ 设计一种可以将埋藏在潜意识中的微弱行动特征“拉出来”的战略，在设计倾向分析观察指标时，这种战略将会非常有用。
- ★ 充分理解和认同倾向，它们对于美国人似乎是无形的，但对于生长和生活在特定地区的人来说却是有形的。
- ★ 使用倾向分析设计合适的观察指标，从而识别出敌人或者平民因为即将出现的行为或行动而产生的微妙变化和扰动。
- ★ 寻找和使用传感器和人力情报的优化组合，在正确的时间监视正确的观察指标，以注意正确的活动，进而了解那些出人意料的行动。
- ★ 找到最新和具体的知识，可以在使用倾向分析中助力。

这些挑战都是非常真实的。它们可能会对冒险进入情报分析深奥领域的人产生阻力。不管如何，我们都需要进入这个全新的领域，不断扩大我们的理解力，通过使用倾向分析提高我们的分辨能力，看到那些似乎无形的东西，推断出未来可能发生的事情，如此我们的指挥官便可以采取先发制人行动。在使用倾向分析的过程中，我们要始终知道这些挑战的存在，下面让我们了解一下如何应对和克服这些挑战。

★ 心理组织——理解倾向分析的基本知识。

★ 使用倾向分析思维模板。

★ 获得专家帮助。分析人员可以从虚拟知识环境的情报机构和监管系统中获得专家援助，并通过红队分析和参加推演等方式，对自己的思维、假设、预感、预想和疑惑进行检查。

★ 寻找或构建，并使用基线（文化、技术和功能等基线）。设计一种可以使基线不断更新、直到不需要再更新的战略。

★ 预测敌人可能的运动——要有进取心，要能够预测，要与情报搜集人员合作。

★ 要在筹划的开始阶段找到合适的知识主题专家，帮助我们获得倾向分析所需知识，以便认识到微妙变化，通过综合发现倾向。

★ 要将数据融合起来，将它们“编织”成可以理解的网络。有了这样的技能后，所得出的结果就是倾向，可以帮助理解未来可能出现的事情并采取行动，从而获得相对于敌人的优势。

★ 要与情报搜集人员和技术人员组成团队，制定延迟标准，满足任务需求。

★ 知道你想要什么——正确的观察指标，正确的地点，正确的时间和正确的行动。

★ 避免出现镜像效应——回忆一下什么是镜像效应。它指的是从西方人的观点出发理解问题及其后果，并将你的思维和价值观强加到敌人身上，但实际上敌人的思考、感知和价值观不同于美国人。

★ 拓宽情报来源和交流渠道，作为一种征候与预警（indications and warning，I&W）网络，告知何时发生文化异常。

★ 了解和使用技术环境。

（1）理解技术扩散的无形世界。

（2）寻找电力工程师的帮助。

（3）使用技术分析时，要设计技术观察指标。

（4）与技术人员一起设计技术搜集工作。

(5) 与技术人员和主题专家一起，了解过时的数据，并将这些数据转换成知识和理解。

★ 要具有创新性——寻找敌人可能使用的低技术含量和高技术含量手段，在敌人看来，使用这些技术能使自己不被侦察发现。

★ 理解敌人是如何思考的。

(1) 使用当地人和主题专家帮助自己对需求进行解构，特别是与文化、群体、异常和符号有关的需求。

(2) 研究趋势和模式，但也要考虑敌人的创新能力。

(3) 严肃地思考敌人如何看待你自己。

(4) 充分了解文化，以寻找和发现优势。

(5) 掌握文化方面的知识，并且判断出我们工作区域的文化特性。

★ 像敌人一样思考，并且回答以下问题。

(1) 我如何看待美国人的分析能力，他们能否看到细微的变化，能否发现和理解基线中微小且不可避免的扰动呢？

(2) 我应该如何躲避美国人的传感器和人力情报？

(3) 美国人的哪些行动可能会造成我的失败，我应该如何先人一步做出应对？

(4) 美国人力情报和技术搜集活动将在何地并且如何监视或追捕我？

(5) 我应该使用手机吗？

(6) 我怎么知道美国人何时逼近呢？

(7) 我何时移动？

(8) 美国人追捕我时，我应该如何开展反监视工作及征候与预警活动呢？

(9) 可以为我提供关于威胁的早期预警的最佳方法是什么？

(10) 在不危及我的据点和任务前提下，我应该如何获得食物和水的补给？

(11) 在不引人注意的前提下，我应该如何获得医疗保障？

（12）我们应该如何隐藏自己的功能需求——光、食物、水、电、垃圾和污水等。

（13）我应该如何招募人员完成许多任务，这些任务是我维持网络运行、执行任务所必须开展的。

（14）如何通信才不会让美国的情报人员发现?

三、结语

在开展倾向分析时，高级分析人员还可以使用其他一些技术。开展倾向分析需要最新的、相关的知识。它需要分析人员对永久的和有时是潜在的变化有自己的理解。它需要人们耐心且有意愿观察那些微小的变化甚至扰动，这些都是倾向的征候。为了熟练掌握倾向分析，美国高级分析人员必须学会使用当地的红队人员，他们可以帮助我们：(1) 理解作战环境；(2) 设计文化、态势、功能、生物和技术等观察指标；(3) 参与“行动—反应—再反应”推演，并且在思考敌人思维时，帮助我们避免陷入镜像效应的陷阱；(4) 寻找、发现和使用上文提到的三种基线，即技术、文化和功能等基线，帮助我们发现微小的变化及其内涵。此外，高级分析人员为了理解倾向分析，必须进行严谨的批判思考。为了理解倾向分析，分析人员必须了解作战环境及其对友军、敌人、东道国、平民和中立势力的影响。

最后，使用倾向分析，需要分析人员具有积极进取且睿智的战斗观和**“态度”**。这种态度就是，“我要通过自己的努力始终走在敌人前面，这是完成任务必须要做的。敌人在文化常态、特定技术领域制造的扰动，以及他们在居民区、目标区或核心区所从事的必要活动，这些都是对我们有利的东西，我们要找到并利用它们预测敌人的行为，抢占其决策 / 行动 / 评估周期”。由于倾向和异常紧密相关，因此有必要在下一章对异常分析进行深入研究。

[第13章]

异常分析

定义：辨别与正常或通常秩序、形式或规则发生偏离的情况的含义；或者辨别某些应该出现但却没有出现的问题的含义。

一、异常分析背后的理论

美国军队在大型城市环境中面临的威胁，总是融入他们开展行动的文化之中。这个问题已经反复出现了。通常，敌人也来自这一文化，或者至少他们可以融入有文化的人和行动之中。此外，城市是不断变动和移动的。因此，在这变化的海洋中寻找和发现叛乱分子，需要高级思维能力，即使是刚入门的分析人员也应该知道自己要找什么、如何寻找以及何时寻找等问题。不幸的是，除非叛乱分子真的很愚蠢，否则这个问题的答案不会完全明了。因此，我们会收到一些看起来没有意义的信息和数据片段，我们会感觉到认知的不协调，原因在于我们知道每天发生了什么事情，但就是看不见似乎无形的东西。思考这个问题的最佳方法之一就是使用异常分析。本章主要探讨异常分析并阐释其使用、内在力量，以及使用时需要注意的问题。

高级分析人员需要了解自己努力寻找和理解的东西的本质。由于我们的探讨主要集中在大型城市环境里的平叛行动或打击非正规敌人行动，因此研究内容必须包含人类及其文化、技术以及社会功能等要素。幸运的是，我们拥有良好的平叛理论作为指导。最好的理论之一就是弗兰克·基特森写的《低烈度作战》一书。基特森说过下面这段话：

> 看起来，连长必须重新开始，并设法确定可能进行下一次食物突击的时间，而事实上他真的这样做了。然而就在伏击过程中，出现一条有价值的线索。我们从尸体中发现了一些食物，里面有一些水果，但这些水果并不是本地产的。连长和情报分析观察人员对此进行讨论，并且得出结论认为，D 村庄附近应该会有一个生产这样水果的农场，因此有可能从农场的主人那里得到一些有用的信息。[1]

这段话告诉我们，即使是非常微小的异常或不同之处，也可以对我们的分析工作产生影响。但是，由于缺少时间、知识和靠远离分析者的眼睛和心灵观察的能力，思考和寻找这些微小的不同之处变得非常困难。因此，为了理解异常分析，我们需要知道所寻找对象的本质，并且知道如何通过异常分析接近这些本质。异常分析需要文化、技术和功能等观察指标，这些观察指标包括以下内容：

* 文化影响、方面、表征和行为。
* 文化对人类特征或行为的影响。
* 文化对永久或瞬间事态的影响。
* 文化对语言和手势中模糊和不明确程度的影响。
* 文化对诚实、夸张、手势和语言的影响。
* 文化对机构和组织动态的影响。

---

[1] 原注：Kitson, 121.

- 文化对外部刺激的反应。
- 社会中个人和组织对技术的使用。
- 支撑社会运行的设施所使用的技术。
- 个人事务和商业包含的技术内容。
- 个人住房的技术方面。
- 支撑家庭和商业功能的设施包含的技术内容。
- 社会的日常功能（比如去工作）以及特定社区的日常功能（比如去超市购买水和食物）。
- 家庭、商业、互动、交易和行为的日常功能。

了解这些文化、技术和功能要素的本质并不是一件简单的事情，但它是平叛和打击非正规敌人的情报分析工作的重要内容。平叛理论家戴维·戈卢拉在其著作《平叛战争：理论和实践》(*Counterinsurgency Warfare: Theory and Practice*) 中的这段话，可以帮助我们沿着这样的思路了解下去：

> 控制的目的就是隔断游击队与平民的关系，至少是大量减少他们之间的联系。我们可以通过监视平民的活动做到这一点；不需要多长时间，只要平叛人员与老百姓熟悉之后，知道了他们的习惯，异常行为很容易就能被发现。[1]

高级分析人员必须使用异常分析这一强大工具，帮助自己首先理解什么是正常，尔后寻找和判断异常。让我沿着这一思路更深入一步。即使是隐藏得很好的威胁，在付诸实施时，不可能不发出信号，不可能不犯某种错误。但要想发现这些错误，情报分析人员需要在事情发生之前看到问题的关键连接[2]，并且知道问题的关键要素。这些关键要素和上述错误，大部分都

[1] 原注：Galula, 82.

[2] 原注：Waldrop, 21.

是文化层面（如使用不恰当的手势或者有外地口音）、技术层面（如使用手机）以及功能层面（如开展侦察活动）的。虽然并不是所有与正常有差异的东西都可以反映出叛乱分子的活动，但高级分析人员可以从非法行为中辨认出合法的行为。分析人员必须寻找可以观察到的迹象，找出叛乱分子，理解他们的网络，并且“看到”他们的行为和交易。有了异常分析后，我们就可以从与正常有差异的行动中，判断出隐藏之敌的存在和可能的行为。

正如在定义里所说，异常指的是有别于常态或通常的秩序、样式或规则；然而，它的重要性就在于它与正常状态的区别。其他知识领域也在使用异常分析。特别是医学也在使用异常分析预判和解决健康问题，因为病症总与正常状态存在差异。这种积极的方法，可以帮助医生在疾病恶化之前，快速遏制其蔓延。《连线》（*Wired*）杂志上的一段话，可以帮助我们了解医学界在这方面正在做什么：

> 我们已经进入健康领域的新纪元，现在寻找的已经不再是病因，而是可能产生疾病的风险。它被称为预测性医疗，它的主要工具就是筛选试验。好的筛选试验可以提供一系列结果，将正常指标与异常指标区分开来，处于正常指标时，不需要介入；如果出现异常指标，则需要介入。[1]

这一类比可以让我们很好地理解，美国情报分析人员如何使用异常分析来寻找和攻克疾病；这些疾病就如同叛乱，美国人可以在敌人网络成形的初期就采取措施，使用正确的“药物”来避免母体受伤，同时还能有效祛除或者杀死疾病。异常分析可以帮助我们寻找谚语中的“干草堆里的针头”，这些针头就是失误、异常行为和行动，可以帮助高级分析人员形成假设，从而产生观察指标。

我们在本书中已经探讨，当地平民为叛乱分子或恐怖分子组织提供支

---

[1] 原注：Goetz, Thomas. “Finding Normal.” *Wired* (May 2008): 023–024.

持，但平民也需要基本的安全保障，需要补给、后勤、交通、情报搜集、欺骗、战斗安全，以及需要通过交易、行为、互动和行动等方式进行招募。然而，这些网络支持者很可能并没有熟练的人力情报技巧；因此，如果这些情报搜集人员“知道”寻找什么，传感器和人力情报观察手段就能发现它们。这种“寻找什么”的答案，来自对当地社区、文化和习俗的深度了解，目的是区分正常状态，寻找和发现异常状态。这种异常状态可能就是敌人网络支持者的行动。

高级分析人员应该如何使用异常分析呢？异常分析允许分析人员寻找细微的、微妙的和模糊的观察指标。异常分析可以帮助分析人员理解和使用变化检测，如行为的变化，人们互动和交易方式的变化，地面温度的变化，行为语言的变化。事实上，敌人及其支持者变化的原因，来自那些支持叛乱分子网络的老百姓；比如说，居民区的人都知道附近有安全庇护所。这些人就会出现某种程度的焦虑，造成其日常生活与正常不同。这些不同就是异常。异常也可能包括地球变化，比如说挖掘地面形成的扰动，或者地下活动产生热能。异常分析还可以帮助分析人员理解三种类型的基线——文化、技术和功能等基线——发生变化或扰动的原因。从这一点来看，异常分析可以帮助分析人员建立正常行为和模式中出现变化和扰动的因果关系。最后，当异常分析与综合、重构、符号分析、群体分析和倾向分析配合使用时，可以极大地帮助高级分析人员理解所获数据。

在思维系统中，异常分析与文化分析和符号分析关系最紧密。高级分析中的**文化分析**，指的是通过传统且基于文化的态度、行为、社会规范和条件等要素，了解特定的文化、平民及其行为模式。所谓**符号分析**，指的是辨别图示、图画、迹象、标记、照片、句法、单词、声音、身体语言以及涂鸦上反映出的文化迹象和标记的意义。这两类高级分析要素，我们将在第 14 章和第 15 章分别进行探讨。对特定文化社区及其符号的异常分析将是一项具有挑战性的工作；然而，我们不能因为困难，就削弱它的重要性。按照这样的思维线索，异常分析通过文化分析与符号分析产生联系，并且强调符号的含义及如何在文化中体现。这种分析的结果就是异常现象。因此，我们从这一章中可以得出一个非常重要的结论，即高级分析人员在使用异常分析时，必须关注当地文化情报和符号，从而制定出文化、态势及功能等观察指标。他们必须理解所获数据，意识到当地文化和符号的重要性。他们必须使用文化分析和符号分析方法，去理解基线的变化，这些都是我们在异常分析中必须理解和使用的。

让我们继续深入，并且回答下面这些问题：为什么符号分析对于异常分析如此重要？我们的答案是，在许多城市平叛环境中，异常或者不协调的事态通常以符号的形式体现出来，并被人们所发现。不幸的是，符号并不容易理解。因此，有能力的知识专家和某些地区的当地人需要不断地识别和解释这些符号。开展符号分析比较困难，需要大量的文化知识。此外，当通过异常分析研究符号时，任何成功的思维都有赖于当地人的知识和经验，当然也需要虚拟知识环境、主题专家甚至经验丰富的境外专家的知识和经验的帮助。

分析人员在异常分析中使用符号时，必须要从平民的语言、句法、标记和迹象中，寻找那些模糊、细微和微妙的事情。异常分析可以发现这些微妙的事情。许多人类互动、交易、行动和行为都是微妙的、微小的和模糊的，甚至是无形的。但是，符号本身也不是完全无形。异常分析可以帮助我们找到看似无形的事态、人类行为或交易。异常分析的目的是找到各种符号的表征，通过这种形式与符号分析产生关系。所谓的符号包括非语言行为、标记、句法、语言变化和迹象，我们必须寻找和发现这些符号，并迅速加以利用。

在我们继续探讨异常分析之前，我们需要探讨一下异常分析、文化分析和符号分析的另外一种影响，即去模糊化。去模糊化是什么意思？所谓去模糊化，指的是“通过清除或者移除模糊性，而产生的清晰性”。[1] 去模糊化是情报分析的重要因素，可以用来针对城市环境中的叛乱分子。事实

[1] 原注：Dictionary.com. *WordNet® 3.0.* Princeton University; http://dictionary.reference.com/browse/disambiguation.

上，正是有了有效的异常分析，模糊性才会消失，从而使分析人员在搜集到有关异常数据后，知道他或她寻找、看到或听到了什么。我们思考和使用去模糊化的目标，就是要使那些看似无形的东西——比如文化、技术和功能等异常——变得有形且有用，从而将这些东西从敌人的优势清单中移除。我们可以提出一个更为合适、更容易理解的去模糊化定义吗？是的，我们可以。这样的定义就是，将原来无形的东西变得有形。去模糊化又是如何与基线和异常分析的无形性产生联系呢？答案在于，我们可以使用高级分析，即异常分析，来提出观察指标，通过这些观察指标，可以将看似无形的东西变成有形。

为了有效使用异常分析，必须考虑几种影响。比如，某人应该知道什么是正常的，但知道什么是正常的并不是一件容易的事情。确立“正常情况”，需要我们记录和解释人们在按照基线活动时所表现出来的互动、交易、行动和行为。如果没有这三种基线，即技术、文化和功能等基线，异常分析是无法开展的。因此，让我们花点精力研究一下基线及其与异常分析的关系。

文化基线指的是一种心理模板，可以作为与社会共享知识和价值相关的标准，通过它们可以衡量或比较特定地区发生的事情，这些事情往往是由特色人群的独特生活方式所展现出的。根据文化基线判断异常，通常会出现在互动、行动、交易和行为之中，也会出现在符号（包括迹象、标记、非语言行为、句法以及语调）之中。文化基线的框架包括以下内容：

- 服装；
- 非语言行为；
- 语言；
- 走路的姿态；
- 喜好；
- 女性待遇；
- 家庭活动；
- 宗教仪式；

- 购物模式；
- 娱乐活动；
- 婚姻；
- 死亡；
- 出生；
- 儿童活动和待遇；
- 家庭活动和功能；
- 工作活动和职能；
- 符号；
- 与陌生人的关系。

技术基线指的是一种心理模板，模板上的要素可以作为正常的技术标准，通过它们可以寻找和发现与技术流程、扩散和外溢等相关的异常情况，这些流程、扩散和外溢一般来自某所房子、设施的某个部分、活动区、运输工具、居民区、居民聚集区，甚至宏观上看来自一座大型城市。技术基线的框架包括以下内容：

- 手机通信频率；
- 房子、商业和文化建筑物内散发的热能；
- 从房子里输出的电流；
- 水量消耗；
- 发电机的使用；
- 燃料销售；
- 电话的使用；
- 电视 / 电台广播；
- 光产生；
- 电子在固定线路上流动；
- 冷热的区别，比如一座房子有人时和无人时的区别；

- 目标的温度；
- 地面的温度；
- 空气的温度；
- 垃圾堆的温度；
- 计算机甚至钟表发出的射频能量；
- 厕所散发的气味；
- 垃圾堆散发的气味和烟雾；
- 香烟的烟雾；
- 声音，包括金属、木头、装载、抬升、挖掘和车辆启动等；
- 家畜的粪便；
- 人的排泄物；
- 音乐；
- 烹饪的气味；
- 运动产生的能量。

功能基线指的是一种心理模板，模板上的要素可以作为正常的功能标准，通过它们可以寻找和发现与功能或特定的行动、任务和活动相关的异常情况，这些行动、任务和活动是个人或组织进程所要求和预期的。功能基线的框架包括：

- 补给；
- 水；
- 安全；
- 欺骗和转移；
- 反监控；
- 通信；
- 材料；
- 交通；

* 存储；
* 情报搜集；
* 早期预警和战斗安全；
* 睡觉与休息；
* 医疗救护；
* 训练；
* 体能训练。

情报分析人员既需要发现上文探讨的基线，又需要提出自己的基线。不幸的是，提出任何基线，都需要时间和广博的知识。此外，所有基线都具有地域性。要使用现有的基线，分析人员必须核查其真实性，还要考虑如何对基线信息进行更新。如果不存在基线，分析人员必须提出自己的基线。他们将如何做到这一点呢？首先，他们需要确定为什么要使用基线。其次，他们需要搜查现有的基线，并且核查其相关性和可用性。他们将与情报机构和虚拟知识环境合作，在现有的约束条件（比如严格的时间限制）下尽可能地扩充基线模板。最后，他们还会寻找当地人帮助提出自己的基线，核查已经提出的基线是否准确，或者帮助提出新的基线。

基线和异常分析在任何城市平叛环境中都非常重要。为什么呢？我们所要寻找的许多变化，都是细微的、模糊的且不断变动的。有时，只有当地人才能使用基线，去发现和解释异常情况。此外，我们寻找的一些异常情况，不仅仅局限于敌人的活动。比如，如果人们每天、每周都去医院，这就是当地的文化基线。如果就医的人数比平时减少，那就说明出现了异常情况。但可能是因为医生被诽谤，比如诽谤那些为很多居民区提供医疗救助的西方医生侵犯女性，或者对女性进行性骚扰。

要想使用基线和异常分析，分析人员首先必须了解自己需要寻找什么。他们必须确定在何处寻找，以及这些异常情况会在什么时候出现。他们需要与情报搜集人员合作，使用多种情报搜集手段，寻找最细微的观察指标。最后一个建议，他们进行异常分析时，需要思考各种“头绪”以及可能出现的隐喻。也就是说，当利用多种情报搜集手段寻找异常的观察指标时，许多所获数据都会涌向分析人员，需要他们进行理解。事实上，单个来源、单个“头绪”或“线头”本身并不能说明什么。但是，从许多不同情报搜集手段获得的许多头绪，或者许多“线头”，通过将它们整合，则可以获得有价值的含义。

异常分析是非常艰辛的智力活动，有以下几个理由：

- **第一**，开展这样的密集活动，必须掌握很多知识。探索、更新或提出新的基线需要文化、技术和功能知识，这远远超出了大多数分析人员的知识储备。要想充分发挥异常分析的潜能，分析人员必须了解大量的文化知识。可惜的是，并不是所有分析人员都拥有所需的知识和理解，他们无法设计观察指标，无法对所获数据进行理解。文化数据一般都是微妙的、细微的、含糊的和动态的。因此，分析人员如何处理这一难题呢？分析人员需要与他们工作所在区域的当地主题专家合作。此外，分析人员必须使用美国文化主题专家，他们会说当地语言，最近就在这个感兴趣的地方生活过。参与的分析人员还需要与虚拟知识环境合作，并获得互联网的大量资源，以回答特定问题，理解所获取的数据。
- **第二**，开展异常分析的分析人员需要高级分析知识的帮助。但是，他们在哪里获得这样的知识呢？他们需要从情报机构或者支援他们的虚拟知识环境中寻找和获得这样的支持。另外一个寻找和获得这些知识的方法是从参谋队伍中寻求帮助，这些参谋还需要当地人的支持，即那些安全可靠的当地人。继续按着这样的思路进行下去，开展异常分析的分析人员需要从在作战环境中工作的跨国公司人员那里寻找帮助，有时甚至需要非政府组织的帮助，这些组织机构拥有大量的受过高等教育的专业力量，可以作为人道主义救援组织的中立支持者。
- **第三**，分析人员必须了解和使用技术环境。但是，拥有所需技术知识和理解异常分析工作的分析人员到底有多少？答案是很少。为什么？在大多数情况下，分析人员需要的是一位经验丰富的电力工程师、医生、机械师、炸弹专家、桥梁专家、炼油专家、设施专家等等。分析人员从何处找到这些专业力量呢？他们可以从团队成员中寻找，但用这种方法找到专业力量的可能性不会太大。他们可以从虚拟知识环境寻找帮助，找到合适的专家。分析人员可以寻找和发现当地技术主题专家，但往往受到安全限制。分析人员还可以从盟友以及情报机构中寻找帮助。

总的来说，当使用异常分析和基线时，分析人员必须使用思维模板，必须从专家那里获得智力和知识上的帮助，必须找到已有的基线，并判断出其价值。此外，分析人员必须参加推演，帮助识别潜在的异常和所需的基线。分析人员还必须认识到他或她的知识不足，同时要从组织的红队那里寻找帮助，从而对他或她的思维以及思维的结果进行批判。这种与红队合作的工作方式，既可以从物理上实现，又可以从虚拟环境中实现，比如使用虚拟知识环境或与外部红队对抗等分析手段。

在使用异常分析时，我们的城市敌人不可能是静止不动的。我们在与狡猾的、适应性强的敌人斗争。这种斗争的比喻是恰当的。只有在这个时候，此种斗争既体现在心理上，也体现在物理上。克劳塞维茨告诉我们：

> 战争并不是活的力量对死的物质的行动，它总是两股活的力量之间的冲突，因为一方绝对的忍受就不能成为战争。这样，上面所谈的战争行为的最高目标，必然是双方都要考虑的。这又是一种相互作用。在我们没有打垮敌人以前，不能不担心会被敌人打垮，所以我们就不再是自己的主宰，而是不得不像敌人那样行为，就像敌人不得不像我们这样行动一样。[1]

[1] 原注：Clausewitz, 77.（译文引自：克劳塞维茨著、军事科学院译，《战争论》［商务印书馆，1978 年第 1 版］，第一卷、第一篇、第一章“什么是战争”，第 27 页。）

因此，我们需要回答下面这个问题：**敌人如何看待我们眼中的异常呢？**由于所有人都受到镜像效应的影响，因此我们可以有把握地假设，敌人很可能认为，美国情报分析人员不具有理解当地社会的文化、功能和技术异常所需的深度知识。他们可能认为，美国的情报分析人员只能看到显而易见的异常，却看不到任何社会互动中重要的、微妙的、细微的且动态的观察指标，这些观察指标可以帮助那些经验丰富、知识渊博的人理解作战环境及环境中文化、技术和功能的互动。这意味着，分析人员必须思考，敌人**如何思考他们的敌人（即美国分析人员）是怎样看待他们自己、敌人以及敌人的思维的。**

异常分析在商业征候与预警系统中广泛应用，一个典型的例子就是信用卡公司识别信用卡盗用的过程。他们使用的软件通过了解正常交易，从而“知道”不正常情况发生；当判断出不正常情况后，他们会冻结你的信用卡，给担保人打电话。同样，分析人员必须详细了解文化，运用远程监控方法了解文化，寻找能够提供详细知识的主题专家。

正常状态还取决于其他一些事项。它取决于天气以及一年的时令。它取决于现有的商业、设施和人类互动知识。它取决于交通的流量。它取决于不同城市和居民区正常的电力和设施的知识。它取决于对特定环境下存在的特定文化、特定模式和趋势所固有行为的理解。

一般来说，分析人员可以寻找一些常量来帮助理解异常情况。比如，某些人每天要礼拜五次，他们要朝向麦加方向礼拜。礼拜的时间是既定且固定的，这些都是正常状态。如果礼拜时间到了，有些人并没有礼拜，这一异常就值得我们去探寻。再比如，考虑正常状态的交通和市场的模式。市场上的活动有正常的模式，比如开放时间，交易行为，使用搬运工具运送采购品，采购一定数量的食物以满足某个典型家庭的生存需要，这些都是正常状态。在波斯湾地区，人们会在炎热的夏天睡在屋顶，这是正常状态。人们特别是年轻人聚集在网吧闲聊、交换信息、获取知识，这是正常状态。人们穿着特定的衣服。因此，当某个或者某些迹象变得异常，或者超出了正常的预期范围时，就需要人力情报和技术情报传感器，以及分析人员去获得数据，并将数据转化成信息和知识，或者形成预感或疑惑，进而找到答案或解决方案。

因此，高级分析人员应该关注这样的双重性——这也是高级分析的特征：正常的、异常的行为和交易都是普遍存在的。大部分互动、交易、行动和行为都是正常的。但是，在正常的海洋里也漂浮着异常。一个善于推理的人很容易就会得出这样的结论，城市作战环境这一广阔的正常海洋，阻碍了人们去寻找和发现数量很少的异常情况。这是一个合理结论，但高级分析人员却是个例外，因为他们有意识地通过异常分析提出了五种观察指标，来寻找异常状态。

高级分析人员应该如何识别异常行为或行动呢？以下这些方法可以帮助他们解决这一问题：

★ 分析人员可以使用地理空间信息系统（GIS）模型，使自己聚焦到特定学术领域或地理位置。文化专业知识、地理空间信息系统基础数据和分层可以共同协作，帮助分析人员理解正常和异常情况。
★ 分析人员必须思考在开展异常分析时，自己应该使用何种媒介和进入何种领域。这方面的例子包括信息领域的互联网和电话，公共交通（例如地铁和公共汽车），通过电网传送的电力，个人或家庭从市场上采购的东西，购买商品和服务的付款方式，经济领域的购买力转移，执法领域的警察数量和部署，政府监管领域的垃圾收集和计量器读取，邮件寄送，出租车载客，以及车辆分布和运输等等。
★ 高级分析人员必须解构与特定区域相关的特定宗教的每个方面。分析人员必须了解宗教在相关文化中是如何运作的，什么是宗教社会秩序，如何向高级宗教人士表达敬意，以及这些人如何进行交流。他们必须了解人们什么时候去清真寺，正常礼拜活动会持续多长时间，参加礼拜的人进入清真寺是什么样，离开时是什么样，人们在清真寺内外的社会互动分别是什么样。分析人员还要了解，这些人如何捐款，如何确保款项安全，这些钱在何处保管，以及这些钱是如何分配和转移的。

- 分析人员必须剖析主流文化的各个方面，了解文化最重要的因素，及其如何影响人们的互动、行为、交易和行动。
- 分析人员必须评估特定文化中的人如何放松，如何休闲。这包括了解特定文化、特定宗族或教派的人如何享受生活，如何放松，及其如何开展社会活动和休闲活动。
- 分析人员必须了解不同性别——不管是亲戚还是夫妻——之间的关系，从而判断出异常行为。
- 分析人员必须认识符号的重要性，尽可能了解这些人和组织如何使用语言（句法、语调、方言和手势）、迹象、标记、非语言行为甚至是涂鸦。
- 分析人员必须熟悉民众：他们如何思考、感知、表达情绪和交谈。比如，他们说实话了吗？他们在夸大其词或是说谎吗？他们对正直和诚实的态度是什么？他们如何看待执法力量和军事安全力量，他们在这些力量面前如何行动，他们如何对待这些力量？

以上只是思考异常行为、交易、互动和行动的几种方法，这只是一个开端。要想有效使用异常分析（不管这个问题多么模糊，它总会显示出来，并最终变得清晰起来），必须要问这个问题：除了敌人、中立势力、东道国政府和军队外，分析人员应该如何获得有关复杂城市地形、设施以及文化的深度知识和理解，从而进行异常分析呢？答案是：并不是所有的分析人员都能够获得足够知识，可以高效开展异常分析。一些分析人员不可能拥有如此广泛和深入的知识和经验，无法很好地开展异常分析。但在高级分析条件下，每个高级分析人员都会掌握一些知识，通过群策群力，他们就能形成认知框架，从而在这样复杂的心理地形中开展工作。此外，分析人员需要了解如何使用虚拟知识环境的主题专家、精英中心、数据科学家，帮助自己了解更多的有关高级分析的挑战——在本章，这个挑战就是异常分析。

另外一个分析考虑是，高级分析人员可以模仿跨国公司多年来的做法，也就是跨国公司开展异常分析的方式，尽管可能是另外一个名称。这些跨国公司与文化主题专家、精英中心合作，了解外国文化，以对自己产品进行定位。此外，这些公司都有自己的专家，他们对全球的社会习俗、偏好、文化以及偏见非常了解，甚至会了解特定居民区的偏好，或者跨国公司为了发现或获取所需知识，往往会从现实的或虚拟环境中寻找各种专家并展开合作。美国军方和特定的高级分析人员往往也需要获得同样的知识，需要开展同样的工作，需要有获得外国特定文化知识的途径，以更好地建立我们正在讨论的正常状态基线，并且开展异常分析，进而寻找异常状态。分析人员必须在智力上与大量的主题专家和精英中心合作，他们的参与取决于所面临的问题和需要解决的问题。他们需要学会与该文化里的各个阶层合作。开展高级分析的分析人员，特别是在异常分析中，都需要咨询数据科学家并与他们合作，使用其强大的机器和数据，帮助解决挑战。分析人员还需要与当地人合作，因为他们具备特定居民区、文化、行动、交易、互动和行为的极为具体的知识。如果分析人员因为安全问题，对是否使用当地人开展异常分析犹豫不决的话，他们并不需要将任务的所有内容都告诉当地人，只需要向这些人提出非常具体的问题，从而获得非常具体的答案，这样分析人员就可以利用这些答案设计出观察指标，推动情报搜集工作。

继续按照这样的思路进行下去，美国情报分析人员必须开展异常分析，从而成功地打击隐藏在社会之中的恐怖分子和叛乱分子。这些人当然不希望被找到。他们混杂在社会里，是隐蔽、潜伏、安全和欺骗的高手。美国情报分析人员之所以对平民感兴趣，不仅是因为平叛行动需要“赢得民心民意”，而且是因为这是寻找敌人及其网络的间接方法。一般来说，平民在支持叛乱分子网络的过程中会犯错误，或者开展一些不同寻常的活动，这些都将成为异常状态。分析人员必须要使用正确的观察指标、正确的传感器和人力情报手段，在正确的时间和正确的地点，发现这些异常状态。高级分析人员和搜集专家必须寻找不寻常或不同或异常的迹象、行为、交易、身体机能、互动和活动，才能取得成功。这些迹象和标记都可能会出现，因为所有人都在开展互动、交易、活动和行动，特别重要的是，他们都会犯错误。一旦人犯了错误之后，高级分析人员就可以识别出邪恶的敌人网络活动，无论这些活动多么转瞬即逝和微妙。这些错误虽然看起来不起眼或者不重要，但都包含了细微的、有张力的或轻微的征候，而分析人员和情报搜集专家必须能够有意识地发现这些征候。

作为异常分析探讨的最后一部分，我们还需要探讨一下分析人员在使用异常分析时面临的挑战，以及应对这些挑战的方法。首先，让我们探讨一下异常分析的挑战：

- 需要知识支撑。
- 分析人员需要高级分析支撑。
- 必须获得来自当地主题专家、红队、虚拟知识环境、知识丰富的分析人员，以及文化、功能和技术专家的知识支持。
- 分析人员必须了解和使用文化，以赢得优势。
- 分析人员必须了解和使用技术环境，以赢得优势。
- 寻找合适的当地主题专家，他们对特定居民区非常了解，虽然找到这些人很困难，但却是非常重要的。

下面是应对这些挑战的方法。一些最好的方法包括：

- 心理组织——使用思维模板来促进结论性和深度思考。
- 寻找专家帮助，并与专家合作。提出基线和寻找异常状态，很大程度上需要文化、技术和功能知识（威胁和作战环境方面的知识）。
- 寻找现有的基线。分析人员可以使用已经存在的基线。当然，问题是对于这些已经存在的基线，分析人员必须对它们进行调整更新，并且做一些数据梳理，使其可以更好地应对所面临的问题。如果没有现成的基线，他们则需要提出新的基线，利用它们开展异常分析。他们需要特别关注文化、技术和功能等基线，并且在自己察觉到需要之前，开展新的、预期性基线分析工作。

★ 寻找文化主题专家。分析人员希望寻找和发现一些当地的、外部的以及境外区域官员，帮他们思考异常分析的挑战，处理复杂基线。他们需要使用当地主题专家去寻找合适的社区主题专家，帮助开展具有当地特性的基线和异常分析。

★ 开展红队分析、推演和批判性思维。分析人员需要任何可以对自己的思维进行检查的人，因为他们的思维可能有错，比如镜像效应、过度简化、滥用专家证言、傲慢等等。

★ 使用异常分析思维模板。

★ 从情报机构中获得帮助，从虚拟知识环境中得到帮助，从红队团队或个人处获得帮助。

★ 开展推演工作，对思维不断进行检验，找到专家来验证假设、预感、预想和疑惑。开展异常分析的分析人员必须预测目标和阻力来源的草率移动，因为这些移动可能会破坏最优秀的思维和计划。

★ 像敌人一样思考，并且在合适的当地人帮助下回答下面的问题：

(1) 我应该如何让必须要做的事情看起来是正常的呢?

(2) 我应该如何不让美国情报系统发现我的异常行为迹象呢?

(3) 我应该如何让居民区内的事情看起来是正常的，不会出现异常状态呢?

(4) 美国人怎么使用异常分析，他们如何让我失败，我应该如何先人一步采取反制措施?

(5) 美国人将在什么地方、使用什么方法监视或者追捕我?

(6) 我应该在一天当中的什么时候开展必要工作，避免出现异常状态呢?

(7) 我应该如何防止美国人通过异常分析，发现我的反监视行动迹象呢?

(8) 谁能在安全庇护所附近为我们提供早期预警和反监视行动，

从而避免出现异常状态呢?

(9) 我应该如何进行通信，才能使美国情报人员不会注意到我们的行动和异常呢?

总之，我们必须要说，异常分析是非常有意思的一章。之所以有意思，是因为人们多年来一直在努力寻找异常情况，但往往徒劳，其原因就在于他们自身思维面临的挑战：找到正确的专业人才和知识，使用正确的情报搜集手段来寻找异常状态，应对作战环境的变化无常等等。无论成功道路上有多少艰辛，如果正确、积极且持续地开展异常分析，它会为我们的高级分析和决策做出巨大贡献。如果情报分析人员学会正确使用异常分析，他们就可以厘清城市作战环境中的困惑、模糊和混乱。他们可以将那些看似无形的东西变成有形的和可用的东西。这种通过异常分析进行厘清的工作，对于指挥官的决策活动尤为重要。

二、结语

让我们回顾一下本章的最重要观点：

★ 开展异常分析时，情报分析人员首先要知道和理解自己所思考和研究的居民区和行动的正常状态是什么?

★ 要想理解正常状态，情报分析人员必须使用三种类型的基线，即技术、文化和功能等基线。这些基线都具有地域性，必须不断进行更新。由于作战环境的易变性，高层次分析的需求，知识的时效性，以及寻找难以捉摸的、强大的和善于隐蔽之敌等原因，情报人员总是面临巨大的时间压力，导致他们很难应对这一挑战。

★ 敌人网络支持者并不都是秘密情报工作的行家里手。因此，他们都会犯错误。这些错误本质上往往都是文化层面的。因此，看见、注意和理解这些错误（因为观察指标与这些错误是关联的），人们必须要详细了解文化。

★ 异常分析与文化分析、符号分析、倾向分析密切相关。
★ 去模糊化可以将看不见的东西变成看得见。因此，这一心理功能对于“看见”差异、变化甚至最轻微的扰动所产生的变化，是至关重要的。由于作战环境、威胁、网络、平民和城市叛乱舞台上其他参与者等因素的复杂性，导致这一过程同样也是艰难的。为了去模糊化，人们必须了解技术、功能、文化活动以及特定区域内互动、交易和行动。如果没有训练，无法接入虚拟知识环境，无法接触可视化机器，那么异常分析就远非前线部署的参谋人员所能掌握的。
★ 要想做好判断异常状态准备，人们必须开展以下几项工作。分析人员可以通过使用三维地理空间信息系统模型，强化自己的认知活动，帮助理解作战环境，理解正常状态，以及特定社区、街巷、庭院以及各种活动和能量排放的正常状态。
★ 情报分析人员必须在多个领域寻找异常状态，包括空中、地面、信息和网络空间。他们必须在自己的思维中将寻找的对象可视化。这种异常状态与假设或预想有关系。考虑到这一点，他们就可以通过解构形成观察指标，以此来推动情报搜集工作。此外，他们必须知道和了解文化、技术以及功能，通过将所获数据进行重构，将其变成信息，并将信息综合成知识。

找到异常状态之后，人们就可以寻找差异或微妙变化，它们预示着涉及威胁的活动和行动。通过异常分析，高级分析人员正在寻找变化产生的结果或行动。当叛乱分子准备或者正执行袭击或支援行动时，肯定会发生脱离正常状态的事情。这些活动肯定会发生，否则行动根本无法展开。但是，美国情报传感器、人力情报和分析人员可能看不到或者不会注意这些变化以及由此产生的行为。为什么呢？本章（阐释异常状态）认为，美国情报人员无法通过观察变化或异常状态去寻找目标，如果他们寻找的对象是特定的变化，他们可能没有足够的知识，去理解自己所看到的东西，更不用说理解它们之间的关系了。因此，知识以及找到能够产生这些知识或能增加这些知识价值的人，对于成功开展异常分析至关重要。

异常分析是高级分析的奠基石。敌人的任何活动都将产生一定的结果。这些活动会对原本正常的状态产生扰动。这样的扰动将会导致参与者、旁观者、设施、商业活动、儿童玩耍、交通模式以及建筑许可证核发等的变化。高级分析提供了一种通过异常分析关注这些变化或运动的方法。然而，要想聪明地使用这一方法，高级分析人员必须努力寻找、更新和使用文化、技术和功能等基线，这是思维的起点。

由于异常分析依赖于文化和符号分析，因此按此逻辑发展下去，下面两章将分别阐述文化和符号分析。我们会向读者解释高级分析的每个要素及其实用性。

[第14章]

文化分析[1]

> 定义：通过传统且基于文化的态度、行为、社会规范和条件等要素，了解特定的文化、平民及其行为模式。

一、文化情报分析背后的理论

在人类学中，文化是指“由一群人构建的行为方式的总和，并且一代一代向下传承”。[2] **文化情报分析**（本书简称文化分析）包含特定人或人群的数据、信息和知识。对于高级分析来说，这样的见解是非常必要的；我们可以通过观察、调查、分析和理解人类行为的综合模式（包括思维、演说、人为现象、标记、行动），得到这样的理解。这些综合模式依赖于

[1] 原注：我要感谢下面这些人，在与他们的交谈中我受益匪浅，尤其对有关文化分析的思考裨益良多。他们是：加里·西腾鲍姆博士、比尔·安德森博士、吉恩·波蒂特、弗兰克·安德森、卡罗尔·斯图尔特退役上校、马萨·克斯勒、帕特·朗格退役上校、哈利·巴肯退役上校、艾德·莱维特、马克·芬克尔斯坦、帕勒塔·奥蒂斯博士、鲁斯·格莱恩博士、安德尔·科斯特鲁特、哈德尔·阿尔汉姆达尼以及卡德希姆·阿尔瓦里。

[2] 原注：Dictionary.com. *WordNet*® *3.0.* Princeton University; http://dictionary.reference.com/browse/culture.

人类学习和传递知识的能力（包括信念、态度、行为、社会规范和材料特征），及将这些模式传递给种族、宗教、社群以及子孙后代的能力。文化是叛乱活动中最为重要的因素。正如一位作家告诉我们的，我在这里也强调一下，“文化很重要，情报人员需要理解他们必须工作区域的语言、历史和文化”。[1]

文化情报分析包含了对某种文化的研究、解构、知识获取和理解，足以了解该文化是怎么运作的，各要素如何发挥作用，如何影响思维，如何影响人的生活、思考、感知和决策，以及理解人、组织和领导者最为珍视的价值取向是什么。文化情报分析包括理解文化如何影响司法、政治、军事、经济、安全、外交和金融系统等。文化情报就是历史；历史的根源就是文化分析的重要内容。了解这一点对**获得优势**至关重要。文化情报必须顺应全球化潮流。全球化为竞争双方都提供了机遇，这一观点可以从专栏作家托马斯·弗里德曼下面这段话中得到阐述：

> 所谓扁平世界，指的是我们已经与地球上所有的知识中心建立了联系，成为一个独立的全球网络，假如政治和恐怖主义不碍事，将可以开创一个令人惊讶的繁荣与创新时代……然而我对此却非常恐惧，因为从扁平世界中获得能力的不仅是软件编程人员和计算机天才们，还包括基地组织和其他恐怖分子网络。[2]

开展文化情报分析，仅意识到这一点是不够的。了解文化特质是一回事；从文化角度和观点思考如何设计文化行动效果、开展协调一致的文化行动，则是另外一回事。美军已经在它的条令中承认了平叛行动中文化的重要性。在《陆军战地手册 3-24》（《美国海军陆战队 3-33.5》）中，它在以下声明中承认文化的重要性及其与情报的关系：

---

[1] 原注：Grau, 44.

[2] 原注：Thomas L. Friedman, *The World Is Flat* (New York: Farrar, Straus and Giroux, 2005), 8.

> 平叛行动就是情报行动。情报在平叛行动中的功能，就是促进对作战环境的理解，重视平民、东道国和叛乱分子。指挥官需要拥有这三者的准确情报，才能更好地解决产生叛乱的问题。无论是叛乱分子，还是平叛人员，要想取得成功，都需要有效的情报能力；都需要在挫败对手情报能力的同时，创建和维持情报网络。[1]

美国国家权力的执行者们必须深入了解如何对人、组织和特定文化领导者进行影响，包括对其思考、感知、决策、行动、评估、学习和调整等方面实施影响。由于人是任何叛乱活动最重要的因素，因此决策者需要时间设计详细计划，从而确保基于人的行动效果和行动开展。作家戴维·戈卢拉在其著作《平叛战争：理论和实践》中的下面这段话，可以帮助我们认识平民及其所承载文化的重要性。

> 如果叛乱分子可以隔断平叛人员与平民之间的联系，并且从物质上控制平民，使平民积极支持他，那么叛乱分子就能赢得战争，因为归根结底，政治权力依赖于人民的默认或明确赞同，或者在最坏的情况下取决于人民的顺从。因此，争夺人民的战争，是革命战争的主要特征。[2]

当然，情报分析人员要想赢得人民，必须了解平民及其与其他人或组织互动所处的文化环境。按照这样的思路，戴维·彼得雷乌斯将军在2006年《军事评论》杂志上就强调了对文化理解的重要性：

> 文化认知是力量的倍增器，我们要意识到文化“地形”知识

[1] 原注：FM 3-24/MCWP 3-33.5, *Counterinsurgency* (Washington D.C.: Headquarters Department of the Army, December 2006), 3–1.

[2] 原注：Galula, 4.

与地理地形知识同等重要，有时甚至更重要。这表明，人民在很多方面都是决定性地形因素，我们要像以往研究地理地形那样，研究文化地形。如果不了解当地种族、部落、宗教因素、政党和其他社会团体及其各自的观点，各个群体之间的关系，政府结构和程序，地区和宗教历史，地区和国家领导人，那么在这种文化中开展工作将会困难重重。[1]

情报分析、筹划、搜集及条件准备活动，对于获得有关作战环境、敌人、平民的知识和理解，是非常关键的过程。情报分析人员必须寻找和发现足够的文化知识和背景，用于具体规划情报行动和评估结果。

无论接受了什么样的教育，也无论访问某个国家多少次，如果一个人不是在这个文化中土生土长的，那么要做到像这个文化里的人那样思考将会是非常困难的。因此，作为一个考虑因素，进行高级分析以及开展文化情报工作的人，需要有一条能够寻找、发现和成功地与当地人或美国文化主题专家进行磋商的渠道。当文化的衡量标准迥异于自己所处的社会时，就需要采取措施确保获得足够广度和深度的文化知识，从而设计出好的效果和行动，并且知道如何评估结果。无论是战斗还是行动，即使是评估行动与结果的数据阐释工作，如果没有可信赖的当地文化专家帮助，都是无法有效完成的。然而，即使有了当地专家帮助，情报分析人员依然要意识到，任何人都有知识的局限性。因此，情报分析人员在使用高级分析的原则时，必须寻找和使用虚拟知识环境经纪人，去发现可信的主题专家，并且将分析人员与主题专家联系起来，共同开展高级分析工作。

[1] 原注：Petraeus, 8.

二、文化分析的重要性

沿着我们已经探讨的问题进行下去，文化分析之所以重要，有几个原因。它可以帮助决策者及其参谋们了解文化的基石，它的制度，它的人民，它的观点及其行为。文化分析人员可以帮助决策者及其参谋们预测行动和结果，不仅是预测敌人，还可以预测与他们产生互动的平民。此外，它可以提供制定和使用文化观察指标的渠道。文化分析可以制定文化观察指标，从而为情报搜集工作提供非常具体且详细的指导。它还可以帮助高级分析人员理解所获数据，并将数据转变成信息和知识，这样指挥官和高级参谋官们就可以有更大的机会获得对态势的理解。

正是通过文化分析，文化观察指标才会出现，才能指导各类情报搜集手段在正确的时间、正确的地点，以正确且具体的标准，搜集正确目标的情报信息。让我们快速回顾一下前面探讨的问题，所谓**文化观察指标**，指的是对可见或不可见属性的观察和测量，这些属性来自特定种族人群的生活之中。文化观察指标对于文化分析至关重要，在搜捕隐蔽在环境背景之中的敌人时，文化观察指标可以提供敌人行动或异常的征候。这需要高级分析人员在主题专家和当地人的帮助下，设计出足够详细、可用的文化观察指标。文化观察指标常常是微妙的、细微的和变动的；一旦搜集所获数据被融合、整合和阐释，我们就不难对它们进行规划、实施和理解。使用文化观察指标很快就成为情报分析人员在平叛行动中任何认知工作的首要选择。最后一点，文化观察指标可以帮助美国筹划人员和决策者理解敌人、平民和文化环境，因为正是在这种环境中，敌人与美军、中立势力、跨国公司、当地人以及文化要素之间进行互动。

在平叛行动中，决策者往往会考虑自己的决策、行动和结果对民众的影响。这种考虑需要在情报分析 / 搜集过程的一开始就设计文化观察指标，推动情报搜集工作，并提供数据，而文化情报分析可将这些数据转化成信息和有用的知识。当然，在通过人们的文化“透镜”阐释行动结果过程中，文化情报分析方法是非常重要的手段，因为这些人将经历这些行动的直接结果或副作用。

平民有时会支持叛乱分子，因为他们的生活条件比较艰苦，以至于他们认为选择叛乱分子一方可以改善生活。然而日日夜夜不断循环的安全问题，也会影响他们的决心。安全问题既可以是直觉问题，依赖于人的思维和情绪，又可以是物理问题。但思维和情绪来自文化，以及文化如何影响人的思考、感知、感觉、行动和行为。

举一个例子，改善落后的基础设施是许多人长期以来的愿望，并且直接来自特定的文化视角和经历。分析人员必须开展文化分析，以便了解民众认为他们目前的困境是什么，他们对未来的期望是什么。我们可以从互联网、电话、电视或者共享信息中了解他们的期望，或者简单地从每个人好的经历与坏的经历中窥见一斑。或者，更好的是，他们的期望来自采访、人力情报以及当地和美国文化主题专家的想法。我再重复一遍，如何解读这些数据和信息，取决于这个人解读所有信息的方式。知觉就是人的文化透镜的产物。为了解知觉，人们必须不厌其烦地钻进我们研究对象的意识和文化之中。无论如何，预测还是很重要的，它来自并且取决于文化的上层建筑。

和预测一词关系紧密的阐释，同样是文化情报分析的重要内容，但却更加复杂和难以理解。这种理解和解释上的困难，正是美国情报分析人员无法“单枪匹马”战斗的原因所在。再次强调，请考虑一下城市基础设施如何影响特定地域平民的知觉和阐释能力。考虑美国领导人和士兵的行动如何影响人的知觉，以及他们如何对所获信息进行解读。考虑阐释与知觉的关系。举一个例子，2011 年 9 月 11 日的事件是所有美国人的灾难，但其他国家人对此事件的阐释却非常不同。比如中东一些国家的人，认为这一事件是全球犹太复国主义者的阴谋，目的是离间美国人与穆斯林的关系。恐怖分子则认为这一事件是上帝安排的。欧洲人有时认为“9 · 11”事件后的反恐行动是过度反应，特别是考虑到这些人及其国家多年来在反恐行动中遭受的损失。因此，不同的看法也是文化分析的重要内容。作家迈克尔 · 朔伊尔（Michael Scheuer）的下面这段话，可以帮助我们了解不同看法的含义。

> 我们必须接受这样的看法，即世界上许多穆斯林都认为，美国的外交政策不可避免地在偏袒以色列，并且在袭击贫穷和防卫不善的伊斯兰国家中获得快乐……贪婪地控制和消耗伊斯兰世界的能源；允许以色列占领耶路撒冷，允许美军士兵驻扎沙特阿拉伯，是亵渎神明的行为；伪善且残忍地拒绝巴勒斯坦人的权利，使用经济制裁手段打击伊拉克穆斯林，并且支持伊斯兰世界专制的国王和独裁者。[1]

在这一章的文化分析中，我们可以得出三个简短的结论。**第一**，要想有效使用高级分析及其重要组成部分——文化分析，高级分析人员必须接受专门训练和教育，并且能够获得正确的文化主题专家的帮助，以了解文化情报中的微妙、细微和模棱两可之处。如果没有主题专家，分析人员必须尽可能掌握足够多的知识和经验。**第二**，无论是知觉还是阐释，都非常重要且密切相关，就像是一方“喂养”另一方的关系。比如，分析人员必须感知世界、居民区，还需要从特定文化中人的视角出发，理解互动、行动、交易、目标、目的以及日常和异常发生的事情。阐释同样也是以文化为导向的。也就是说，对高级分析人员来说，重要的是使用文化情报来理解人们如何阐释行动、公报、信息和努力提高平民的生活水平。这是一个文化议题，是一种文化情报，也是一个直接的线性的文化观察指标，可以帮助我们理解所打交道的对象如何阐释我们正在或者已经开展的工作。高级分析人员使用文化分析并从当地和非当地主题专家那里获得帮助，以获得所需的洞见和理解，进而通过使用文化手段获得优势。**第三**，如果高级分析人员不设计和使用文化观察指标进行情报搜集，他们就会错过城市环境中的大规模情报行动。

文化分析与高级分析的其他认知要素密切相关。与文化分析关系最紧密的是**异常分析、倾向分析、群体分析和符号分析**。下面让我们简要探讨

---

[1] 原注：Michael Scheuer, *Through Our Enemies' Eyes* (Washington: Brassey's, Inc., 2002), 17.

一下文化分析与这些高级分析要素之间的关系。

- **文化分析和异常分析**。所谓**异常分析**，指的是辨别与正常或通常秩序、形式或规则发生偏离的情况的含义；或者辨别某些应该出现但却没有出现的问题的含义。异常分析依赖于文化分析及文化基线，用以开展筹划，寻找和理解所搜集的数据及其意义。我们再回顾一下，**文化基线**指的是一种心理模板，可以作为与社会共享知识和价值相关的标准，通过它们可以衡量或比较特定地区发生的事情，这些事情往往是由特色人群的独特生活方式所展现出的。文化基线之所以重要，是因为它建立了文化规范。有了文化规范之后，我们的分析人员和情报搜集人员就可以寻找和理解文化中的异常状态。发现异常状态之后，分析人员就可以快速地构建因果关系。此外，敌人网络的支持者也会犯错误；这些由于紧张、恐惧、肾上腺素激增、出汗增多、措辞激动、不礼貌，以及平时很悠闲现在却很慌张等导致的错误，都会演变成文化错误。文化分析可以帮助设计文化观察指标，可用于寻找异常状态。它还可以提供智力和知识，从而设计和完善文化基线，并且提出文化观察指标。
- **文化分析和倾向分析**。所谓**倾向分析**，就是通过思考和研究人们的普遍倾向，组织的行为和行动倾向，当前环境或态势、事件、行动、行为的心理快照，放射物能量的散发，以及所有这些相互作用和相互交织可能预示的未来，来领悟事物的意义。倾向分析需要有当前态势的快照和心理印象。因此，倾向分析依赖于文化分析，通过感知到的或真实的文化异常来抓取快照，从而理解什么是正常的，什么是错误的。倾向分析可以预示未来，但大部分情况下，它需要赋予文化预期和文化子元素（比如符号）某种含义。推理出未来情况后，高级分析人员就可以使用文化分析来设计观察指标，用以寻找所预期的文化状态。一旦将观察指标分配至情报搜集手段，各个手段就开始进行情报生产，这往往需要综合运用文化分析、异常分析和倾向分析，从所获数据中提取含义，并且快速将数据转化成信息和知识，供指挥官理解和决策使用。

* **文化分析和群体分析**。所谓**群体分析**，就是辨别从几个到几百万个事物通过结群、运动、共同合作而组成一个整体的意义。正是文化提供的“胶水”，将群体各个部分之间以及群体与群体之间凝结在一起。因此，高级分析人员必须了解文化，必须寻找懂得文化的人，必须对文化有足够理解，从而理解是什么将群体的各个要素“胶合”在一起。这种理解，可以帮助我们理解、寻找和发现将群体各个部分胶合起来形成更大群体的条件。有关群体分析和文化分析关系的思考，包括：敌人将会使用文化掩盖他们的变化和异变，高级分析人员必须使用本地主题专家帮助预测文化将在什么地方、如何发生变化，及敌人将如何使用文化的这种变化掩盖自己的行为。因此，高级分析人员必须在认知上足够灵活，了解文化的适应性和变化，从而“看见”和理解群体的文化内涵，以及这些群体将在未来发生怎样的异变。
* **文化分析和符号分析**。符号分析与文化分析关系非常密切。**符号分析**指的是，辨别图示、图画、迹象、标记、照片、句法、单词、声音、身体语言以及涂鸦上反映出的文化迹象和标记的意义。由于与文化分析密切相关，符号可能会突然出现，并且将信息或信号植入平民的感知和阐释之中。文化分析为符号提供了意义。文化分析还能提供知识和智力手段，用来设计文化观察指标，从而在繁忙且不断变化的城市里，寻找飘忽不定的符号的出现、扰动，并对其进行阐述。符号可以帮助我们理解将群体黏合起来的文化“胶水”是什么。为什么符号分析对于文化分析如此重要？我们的答案是，在城市平叛作战环境中，符号可以帮助高级分析人员识别一些非常具有文化特异性的东西，用来寻找、发现和解读异常状态和倾向。事实上，异常状态或异常事件经常出现，并且能够在符号领域被人们发现，这就需要利用文化分析对符号进行解读和应用。人类互动、交

易、行动和行为是微妙的、细微的和模糊的，以至于它们在西方人的眼睛和意识中是无形的。但是，符号并不是完全无形。文化分析人员可以帮助我们寻找和发现那些难以发现的和无形的事件、人类活动或交易。文化分析还通过寻找和识别符号内涵，与符号分析产生联系；我们必须要寻找和发现那些非语言的行为、象征、句法、语言变化和符号，并且在这些要素一出现就立刻予以应用。

下面进入理解文化分析的下一个步骤，让我们讲得更具体一些，并且思考情报人员和指挥官使用文化分析的一些实际应用。首先，让我们深入探讨一些最重要的考虑事项，以理解文化分析的变幻莫测。下面这些问题可以帮助我们找到答案。当思考文化与城市情报行动的关系时，我们应该思考哪些重要的内容呢？

- ★ 附近区域；
- ★ 通常会发生的行动，以及异常情况会是什么样的；
- ★ 人的互动，包括朋友、男女、夫妇、亲戚、熟人、儿童和成年人；
- ★ 交易是如何发生的；
- ★ 人们的社会、政治、宗教和休闲活动是如何展开的；
- ★ 人们的行为如何；
- ★ 人和组织的活动以及文化影响；
- ★ 居民区的文化基线；
- ★ 宗教对行动、交易、互动和行为的影响；
- ★ 人们对西方、技术以及外国军队存在的看法；
- ★ 人们对安全以及未来希望的信念；
- ★ 人们对美军和西方提供的数据、信息和知识的阐释；
- ★ 人们对外来者的看法以及相互之间的信任；
- ★ 关系，从最亲密的关系到最疏远的关系；
- ★ 休闲活动；

- ✶ 人们如何着装；
- ✶ 人们如何交谈；
- ✶ 人们的姿态如何。

城市作战环境中的各方都有自己的优势和劣势。在文化分析中，理解这些优势和劣势非常重要，原因有二。**第一**，自己的劣势就是自己的薄弱点。一旦出现薄弱点，就给了对方发现和利用优势打击我方薄弱点的机会。正如友军通过文化分析以试图利用薄弱点一样，他们必须警惕敌人头目利用友军的薄弱点发动潜在的攻击。此外，在指挥官试图利用优势攻击薄弱点，特别是攻击敌人的文化薄弱点时，友军的情报分析人员必须帮助指挥官理解这种行动可能造成的文化影响。**第二**，寻找敌人薄弱点的同时，应该使指挥官意识到自己的薄弱点，以及敌人和其他竞争对手可能试图利用这些薄弱点。

敌人在文化方面的优势，使得他们可以很容易与文化及其行为、交易、互动，以及个体、集体和组织行为混在一起。叛乱分子网络最有意思的一点，就是“嵌入”（embeddedness）一词。恐怖主义问题专家马克·塞奇曼（Marc Sageman）是这样阐述嵌入的：

> 所谓嵌入，指的是组织成员与环境之间丰富的社会和经济联系。一旦成功嵌入某个社会，他们就要信任这种互动。这使得他们对当地的批评非常敏感。如果出现不满情绪，他们就会担心，这些情绪会靠近他们的老巢……一旦缺少了这样的纽带，就会让他们失去责任感，不再关心当地的情况。[1]

嵌入的含义，可以反映出叛乱分子和恐怖分子如何能够在一个社区

---

[1] 原注：Marc Sageman, *Understanding Terror Networks* (Philadelphia: University of Pennsylvania Press, 2004), 146.

或居民区生存，同时却在计划和执行针对这些平民的最恐怖行动。它还表明，即使叛乱分子和非正规敌人深深地嵌入了居民区，但文化上的疏远依然存在，因此就有可能通过使用文化分析来寻找和发现这些疏远，从而设计观察指标，理解所搜集的数据。

在很多情况下，叛乱分子和非正规敌人在外表、谈吐、声音、行为和行动上与普通人没有差别，这些普通人都是文化的合法组成部分。但是，他们会在一些细微的地方存在差异。作家李·哈里斯（Lee Harris）在其著作《理性的自杀》（*The Suicide of Reason*）中写道：

> 同样，任何理性行为的美德，比如避免暴力、愿意妥协、容忍其他种族及其传统，都被认为是懦弱的、胆怯的，或是对自己种族的不忠。因此，对于信奉丛林法则的人来说，他们眼里的最高民族目标就是废除一切法律，并且用理性的文化代替这些法律，因此我们和这些人很难有共同点。对于某些人是白天，但对于其他人却是黑夜；对于某些人是善的，对于其他人却是恶的。理性行为者所摒弃的狂热，却成为部落意志凝结的纽带。[1]

此外，文化将会使人们愿意支持敌人的网络，隐藏叛乱分子的行为。更进一步，对于西方分析人员来说，将合法行为和非法行为区分开来是非常困难的。一座城市里有许多人，他们每天都在开展各项工作。因此，非正规敌人或叛乱分子可以轻松将自己的行为隐藏在合法人群的合法事情之中。通信是他们掌握的另外一个优势。叛乱分子和非正规敌人可以通过使用高科技电话和互联网进行通信，也可以使用年代久远的人力信使进行通信。叛乱分子和非正规敌人还可以使用符号传递文化上的暗号、象征，也可以使用神话、传统和标志构成的谜题，这些只有当地人才能看得懂。最后一点，正因为敌人及其支持者隐藏在人流中并且使用符号，即便对最优

---

[1] 原注：Lee Harris, *The Suicide of Reason* (New York: Basic Books, 2007), xvii.

秀的高级分析人员来说，要想判断异常、倾向、趋势、集体、模式和联系都是非常困难的。

叛乱分子和非正规敌人在大型城市环境中开展作战行动时，他们也有一些劣势。比如，他们能够带来危险。他们会破坏所居住地区居民的日常生活。因此，当叛乱分子出现在他们中间时，人们就会表现出异常，这些都能够成为观察指标。比如，如果网络支持者和平民消极支持叛乱行动，他们就会经常感受到威胁、死亡和牢狱的真实存在。他们可能会非常严格地限制儿童在街上玩耍、走动、独处或是步行上学。女人在家里也不会衣着随便，当丈夫离开时，她们可能不被允许单独留在家里。

叛乱分子和非正规敌人的另外一个劣势是，他们必须利用平民执行网络的很多必要工作，比如提供食物和水、医疗、交通、炸弹零件，开展侦察或情报搜集工作。有些功能，甚至是敌人为了实现目标或达成任务的重要准备活动的一部分。但是，平民在支持网络和进行条件准备活动时，都会犯错误。美国情报搜集手段就可以通过这些错误"顺藤摸瓜"，高级分析人员和主题专家组成的团队将所获数据快速转换成可用知识，用于指挥决策。此外，有些人还是双面特工。敌人网络内和网络外都可能存在间谍和双面特工，使得反情报和反监控行动增加，又会使更多的观察指标出现，为友军寻找指标提供了机会。

每一方的网络都是由大量运动的碎片组成，可以产生许多功能，因此发现和挫败这些依然隐藏和看不见的东西是非常有可能的。叛乱分子要想生存，必须隐匿起来。当他们想隐匿时，叛乱分子及其网络就会变得敏感，成为可以为己所用的敏感变量。但当这些变量出现时，敌人不可能面面俱到做好防备。如果美国高级分析人员和情报搜集专家预测到敏感变量在恰当的时间、恰当的机会窗口的优势和力量，叛乱分子通常会为了研究、有意识地异变和/或中和这些变量而暴露它们。

考虑到大型城市环境的复杂性以及文化的重要性，高级分析人员在寻找、发现和理解数据、信息和知识，为指挥官及其参谋们提供态势感知和理解时，他们应该如何缩小自己的寻找范围呢？是否有一种方法可以组织他或她的认知活动，从而通过使用文化分析找出基于文化的、可控制的特性呢？这两个问题的答案都是肯定的。可用的思维模板包括**互动、行动、交易和行为**。但每个要素有什么意义，它们如何与文化分析构成关系？

★ **互动**。所谓互动，指的是与其他人一起开展行动。[1] 人们在社会环境下——比如城市中——进行互动。他们见面，寒暄，互致问候或者交换信息。他们共享信息。他们做生意，购买生活必需品。他们日常互动的方式都被文化深深地驱动和影响着。当分析人员了解到文化互动方式，尤其是两人之间、男女之间、成人与儿童之间、买卖之间、陌生人之间以及亲戚之间的互动方式时，他们就能够发现情报分析、搜集和应用的广阔空间。

★ **行动**。所谓行动，就是以特定的方式行事或发挥功能；执行特定的任务或功能。[2] 当然，行动的独特性和具体性是由文化决定的。人们正常的行动也是由文化决定的。而通过对非正常行动的理解，可以让我们发现那些变化的事情，让我们了解那些在文化中生活和行动的人的个体和集体心理上的扰动；对于外国人来说，文化则是集体机制里外在的、危险的本体。

★ **交易**。所谓交易，指的是开展或组织（商业、谈判、活动等）活动，形成结论和解决问题。[3] 在繁忙的城市生活中，交易可以为情报分析人员和情报搜集工作确立焦点。人们都是在一定的文化中开展交易活动。叛乱分子网络支持者也要开展交易。此外，在交易过程中，他们会犯错误，从而引起涟漪或扰动，这就是所谓

[1] 原注：Dictionary.com. *WordNet® 3.0.* Princeton University; http://dictionary.reference.com/browse/interact.

[2] 原注：Dictionary.com. *WordNet® 3.0.* Princeton University; http://dictionary.reference.com/browse/act (accessed: March 01, 2008).

[3] 原注：Dictionary.com. *WordNet® 3.0.* Princeton University; http://dictionary.reference.com/browse/transact.

的文化异常。美国分析人员和搜集专家必须关注这些异常。交易还是文化基线的一部分。比如，高级分析人员必须理解城市大众生活中正常的交易是什么，包括宗教、游戏、娱乐、结婚、死亡、出生、商业、工作、休闲、饮食、信息交换等等。仅仅了解并背诵这些交易类型是不够的。高级分析人员必须能够理解文化的影响以及历史应用，即人们如何进行特定文化固有的交易，当不同文化的人试图开展同样的交易时，会发生什么不同。分析人员必须深入研究文化细节，以理解所讨论的文化如何支配正常的交易行为，这样他们就可以使用机器或者人来观察交易中的异常或轻微的变化，比如某人去市场，在繁忙的大街上把一包非法现金偷偷塞给一个叛乱分子的信使。

* **行为**。所谓行为，指的是以特别的方式行事；由自己独立开展……在给定的环境下开展行动或做出反应。[1] 文化习惯和社会习俗推动了行为。一些社会有着非常严苛的行为准则，比如沙特阿拉伯，但也有些国家的行为准则没有这么严格，比如美国。一些城市，特别是中东城市，由于他们有着明确的社会习俗（已经被传统习俗所接受，并且被社会组织所使用），因此他们的行为方式往往是严格且受文化影响的，这就为情报分析和情报搜集提供了丰厚的土壤。[2] 如果高级分析人员可以使用文化分析，设计文化观察指标，来处理复杂环境下的文化影响所产生的行为，这些行为就可以成为开展城市平叛行动和非正规作战的强有力的分析和情报搜集工具。

读到这里，读者可能会得出这样的结论，即文化分析是智力上非常艰难的工作，高度依赖于文化知识和关系，而美军士兵正是处于这种文化

[1] 原注：Dictionary.com. *WordNet® 3.0.* Princeton University; http://dictionary.reference.com/browse/behave.

[2] 原注：Dictionary.com. *WordNet® 3.0.* Princeton University; http://dictionary.reference.com/browse/mores.

中。分析人员要想使用文化分析，必须克服这种挑战。既然现代冲突多发生在城市环境里，其文化与美国的文化差异很大，未来的高级分析人员没有别的选择，只有使用文化分析才能取得行动成功。因此，他们必须时刻注意困难和挑战，并且要拥有完备的战略以挫败敌人。下面我们探讨分析人员可能面临的挑战，以及克服挑战的方法。首先让我们确定一下文化分析中的难点问题。

- **文化知识和理解**。人们必须要了解文化，或者使用了解文化的人来进行文化分析和文化观察。这意味着，高级分析人员必须足够了解文化，从而判断敌人利用文化掩盖自己的运动、隐藏和协调活动。此外，高级分析人员必须足够了解和理解文化，从而进行预测、观察、判断和对所获数据进行理解。
- **基于文化的知觉和阐释**。前面已经提到，知觉和阐释对于指挥官开展筹划、执行和评估工作至关重要。但是，情报分析人员必须深入了解文化，才能为指挥官判断提供具体的信息和知识。
- **使用文化观察指标时，需要处理好情报搜集与选择情报搜集手段之间的关系**。本章讨论的观察指标是指文化观察指标。它们通常都是细微的、微妙的、模糊的和动态的。机械传感器无法针对这些类型的观察指标开展工作。不幸的是，人力情报开展的情报搜集工作也常常难以看到这些观察指标，除非情报搜集人员确切地知道分析人员在搜寻什么，包括搜寻的地点、时间和内容。
- **设计且确保数据流体系结构**。情报来源可能来自大量的人力、机器和地点。有些情报来源可能是正规的，比如U-2侦察机的侦察活动，但其他的来源必须是商用现成品（commercial-off-the-shelf, COTS），对于这样的渠道来说，将数据从该来源传递至美军的处理器，比如美国陆军的DCGS-A，这项工作会非常困难。
- **寻找合适的、了解特定居民区的当地主题专家**。所有文化情报都具有地域性。随着对文化的深入了解，高级分析人员必须能够深入到特定的居民区、特定的教派、特定的部落，以设计、执行和评估基于分析的情报行动结果。有两类主题专家可以提供帮助。第一类是当地主题专家。这一类专家拥有当地的文化和背景，可以帮助开展文化分析。不幸的是，这类人一般不可靠。第二类是美国的文化主题专家。不幸的是，这类人可能不了解我们所研究的文化，可能也不具备所需的知识和理解，难以确切理解文化如何影响特定居民区，但他们可以为文化情报工作提供协助。

- **思维**。很显然，西方人的思维过程与美国人民的思维过程之间存在巨大裂口。因此，了解这些国家的人民以及他们中间的叛乱分子如何思考是至关重要的。在最好的情况下，找到弥补这一裂口的方法是困难的；在最差的情况下，这几乎是无法做到的。但不能因为有困难就不解决这一问题。
- **媒体对大众心理的影响**。所有人都能够接触到新媒体。不幸的是，数据如何才能转化为可供大众使用和解读的信息，却极大地依赖于文化的影响。美国指挥官必须思考如何克服这一挑战和障碍，说服平民相信他们是在说实话。信息传送及其媒介均受到文化影响，否则必然招致失败。

现在让我们考虑一下高级分析人员如何才能克服与文化分析相关的困难和挑战。

- **心理组织**。使用思维模板。诚实地说，关于文化分析，需要分析人员思考来自记忆和经验的东西实在太多。因此，高级分析人员如果开展文化分析，必须使用涵盖主要考虑事项的思维模板。这样的思维模板不应该只是检查列表，它对思维有相关的限制。列表对于机械功能——比如飞机起飞前检查——是有效果的，但无法用来解决“如何思考”等复杂问题。相反，思维模板列出的思维选项，可以为分析人员开展文化分析提供一个概念框架。

* **寻求专家帮助，和专家一起工作**。情报分析人员如果使用文化分析，需要得到主题专家的帮助。这些主题专家可以是来自美国及其盟国的受过良好教育的文化人类学家，因为他们会说当地的语言，多年来一直在研究当地文化，也有很多时间在当地活动。高级分析人员同样可以使用当地主题专家。当地主题专家主要有两种类型。**第一**，分析人员可以使用合适的、可靠的文化专家。**第二**，分析人员可以从附近居民区寻找当地人帮助自己开展分析工作，包括解构、重构、综合、推演等等。高级分析人员还能够获得境外区域官员（FAO）的帮助，这些人接受过这种文化的教育，能够说当地的语言，拥有当地的经验。此外，我们还可以从虚拟知识环境中寻找专业知识。因此，高级分析人员可以寻找与知识经纪人、议题管理员、主题专家以及精英中心合作，他们可以助高级分析人员一臂之力。最后，分析人员可以向其他来源寻找帮助，比如跨机构组织、非政府组织以及诸如设施维修、医疗和安全公司等商业机构。当地人可以帮助分析人员学会像敌人或平民一样思考，美国文化专家也是如此。此外，境外区域官员也可以帮助理解这些人如何思考。
* **使用文化来获得优势**。情报分析人员必须帮助指挥官理解文化对知觉和阐释的影响，帮助他们了解如何减少**文化不确定性**，并且控制**文化风险**。从这个意义来看，即使最细微的文化错误也能够产生巨大的，甚至是不可修复的**文化失礼**（cultural faux pas）和相应的损坏。
* **开展红队分析、推演和批判性思维**。随着军事的发展，越来越需要参谋们具备红队分析的能力。但在莱文沃斯（Leavenworth）接受训练的红队人员，则可以提出相反的观点，通过批判性思维和假定，帮助人们提出不同的观点和解决问题的方法。红队大学的大部分课程都涉及人类学的内容以及对其他文化的同理心。有了这样的能力，红队人员就可以帮助检验假设，并通过批判性思维帮助发现

文化上的逻辑错误，以及如何解决这一问题。使用红队人员帮助分析人员像敌人一样思考，并且对分析人员的思维进行批评，这些都需要在使用文化分析的分析性条件准备活动早期就展开。作为文化分析的分析性条件准备活动的第二步，高级分析人员必须深入开展推演工作。推演必须由四方互为对抗，即友军、敌军、东道国和中立势力。每一方都分配有自己的目标、目的、资源、战术、技巧和工具，并应由红队人员和适当种族的人作为代表。当主动权从竞争的一方向另一方转移时，推演中的每一方都应该发现效果。对我们而言，我们正在寻求帮助，了解如何使用文化因素获得优势，以及敌人如何使用文化因素获得优势。我们还需要判断自己的行动和效果所产生的文化反应。高级分析人员需要使用所产生的假设（“行动—反应—再反应”假设），以指导文化分析和搜集工作。这类推演还可以帮助指导假定和思考工作，预测可能出现的二级和三级效应，预测机会窗口的出现和关闭，并且思考任何冲突中均包含的重要因素，包括主动权、行动自由、节奏、知识、动量、位置和决策优势等。

* **分析和基线**。高级分析人员如果使用文化分析，必须要使用三种类型的基线，即**技术、文化和功能等基线**。如果这些基线不存在，高级分析人员必须在情报机构和虚拟知识环境的支持机构中寻求帮助，通过搜集和组织数据，制定出基线。为此，他们必须与上文已经讨论的高级分析的其他要素合作，即异常分析、倾向分析、群体分析、趋势分析、联系分析和模式分析。
* **搜集**。高级分析人员必须与情报搜集专家密切合作，将观察指标与优化组合的情报搜集手段搭配起来。他们必须确保每个情报搜集人员都了解分析人员的指示、当前态势、取样率，以及寻找正确观察指标的正确时间、正确地点和正确行动，并且通过渠道将获取的数据尽可能直接地传递给高级分析人员，这些数据要能够满足分析标准，即时效性、具体性、准确性、相关性和清晰性。

★ **像敌人和支持敌人的平民一样思考**。要做到像敌人那样思考，积极进取的高级分析人员必须从敌人的角度，在合适且可靠的当地人和美国主题专家（具有特定领域专业技能）的帮助下，回答下面问题：

（1）文化将如何影响我对美国分析和搜集工作的看法？

（2）我应该如何使用文化来躲避它的传感器和人力情报？

（3）我应该如何使用这种文化融入社会，让自己变得“看不见”？

（4）美国人将如何对待这种可能导致我失败的文化，或者我应该如何先人一步采取反制措施？

（5）在移动和欺骗过程中，我应该如何使用文化行动？

（6）当美国人追捕我时，我应该如何平衡和使用文化这一优势，来筹划和开展条件准备活动和行动呢？

（7）使用文化提供关于威胁的早期预警的最佳方法是什么？

（8）我应该如何使用文化阻止美国发现我的反侦察行动征候呢？

（9）我应该如何使用文化来巩固制弹材料的补给呢？

（10）我应该如何使用文化来招募人员，以开展维持网络和完成任务所必需的活动呢？

（11）我应该如何使用文化进行通信，从而使美国情报人员不会注意所产生的符号？

★ 另外一个可以帮助克服文化分析挑战的步骤或方法，就是需要思考和获得更多的技巧。无论如何，下面所列的全部技巧都涉及思考。因此，第一步，分析人员必须思考他们自己的思维和理解，因为作为单个人，他们也会犯错误。按这样的思维脉络，分析人员必须对自己的文化知识进行反思，对自己深陷其中的典型错误和心理陷阱进行反思。从反思的角度来看，他们必须回答以下问题：我应该做什么来确保不犯文化思维错误？对该问题的回答可能包含以下观点：

（1）高级分析人员必须了解自己的偏见、价值观、观念、开明的态度、成见，并寻求他人的反馈，以帮助自己认识特定的认知不足、问题和错误。读者可以猜到，这是一项最困难的任务，很容易被安排到以后处理，然后再也不提及。高级分析人员需要知道自己的镜像效应倾向，并认识到其他人是否正落入这个陷阱。他们必须在推演以及其他人的思维和产品中寻找镜像效应。

(2) 使用美国和伊拉克的主题专家，学习他们的思维，进而检查自己的思维。如果无法得到这些主题专家的帮助，分析人员就需要使用虚拟知识环境。此外，分析人员必须有创新精神，要让那些不承担情报角色和任务的人帮助自己（比如维修人员、东道国军队和警察等）。

(3) 分析人员应该怎么做，才能在文化敏感性、文化对思维和观察的影响、符号和宗教节日的重要性等问题上保持开阔的思维？在考虑文化影响时，高级分析人员必须运用历史。他们必须尝试识别和使用新的思维方式，甚至是创造性思维，从而找到特定文化环境中的解决措施，这种环境一方面建立在文化停滞的基础上，另一方面建立在文化活力的基础上。指挥官需要的是“从旧要素构成的新整体中提取新观念……这种将之前看似无关的信息和观念以有意义的方式统合起来的能力，是分析人员具备开放心态、想象力和创新能力的必备要素”。[1] 高级分析人员可以使用单个或多种措施或技巧，使自己的思维大门始终向新观念或新措施敞开，用以解决老问题。一些更加知名的技巧包括：

- 角色扮演。
- 使用当地主题专家。
- 使用美国文化人类学家。
- 寻找和使用魔鬼代言人（devil’s advocate）。

[1] 原注：Heuer, 66–67.

- 判断可能的文化二级和三级效应，目的是减轻负面影响，这是该技巧的最重要方面。
- 探讨城市冲突舞台上不同参与者的看法。回答这样的问题：我应该如何了解竞争对手对其周围环境、敌人、东道国政府以及平民的看法呢?
- 问一些关于文化影响的问题。

★ 让我们回顾一下分析人员试图使用文化分析，以及试图开展有效的情报分析过程中，可能犯的认知或逻辑错误：

(1) 镜像效应；
(2) 知识不足或过时；
(3) 偏见和闭塞的思想；
(4) 不善于使用和理解关系；
(5) 不合逻辑的推论；
(6) 当分解文化二级和三级效应产生的原因时，错误地使用因果关系；
(7) 文化自负；
(8) 对社会或文化的过度简化。

★ 让我们再往前一步，积极进取的高级分析人员必须回答这个问题：分析人员在使用文化分析时，容易发生哪些个人错误?

(1) 我有没有思考自己会犯镜像效应?
(2) 我有没有使用文化分析、异常分析、群体分析和倾向分析等方法，设计出文化观察指标呢?
(3) 我有没有寻找和使用红队人员的专业帮助呢?
(4) 我有没有寻找和使用当地主题专家的专业帮助呢?
(5) 我有没有寻找和使用虚拟知识环境文化主题专家和数据科学家的专业帮助呢?
(6) 我有没有使用当地人帮助自己克服文化思维中的错误呢?
(7) 我有没有找到合适的主题专家，就是对我所感兴趣的特定居民区的文化特征非常了解的专家?

(8) 我有没有使用对该居民区非常熟悉的主题专家，有没有让他们和我一起开展推演，确定摩擦点，并且检验我的预想、疑惑和预感呢?

总之，这段有关文化分析重要性的探讨，可以给高级分析人员很大的帮助。在使用文化分析过程中，会出现很多问题，情况也会很复杂，而有关文化分析的本章内容，可以帮助我们揭开无知和缺少理解的面纱。在我们求索知识的过程中，有两个问题很重要。第一，美国军队正在推动“文化意识”，而它本应该寻求“文化能力”和知识。可以说，不是所有的情报分析人员都能成为某一特定文化的专家，但他们能够且应该知道更多，而不仅仅是“意识到”。第二，人们很少想过美军可以利用文化知识获得优势，文化的功能不仅仅是为了避免触犯平民，或只是为了知道如何与这种文化的平民打交道。要想使用文化来获得优势，我们需要知识和非常独特的分析方法——这就是文化分析。

三、结语

现在让我们回顾一下本章的主要观点：

- ★ 对美国人来说，要做到像外国文化中的平民、政府和叛乱分子那样思考，是一件困难的事情。但是，不管多么困难，这项工作都必须要做，并且要没有偏见、没有镜像效应地完成，最终目标就是要认识到这些人所做的一切事情。此外，分析人员必须意识到，当他们试图像敌人那样思考时，会发现敌人和我们一样也存在思维偏见等问题。
- ★ 文化分析之所以重要，是因为它可以帮助我们知道和了解文化的基础，并且使用这些知识去寻找、发现和利用优势。文化情报分析可以帮助美国情报分析人员预测作战方案的结果，预测二级和三级效应，提出和使用文化观察指标，理解情报搜集所获数据。

- 在高级分析框架内，文化情报分析与异常分析、符号分析、倾向分析和群体分析关系尤为紧密。
- 要想利用文化获得优势，我们必须尽可能缩小在互动、行动、交易和行为中的寻找范围。

本章阐述了使用文化分析时可能面临的挑战，以及应对挑战的措施。一些最重要的挑战包括：

- 获得文化知识和理解；
- 对当地人的思想和政府的集体思维进行基于文化的感知和阐释；
- 提出分析人员应该与情报搜集专家构成紧密关系的观点，并且构建搜集文化观察指标的渠道；
- 寻找可靠且知识丰富的、对当地十分了解的主题专家，是一个重大的挑战；
- 寻找最新的文化基线。

本章还提出克服与文化分析有关挑战的方法。克服这些挑战的最重要方法包括：

- 使用文化分析思维模板；
- 寻找和使用文化专家的支持；
- 学会使用文化来取得优势；
- 开展文化的红队分析、推演和批判性思维；
- 设计出缜密的文化观察指标，并且与情报搜集专家一起，使用由技术传感器和人力情报等手段的优化组合，搜集这些观察指标；

★ 使用分析基线，包括文化、技术和功能等基线，这些都与文化分析密切相关；

★ 学会像敌人、平民及其政治领导人那样思考，使用这些技巧来创造和利用优势。

在本章关于文化分析的结尾，读者已经做好了进入下一章，即符号分析的准备了。符号分析与文化分析密切相关，但区别和重要性同样突出，所以才将它们分开探讨。

[第15章]

符号分析[1]

定义：辨别图示、图画、照片、句法、单词、声音、身体语言以及承担和传递这些信息的媒介中反映出的文化迹象和标记的意义，并获得知识和理解。

一、符号分析背后的理论

符号分析最直接的应用，就是提出和理解城市环境下的文化特征。符号在社会中有重要目的，可以帮助识别和阐释文化，可以通过书面、口头和视觉交流等方式传递信息。符号还通过迹象、标记、历史、神话以及语言等方式代表文化。那么符号以及符号分析是如何与高级分析人员相联系的？当审视敌人所处的文化时，我们必须了解符号，进而了解文化。此外，要想了解和知晓平叛行动，我们的分析人员必须了解和使用符号以及

[1] 原注：我要感谢下面这些人，在与他们的交谈中我受益匪浅，尤其对有关符号分析的思考裨益良多。他们是：加里·西腾鲍姆博士、比尔·安德森博士、吉恩·波蒂特、弗兰克·安德森、卡罗尔·斯图尔特退役上校、马萨·克斯勒、帕特·朗格退役上校、哈利·巴肯退役上校、艾德·莱维特、马克·芬克尔斯坦、帕勒塔·奥蒂斯博士、鲁斯·格莱恩博士、安德尔·科斯特鲁特、哈德尔·阿尔汉姆达尼以及卡德希姆·阿尔瓦里。

文化分析，从而设计出城市环境下的情报搜集工作，同时判断平民的情绪，判断友军指挥官已经筹划和执行的效果和行动结果，理解叛乱分子和非正规敌人如何使用符号，来传递警报、代码、命令、（事件）描述以及作战方案等信息。

美国高级情报分析人员必须学会使用符号分析方法，帮助他们思考、制定和形成结论，至少要形成有待证实或检验的暂时假设，并且通过基于文化和符号的观察指标，以及行动、交易、互动和行为等要素，对假设进行证实或证否。在分析环境下，符号分析有一个特定的分类，包括但不局限于书面文字、口语、句子、措辞、语调、音调变化、语义、重音、非语言行为、语言中的细微特征、语言和手势的微妙之处、语气、涂鸦、声音、气味、集体行为、标记、代码和玩笑等等。著名阿拉伯文化专家伯纳德·路易斯（Bernard Lewis）下面这段话可以帮助我们理解伊斯兰教对符号的影响：

> 不管出于何种原因，政治的、社会的还是经济的，到目前为止，大多数穆斯林都是使用伊斯兰教的方式，来表达他们的批评和期盼。他们的口号、计划，甚至领导能力的很大部分也是伊斯兰教的。[1]

人们必须理解自己工作所处的文化，而不只是“注意到”这些文化。文化的某些方面一直处于动态之中（最新的趋势，最近的热点话题），但其他方面却是半永久性或者是文化中持续时间长的传统。符号包括文化迹象和标记，以及肢体语言、图示，甚至还包括短期和永久的涂鸦。阿拉伯人使用语言的方式很有趣，并且与我们的符号分析工作有关。阿拉伯人说话时倾向于夸大其词：

[1] 原注：Bernard Lewis. *Islam and the West*, (Oxford: Oxford University Press, 1993), 135.

> 他们喜欢重复。如果一个阿拉伯人想要让谈话对象知道，他已经决心采取某种行动，他会将自己的意图重复说很多遍，使用一系列重复的话以不断强调，并且带有轻微的风格变化。[1]

同样重要的是，所有的行为都是通过观察者的眼睛进行过滤，并且在观察者的头脑里进行理解处理。这些思维受到文化、周围事物以及环境的影响，往往会错失符号的含义，在军事领域，可能会丧失使用符号分析作为文化观察指标的一部分能力，以及将数据重构成信息和知识的能力。

符号之所以成为高级分析的一个重要方面，其原因很简单：平叛和反恐工作必须以人为中心，以人的生活和工作特点以及他们所处的文化影响为中心。然而，如果美国情报分析人员知道和了解敌人，符号也可以用来对付敌人。我在前面已经写过：

> 理解敌人想要寻找、使用和信任的信息和知识非常重要。为什么？如果分析人员了解敌人想要寻找、使用和信任的知识，他们就可以操纵或建立新的信息，而这些信息就是专门设计用来迷惑、欺骗或者改变敌人认知的。[2]

在这场美国与全球叛乱分子战斗的智力战争中，符号可以为我们提供赢得这场战争所需的特性。情报分析人员必须对那些其家庭和商业活动构成了叛乱分子和恐怖分子作战环境的人感兴趣。高级分析人员必须对那些可以操作人力传感器的人感兴趣。这包括对影响他人感兴趣，不让他们支持叛乱分子和恐怖分子的网络。因此，文化及其对已出现或未出现状态的影响，对于发生在作战环境中的任何事情都是十分重要的。这意味着，所有活动无一例外地都来自它们周围的文化。迹象和标记是人们在某种文化

[1] 原注：Ralph Patai. *The Arab Mind*, (New York: Hatherleigh Press, 2002), 56–57.
[2] 原注：Hall. *Stray Voltage War In The Information Age*, 129.

中进行交流的手段。它们在文化上是不同的。因此，要想研究嵌入某一文化中的敌人，分析人员既需要了解符号，又需要了解文化，如此才能成功地开展分析工作和执行任务。

由于叛乱敌人常常潜伏在大规模平民之中，他们与平民在文化取向和特征上是相同的，或至少是相近的，因此我们很难发现、跟踪和追踪他们。由于美国情报人员并不是来自这一文化，因此他们无法像当地人那样行动、着装、思考和休闲，也不可能像当地平民一样思考，除非他们受到智力上的训练和教育，并且对该文化有实践经验。他们对现实情况及影响自己思维的刺激的看法，与这些当地人差异极大。此外，如果没有接受过大量训练和教育，美国情报分析人员将难以理解东道国居民在其日常生活和私人生活中显现出来的迹象、标记、手势以及其他非语言行为。这些迹象和标记的出现表明敌人的存在，同时可以反映出平民是否在支持敌人，这些都是可以了解和观察的因素。

可以说，分析人员有时无法使用符号分析来找出每一个隐藏的敌人。叛乱分子非常精于隐藏，而且充满妄想，很少会冒风险进入社会开展任何活动。但不管行动安全与否，这些叛乱分子仍然需要支援。这些支援就是判断敌人活动的间接方法，这一点已经在前文探讨过。任何人在支援叛乱分子网络时都会留下运动和能量痕迹，这有助于我们进行追捕；通过将痕迹集合起来，我们就可以像蚂蚁回巢那样找到敌人。符号分析可以帮助我们在城市充满活力的外国文化环境下，追捕这些隐藏的敌人。

前面已经提到，符号分析与文化分析有关。因此我们需要回顾一下文化的内涵，以便更好地理解符号以及两者之间的关系。文化指的是，**特定社会、种族或年龄结构的人群的行为和信仰特征；它是由人类群体建立的生活方式的总和，并且可以一代一代传承下去。**[1] 人是如何参与文化的呢？人就是文化。他们创造和发展文化。他们改变文化。人总是生活在文

[1] 原注：Dictionary.com Unabridged (v 1.1). Retrieved March 09, 2008, from Dictionary.com website: http://dictionary.reference.com/browse/culture.

化之中，并且感受文化的变迁。这些就是文化特定的人文表征。符号就是表征之一。为了建立符号架构，我们需要考虑哪些文化因素呢？一些重要因素包括：

- ✶ 宗教；
- ✶ 语言；
- ✶ 通信；
- ✶ 教育；
- ✶ 历史；
- ✶ 关系；
- ✶ 文学；
- ✶ 电视；
- ✶ 婚姻；
- ✶ 互联网；
- ✶ 家庭生活；
- ✶ 神话；
- ✶ 传统；
- ✶ 讲故事；
- ✶ 标记；
- ✶ 衣着；
- ✶ 休闲活动；
- ✶ 休息和放松；
- ✶ 饮食；
- ✶ 技术；
- ✶ 死亡；
- ✶ 出生；
- ✶ 文身；
- ✶ 电话技术；

★ 仪式。

人们通过符号与文化发生关系。比如在美国文化中，街头帮派就通过颜色表示自己的势力范围。人们都需要互相通信。有时他们使用传统方式，比如电话聊天或者发送电子邮件。但人们也会以非传统的方式进行通信，比如他们穿了什么，或者没有穿什么。比如，如果他们是宗教激进主义者，就会穿传统服装。如果他们并不是严格遵循宗教激进主义教义，他们就会穿现代衣服。他们运动时会选择特定的衣服。女人去超市和参加宗教活动会穿特定的衣服。在旅行、休息或者享受休闲活动时，他们会穿特定的服装。他们对死者表示哀悼和对孩子出生表示祝贺，所穿的衣服也是不同的。服装是文化的重要方面，可以作为符号帮助传递信息。即使服装是一种符号，可以传递信息，但也只有看懂得的人才能明白，也只有在他们眼里才能解读出其内涵来。

人们使用符号进行交流。符号传递信息的方式包括非语言行为，比如姿势和面部表情等。其他非语言符号，包括抬眉，用眼睛做出认知和表情“姿势”，比如表现出怀疑、恐惧，以及在就某一观点表明看法时，显示出更加坚定的立场。此外，人们还通过手和肢体来交流情绪，比如兴奋或不同意。他们也可以通过站立甚至走路或跑步的姿势来表达情感。

在与他人交流时，人们也在使用符号。人们可以大声交谈，也可以轻声交谈。人们的歌唱可以表达欢乐，也可以表达悲哀。他们可以吹出欢快或悲伤的口哨。他们讲话过程中可以提高声调来传递含义。如果一个健谈的人变得沉默，这也表明他在传递某种含义。如果一个人平时说话啰唆，但突然变得很简洁，这表明他肯定是在有意或者间接地传递含义。人们通过声音和语调表达含义，为了强调某件事，他们会重复某个语句和观点。比如一些自杀式爆炸袭击者在准备死亡过程中，往往会高唱颂歌和咒语。

符号可以来自艺术。人们可以绘制出标记或图像，一方面传递自己的信念、情感或情绪，另一方面传递有目的性、功能性信息。人们在艺术中使用的标记，对于不是该文化中的人来说，是很难理解的。甚至绘画中选择使用什么颜色也有文化内涵，常常是很难琢磨的，更不用说去解读了。有关通过艺术符号传递内涵的观点还包括：绘画可以传递象征主义、故事、代码、神话、历史以及密码等。涂鸦是另外一种充满符号学的艺术类型，可以作为文化信息传递含义。人们在墙上、桥面、路标、房屋以及商业设施上创作的艺术、标记或单词，甚至代码，都有一定的含义，并且能够被特定文化中特定居民的意识所感知。书面语句也构成艺术。当我们思考符号时，我们会从书面语句中得到什么？我们得到的例子可能是，人们取得的成就，传递信息，提供解释，提供指导，进行愤怒的谩骂，提供历史看法，讲述故事，以及传递隐藏的信息。

符号还可以出现并用于特殊的意义。符号中蕴含的文化内涵，同样是来自美国或其他西方文化中的人无法理解的。究竟哪些有特殊含义的符号可以进行交流呢？总的来看，它们可以是语言的、视觉的、声觉的或非语言的。它们也可能是人们的姿势，见面时的接吻礼，交谈时握手，甚至如何选择握手等等。即使在通常不处理家畜尸体的文化中，家畜尸体的存在也可以用于符号交流。传递符号内涵的方式可以包括动物所在的位置，四肢的指向，头或躯体的摆放，但最简单的是，家畜尸体的出现或消失。

符号分析与高级分析的其他要素相关联，其中最重要的是异常分析、群体分析、倾向分析、文化分析和综合。让我们简要探讨一下与高级分析认知高度相关的每一个要素。

- **符号分析和异常分析**。让我们回顾一下，所谓**异常分析**，就是辨别与正常或通常秩序、形式或规则发生偏离的情况的含义；或者辨别某些应该出现但却没有出现的问题的含义。符号分析通常通过涂鸦等方式帮助理解异常状态。比如，涂鸦可为文化基线和功能基线工作提供一些基础。符号分析可以帮助我们思考异常状态的样子，了解我们在感知符号时能够看到什么，从而帮助了解正在发生或者将要发生的事情。此外，符号分析还可以帮助高级分析人员执行各种类型的变化检测，这对于寻找和辨别哪怕是最细微的变化都很重要。事实上，异常状态通常以符号形式出现，高级分析人员必须知道如何使用符号分析和异常分析，他们需要将两者结合起来综合使用，并且与高级分析的其他认知要素配合使用。

★ **符号分析和群体分析**。所谓**群体分析**，是指将从几个到几百万个群体、结合体和联合体融合起来，作为一个整体发挥作用，其作用要超过各个体作用的总和。符号分析可以帮助我们认识将个体胶合起来的“胶水”，从而理解“胶水”的组成以及黏合的强度。此外，符号可以帮助我们认识群体形成的“助推器”，从而知道什么时候群体的能量和情绪会变强。符号还是推动群体向更高层次、更为高级、更为强大的群体发展的“催化剂”，从而对美国或东道国平民构成更大的威胁和伤害。此外，符号可以帮助我们确定如何干扰和改变敏感的群体。最后一点，符号分析可以警告我们那些不显眼甚至已经成熟但依然潜伏群体的出现，告诉我们这些群体将如何组成一个更大、更有力的群体。

★ **符号分析和倾向分析**。所谓**倾向分析**，是指从人、人的活动、组织的普遍倾向中辨别出意义，及时捕捉快照，以预测事物或活动的未来状态。在我们的研究中，倾向可以产生有关敌人未来袭击或行动的见解，并向指挥官表明，有充分理由进行有选择性的、知识驱动的干预或先制。原因是什么？符号分析可以反映人、他们的活动及其组织的倾向，这正是倾向分析的基础。此外，符号分析是心理快照的组成部分，对成功开展倾向分析非常重要。文化基线固有的种类繁多的符号，可以观察到由于出现或消失而引起的信息、标记和征候的变化和移动，这种基线工作对于倾向分析至关重要，符号也有重要贡献。

★ **符号分析和文化分析**。所谓**文化分析**，指的是通过传统且基于文化的态度、行为、社会规范和条件等要素，了解特定的文化、平民及其行为模式。符号分析和文化分析是密切交织的。为什么这种关系如此牢固呢？符号就是文化的语言。符号解释人们在做什么，如何思考，如何认知，他们的平静状态或波动状态，都可以从不同类型的符号中得到体现。符号还可以反映文化对人们心理的影响。此外，使用符号进行分析时，还需要我们观察、分类、综合和使用各类专家，帮助我们理解符号的内涵。人们必须理解文化，或者找到对文化有足够了解的人，帮助理解符号是如何解释文化的。此外，符号分析可以为文化分析和异常分析提供更多细节。它可以帮助我们认识和理解文化中的扰动，帮助我们预测二级和三级效应的出现。关于对比的最后一点，符号可以帮助我们确定敏感文化变量是否已经出现，及其对美国军事和跨机构行动的影响。

★ **符号分析和综合**。所谓**综合**，指的是将事物的各个部分整合起来，形成统一的整体。要想取得成功，任何高级分析人员都必须开展综合。高级分析人员必须将高级分析的多个要素综合成一体，以理解整体的真正内涵。分析人员总是在寻找各类符号，并将它们综合成一个整体。符号与文化及其人民息息相关。综合可以帮助判断人们之间的关系，了解交流的各种内涵，并通过语言、标记以及文化准则传递故事、神话和传统。符号可以帮助分析人员理解构成所讨论的整个社会和文化的多种沟通方式。不同种类的符号在特定情况下似乎是各不相干的。然而，通过综合，各个符号将会呈现为整体中的一个部分，从而使其意义更容易在分析人员的头脑中显现出来。当我们将符号分析的结果与高级分析中其他分析方法的结果组合起来，并将它们综合成一个整体，以便获得洞见和理解，那么我们就可以获得更高层次的内涵，超过我们只研究各个要素所能够得到的。

平民中有些人会支持敌人及其网络。他们支持敌人时，这些人的交谈、行为或行动中都会有迹象出现，从而影响和判断潜在的和正在发生的敌人及其网络的行为。或者说，一些悲观的支持者将不再按常规行事，其原因就在于他们担心潜在的麻烦（这样就为观察者提供了其他观察指标）。任何形式的平叛行动中，我们必须要知道，对敌人予以积极支持和消极默认的平民，实际上并不支持网络，但也没有做任何事情来对抗它。平叛理论家戴维·戈卢拉的下述声明，阐明了这场斗争对民心民意的重要性：

> 因此，老百姓既是平叛行动争取的对象，也是敌人的打击对象。他们默默无言的支持，对法律和秩序的遵守，他们的共识，虽然在平时一文不值，但现在却成为叛乱分子行动的基石。事实上，叛乱分子往往在其组织的最底层——平民之中——遭遇到最强大的反对力量。[1]

对于平叛行动来说，必须要理解积极和消极的支持，要采取积极主动的行动和行为，将平民从叛乱分子及其网络区分开来。著名军事理论家托马斯·劳伦斯告诉我们这场斗争的重要性，他在分析第一次世界大战中反对土耳其军队的叛乱行动时，写下了这么一段话：

> 在我看来，我们的起义似乎拥有不可撼动的基础，不仅能够抵抗敌人的攻击，而且不恐惧敌人的攻击。它有一个非常强大的外国敌人，这支军队占领了广阔的区域，远非几个坚固的堡垒所能有效控制的。它有一群友好的居民，一百个人中就有两个人积极支持他们，其他人则静默同情，不会背叛这些少数人的事业。那些积极的起义分子拥有保密和自我控制的美德，还有快速、坚韧以及独立军火供应的优势。[2]

符号可以提供一种通信渠道，帮助美国赢得争取民心民意的斗争。通

---

[1] 原注：Galula, 52.

[2] 原注：Lawrence, 196.

过符号分析，情报分析人员可以利用通信或使用平民符号，跟踪掌握进展和遭遇的困难。因此，符号同时也可以为人民提供一种通信方式，人民可以利用这种方式与友军交流，而外表看起来并没有支持友军。反之亦然。也就是说，平民中的一些人可以轻易地利用符号，秘密地与叛乱分子或他们自己进行通信。但这种方法会暴露他们自己，如果高级分析人员持续且有效地使用符号分析，这种策略就会使他们易于被发现和利用。

一般来说，符号观察指标可以通过手机活动（通话、照相、聊天、即时信息、短信），通过互联网、报纸、玩笑、方言、语调，通过争论或其他社会交往方式，以及通过涂鸦甚至文字语言等形式表现出来。敌人会使用文化迹象、符号、提示和线索，向这些或其他媒体发送信息，去警告、指挥、传播和教育所属叛乱分子和恐怖分子。当然，这意味着，我方情报分析必须通过书面、语言和非语言行动，理解这些迹象和标记，或者通过寻找合适的专业力量组合，帮助自己解释重复发生或刚刚发生的迹象和标记。如果高级分析人员尤为擅长应用符号，他们就可以使用同样的迹象作为诱饵，派出双面特工，甚至进行伏击行动。但这样做的前提是，他们必须理解特定区域和部落的异常行为，了解文化的细微或异常行为，并且利用文化特性打击嵌入的敌人。

高级分析人员可以使用符号作为认知武器，用于搜捕隐藏很好的和不显眼的敌人。比如，高级分析人员收到情报搜集手段通过观察指标所获的数据，这些观察指标将会作为传感器和人力情报数据，出现在处理、指挥与控制节点当中。高级分析人员在虚拟知识环境的帮助下，使用符号分析将数据综合成信息和知识。

分析人员可以通过两种方式使用符号来搜捕和识别敌人，这些敌人隐藏在大城市环境的人民之中。第一种方式，当计算机能帮助他们更快速地搜索基线（如果基线存在的话）当中的人、地点、事件和行动时，情报分析人员可以使用科学家和工程师提供的数据。通过文化基线，分析人员可以判断哪些是正常状态，比如交通流量、购物时间、采购的数目、咖啡馆中的人物、街上嬉戏的儿童、男女的典型着装以及其他预期和常规迹象。

第二种方式，通过数据挖掘，可以快速搜索、积累数据和关系，情报分析人员可以在他们的符号分析工作中使用这些数据和关系。高级分析人员还可以使用知识挖掘工具，帮助建立新的文化或社会关系，理解已经存在的关系和联系。此外，分析人员必须依赖各种模型，帮助理解特定文化的特征，以及寻找躲避或暗中行动的敌人的替代方法。模式和趋势里同样充斥着基于文化的各种符号。因此，当分析人员回顾过去，展望趋势和新的模式，猜测符号痕迹将把他们的思维引至何处时，模式分析和趋势分析就可以帮助识别符号。此外，社会网络分析（SNA）可以帮助分析人员理解关系、割裂的层次以及数据科学家所谓的“雪球”（随着求知的不断深入，各种关系出现将越来越多，联系和关系的判断也将越来越多）。分析人员将使用主题专家，比如文化人类学家、当地功能专家、文化和功能专家以及境外区域官员文化专家等，帮助自己开展符号分析，通过解构工作制定出观察指标。设计这些观察指标的目的是，向技术和人力情报搜集手段下达任务，寻找通常以符号呈现出来的文化观察指标。他们还可以使用这些主题专家，了解哪些情报搜集手段能够在特定文化环境中最有效地发挥作用。通过使用符号分析，这些主题专家可以帮助分析人员对数据进行重构和综合，将其转化成信息和知识。主题专家可以帮助分析人员理解文化准则以及普通群众通常会做的事情，了解他们的行为、交谈和非语言行动（如果正常的话）的样式。通过符号分析，那些偏离了正常状态的迹象也会出现在我们的意识之中。

再研究得具体一点，我们可以思考一下自杀式爆炸袭击者计划如何发动袭击。如果他们真的启动袭击进程，我们应该如何使用符号呢？在这种情况下使用符号分析，应注意五个要素：

★ 一些行为、心理表征、语言（书面和口头）以及选择（信息选择、图片选择和颜色标记选择）可能表示一种高度的攻击性状态——自杀式炸弹袭击者必须拥有，或至少在他或她的身体内或头脑中能发现的东西。这些行为如果出现了符号上的偏差，不管偏差多么微小，也会体现出来，从而为我们了解呈现这种符号偏差的人的未来活动提供绝佳线索。

★ 一些心理特征和行为对于接受过良好训练的主题专家来说，是很容易发现的，但对于那些不够聪明、未接受训练或者对文化不了解的人来说，则很难发现。比如，自杀式爆炸袭击分子可能不会眨眼睛，而在这种文化中，人们往往通过眼睛、眨眼传递情绪和其他含义。再比如，一辆车载简易爆炸装置的驾驶员会避免做出任何手势，但事实上在这个特定文化中，人们驾驶汽车时，手势往往是最主要的非语言交流方式。再比如，自杀式爆炸分子唱颂歌时只有嘴唇在动，但正常人合法地做同样事情时不会这样。

★ 此外，分析人员可以寻找被符号影响的生物观察指标，主要与压力、情绪和生理特征有关，比如过度流汗、激动的手势、异常的步态，大量的身体化学物质排放以及快速的眼部动作等。

★ 分析人员在指导情报搜集工作时，可以使用另外一个技巧，即要求语言学家倾听声音的差异，比如转音、语调、语速的快慢、比喻的使用，听天由命的语气或者异常兴奋的语气，或语义的变化，对于那些熟悉文化和语言的人来说，可以很容易听出其与正常声音交流过程中的显著差异。

★ 异常行为的非正常探讨和表征与符号有关。比如一名女性与两名男性同处一室，并且和他们平等交谈，这种情况在有些文化中是无法想象的（比如约旦的酒店爆炸事件），我们应该保持警惕。

让我们再深入一步研究符号分析的实际解释，我们假设存在一种情况，即情报分析人员正在思考如何打击巴格达的恐怖分子网络。分析的任务是寻找敌人网络和决策设施的节点和联系，从中获得具体的知识，使情报分析人员可以分辨出支持这些网络的行动、交易、行为和互动。再假如，分析人员通过文化分析预感到，特定居民区的特定房子内可能有非法活动。这个居民区就是他或她智力活动的起始点或基线。然后，假设一个炸弹制造者被安置在一个同情者的家里，并在那里生活和制造炸弹，而情报分析人员正是对那座房子、房子里的人或房子里的活动产生了一种预感。此外，作为情景设置的一部分，同情者在他房子以外的地方工作，有家庭和两个孩子，是一名保守的逊尼派穆斯林。他的妻子是传统的穆斯林妇女，他们的孩子严格按照逊尼派穆斯林教条抚养长大。他们的房子和使用房子的人就隐藏在普通民众和所有逊尼派居住区的大量活动之中。

决策者受到二级和三级效应的制约，不敢轻易袭击或搜捕这座房子，因为这只是情报分析人员的预感。他面临的困境是，一方面要积极搜捕和消灭敌人的网络，另一方面又不至于疏远附近的平民百姓。高风险和不确定性总是伴随着美国的决策者，而减少这些风险的唯一办法就是知识——良好的、高水平的、及时的、相关的且能够适用于这种作战环境的知识。决策者必须要在这种困境的范围内工作：他需要时间才能获得所需的知识，从而降低风险和不确定性，但时间优势却不在他这一方。既能够获得可以帮助他做出最佳决策的知识，又能降低风险和不确定性的方法之一，就是使用高级分析，特别是符号分析。他需要让情报机构与高级分析人员合作，从而得出所需的、高水平的、有关符号的知识。

情报分析人员在领导这一行动中有哪些选项呢？第一步常常是开展一些非常复杂的心理活动，其中一项就是符号分析。通过个人知识，或者在主题专家的帮助下，分析人员得以了解文化及其人民。但她自己不是本地人，因此无法足够了解社会和文化中非常微妙的细节，无法判断符号分析产生的文化观察指标，也就无法判断出隐藏的敌人网络的存在。因此，分析人员必须寻找情报机构以及虚拟知识环境中文化和技术主题专家的帮助，还要寻找可靠的伊拉克政府官员的帮助，比如退役的伊拉克警官、文化人类学家，或者曾经负责特定区域网络监视工作的退役的人力情报官员等。

还有另外一种情况，高级分析人员必须找到已经存在的文化基线，或者自己建立一个基线，从而区别于居民区或某个房屋、商业建筑的文化（符号）常态。人们谈话、做手势、讨论和争论的方式是什么？迹象和标记如何呈现，它们会发生变化吗？人们在开展交易、互动和行为过程中，正常的手势是什么？居民区内正常状态的涂鸦是什么？无论是白天还是晚上，通过音乐、歌曲、大声交谈和社交活动，这个社区听起来怎么样？从本质上说，这必须是一个非常详细的分析。在主题专家的帮助下，通过使用三维地理空间信息系统产品和数据进行操作，高级分析人员可能具备高水平的认知能力，可以分辨出居民区及其居民的涂鸦、迹象、标记、声音、礼貌、手势以及人际交流的噪声水平，分辨出他们谈论的语调，精准判断他所观察到的是否为正常状态，或者说是否为敌人网络行为发出的异常信号。每个观察指标都与发生在某个居民区内，或者与发生在特定居民区内特定房屋里的交易、行动、互动和行为有关。分析人员必须全面评估清单，从而有充分的准备对正在发生的预料之外的事情进行证实或证否。

其次，情报分析人员要与虚拟知识环境的主题专家合作，判断敌人开展条件准备活动过程中的**功能观察指标**——如果房子是不安全的，或者房子用于制造简易爆炸装置的话。这些活动包括：警戒、早期预警、提供食物、提供交通、提供炸弹部件、交换信息、介绍、安全审查、开展侦查和人力情报活动，移动和存储成品炸弹以及其他制造炸弹所需的后勤工作——将各个部件进行组装、伪装和隐匿。从这一点看，他要将叛乱分子制造炸弹所需的每个环节进行解构，使其成为功能观察指标，评估他们所使用符号的可行性，并且始终让这些观察指标“随时待命”（on ice）。特别重要的是，分析人员要思考叛乱分子进行条件准备活动的每个环节，从而判断炸弹工厂是否在正常运转。

再次，分析人员要和虚拟知识环境一起，判断生活、访问以及在居民区内执行任务的人的**文化观察指标**（即符号分析和文化分析）。通过判断居民区内正常的文化观察指标，分析人员和虚拟知识环境可以将人们的行为进行解构（这些人在支持敌人网络方面可执行各种功能、角色和任务），理解高级分析中使用的五类观察指标中的每一类符号。使用符号分析可以帮助制定观察指标，美国分析人员和虚拟知识环境可以“绘制”观察指标，或者将观察指标分配至各情报搜集手段，包括从严密的符号分析中提取观察指标，确保所有任务管理者、传感器操作人员以及任务官员既了解所寻找的观察指标（文化、功能、态势、技术和生物等观察指标），又了解制定这种观察指标的原因（为什么寻找以及寻找的时间和地点）。符号分析和观察的另外一种活动就是，分析人员需要让所有情报搜集人员报告任何异常的迹象、标记、语言交流，以及手势、语调、句法甚至是涂鸦的出现与消失等方面的异常情况。在这种情况下，分析人员所寻找的观察指标往往是短暂的，会快速出现和消失，因为当人企图隐匿一些东西时，其痕迹不会持续很长时间。

我们这里探讨的，是使用间接手段对付叛乱分子，也就是说，使用那些支持网络、让网络保持生机或生存的人的文化和符号。符号分析可以帮助进行这种分析，这一观点可以追溯至孙子。作为一种特殊的力量，敌人可以使自己的网络变得无形，他可以将网络隐藏在繁忙城市的正常活动之中。这种方法是合理的，但也会使美国情报分析人员和情报搜集人员很难找到这个网络。从理论角度看，敌人仍然在坚持这个古老的法则，即保持无形，从而让人无法看见。从这一点看，敌人正是按照孙子设定的在做：

> 故形兵之极，至于无形。无形，则深间不能窥，智者不能谋。因形而错胜于众，众不能知；人皆知我所以胜之形，而莫知吾所以制胜之形。[1]

然而，任何采取这种方法的敌人都有致命的弱点。也就是说，要想生存下来，叛乱分子必须得到平民的消极和积极支持。这种间接方法的存在就是依赖于平民，它为高级分析人员寻找、发现、利用或挫败敌人提供了机会。要想这样做，高级分析人员必须使用符号情报和文化情报。

使用符号的方法有一个前提，就是假定居民区及其邻近社区内所有的

---

[1] 原注：Sun Tzu, 100.（译文引自：孙武，《孙子兵法》[上海古籍出版社，2006 年 7 月第 1 版]，“虚实篇”第 67—68 页。）

生活和商业活动都是相关且互相联系的。正如米歇尔·沃尔德罗普告诉我们的：

> 在一个个例子中，信息都是相同的：一切都是相互联系的，且常常具有无法想象的敏感性。微小的扰动不会总是微小。在适当的情况下，最微小的不确定性也会增长，直到系统的未来变得完全无法预知。[1]

符号可以让我们了解这些关系和联系是如何发生的，以及它们的内涵。这些发生在某个社会和文化之中的所有事物之间的联系，对于如何利用文化分析来发展观察指标至关重要，为了找到相关符号，理解它们的内涵以及相互关系，这些都是我们试图理解和寻找的。

分析人员不断寻找正常和异常的迹象、标记和信号。因此，他们必须获得详细且最新的文化知识，能够从特定的社会和人力情报中获得真实经验，从而寻找在面部表情、饰品、着装、手势、鬼脸、墙上涂鸦等事情背后的细微的人类互动关系，同时还需要高分辨率传感器提供特定目标的空中图像、地面图像以及夜视图像。分析人员必须有能力分配和接收信号情报成果，能够理解声音和争论的结果。分析人员要从特定地点的当地人力情报观察中获得信息，从寻找物理和符号观察指标（比如姿势中的差异）的流动观察哨中获取信息，从涂鸦反映出的奇怪且新奇的文化迹象和标记中获取信息，并对所有信息进行综合。情报分析和搜集团队需要优化的情报搜集手段，包括传感器、人力情报、小型且便于隐蔽的地面照相机、测量与特征情报设备，以及可以帮助情报搜集人员将符号数据传递给融合中心的数据架构，确保快速将数据转变成信息和知识。

有了这些知识，高级分析人员就可以与虚拟知识环境一起，建立合适的观察指标。他还需要回头检查早前提出的功能观察指标，如果某些不法

[1] 原注：Waldrop, 12.

事情发生，这些观察指标就会出现，并且可以使用符号分析在心理上对它们进行分类。他还可以使用文化分析和符号分析，实现功能观察指标和文化观察指标的最优结合，提高锁定他想要寻找对象的概率。这位分析人员可使用功能和文化等观察指标，寻找可能错误的人类符号，利用人力情报或技术传感器可以发现这些错误。

然后，分析人员将这些观察指标与所拥有的高级情报搜集手段进行匹配，并在情报搜集专家帮助下，设计出寻找和使用最优情报搜集手段分配情报搜集任务的战略。分析人员和搜集专家的搜集任务是，在精确的时间和地点搜集特定的观察指标。但这种战略与后续行动之间差异很大。该战略的目的，是通过符号分析寻找文化观察指标。而情报搜集战略的目的是寻找细微的文化观察指标，特别是符号，其方法是：(1) 使用优化组合的传感器和人力情报手段；(2) 连续对某个特定地点实施侦察，并对特定观察指标进行取样，确保不会遗漏已经发生的事情；(3) 使用许多类型的人力情报；(4) 使用传感器和人力情报的组合，以及非传统来源，比如当地警察，在分析人员感到可能会发生非法事件的特定地点寻找详细的观察指标。

符号在这样的工作中占有重要地位。寻找载满符号的文化观察指标，通常是低层级人力情报来源或者信息员的工作。首先，他们可以足够深入具体地观察居民区，发现那些细微的、不断变动的观察指标；其次，他们能足够了解文化以及特定的行动，从而发现哪怕是最细微和动态的文化观察指标，这正是我们搜集工作的目的。正是通过符号分析方法，即使是最细微的文化潜在因素都能够被发现，从而进一步发现构成敌人网络的节点和联系。

不幸的是，符号分析非常难以操作，需要严密的思维，需要相关且最新的基线，需要有创新的搜集手段，也需要找到和得到各类主题专家的帮助。要开展符号分析，人们必须知道和了解这种文化。它是非常微妙的分析方式。也就是说，符号分析包含了动态且基于文化的观察指标，必须使用多样情报搜集手段，才能最有效地应用它。现在思考一些更具体的挑战，讨论高级分析人员可以克服这些挑战的方法，这将有利于我们的调查。

从物理层面来说，人们必须学会通过使用专门设计的观察指标，指导传感器和人力情报工作，即必须懂得使用符号分析的具体要求。人们必须学会发现符号的存在，然后理解其内涵。从这一点来看，高级分析人员必须判断出特定或疑似代码、标记、迹象、语调和转音等等的内涵。高级分析人员需要在文化专家帮助下，在相关数据库和基线的数据和知识支撑下寻找符号。分析人员在使用符号时，有时还需要得到红队的帮助，即帮助自己检查认知或知识错误；然而，并不是所有红队人员都可以提供这种水平的专业知识。即使在主题专家帮助下，分析人员设计出最佳的征候、观察指标和特征，符号分析中的情报搜集工作也是非常困难的。要理解和使用符号分析，高级分析人员必须使用专家来监听手机电话，监听与声音有关的符号信息。此外，高级分析人员将不得不执行一项艰巨的任务，即研究如何监控互联网流量，以找到标记、代码、密码以及认证、旗帜或标签等。这类情报分析和搜集，将需要对网站进行监视，因为这些网站含有大量的文化信息，这些都有可能成为代码，可以转化成知识、命令、计划、代码、标记和密码。此外，要想使用符号分析，高级分析人员必须足够了解文化，可以开展分析并且指导情报搜集。或者说，如果他们无法获得所需知识，无法理解工作对象的文化，他们就必须寻找和使用美国或当地的主题专家，帮助开展：(1) 设计前端或开发观察指标；(2) 阐释直接获取的数据（比如无人机等），并对其进行后端意义构建（重构和综合）。最后，高级分析人员使用符号分析时，必须意识到，他们寻找的大部分符号和文化情报，只能用于自己工作的特定居民区。因此，他们必须寻找大量的专家帮助，以获得使用符号分析所需的知识和理解。

读者无疑已经得出了这样的推断，使用符号分析在智力上是困难的，这主要体现在两个方面。开展符号分析，不仅需要有关文化和符号的特定知识，而且需要开展深层次的思考。要想发挥最大潜力，符号分析必须与倾向分析、群体分析、异常分析和文化分析融合使用，但最困难的是与综合融合使用。现在，让我们更深一步了解任何高级分析人员在使用符号分析过程中可能面对的严峻挑战。这些挑战可以解构成四个部分：

★ **分析**。分析人员必须足够了解文化和符号，以便在分析和与之密切相关的情报搜集工作中利用这些文化和符号。分析人员面临的挑战在于制定极为具体的文化观察指标，这类指标必须足够清晰，能够向不同类型的情报搜集手段部署任务，提供分析符号含义和关系时必须要明确的"界限"或"门槛"。分析人员必须足够了解符号的内涵，以便告诉情报搜集人员究竟搜集什么，在何时、何地进行搜索，同时寻找限制或者指导开展这项工作的内容、理由和标准。分析人员在使用符号分析时，还必须寻找和使用文化基线。这些基线很少可用，因为维持且确保它们符合当地情况非常困难。这两个特点表明，我们极为需要最新且随时可用的文化基线，需要制定出最新的基线。分析人员必须寻找合适的文化专家，去帮助他或她使用符号进行情报搜集和意义构建，并将数据转变成信息和知识。

★ **情报搜集**。高级分析人员和搜集专家需要制定情报搜集战略，并且选择合适的手段寻找基于符号的观察指标。他们需要如何优化情报搜集手段呢？他们需要高清传感器。他们需要寻找并对正确的街头人力情报手段进行任务分配，从而向分析人员提供所需的、详细的、具体的符号。他们必须在正确的时间和地点，使用经过优化组合的传感器和人力情报，这些都需要由负责寻找或发现正确符号的情报分析人员来指导。情报搜集工作的最后一个挑战是，分析人员和情报搜集专家必须学会如何分配任务，并且提出情报搜集需求，因为情报搜集可以从手机、互联网、聊天室和网站上发现大量的符号数据。

★ **数据流动**。分析人员和情报搜集专家必须确保所有有关符号的情报搜集工作所获数据可以快速流动，并且建立"直通管道"。面临的挑战是，许多有关符号的报告都来自低层级的信息来源和信息员，他们都缺少安全的数据传送设备。当然，数据传送的目的地就是分布式共同基础系统（DCGS）或者其他数据处理设备，这一过程需要像人和机器一样快速，以推动快速决策。

* **文化**。除了我们已经探讨的其他挑战外，还存在一些挑战。比如，分析人员必须理解生活在特定文化中的人，以及嵌入特定文化中的叛乱分子的情绪、认知和物理特征。前文已经提到，分析人员必须拥有最新的数据库和文化基线。两者都需要费尽心力寻找，并且确保其相关性和及时更新。另外一个问题是，任何美国分析人员都很难在第一时间发现符号，并且理解其内涵。从这一点看，分析人员必须足够了解文化，从正常符号中发现异常符号。

了解这些挑战后，高级分析人员应该如何克服它们呢？首先，分析人员必须改善自己的心理组织方式。比如，高级分析人员可以使用思维模板，帮助思考困难问题，如符号分析。寻求了解文化的人的帮助，这是开展符号分析的另一种有价值的方法。然而，即使最优秀的文化专家，如果没有一个良好的、不断更新的文化基线，他们也很难有所获益。如果没有基线，高级分析人员必须在虚拟知识环境或情报机构的帮助下制定基线。关于组织方面的最后一点，高级分析人员应该努力弄清楚哪些特定的或可疑的代码、标记、迹象、语调、转音等是正常的，如果在居民区突然出现异常符号，他或她究竟如何才能发现。

分析工作与心理强化和组织之间的关系极为密切。分析人员有很多方法或措施，可以帮助自己开展符号分析。分析人员可以从情报机构寻求帮助，可以从虚拟知识环境获得帮助。高级分析人员如果希望使用符号分析，必须要让红队人员检查他或她的思维、假设，并且对分析倾向进行判断，从而避免陷入镜像效应的认知陷阱。分析人员总是希望其他人，比如同僚甚至是高级别人员，对他或她在满足需求和解开分析疑惑过程中所得出结论和所采取的工作方法进行检验。而对于心理组织来说，在分析领域中，任何人如果希望使用符号分析，将必须使用已有的文化基线，或者制定出最新的文化基线，进而从异常符号中判断出正常的符号，因为这是寻找有价值线索，或者寻找叛乱分子异常符号的重要指标。另一个有用的措施是，高级分析人员希望预测目标的移动，分析人员可以通过这样的变化，判断出相关的符号流动，这一点值得关注。这样的预测将表明，分析人员必须预测叛乱分子将会在什么地方异变，从而在变动开始前启动基线工作。

高级分析人员希望像敌人一样思考，以理解敌人可能是如何思考的，如何在其活动的特定文化中使任何人都觉察不到自己。分析人员必须像敌人一样思考，了解敌人如何看待美国情报分析和情报搜集工作。叛乱分子可能会想，他们绝不让美国情报分析和搜集部门找到他们的符号痕迹。分析人员如果能够像敌人一样思考，肯定会得出这样的结论，即美国分析人员和情报搜集人员永远不可能足够了解特定文化，无法寻找和利用符号。敌人可能想不到，美国人可以通过支持网络的平民，间接地发现敌人网络，但敌人会特别谨慎，警惕组织内部的人力情报或者阻止内部可能监视他行动的人。然而，即使如此警惕的敌人也会认为，视觉、听觉和象征性符号，将能够帮助他在不冒太多风险的前提下进行运动和交流。

按照这条重要的思路进行下去，敌人可能思考自己究竟如何才能躲过美国传感器和人力情报搜索。他将会思考通过各种各样的媒体散布真实和虚假的符号。然而，如果他发现美国不具备注意和报告这种符号的能力，他将会随意使用符号。他会得出这样的结论，即美国的技术传感器永远也不具备足够的分辨率和优秀的操作者，难以发现他的指挥与控制活动，也发现不了他的行动网络的早期预警或指示。

狡猾的叛乱分子会问这样的问题：美国人怎么做才能打败我，我应该如何先人一步对抗美国人的这种能力和行动？他可能认为，如果美国分析人员和主题专家开始搜索、发现和理解他的符号代码、标记和预警时，他可能就有麻烦了。他还可能认为，如果美国人开始对文化有足够理解，能够分辨出以前对美国人来说是无形的东西，或者找到拥有足够知识的人，可以帮助美国人挫败自己使用文化和符号的图谋时，他也可能有麻烦了。狡猾的叛乱分子可能会担心他网络的早期预警。提供良好的安全保障和早期预警，是叛乱分子网络的最重要功能。因此，他完全有理由认为，美国人对文化的理解可能到不了能够看到他早期预警所产生的符号（比如标记）的程度，比如他使用令人恶心的家畜尸体作为迹象和标记，或者通过日常的符号，如在窗口悬挂毯子，在房顶的卫星天线上插旗子等等方式。狡猾的叛乱分子会得出这样的结论，如果他们使用手机和互联网进行交流，美国人由于对文化缺少足够的了解，他们对这些看起来只是数据的东西不会真的感兴趣；真正引起美国人兴趣的，其实是符号及其如何传递意义。

二、结语

在本章的结尾部分，思考**如何使用符号**似乎是有用的。对符号进行思考是一种尝试。首先，我们需要考虑眼下的任务，即我们应该如何使用符号。我们必须考虑文化。我们必须考虑符号，以及为什么这些符号是动态、细微或明显的。我们不仅要考虑作恶者如何思考和感知，而且要考虑支持其网络的平民是如何思考和感知的。一旦理解了这一点，我们就可以预测如何使用符号了。我们必须理解，特定文化中的人如何进行交流，以及这种文化如何影响通信。我们的高级分析人员必须思考，究竟哪些符号是正常的，哪些是异常的。高级分析人员必须思考，在开展符号分析时，他或她克服自身薄弱点的优势和劣势在哪里。高级分析人员必须思考，当开展特定的符号分析时，他或她的思维是否有瑕疵。他们还需要考虑，如何验证自己有关敌人使用符号的假设、理论和猜测。高级分析人员可能会认为，开展符号分析必须要有一个团队，来对他或她的思维进行评析，这些人可以是其他分析人员、虚拟知识环境主题专家、红队人员、可靠的当地人，以及面对这一问题时首先想到的虚拟知识环境内的功能专家等。

现在到了符号分析这一章的结尾。我希望读者阅读本章后，能够像我一样感兴趣，思考本章的主题，并试图以一种令人信服的方式表达其主要观点。符号分析是高级分析的一个重要方面。然而，将符号分析与高级分析的其他重要要素区别开来的，就是符号分析包含了细微的和不显眼的内容。本书之所以将文化分析和符号分析区别开来，原因就在于文化更加宏观，也更容易被发现和寻找，这一点与常常被忽视的符号不同。符号是文化的子集，更难被发现、理解和利用。

为什么符号分析如此重要？原因很简单，符号和文化分析可以为指挥官提供一条利用文化的途径，并且利用这条途径获得优势，比如对敌人活动采取先发制人手段，从而控制主动权。此外，情报分析人员必须了解符号，从而真正了解文化。符号分析是解构和设计观察指标的重要内容，尤其是文化观察指标。对于理解所获数据，并将数据转变成信息和可用知识来说，符号分析是必不可少的。然而，本章还希望读者记住，有些符号是稳定的，有些符号则是动态且不断变化的。尽管如此，文化分析和符号分析是联系在一起的两个环，没有完全分离，但正如上文已经谈到的，它们是一个包含着另一个的关系。

本章指出符号分析中一些有趣的特征。比如，符号可以通过口头、书面或非语言行为进行表达，比如手势、面部表情和身体姿态。符号也可以是艺术、照片甚至是涂鸦。有趣的是，人们穿的衣服也可以用作交流的工具，成为符号分析的重要部分。符号分析与文化分析密切相关，但符号分析也与高级分析的其他认知要素密切相关。比如，符号分析与异常分析、群体分析、倾向分析及综合密切相关。本章还提出这样的主张，即符号分析必须成为文化基线的一部分。比如，符号基线（作为文化基线的子集）对于高级分析尤为重要，因为符号分析最重要的方面或特征之一是，它可以"冻结"（glacial）变化。也就是说，符号是不断变化的，但西方人并没有认识到这一点，因为变化可能是微小的。符号可以成为变化的征候，当然变化也是异常状态的征候，通过这些异常状态，可以推断出敌人的行动或者敌人试图获得的影响。另一个重要的主张是，本章提出，如果我们认为凡事都以某种方式、样式或形式相互联系，那么通过符号，我们可以理解这些关系及其活动情况。

符号分析是很难实施的，具有一定的挑战性。一些最重要的挑战包括：

- ★ 第一大挑战，即要足够了解文化，理解符号的工作、交流、影响，以及敌人使用符号作为部分安全交流的方式。
- ★ 寻找和使用非常具体的情报搜集手段，以发现那些缓慢甚至是快速变化的符号，这是非常困难的。
- ★ 使用符号分析时，情报分析人员必须使用主题专家。分析人员有时会发现，寻找合适主题专家，甚至与主题专家合作，由主题专家提供知识进行符号分析，都是非常困难的。
- ★ 许多技术挑战影响了分析人员使用符号分析。比如，开展符号分析时，需要采取一种整体分析的方法，包括使用在互联网和网站上广为扩散的东西。
- ★ 使挑战变得更为严峻的是，符号通常局限于某个特定社区。这就需要当地主题专家帮助开展工作，但由于要寻找具有当地经验的主题专家，这就进一步增加了难度。

了解挑战之后，分析人员应该如何克服这些挑战的影响呢？一些非常重要的方法包括：

- ★ 分析人员必须学会使用文化主题专家。一般来说，这些主题专家是被保护起来的。分析人员在工作部署的全程，都要学会使用主题专家，让他们为自己提供开展符号分析所需的知识。
- ★ 情报分析人员必须学会制定和使用不断更新的文化基线数据库，而符号是这种数据库的子集。
- ★ 情报分析人员必须学会预测敌人的行动以及符号的潜在用处，因为这些符号可以帮助敌人隐匿行踪，或者进行通信。
- ★ 军队需要发展传感器，需要训练人力情报人员搜集由文化和符号分析产生的文化观察指标。

- 最后，当分析人员试图进行通信、欺骗和对自己的网络实施指挥与控制时，他需要帮助自己学会像敌人一样思考。

有关符号分析的学习就到这里，读者已经做好准备进入我们知识旅程的下一个逻辑步骤。下一章我们将研究非常有意思的群体分析。

[第16章]

群体分析

定义：辨别从几个到几百万个事物产生的能量和力量的含义，获得知识或理解；这些事物聚集起来，共同运动、共同合作，并且被看作一个整体，虽然其中一些部分有时似乎是相互脱离或者不相干的。

一、群体分析背后的理论

群体分析可以帮助人们理解恐怖分子和叛乱分子是如何聚为一体的。事实上，群体分析可以帮助我们思考、寻找、发现和影响构成敌人网络、行动和行为的整体。它可以帮助人们理解叛乱分子网络的变动、异变和不断的聚合与解散现象。掌握群体分析后，分析人员就可以预测群体的形成，并建议指挥官如何阻止或控制它们的自然增长倾向。

有了好的思维，高级分析人员就可以将群体的各个部分和碎片黏合起来，也可以削弱将群体与群体之间关联起来的“胶水”的黏合效果，削弱的速度将超过敌人所预料的。此外，如果高级分析人员能尽早发现群体，他们就可以建议指挥官挫败或者摧毁这个群体。群体分析可以帮助人们理解可能的二级和三级效应、敏感变量、机会窗口和薄弱点。群体分析可以帮助分析人员判断针对平民的信息作战（information operations，IO）的可能结果，以及信息作战的效果和行动将会如何影响平民的情绪、看法和态度。最后，如果我们经常发现有大型群体出现，或者大型群体产生二级和三级效应，那么群体分析就可以帮助我们在事后寻找分析当中的错误和失败之处；即群体还处于萌芽状态时，就可以预测或思考将各个部件结合为更大整体的能量的出现，将各个集体黏合起来的“胶水”，“推动”群体产生的燃料，以及群体衰减过程中出现的逻辑错误或失败之处。事实上只要处置得当，这些都可以很好地帮助高级分析人员开展质量更高的思考。

下面这个例子可以帮助我们理解群体分析以及支撑它的理论。假如美军发现自已在一处大型城市环境中打击具有极强攻击性的叛乱分子和恐怖分子，群体分析将对于圆满完成任何分析任务都是至关重要的。为帮助解释群体分析，让我们考虑一下叛乱分子或恐怖分子在成功完成特定任务，比如建立和运转一处安全庇护所之前，必须要开展的条件准备活动。为寻找、占领、运转和离开安全庇护所，他们必须要开展很多条件准备活动。许多人将会开展许多工作。比如在占领安全庇护所之前，情报搜集人员要不断搜集信息，并向叛乱分子头目提供信息，使其拥有足够的洞察力和知识，进而筹划和执行这次任务。叛乱分子通过一个运作良好的网络进行活动，并且让人执行各类任务。这些任务包括开展监视和情报搜集工作；开展安全警戒工作；向安全庇护所运送水和食物；提供医疗保障；提供交通工具；计划和演练撤退方案；使用高技术和低技术通信手段；使用便于隐匿的指挥和控制手段；开展反监视行动等。

让我们做一个简单的解构，我们会发现，每一个开展工作的人，都是被一项任务、一种指导、一种共同观点、一种现金奖励或者某一目的凝结成一体。这些个人凝结成一个个小组。这里所说的小组，就是这些人结合成一体，执行 7×24 小时不间断反监视或安全任务。小组凝结后就成了更大的群体。在我们的研究中，反监视小组也可以凝结成规模更大的安全集体。这样的安全集体可以凝结成一个网络，而网络也可以凝结成一个更大的群体，即大型网络。具有共性的是，群体的每个层面都被“胶水”黏合在一起，并且都有可以提供能量和情绪的“助推器”。这种描述的重要性可以体现在以下几个层面。第一，高级分析人员需要对他们的需求进行解构，或者对他们需要理解和认识的东西进行分解或者解构，使其成为非常小的集体和实体，以及各个群体的组合。第二，高级分析人员可以寻找各个要素黏合形成的群体，或者将群体之间黏合起来的“胶水”。第三，分析人员可以寻找、发现和影响为群体的形成提供能量和运动的“助推器”。第四，分析人员可以思考和理解与以往安全庇护所有关的趋势和模式，尔后判断相关群体在安全庇护所里干什么，安全庇护所是怎么形成的，以及安全庇护所是怎么解散的。这就是高级分析中的解构。从群体分析中我们可以解构形成观察指标，分析人员和情报搜集人员因此可以寻找一些小型或大型群体是否存在的痕迹和征候，它们有时能够反映出叛乱分子开展行动所必须的条件准备活动。

不幸的是，群体分析是高级分析中比较困难的分析方法，主要有以下原因。它是抽象的。群体分析是概念性的，人们常常看不见，除非所研究的群体出现了，或者它的属性出现了物理表征。但不管多么困难，群体分析对于理解敌人至关重要。这样的理解包括敌人如何行动（预测），如何观察敌人计划采取行动（条件准备活动）的信号，为什么敌人准备采取行动（意图和意愿），敌人如何看待美国的情报搜集工作（反监视），以及群体如何影响作战环境中非常模糊的现象，比如行为和行动中如何出现二级和三级效应，群体的力量如何影响到友军行动。但是，组成群体的各种关系很复杂，难以进行预测和塑造。

要想使用群体分析，人们必须理解整体和群体的概念。**群体**是指“个体的综合、集合或会合；总量或全量”。[1] 当然，群体是由集体构成的。群体由“胶水”黏合在一起。群体被某种“助推器”推动着向前移动，从而提供动力，使它们能够快速发展并且变得越来越重要。所谓群体的“助推

[1] 原注：Dictionary.com Unabridged (v 1.1). Retrieved February 27, 2008, from Dictionary.com Web site: http://dictionary.reference.com/browse/aggregate.

器”，指的是一种原因、一种信念、一种情绪（比如恐惧，当电影院发生火灾，或者出现异味和浓烟时，人们产生的慌张）、一种憎恶、一种复仇或者嫉妒。

将群体各个部分黏合起来的“胶水”是非常重要的。它是将整体各个要素融合成一个群体的途径。利用它可以辨别与其他群体存在的可能联系。这样的“胶水”会随着时间的变化而衰减，也会影响环境，因此可以使友军领导人有机会观察和操控它的衰减速度。利用它可以辨别群体究竟如何黏合起来，因此为我们提供了对群体施加影响的机会，甚至挫败敌人力量的机会。因此，判断将群体黏合起来的“胶水”的本质和特征，是非常重要的。

这个促进群体发展、更新甚至变得尤为强大和具有影响力的“胶水”究竟是什么？一些“胶水”可能是居民区、社会组织，以及提供共同信念、共同知觉、共同目标或行动，关于某些事实、神话、信仰或观点的共同强度的社会。将群体各个体黏合起来的其他“胶水”，还包括相似性、差异性、自组织、适应性需求、共同利益和宗教动机等。一些将群体黏合起来的社会类型的“胶水”，包括设施、金钱、可用信息和数据、失业和宗教的影响。将群体内部重要个体黏合起来的“胶水”可以是有目的的、功能性的、理性的、法律的、有意的、任务指令的，等等。

除了“胶水”和“助推器”外，我们在思考群体及其运行时，还有第三个重要的考量，即“点火剂”（igniter）。所谓“点火剂”，就是一种可以激发或者引爆助推器的催化剂。当然，助推器会使机体移动，或使其力量或影响增大。“点火剂”的概念非常抽象，或者说是无法理解的。然而无论它多么抽象，必须要有某种原因使助推器活跃起来，促使机体向前移动。点火剂可能是极为敏感的变量，经常会爆炸形成能量，比如出现施用私刑的暴民，比如出现某些引发众怒的事情，从而引发了人、组织和思想的骚乱——复杂适应性系统中的群体通过黏合或者胶合成为一个整体，再通过联合和黏合成为更大的整体。高级分析人员必须理解这种整体出现的方式，因为它催生了变量，使变量变得敏感并散发能量。有了这样的认知前提，高级分析人员就可以准备搜集相关的观察指标，从而帮助自己理解和发现这样的条件，比如向指挥官提供发动先发制人和挫败敌人的途径，或者让群体的组合按照自然轨道发展下去。

了解群体的这些特性之后，让我们稍微离开主题，考虑一下高级分析人员在他们的思维过程中应该如何使用群体分析。作为探讨的起点，群体分析与展望、确认、发展以及使用各种关系之间密切相关。“关系”使事物、事件、行动和行为聚到一起，并且能够黏合成一个比以前的“关系”更有能力或实力的整体。通过群体分析，高级分析人员努力去理解为什么某些环境条件可以推进群体的发展。他们还想了解事物、事件、情绪和技术等要素，如何在关系中聚到一起，并且形成群体，以及这些群体如何与其他群体产生关系。当我们探寻并且回答下面这些问题，为什么关系之间存在关联，为什么关系可以聚到一起，甚至人为或环境引起的扰动也能聚到一起，以及为什么事物会凝结成群体，我们就进入了群体分析的核心。因此，我们必须回答这样的问题，即如何才能发现关系？

当然，有些关系是明显的。理解关系和群体之所以困难，是因为有些关系看起来似乎是无关的，但实际上却是相关的。因此，不断探索的高级分析人员必须寻找那些看似不相关的关系，并借此寻找更为明显的关系。当思考已经存在的或潜在的群体时，高级分析人员需要理解，群体主要由以下**类型的关系**构成，即人、组织、功能、活动、角色、任务、技术、过程和结果等等。此外，分析人员必须寻找关系，辨别它们存在的原因，人们可以做些什么来分解或消除更抽象的关系、联系，或者如本书所说，将这种关系用“胶水”黏合起来。

群体分析的一个更有趣的地方在于，可以通过群体的出现，或者产生巨大影响的表征的出现，使群体的潜能在人的意识中变得清晰。在军事领域，这一现象就是二级或三级效应。在复杂性理论中，这一现象又被称为“蝴蝶理论”（butterfly theory），其定义是：

输入的微细差异可能很快成为输出的巨大差别——这种现象被称为“对初始条件的敏感依赖性”。在气象中……这就成了人们半开玩笑说的“蝴蝶效应”——今天在北京有一只蝴蝶扇动空气，可能改变下个月在纽约的风暴……在科学中，如同在生活里，人们知道一串事件往往具有一个临界点，那里小小的变化也会被放大。[1]

我们可以将这一理论应用到群体分析之中。军事筹划人员应该重视我们在前文探讨的克劳塞维茨所谓的阻力，以及无法预测的结果和非主观意志产生的结果。在过去几年里，这些特别事件有时会被贴上二级和三级效应的标签。然而，军事筹划很少真正关注这些指数效应或蝴蝶效应；即使真的这样做了，他们也不会将这些效应和所提出的预期匹配起来，事实上这些预期正是富有创新精神的情报分析人员不断观察、情报搜集人员不断提供预警信息的结果。要想解释蝴蝶效应以及不受控制的二级和三级效应，我们可以从《丧钟为谁而鸣》（*For Whom the Bell Tolls*）一书中下面这段话看出端倪：

他有这样一种感觉，有些事情刚开始是正常的，但是慢慢地发生了更大、过大和巨大的激荡。就好比你向水里扔了一块石子，石子在水面产生一圈一圈的回波，仿佛出现了波浪……或者假设你打了一个人，他虽然倒下了，但是你仿佛看到很多其他人站了起来，全副武装。[2]

深入研究我们所谈论的世界是有道理的。复杂性会产生困难。资源

[1] 原注：James Gleick. *Chaos: Making a New Science*, (New York: Penguin Books, 1987), 8, 23.（译文引自：詹姆斯·格雷克著、张淑誉译，《混沌：开创新科学》[高等教育出版社，2004年版]，第8、21页。）

[2] 原注：Ernest Hemmingway. *For Whom the Bell Tolls*, (New York: Scribner, 2003), 451.

（特别是时间）是有限的，而群体理论的核心（关系、将个体胶合的“胶水”以及集体的“助推器”），如前所述，在智力上是很难理解的，更不用说付诸行动了。但在这个时代，人们已经无法轻视或者忽视这一重要力量了，因为它是任何斗争舞台上的重要行为体。这已经不再是“痴人说梦”。[1] 有了群体分析，我们就可以努力穿过帷幕，寻找已经筹划、演练和展开的行动的内部工作机理，以获得积极的结果。

为了帮助理解群体分析，我们需要研究群体分析与高级分析其他要素——**倾向分析、文化分析、异常分析和综合**——之间的关系。让我们花点时间理解这些关系：

★ **群体分析和倾向分析**。所谓**倾向分析**，在本书中指的是，通过思考和研究人们的普遍倾向，组织的行为和行动倾向，当前环境或态势、事件、行动、行为的心理快照，放射物能量的散发，以及所有这些相互作用和相互交织可能预示的未来，来领悟事物的意义。无论是居民区还是商业区，或者一座房子，或者已经计划好的行动，分析人员都应将它们作为整体进行感知和思考，从而发现那些整体之外的东西。当开展倾向分析时，人们寻找的是当前图景或心理快照中的小变化，以分辨出倾向或运动。行为或者事件的集合，有时规模很大，容易被看见且非常明显。但有时，或在其规模和重要性不大时，倾向就会是非常细微的，甚至难以被人们发现，更不用说被理解了，进而给那些使用典型倾向分析的人造成困扰。因此，分析人员必须使用群体分析。群体常常显示出某种倾向。因此，某些群体的外观、运动以及影响是明显的，但其他一些却是非常难以发现，更不用说理解了。倾向分析可以帮助人们从“快照”和对细小变化的理解中推断未来，而这些细小的变化正是心理图景中已经变

[1] 原注：William Shakespeare. *Macbeth*, (Danbury: Grolier Enterprises Corp, 1980), Act V, scene v, 388.

化或者正在变化的征候。

高级分析人员想要在倾向分析的帮助下开展群体分析，他们的第一项工作是对需求进行解构，这些需求包括优先情报需求、信息需求、假设、预想、预感和疑惑。分析人员从解构中获得结果，并且确定与群体分析有关的四件事情，它们与倾向分析有关：(1) 构成群体的部分和碎片；(2) 将各个部分和更大整体黏合起来的“胶水”；(3) 小的整体通过结合成为更大的整体或群体的催化剂或“助推器”，或者群体加速发展和加速死亡的催化剂或“助推器”；(4) 可以推断出未来事物状态或群体目标的倾向。这要求我们使用复杂适应性系统、敏感变量、机会窗口、二级和三级效应的优势和影响，因为二级和三级效应的潜在力量，将对美国的作战指挥官产生重大影响。

★ **群体分析和文化分析**。让我们回顾一下前文的内容，所谓**文化分析**，就是通过传统且基于文化的态度、行为、社会规范和条件等要素，了解特定的文化、平民及其行为模式。将群体各个部分和碎片黏合起来，以及使群体与群体之间黏合起来的“胶水”，其实就是文化。因此，高级分析人员必须了解文化，或者寻找那些了解文化的人，在足够了解文化的基础上，理解将群体各个要素胶合起来的“胶水”。同样的理解可以帮助我们寻找和发现有助于将群体黏合成更大群体的条件。高级分析人员需要向指挥官提供关于削弱风险和减少不确定性机会的意见。这需要分析人员使用软的和硬的行动、行为和效果，采取策划周密的先发制人行动，在群体尚处于成型阶段就中止它的发展，因为此时群体比较容易操控、变化、摧毁，容易加速其衰减甚至最终的死亡。

(1) 符号与文化分析密切相关，同时对群体分析有非常大的影响，它的突然出现往往象征着新群体的成型。这些符号可以预示着使潜在的群体慢慢复苏的条件出现，还可以帮助我们了解将群体黏合起来的文化“胶水”是什么。

(2) 有关群体分析和文化分析关系的其他考量还包括：敌人会使用文化掩盖其变化和异变；高级分析人员会使用当地主题专家，帮助预测文化将会在何地以及如何发生变化，敌人会如何使用这些变化掩盖他们的行动。因此，高级分析人员必须在认知上保持足够灵活，理解文化的适应性和变化，进而“看到”和理解群体中的文化层面。

★ **群体分析和异常分析**。让我们回顾一下，本书中所谓**异常分析**，指的是辨别与正常或通常秩序、形式或规则发生偏离的情况的含义；或者辨别某些应该出现但却没有出现的问题的含义。当群体进行移动或变化时（无论是变成更大，还是变小和变得不重要），异常分析的结果都是可以识别的。异常分析包含三种基线，分别是文化基线、技术基线和功能基线。异常分析依靠这些基线来判断哪些是“正常的”。一般来说，群体的组成、发展、影响和最终消亡，就是基线出现扰动的原因。群体的内容包括群体的构成、发展、与其他群体的关联、运动和影响等等，每一方面都涉及基线的变化。这些变化有时很容易发现，但有时却是人的意识难以发现的。因此，异常分析及其对基线的依赖，就是通过这一交集与群体分析产生了互动。

★ **群体分析和综合**。所谓**综合**，指的是一种人类的认知活动，是将事物、事件、行动或者能量的各个要素整合起来，形成一个统一的整体。综合在字典中的定义是“将单独的物质或抽象实体的要素进行整合，成为单个或者统一的实体”。[1]《国防部军事及相关术语词典》中这样定义综合：“在情报领域使用时，指的是将已经处理的信息与其他信息和情报进行检查和组合，从而形成最终的解释。”

(1) 综合是对群体进行概念化的心理建构活动。综合可以帮助分析人员了解群体的构成，帮助他们理解群体如何相互联系、

[1] 原注：Dictionary.com Unabridged (v 1.1). Retrieved February 27, 2008, from Dictionary.com Web site: http://dictionary.reference.com/browse/synthesis.

相互关联，并且能够深入了解将群体黏合起来的“胶水”的构成，识别和理解群体的助推器，即群体的速度、速率、可触摸和不可触摸的整体等因素。

(2) 综合还可以帮助分析人员了解，对于一个已经成型的集体或群体，如何采取**先发制人措施**才能使它不至于继续保持群体状态，以及阻止群体内在力量的形成。有了关于综合的概念后，下面让我们进入**整体论**（holism）的概念。所谓整体论，指的是“任何整体的部分都不可能存在，也不可能被人们理解，除非我们了解部分与整体之间的关系；整体论认为，整体的作用大于各个部分作用的总和”。[1] 综合及与之密切“相关”的整体论，可以帮助分析人员了解敌人如何将各个部分和片段聚集起来，从而建立群体。理解综合和整体论，可以帮助分析人员了解敌人将如何使群体保持下去。群体与综合的关系，可以帮助分析人员理解那些将群体或集体黏合起来的“胶水”，如何将看似无关群体的部分和碎片黏合起来。综合可以帮助分析人员对群体产生足够的理解，从而预测未来可能发生的事情。综合还可以提供一种智力上的方法，帮助设计平衡一致的效果和行动，挫败可以使群体产生巨大力量的行动和互动。此外，综合可以帮助分析人员理解那些能够成为群体的演变中的或未来的关系，理解能够让群体成型或者被“扼杀”的技术，也就是将维持群体运行的某个、某些或者所有要素去掉，而这些要素必须集合在一起，才能确保群体的存在。

既然我们已经分析了群体分析与高级分析其他要素之间的关系，那么理解群体分析的下一步工作，就是要深入了解更多关系。比如，群体分析

[1] 原注：WordNet® 3.0. Retrieved February 27, 2008, from Dictionary.com Web site: http://dictionary.reference.com/browse/holism.

和复杂适应性系统是密切相关的。按照这样的思维脉络，我们首先要回顾一下复杂适应性系统的概念。复杂适应性系统指的是：

> 一种由许多自主体（如单元、物种、个人、公司和国家）组成的动态网络，它们与其他自主体平行存在，并且不断对其他自主体的工作做出行动和反应。复杂适应性系统的控制是高度分散和去中心化的。如果系统中有相关行为，必然来自各自主体之间的竞争与合作。系统的整体行为，就是各个体自主体在每个时刻做出大量决策的共同作用结果。[1]

然后，我们需要回答这样的问题，为什么复杂适应性系统及其互动对群体分析如此重要呢？平叛行动中的复杂适应性系统，指的是人、人群、网络和组织，无论其是友军、敌军、中立势力还是东道国。复杂适应性系统可以开展行动、互动和交易。当复杂适应性系统出现某种类型的碰面或者交织，就会出现许多种可能的结果。并不是所有结果都是完全可以预测的。比如有人去食品市场，与店主和店员的互动往往是平和的。购买东西的人的身份，或者这个人是否会购买我们所预测的东西，这是另一个问题，因为在所有复杂适应性系统的交易中，都存在不可预见性和活动概率的问题。因此，交易受到如下这些变量影响，包括价格波动、此人携带的现金数量、食物储备以及饥饿程度，一些变量是常态的，一些变量则是敏感的。其他类型的复杂适应性系统的互动则是敌对的和危险的。有些互动可能是枪杀一名政治家（比如巴基斯坦的贝·布托女士），或者是在大型公共场所引爆炸弹（比如约旦安曼酒店的自杀式爆炸事件），或者还有一个虽然谈论得有点晚，但丝毫不影响其危险程度的互动方式，即个人通过开展条件准备活动支持敌人网络。

---

[1] 原注：John H. Holland in M. Mitchell Waldrop. *Complexity: The Emerging Science at the Edge of Order and Chaos,* (London: Penguin Books, 1994).

在繁忙的环境里，比如大型城市，复杂适应性系统往往是移动的和互动的。当它们互动时，会产生四种结果，都是高级分析人员感兴趣的。它们会**碰撞**，会**倾轧**，会互相**颠覆**。它们会**联合**并且形成一个群体。出于研究的目的，我们对复杂适应性系统如何联合以及如何构成群体尤为感兴趣。这也是群体分析最重要的内容之一。

当复杂适应性系统发生互动时，它们通常都有增效效应。比如一个人被招募进入了某个网络，叛乱头目会向自己的资源清单中增加一个资源。一个团队加入叛乱分子的行动。一个部落加入叛乱分子的行动。一个教派加入一个部落。一个团队或商业力量加入叛乱分子网络。这些就是联合，也是复杂适应性系统与群体产生关联的原因。当复杂适应性系统进行联合，并且与其他复杂适应性系统（集体）发生关联时，就出现了群体。它们的重要性、力量、寿命以及影响的程度，取决于将各个部分黏合起来的“胶水”的强度，取决于复杂适应性系统的更新和适应能力，取决于预测的能力和相应的变化，取决于群体“助推器”的“易燃性”。当然，叛乱分子的单元、联系和网络，就是我们部队在今天和未来的作战环境中可能面对的群体和复杂适应性系统的代表。将敌人网络看作是复杂适应性系统和群体的观念，将会在后续段落中继续探讨。

让我们研究复杂适应性系统的其他关系。复杂适应性系统将群体作为简化复杂系统的一种方法。为了阐述复杂适应性系统的工作原理，我们需要了解复杂自主体的出现，不太复杂的自主体在群体互动中产生的大规模行为。[1] 它们还具有自组织的特点。当单个复杂适应性系统与其他复杂适应性系统或复杂适应性系统群组联系起来，它就成为一个集体或群体。这样的群体具有适应能力，因为群体本身拥有适应和自组织的能力，它们都没有更高一级的控制。所谓自组织，指的是复杂适应性系统演变、适应和选择不同的或新的组织，以获得优势或者生存下去。在现代社会，不同的

[1] 原注：John Holland. *Hidden Order: How Adaptation Builds Complexity*, (New York: Basic Books, 1995), 10–11.

公司往往倾向于合并，以获得更多的利润、更大的财力支持，或者通过合并击败共同的竞争对手。米歇尔·沃尔德罗普的下面这段话可以阐述自组织现象：

> 人们试图通过大量的个体买卖行为来满足他们的物质需求，无意识地把自己组织成一个经济体；这些行为实施过程中，没有人进行控制，没有人有意识地进行规划……飞鸟可以适应它们邻居的活动，无意识地组织成一个鸟群。生物体通过演化的方式慢慢相互适应，并将自己塑造成一个非常微妙且协调的生态系统。原子通过相互之间的化学键，搜寻最小能量状态，从而将自己组织成分子结构。在上面的例子里，各个自主体组成的群体寻找相互之间的包容和自我协调，从而设法超越自己，获得诸如生活、思考和目标的集体属性，而这些属性是它们作为个体所无法拥有的。[1]

复杂适应性系统的适应性强。它们相互交织，并且能够适应环境的变化，能够与其他复杂适应性系统共存。从这一点来看，任何叛乱分子的网络，本质上都是一个复杂适应性系统。这类复杂适应性系统可以通过其预测变化、威胁以及自我壮大的能力，得以生存或死亡或消失，它们还需要适应不断变化的环境里的状态、敌人、功能和行为。当复杂适应性系统经过很长时间演变后，它们将不仅能够行动，而且能够不断地预测和适应变化的环境。复杂适应性系统也可以是多样化的。这意味着，我们所思考群体的部分和碎片可能非常多样，以至于无论何种关系、联合或融合都是可能的。[2] 约翰·霍兰（John Holland）下面这段话

---

[1] 原注：Waldrop, 11.

[2] 原注：1998 年我服役期间，陆军委托我负责一项研究，我招募了一批有学识的人，专门研究在不久的将来，犯罪分子、恐怖分子、叛乱分子可能通过临时性关系进行结合和合作的问题。我认为，出于自身利益和生存的考虑，必然会出现这些群体。团队

可以帮助我们理解这一复杂现象：

> 这种多样性既不是偶然的，也不是随机的。任何个体自主体的持续性，不管它是生物体、神经元或公司，都需要建立在其他自主体所组成的环境之上……如果我们将某一自主体从系统中移出来，就会形成一个“洞”，系统的典型回应就是做出大量的适应行为，从而出现一个新的自主体来“填补这个洞”。新的自主体将会占据被移除自主体所在的位置，并且提供大多数缺失的互动。[1]

复杂适应性系统的多样性是我们探讨的重点，因为形成群体的方式并不只是与同种类型的人、组织、功能、角色和任务相关。不同的复杂适应性系统也会相互结合，并形成关系。比如，它们会因为某个一致的目的或“胶水”而联系起来，这些“胶水”包括共同目标、共同目的以及兴趣，比如一个犯罪分子加入一个叛乱分子群体，而叛乱分子群体为了完成某个任务，会短暂地加入恐怖分子群体。这种现象也可以称为自组织。

一般来说，群体并不会轻易产生。群体有时会维持在形成阶段，直到敏感变量出现和发挥影响。这里可以举某些学校中的年轻人为例，他们正处于加入叛乱分子群体的边缘，但对于眼下的选择仍在犹豫。突然，一个敏感变量出现，并且产生巨大影响。在这个案例中，敏感变量可能是一位受人尊敬的毛拉在我军精确制导导弹的错误打击下突然死亡。虽然这一事件只是将当地人短暂地黏合起来，举行了一些规模不大的抗议毛拉死亡的游行活动，但其长期后果却是让群体出现了黏合和连接。将群体联系起来的“胶水”，就是强烈的情绪反应，以及学校里的青年人长期压抑的憎恨

中一位高级分析人员认为，我所谓的组织并没有任何出现的迹象，由于没有证据，因此不会出现我所预测的情况。当然，我们现在很清楚这些组织已经形成和解散，他们的动机就是为了攫取利益。

[1] 原注：Holland, 27.

与能量的迸发。

让我们继续研究这一现象，以理解群体分析的关系。群体理论就是我们上面所谈论的中心；因此，我们必须以另一个角度研究这一理论。也就是说，大部分行为在发生时，其效果和结果都受到缺少意志、动机不足、资源不足、缺少法律和环境条件以及潜在结果的限制。然而，有趣的是，当其他事件在合适的时间、合适的地点发生时，当该行为在“机会窗口”内发生，并受到敏感变量的影响时，结果的强度将会超出人们的想象，更不用说预测了。因此，集体和群体的影响，有时会产生类似飓风的效果，即相对较小的输入会产生巨大的输出。

让我们再考虑一下敏感变量的问题，及其与群体分析的关系。什么是敏感变量呢？我们如何判断条件是否成熟，可以产生敏感变量了呢？它们为什么会影响群体的出现和力量，并强化和扩大将各个要素黏合起来成为整体的“胶水”的功能呢？

让我们回答和阐明这些问题。所谓变量，指的是某些可能产生变化或波动的事情。敏感变量，就是不仅易于变化和波动，而且很容易受到外界刺激的扰动、激发或过度影响。尽管我们很难看到敏感变量的优势，也很难判断它们潜在的影响，但我们可以**轻易地观察和理解那些有助于敏感变量浮现和影响的条件的出现**。这些条件可以是情绪层面的（对外国人的恐惧、教派之间的仇恨以及在精确制导武器错误打击导致大量人员死亡后，人们反映出的强烈复仇欲望等），可以是物理层面的（缺水和排污系统，间歇性停电等），可以是气候层面的（炎热、潮湿、大风和灰尘等），还可以是个人层面的（出现了一个非常有煽动力的人）。一旦敏感变量出现，或者正常变量变成了敏感变量，它们就会使群体发生快速融合，产生无法预料的二级和三级效应。敏感变量的出现可以使群体发展更快、变得更加强大，并且能在不断发展和强大的过程中，将更多的看似不相关的群体融合为一。

虽然关系密切，但我们还需要研究一下敏感变量的**机会窗口**。什么是机会窗口？它指的是变量出现或者变得敏感的时间段。正是在这段时间里，不管是敌人还是友军、中立势力或东道国，由于出现敏感变量而变得脆弱起来。因此，友军必须了解他们自己以及敌人，同时还要了解作战环境中的中立势力和东道国。虽然孙子的军事理论主要是研究几千年前的事，但这位军事哲学家的文化依然渗透，可以帮助我们理解这一思想：

> 故曰：知彼知己，百战不殆；知天知地，胜乃不穷。[1]

然而，要想了解敌人，我们必须了解平民、中立势力、东道国政府以及设施。分析人员必须有目的地思考和观察这些条件，把即将出现的敏感变量告知决策者，并且告诉他们这些变量将会如何影响群体的发展及其影响力。

要想在机会窗口出现期间（机会窗口出现时，敏感变量可以最大限度发挥预期效果），监视、打击或者影响对手、中立势力、东道国政府、警察和平民，就必须使用孙子所说的**“奇”**和**“正”**。用现代的说法，这就需要我们使用间接方法，充分利用敌人、中立势力或东道国的弱点，或者从它们身上打开缺口。从这一点来看，正如孙子所说：

> 战势不过奇正，奇正之变，不可胜穷也。奇正相生，如循环之无端，孰能穷之？[2]

所谓使用间接方法，就是友军利用自身群体的力量，打击或者影响由于敏感变量和机会窗口出现而暴露出的薄弱点。然而，与此同时，正如敌人、中立势力或东道国领导人认为的那样，友军决策者必须预料到敌人针对其薄弱点所做的类似努力。虽然很复杂，但这样一种心理工作对于预测

[1] 原注：Sun Tzu, 129.（译文引自：孙武，《孙子兵法》[上海古籍出版社，2006 年 7 月第 1 版]，“地形篇”第 114 页。）

[2] 原注：Sun Tzu, 92.（译文引自：孙武，《孙子兵法》[上海古籍出版社，2006 年 7 月第 1 版]，“势篇”第 47 页。）

和使用群体的力量是至关重要的，有助于我们构设条件、创造效果以及完成目标，还能让友军不至于成为同样战略的牺牲品。如果我们的指挥官没有理解这一点，也没有利用这一现象，即敏感变量、机会窗口和群体三者之间的关系，他们将永远无法抓住，更不用说获得主动权了，他们将成为群体巨大力量，甚至是群体失控效应的牺牲品。

按照这样的思路进行下去，在理解群体分析的道路上再前进一步，我们会发现需要思考和回答另一个非常紧迫的问题。既然希望自己免遭群体和敏感变量的影响，我们如何知道和了解什么使变量变得敏感呢？答案就在于理解生活中三个有影响力的方面，即文化、作战环境和天气。人们如何接受教育，如何理解和信仰宗教，如何判断特定文化中的敏感要素，哪些东西可能产生二级和三级效应，如果这些效应出现，将会如何帮助我们预测敏感变量的组成。答案在于理解是什么让人情绪化或失去理智。答案还在于通过研究过去的状态，判断敏感变量是不是意外结果和后果产生的催化剂，并帮助我们在当前环境里寻找相似的条件和出现的事物。此外，我们需要足够了解天气和作战环境，了解它们如何与文化及其居民构成联系，以及如何影响文化及其居民。只要这三个要素（文化、天气和作战环境）在正确的时间、正确的条件并通过正确的变量结合起来，群体就会突然出现，造成任务失败或者产生出其不意的效果。

二级和三级效应的出现，源于城市环境中群体的复杂行为和互动。二级和三级效应的出现，有时是因为在正确的时间施加了敏感变量，创造出意想不到的效果。因此，一个非常急迫但实用的使用群体分析的方法，就是预测各种活动，包括：获得能量、寻找盟友、预测敌人的反制措施、适应环境和敌人的变化等。群体分析还可以使指挥官和参谋们理解作战环境之外条件的出现，这些环境也可以促进群体的形成，可以监视那些微小和似乎不显眼输入的出现，这些微小的输入却能与不成比例的结果之间构成直接的因果关系。

通过我们所举的例子，读者肯定能同意下面这个观点，即理解、阐述和应用群体分析是困难的心理活动。然而，谁能否认群体分析的影响和重要性呢？我们在此并不准备深究为什么“群体分析”不是常用术语，也不深究为什么关于这一分析认知的知识如此匮乏。正因为如此，群体分析才没有被广泛应用，但我们无疑可以得出这样的结论，即它的复杂性是它无法被广泛应用的重要原因。实际上，我们必须研究如何使用群体分析，以帮助我们在城市环境里打击多种类型的敌人、竞争者、平民和组织，这些都是我们需要影响、打击或挫败的对象。

作为理解群体分析的另一步骤，我们必须首先研究对群体进行早期认知和干预或操控，会有助于控制群体的最终形状、能力和衰亡吗？答案是肯定的，但判断和认识群体的成熟程度却是困难的。我们必须预测群体的出现，判断其有无潜力快速发展壮大，剖析和理解将群体基本要素黏合起来的“胶水”。此外，分析人员必须判断二级和三级效应的潜在结果，并且设计观察指标和情报搜集手段，寻找和上报它们的出现及潜在影响。此外，分析人员必须观察群体的出现，观察事件、行动或人群突然散发的能量和影响，这些能量和影响只能来自群体微妙的、往往是无形的外观和影响。然而，即便高级分析人员没有预测到新生群体的出现和影响，如果他们首先使用群体分析的方法理解群体，并且使用众多专家设计出的使敌人群体灭亡的战略，或者使敌人群体的影响力早日消亡的战略，他们仍然可以采取措施促进群体早日衰亡，以抵消它们的效果，祛除其影响。

用简单的术语概括，高级分析人员使用群体分析时，必须要确定他或她如何使用群体分析，来对抗城市作战环境里的敌人或其他竞争对手。比如，分析人员既要能够预测群体的出现（即通过加快或延迟群体效果，来影响友军或敌军），又要判断敏感变量是否在影响群体。如果他们认为条件和敏感变量的出现有助于群体的出现，他们就必须预测指挥官任务和行动的潜在结果。他们还必须判断这些产生了群体的敏感变量的优势如何影响友军指挥官的行动。这些高级分析人员必须寻找、发现并且充分利用敌人脆弱的机会窗口，对其实施操控或进行先发制人行动。要完成所有这些心理和物理的行动，需要一个适应敏感变量波动和变化的情监侦系统，以及一个灵活的决策环，一旦出现敏感变量或者开始形成群体，这个决策环就能够非常迅速地采取行动。

还有一些案例可以阐述群体理论及其二级和三级效应。想象一下这样的画面，1993 年在索马里的摩加迪沙，一名死亡士兵被拖着经过街道。CNN 将这样的画面传送到纽约或者亚特兰大的美国分发中心。如果这样的画面只是转发给 1 个、10 个或者 20 个家庭，可能不会对国家政策产生影响。但这样的画面进入了千家万户。由于群体行为的影响，以及民众迸发出来的巨大力量，使得一个战术事件导致了国家政策的改变。再想象一下阿布格莱布（Abu Ghraib）监狱里的虐囚丑闻。如果这一事件只是几个人知道，根本不会掀起什么风浪。但这样的新闻通过互联网传遍了世界，产生了巨大的政治风暴。

再举一个关于群体的例子，心理战（psychological operations，PSYOPS）可以影响许多人的智力和心理，使敌人的士气产生波动，对敌人的战斗力产生一级效应。二级效应是造成敌人指挥官的认知失调，其指挥和控制系统是友军希望施加影响的。这些竞争性斗争的焦点，就在于对群体智力的无形操控。三级效应就是要袭击和影响敌人士兵的群体心理，间接地对指挥官的心理造成认知失调，影响其决策环节和能力。影响一个或者几个敌方士兵或指挥官的智力，不会对整体产生多大的影响，但如果友军能够影响数百人的心理、智力，或者能够影响绝大多数敌人指挥官，那么**将会**产生对我方有利的效果和行动。

此外，再看看广告如何运作。如果一则广告只能影响少数人，那它就没有意义。但如果一则广告可以影响一百万人，它就变得有意义，以至于它可以通过这些人传递思想。由于受到观念的不断重复和名人效应的强化，广告承载的观念迅速地在个人、组织、集体和社区——就是群体——之间传播。

再考虑一下敌人网络的力量和功能。网络可以聚合也可以解散；它们有时作为节点和联系呈现，有时又表现得无足轻重。然而，民众可在心理和情绪上支持犯罪分子网络。因此，他们不断地提供食物、庇护、后勤、运输、安全、通信、情报、警戒以及无数其他必需品。如果我们只看到他们提供的某一项支持功能，这些人似乎是不可见的，他们的支持也似乎是没有意义的。然而，当我们通过群体分析看待整个局势，我们就可以注意到多种类型的交易、行动、互动和群体性心理依附（当人们知道自己正在做不顺心的事，或者害怕被捕或面临牢狱之灾时，所反映出的符号和心理表征）。

事实上，二级和三级效应在群体中变得越来越重要。比如，某个受人追捧的应用程序[1]（一种新的、更为强大的计算机应用程序）推出后，它不只是影响一两个人。对于真正创新的应用程序来说，它必须影响数以百万人，并且共同影响这数百万人的工作方式。这些杀手级应用程序的影响和含义所产生的二级和三级效应，常常是未料到的。比如马镫的发明，极大地促进了侦察、骑兵、机动的发展。毫无疑问，发明这些杀手级应用程序的人，也会对产生的二级和三级效应感到非常惊讶。[2] 其他受追捧的应用同样如此：电视机、电话、无线通信、飞机和计算机等。

再看下一个例子，一辆车在繁忙的高速路上以 70 英里（约 113 千米）每小时的速度前进，突然来了一个急刹车。这个急刹车的出现，正好可以解释群体理论。假设 6 车道的高速路上有 5000 辆车沿着同一方向前进，头车驾驶员突然看到另一辆车撞死了一只动物。然后头车以几秒钟一英里的速度减速行驶。这一辆车的减速其实意义不大。但如果高速上 5000 辆车都在减速，效果将会急剧放大，能使车流直接停下来。头车的驾驶员根本不知道他给尾车驾驶员施加的二级效应。尾车驾驶员虽然停下了车，但对停车原因一无所知，只知道发生了后果很严重的事情。

21 世纪的恐怖分子会利用群体理论，对我们国家或盟友的民众心理施加影响，从而达到他们的目的吗？在该国很多地方发生的许多精心策划的暴力事件，特别是几乎同时发生的事件，可能产生巨大的影响，引起人们的歇斯底里。如果恐怖分子发起的袭击与 2002 年马里兰州弗吉尼亚郊区

[1] 原注：Larry Downes and Chunka Mui. *Unleashing the Killer App*, (Boston: Harvard Business School Press, 1998), 11.

[2] 原注：Downs and Mui, 13.

事故以及华盛顿特区的狙击事件相似，只会产生一些小规模和当地化的反应。在这些狙击事件中，反应虽然只集中在特定区域，但对于该地区的经济影响却是巨大的，人们宁愿待在家里而不是出去购物，许多人甚至都不去上班了。如果这些活动蔓延到好多城市，造成数以千计的人员死亡，其影响将呈指数级增长，并将很快影响公众舆论，进而影响公共政策。这种群体现象导致的后果之一是恐惧，比如虽然只有一名恐怖分子使用生物武器，但却能对许多人的心理产生影响：包括直接受到生物毒剂攻击的人，亲戚或朋友受到毒剂攻击的人，以及可能被病毒快速影响而惶恐不安的人。

群体分析无疑永远不会成为高级分析人员最喜欢的元素。有人说它过于抽象，对智力要求过高。然而，我们必须要善于利用群体分析，因为敌人通过群体可以释放出巨大的力量进行袭击活动。通过群体，可以感知东道国平民对敌人网络的支持。通过群体，二级和三级效应才会释放出来，并且产生巨大的影响，甚至会导致我们指挥官的任务失败。因此，让我们研究一下高级分析人员可能碰到的更加严重的困难或挑战，然后确定高级分析人员如何克服这些困难。群体分析中一些非常困难的挑战包括：

★ 城市作战环境的复杂性。
★ 对象的抽象性。
★ 搜索、寻找或者处理新近形成群体的决策，这些决策往往只是纸上谈兵，难以付诸行动。
★ 群体分析需要具备高水平的、当前的，有时深奥的知识，才能取得成功。
★ 我们必须像群体中的成员，或者使用群体作为手段的人那样进行思考，如果我们希望影响群体的话。
★ 思考和寻找群体出现的迹象，思考将整体各个部分黏合起来的“胶水”的衰减，思考和寻找推动群体发展的“助推器”等，这些都是非常困难的工作，其中充斥着微妙、模糊和细微的特质，都会影响我们的思维。

让我们简要研究一下分析人员要想成功开展群体分析，应该从自身做好哪些准备。这些准备包括：

★ **思想准备**。智力上，高级分析人员可以使用群体分析思维模板，帮助他或她进行思考，并且确保自己在开展群体分析过程中不会忘记一些非常重要的事项。他们的思想不能抵触群体分析中那些看不见的抽象事项，比如将各个体黏合成整体的“胶水”，比如推动群体改变、成长和产生影响的“助推器”。特别重要的是，高级分析人员在使用群体分析时，必须理解、寻求和利用关系，因为群体正是通过各种关系聚集在一起或者最终解散的。这些关系有时是明显的，但由于复杂适应性系统也是群体的一部分，导致高级分析人员很多时候需要寻找、发现和理解那些微妙和不断演变的关系。

★ **知识准备**。高级分析人员需要得到主题专家、精英中心和虚拟知识环境专家的帮助，需要他们提供开展群体分析所需的知识。这些人拥有认知“马力”、知识和实践经验，可以帮助那些已经抵达前线或者即将开赴前线的分析人员进行思考。他们可以帮助高级分析人员获得他或她在群体分析中研究奇特且晦涩的艺术和科学时所需要的知识。

★ **思维过程准备**。要想群体分析取得最好效果，必须在群体分析开始早期就展开优秀的和有效的深度思考。分析人员使用群体分析时，不仅要使用思维模板，而且要使用三种类型的基线，即技术基线、文化基线和功能基线。他们还需要了解群体分析、异常分析、倾向分析、文化分析以及综合（包括整体论）之间的密切关系。分析人员必须对群体分析感兴趣，并积极地寻求使用它的智能过程。我们需要有一个优秀的红队，可以在我们思考群体并试图使用群体分析时，检验我们的思维。

★ **复杂性理论准备**。高级分析人员还需要稍微掌握复杂性理论知识，从而更好地理解和使用群体分析方法。特别是分析人员需要理解非线性理论；较小的输入产生巨大的输出；敏感变量和机会窗口的出现与影响；复杂适应性系统的概念；了解复杂适应性系统的预测、适应、演变和成熟的概念；理解复杂适应性系统在成熟过程中，可以与不同类型的复杂适应性系统进行融合；理解复杂适应性系统的自组织功能；当然还要了解复杂适应性系统与群体之间的关系。同样重要的是，高级分析人员必须有办法掌握城市作战环境中复杂性问题的简要知识，可以向虚拟知识环境中的科学家寻求帮助，从而开展与群体分析和高级分析相关的工作。

二、群体的内涵

通过群体分析，我们可以了解以下几点内涵，有助于我们进行思考。一些最重要的含义包括：

★ 思考在诸如巴格达这样的城市中发生的多样化、低层次叛乱活动的内涵。有些活动规模小，有些看起来像恶作剧（pinprick）；它们也不是相互联系的，严格地说，这些行动的战术水平很低（甚至没有多大的伤害性）。但我们的脑中必须有其他的考虑。从总体来看，这些“恶作剧”可能会对政治圈产生重大的影响。它们有助于人们的感知和思考，使人们从总体上得出结论，即混沌已经来临。如果从个案来分析，城市军事行动中出现的死亡、残杀以及财产损失虽然令人震惊，但也是在可以忍受的范围之内。不过我们通过群体分析这一透镜再观察这一事态时，就会发现，当平民伤亡数量及财产损失数量达到一定程度后，对人民房屋和财产造成的实际损害就会演变成一个压倒性议题。残杀所产生的恐惧和对政府能力的不信任，就会演变成一个真正的问题：政府已经没有能力维持秩序，无法支撑这个国家从受损的时间、金钱和生命中“站起来”。

★ 复杂城市行动中似乎不相关的东西，事实上却是紧密联系的整体，且表观混沌下隐藏秩序。作者米歇尔·沃尔德罗普将这种状态称为混沌边缘，他下面这段话可以帮助我们理解该现象：

> 所有这些复杂系统都有能力在秩序和混沌之间维持特殊样式的平衡。这种平衡点，我们称为混沌边缘，就是说系统的组成部分永远不会集中于一点，也永远不会四散引发混沌。在混沌边缘，生命体有能力维持稳定并且自足，还有足够的创造力进行生活。在混沌边缘，新的观点和创新的基因正在从现状的边缘永远消失，在这里即使最佳的守势最终也会被攻破……在混沌边缘，停滞和无政府状态之间的战斗边界在不断变化，在这里，复杂系统可以是自发的、自适应的和有生命的。[1]

★ 不幸的是，我们所寻求的秩序和稳定，常常存在于我们的理性之外；稳定被混沌所遮蔽，所以我们看到的只是碰撞、倾轧、颠覆、联合以及能量的随机释放，这些现象产生的片段和特征，似乎与秩序背道而驰，也就是说，它们的混合似乎像、闻起来像以及看起来也像是混沌。然而，稳定的边界被稳定所寄生的文化所蒙蔽（这一点我们可能无法理解），这些具体的、当地的行动和行为，如果单独拿出来看，似乎是不起眼的。但通过群体分析，分析人员可以从整体中寻找混沌当中的秩序，理解敏感变量的出现、成熟阶段，及可能的影响。

★ 当观察敌人网络时，几个常量会发挥作用。首先，网络在不断变化和异变。节点之间的联系时而出现、时而消失，时而非常快速地运动。人们就是网络，人们也有需要。他们必须吃、睡、放松，从 A

[1] 原注：Waldrop, 12.

点移动到B点。平民还需要履行支持网络的职能，包括警戒、运输、后勤、情报搜集、食物、庇护、通信、存储等等。使用汽车、摩托车、踏板车甚至步行的人，经常在正常活动的掩护下四处走动并提供这种支持。因此他们就像蚂蚁一样，可能留下人眼看不见的化学痕迹，昆虫学家称之为“信息素”。分析人员很难发现人们支持网络的信息素，并且将它们可视化，因为人们倾向于孤立地看待事物，或者一旦人们对某些看到的事情无法认识或理解时，他们就会倾向于忽视它。要想看到人类网络支持的信息素，分析人员必须理解敌人开展行动所处的文化，但不能将人类支持网络的行为看作是单个行动，而要将它们看作是连续的行动，是网络组织中有形的和无形的群体之间相互联系的行动。

★ 最后一点，高级分析人员要将难题解构成基本要素，并对其进行理解，找到要素之间相互连接成为群体的方式，这样他或她就可以进行去模糊化和解构的工作，挫败敌人的群体或者操控敌人的群体。比如，敌人的网络必须要被分解成节点、联系、功能、特征、联系的方式和目的等，分析人员必须分别理解每一个要素，以及每个要素如何与整体形成联系。分析人员必须理解某个网络如何发展成一个更复杂的网络，或收缩为一个规模更小、重要性更低的网络。如果网络中某个片段开始运动，其他片段也会跟着运动或者异变。不幸的是，没有深入研究和理解群体分析，我们的思维很难达到这种层次和深度。

三、结语

本章阐述了高级分析中一个抽象但重要的要素。尽管它是高度抽象的，给我们的理解造成了障碍，但通过组成整体的不同要素，比如袭击、防御、占领、运作庇护所、设置简易爆炸装置等等，就可以隐约感知叛乱分子的心理世界。群体分析还可以用来寻找行动准备过程中一些微妙的征候，比如条件准备活动。在这些行动或事件当中，群体可以产生整体，释放能量，产生外溢，最终解体或消亡。本章还强调了思考群体如何转变成其他整体，如何演变成更大群体或更小群体，然后把我们称为子群体的事物组合成一个整体。

作者在本章采用了自由的叙述方法，并且请求读者允许一些想法出现，包括一些新的但很有意义的方法，以对群体和整体进行思考。其中一个观点，就是本章介绍的将个体黏合成整体的“胶水”的概念。这种胶水可以是观点、任务、憎恨情绪或者意图。它可以是特定居民区的亚文化视角、社会群体、共同信仰、共同认知、共同目的以及有关神话、事实、信仰和观点的共同强度。一个有意思的地方在于，群体的胶水常常会衰减，只不过衰减的速度不同。因此，高级分析人员不仅要从总体上了解群体和群体的要素，而且要了解群体是如何组成的，以及将会如何解体，当然也需要了解将群体黏合起来的“看不见的胶水”的本质。

本章提出的另外一个观点，就是群体“助推器”，正是它使群体按照不同的速度、速率、影响和强度，朝着它们的效力、影响或者消亡的命运前进。按照这样的思维，本章尤为强调判断、理解、影响或者监视助推器效能发挥的重要性，特别是要考虑助推器与敏感变量和机会窗口的消失和流动之间的关系，这就为群体发挥影响，实现群体密集程度和影响程度提供了条件。这种类型的思维，为分析人员提供了一双时刻洞察二级和三级效应的产生、影响和消亡的不可思议的眼睛，而正是二级和三级效应，给在城市非正规作战中的指挥官带来了如此多的麻烦。很明显，情报分析人员必须有目的地拓展认知能量，思考和理解群体理论中的“胶水”和“助推器”。

在无形的信息作战领域，群体分析对于思考和开展行动同样重要。正是在这一领域，在任何城市冲突中，争夺民心民意的重心（即平民）的斗争才能决出胜负。正是在这里，以群体方式呈现的情绪、思维和知觉的总和，塑造着在城市环境里发生的无数互动、交易、行动和行为，优秀的信息作战筹划人员和高级分析人员，必须在城市环境中，清除这些看似细微的事件，使它们无法产生战略性影响。正是在优秀的高级分析人员的思维之眼里，即使从幻影中也能看到群体的影响，而不只是将它当作孤零零的事件。高级分析人员及其高层次的认知活动，可以在信息作战中发挥主要作用；因此，情报分析人员必须理解，群体如何与信息作战的功能联系起来，更重要的是，要将“胶水”“胶水衰减”“助推器”“助推器的易燃性”等概念，融合到非常强大和关键的力量之中，服务于友军的指挥官。

学习完本章之后，读者已经做好准备进入高级分析下一个要素，即重构的学习。当然，重构是高级分析中产生结果或产品的重要一步。重构与综合密切相关，综合是产生可执行决策的知识和理解的基本认知要素。

[第17章]

重构

定义：对所搜集的数据进行基于人和机器的重新编译，从而获得信息、知识和理解。

一、重构背后的理论

所谓重构，就是对部分、组成、基本要素以及数据，进行基于认知和机器的编译和重新编译，并成为整体，从而获得对整体的见解、信息、知识和理解。重构是解构的直接结果，我们已经在本书中研究了解构。一旦分析人员成功开展了解构工作，并且制定了五种类型的观察指标，他们就要向情报搜集专家和机器详细解释观察指标（包括时间、地点和可疑活动）。情报搜集行动开始后，就要处理、关联和分发所获取数据。情报分析人员及其机器正是在接收到数据后，才能开展重构工作。重构是获得知识的“必经之路”，这一过程需要使用综合这一人类认知功能。有趣的是，优秀的分析人员在对需求进行解构时，心里往往要有一种结论。也就是说，在开始解构工作时，他们已经有了一种愿景、假设、预想、预感或疑惑。因此，他们通过重构工作，获得了一直在追寻的特定结果。然而，他们不能让这种对结果的预期损害了真正的事实或者推论。他们必须让自己的分析行动不受人类认知错误和偏见的影响；他们开始解构过程时，心里已经有了一种想法，而正是这种想法引导着重构工作。分析人员必须使用其他人和组织，对自己的工作进行评析，避免陷入思维中的逻辑陷阱和错误。

重构听起来很简单，实际操作非常复杂，给高级分析带来挑战，其原因有以下几点。第一，分析人员必须足够了解目标对象，从而展开将数据转变为信息、最终转变为知识的过程。不幸的是，如上所述，前线部署的分析人员往往缺少关于高级分析 14 个要素的足够的专业技能，缺少对威胁和作战环境的了解，难以制定出观察指标，更不用说将那些看似无关紧要和互不相关的数据通过重构形成可用的信息和知识了。通过这种思维方法，分析人员试图跑步穿过城市作战环境中人类行为的所有线索街区[1]，并将街区进行融合，尔后通过重构和最终的综合来理解融合以及街区之间的关系。聪明的高级分析人员了解自己的认知局限，并在他们不擅长的领域寻找别人帮助。第二，分析人员需要使用高级机器，帮助自己将不相关的线索编织起来，打个比方，使其成为一个整体或“锦囊”，从而获得可以构成细微的、有用的知识的框架信息。第三，高级分析人员要让有知识、有经验的主题专家，以及开展分析监视工作的军事分析人员都参与进来，以提供成功开展重构工作所需要的知识、经验和认知能力。从这一点来看，他们需要有足够的认知能力，不仅要理解态势中的军事方面，而且要理解针对敌人“政治、军事、经济、社会、信息和设施”（PMESII）的外交战、信息战和经济战及其效果。

有趣的是，如果这一过程可以正确展开，分析人员所获的情报搜集结果将会是文化、功能、态势、技术和生物层面的，毕竟这些结果都是来自同样类型的观察指标。这些结果将会和分析人员的预测进行印证，或挑战其预测，检验其假设，质疑其猜测，解决分析中的某个疑惑。如果开展重构工作的人，就是那些在分析 / 搜集过程中开展解构工作的人，重构工

---

[1] 原注：Clausewitz, 96.（译文引自：克劳塞维茨著、军事科学院译，《战争论》[商务印书馆，1978 年第 1 版]，第一卷、第一篇、第二章“战争中的目的和手段”，第 59 页。）

作将要容易得多。由于经情报搜集人员得来的数据需要进行理解，因此对需求进行解构的分析人员，无疑会更加深入和快速地对数据进行搜集和操作，远非那些对解构工作不熟悉的人可以比拟的。

要想有效开展重构工作，分析人员必须知道和理解竞争双方高度互动的优势、劣势和特征。分析人员必须了解文化、设施、本质以及平民的思维倾向，当然还需要了解敌人，唯有如此才能成功开展重构工作。分析人员必须理解和获得能够发现无形东西的能力。决策理论家加里·克莱因（Gary Klein）下面这段话，可以帮助我们理解分析人员在重构工作中，特别是寻找那些看似无形的东西时必须要做的事情。

> 专家对世界的看法不同。他们看到的东西，是其他人无法看到的。专家们往往没有意识到，我们其他人无法察觉他们眼中显而易见的东西……有很多事情是专家们能看到的，但其他人却看不到：初学者无法发现的模式；异常状态，包括没有发生的事件，或者预期被打破；大局（态势感知）；事物运行的方式；机会和即兴创作；已经发生的事情（过去），或将要发生的事情（未来）；初学者无法发现的细微差别；他们自己的局限性等等。[1]

这种有关敌人的知识，以及那些无法看见的东西，可以帮助高级分析人员判断即将发生的行为或非行为活动。这样的知识还可以帮助分析人员将活动关联起来，因为在搜集数据过程中，数据之间似乎是不相关、独立的，但事实上它们是密切联系的。当使用高级分析时，分析人员可以将这些看似孤立的数据碎片综合成意义丰富的群体，进而成为可以使用的信息。最后，通过持之以恒的努力，再加上重构以及使用综合这种高级分析要素，分析人员就可以获得知识，而指挥官需要这些信息来降低不确定性，帮助控制风险。

[1] 原注：Klein, 147–149.

一些相关的定义可以帮助读者全面了解重构。我们回忆一下，所谓**重构**，就是对所获取的数据进行基于人和机器的重组，从而获得信息、知识和理解。重构和融合之间是有区别的。本书中的**融合**（fusion）是一种机械性工作，是将数据收集起来，并将其变成人类可以识读的东西。从这一点来看，融合就是将不同的要素融合成一个整体。[1] 重构则是数据融合的结果，是将数据转变为信息。重构使用机械性工作，用以辅助人们的智力活动。在《杂散电压：信息时代的战争》一书中，我对这一概念进行了深入研究；这是重构不同于综合的主要原因：

> 他们必须学会寻找和发现明显的关系和似乎不相关的关系。情报人员和高速处理器可以在这一过程中发挥作用……人和机器的共生必须发生在两者作为一个整体运作的情况下，一方能抓住另一方的优点，并将其缺点最小化。这样的共生可以通过提高情报人员和其他学习软件的性能来实现。[2]

综合是指将事物、事件、活动和能量整合成统一的、整体的人类认知活动。[3] 如上所述，这是一种独特的人类功能。它对于高级分析十分必要，因为它只在人类的思想中活动，并将信息转变为指挥官决策所需的知识。综合能产生可用的情报。“意义构建”是重构工作的最后一个环节，这就需要我们做出相应的解释，从而理解重构。在很大程度上，意义构建是一种认知活动，包括了解当前态势，判断态势演变，以及如何应对或预测威胁、局限、机会或限制、潜在行动等，还包括推动作战方案发展的可

---

[1] 原注：The American Heritage® Dictionary of the English Language, Fourth Edition copyright ©2000 by Houghton Mifflin Company. Updated in 2003. Published by Houghton Mifflin Company.

[2] 原注：Hall. *Stray Voltage: War in the Information Age*, 92–93.

[3] 原注：The American Heritage® Dictionary of the English Language, Fourth Edition. Retrieved March 03, 2008, from Dictionary.com Web site: http://dictionary.reference.com/browse/synthesis.

能结果、猜测和价值。分析人员和相关保障设备需要理解数据。分析人员思考数据，并且努力从自身角度和经验理解数据，特别是要从他们开展分析的首要目的——支持指挥官的筹划和决策过程——的角度来理解数据。如果有可能，他们需要吸纳别人的知识和经验，理解一些模糊的、文化上或技术上不明朗的数据，这些数据有可能是机器搜集的，也有可能是传感器和人力情报获取的。要做到这一点，他们需要使用高级分析 14 个要素中的一个、两个或者组合使用，从而在获得可用知识的旅途上，将数据重构成信息。

高级分析人员在意义构建过程中，必须经受和克服一些困难。他们必须寻找这些潜在的问题，并且在发现问题的苗头，或者感知其影响时，立即采取正确措施。举一个例子，分析人员有时会使用错误的数据，从而产生错误的理解。有时数据看起来似乎无法理解，从而导致分析人员放弃了努力，舍弃了数据。分析人员有时无法处理手头所有的数据，因而将有价值的数据放在“剪辑室的地板上”，这里借用电影公司最重要的场地打个比方。分析人员有时还必须使用正确性可能不高的优先顺序，缩小寻找数据的范围。有时获得了错误的数据，会导致错误的决策。即使数据是好的且未受污染，分析人员也必须正确地进行思考。然而，分析人员常常非常忙碌、疲惫且压力重重，可能会对数据做出错误假定，或者错误地对数据进行阐释，最终错误地评估了数据。

情报分析人员在将数据重构成信息的过程中，必须进行一些非常重要的思考。首先，他们将重新理解信息与知识之间的差异。他们会这样认为，信息指的是未经组织的或不相关的，通过谈论、阅读或者交流而产生。知识则是经过组织的信息，或者对所获或经过组织的事实进行理解和解读的结果。智慧是有关人、生活和行为的知识，其所蕴含的事实可以用来产生精明的判断和见解。[1] 分析人员还需要了解知识的三种类型，即

[1] 原注：Dictionary.com Unabridged (v 1.1). Retrieved April 05, 2008, from Dictionary.com Web site: http://dictionary.reference.com/browse/information.

已有的知识，通过评论和应用使价值增加的已有知识，以及新知识。一般来说，分析人员会努力使用已有的知识，同时也知道他或她及其他主题专家必须向知识注入信息，从而增加知识的价值，使其可以更好地应用到当下的工作之中。分析人员还需要考虑指挥官的任务、指示、意图及优先情报需求和信息需求。比如，他们需要运用指挥官的指示，回答下面这些问题：我要寻找什么？我为什么要寻找？我是在思考和寻找正确的答案吗？我寻找的对象与指挥官的筹划和决策环相关吗？除了指挥官的信息需求外，分析人员还需要制定他或她的分析需求。这些需求来自假设、预想、预感和疑惑。开展重构工作时，分析人员必须牢记限制条件和标准，而这又会影响重构工作和生成工作。他们还需要考虑自己所重构信息的标准。这里提醒一下，我们在开展这项工作时，需要遵循时效性、准确性、具体性、相关性和清晰性的标准。这些标准的尺度，会随着指挥水平发生变化。随着分析人员与重构工作变得越来越密切，他或她会思考作战环境的其他方面内容。这些思考包括：

- **敌人态势**：敌人是在不断运动和活动的。他使用很难被人看见或注意的网络。他嵌入社会之中。因此，分析人员必须理解敌人的流动性如何影响他及其同伙的行动。分析人员必须了解和掌握敌人如何进行感知和思考，以及敌人的战术、技术和网络活动，以便从已有的大量数据中提取正确的数据，并通过机器手段将数据转变成信息。敌人肯定不会让情报分析人员的目的那么容易得逞，孙子的下面这段话，可以帮助了解敌人与我们的斗争：

  > 故善攻者，敌不知其所守；善守者，敌不知其所攻。微乎微乎，至于无形。神乎神乎，至于无声，故能为敌之司命。[1]

---

[1] 原注：Sun Tzu, 96–97.（译文引自：孙武，《孙子兵法》[上海古籍出版社，2006年7月第1版]，“虚实篇”第59—60页。）

★ **作战环境的变化**：分析人员必须意识到作战环境的流动性本质。对那些负责筹划、实施和评估稳定行动结果的参谋们来说，流动性的影响非常大。一个不断变化的作战环境，意味着任务也要随之变化。任务一旦变化，就会导致决策发生变化。决策的变动，会导致指挥官需要更加高质量的知识，以满足降低不确定性和风险的需求。一旦需要更加高质量的信息和知识，情监侦系统就会面临压力。情报分析人员和搜集人员将会是压力最大的。因此，他们需要及早思考并掌握智力上的主动权，而不是静待信息和知识的降临。这样的需求与我们已经研究过的分析性条件准备活动相关。

当分析人员开始参与重构工作，有一些技术方面的手段可以提供帮助。比如，分析人员应该回答下面这个问题：这个数据是什么意思？要想回答这个问题，需要他们的大脑努力将意义应用到数据上，并且在面对大量数据时，意识到自己面临挑战的内容和程度。此外，他们还要回答这样的问题：它可能是什么意思？要想回答这个问题，他们不仅要从自己的角度，而且要从敌人、中立势力、友好的当地主题专家以及美国主题专家的角度，探索各种可能性和选项。继续沿着这样的思维进行下去，他们必须回答这样一个问题：内涵是什么？开展内涵分析（implication analysis），是开展高水平思考的很好方法，会使我们更容易进入综合的领域。思考内涵，可以“启动”分析人员大脑中涉及人际关系和创造性思维的部分。内涵可以帮助我们思考“如果”（what ifs）的问题，可以帮助指挥官或他的参谋们思考先发制人、保护自己的方法，还可以帮助他们思考长期问题和挑战的应对之策。他们还需要理解文化及其人民，包括设施、宗教的作用和影响、权力结构、商业、对技术的看法和技术的使用，以及对外国人的看法等等。更重要的是，分析人员必须判断出，当地平民如何感知、思考、感觉、通信，以及如何进行表达。这种有关人及其文化的工作，必须通过人及其文化的思考过程开展。更重要的是，分析人员在进行这些思考时，需要当地主题专家的帮助。

对于爱探究的分析人员来说，有些方法可以对数据、信息和知识的质量进行评估。方法之一，他们必须将信息纳入指挥官的任务以及他或她的意图之中进行评估。此外，他们有义务遵循五种标准来评估信息，即时效性、具体性、准确性、相关性和清晰性。然后，他们必须根据实用性来评估信息，也就是说，这些信息能否有助于解决当下或者将来的问题？分析人员还可以了解和判断信息来源的可靠性，判断信息的真实性或可信性。为了帮助自己判断所获数据的价值，他们必须寻找专家与自己一起检验数据的可靠性，判断数据遭受破坏的风险或者信息欺骗的可能性。

重构的产品是非常重要的。它与信息和知识的质量相关，并且推动了信息和知识的发展，对于决策和预测敌人的行动和行为至关重要。然而，即便它如此重要，分析人员、搜集专家以及他们的主题专家投入了如此多的精力，但重构工作几乎总是不连贯的。这种状态在城市冲突中表现尤为突出，其原因就在于作战环境的流动性，善于隐藏之敌人的本性和能力，以及生活在冲突城市中的平民的情绪和活动。这里所谓的不连贯是什么意思？很简单，不连贯的数据和信息指的是它们无法被拼接成一个“整体”，而这正是分析人员寻找的对象。虽然有些抽象，但“整体”一词可以非常好地应用到重构工作之中。这一点可以从下面这段话中进行理解：

> 什么是整体？整体是一种心理和物理的结构。整体代表了事物（物理）和观念（心理）。整体里包含更小的整体，也能组成更大的整体。整体之间相互依存和重叠，和纸玩偶相似，每个部分都是相互联系的，但我们可以从报纸中将它们剪出来，给孩子玩。整体并不简单，它与实体不同；它们与其他实体相关，同时也与其他实体相连。这些联系或关系有时非常难以寻找，但却是真实存在的。[1]

---

[1] 原注：Hall, “Shaping the Future: A Holistic Approach to Planning,” 10.

克劳塞维茨下面这段话，为我们理解“整体”提供了另外一个视角：

> 战争中的斗争不是个人对个人的斗争，而是一个由许多部分组成的整体。我们可以用两种方法来区分这个巨大的整体中的单位，一种按主体区分，一种按客体区分……因此，一切军事活动都必然直接地或间接地同战斗有关。士兵应征入伍，穿上军装，拿起武器，接受训练，以及睡眠、吃饭、喝水、行军，这一切都只是为了在适当的地点和适当的时间进行战斗。[1]

此外，分析人员必须认识到，在他们打击叛乱分子和非正规威胁的环境中，真相是非常难以寻找的，即使发现了，“真相也会变化”。因此，分析人员和指挥官都要从整体的角度开展工作。也就是说，要拥有足够的信息和知识，帮助勇敢的指挥官做出决策和行动。然而，在这种情况下，指挥官知道他所面临的风险和不确定性是相互交织的，且是非常高的。另外一个选项是，等待高水平知识的出现，这时整体已经出现了，风险和不确定性降低了。不幸的是，这种方法在城市平叛行动和非正规敌人行动中往往会带来灾难。这就是决策者的困境。这一困境指的是：指挥官的思维中存在一个**决策的最佳点**，他可以进行重构并生成结果，对风险和不确定性的容忍程度是非常低的，因此处理问题的方法必须要快，否则敌人网络就可能发生异变；一旦指挥官发动了袭击，敌人的网络就会荡然无存。如果战术和战役指挥官等待重构以及相关的综合为他们提供高质量信息，从而将风险和不确定性降至可以接受的低点，敌人可能就会率先采取行动，从而占据主动权。指挥官和他的分析人员之间必须形成一种关系，使得分析人员可以通过这种关系了解指挥官对风险和不确定性的接受程度，并在重构过程中采取相应的行动。总之，他们会找到一个决策的最佳点，使指挥

[1] 原注：Clausewitz, 95.（译文引自：克劳塞维茨著、军事科学院译，《战争论》[商务印书馆，1978 年第 1 版]，第一卷、第一篇、第二章“战争中的目的和手段”，第 57 页。）

官可以从容接受部分风险和不确定性，主动寻找知识拼图的最后一块，而不是守株待兔。

下面让我们深入研究重构所面临的挑战，以及分析人员的应对之策。我们首先提出挑战，尔后简要讨论克服这些挑战的方法。

- **知识**。前面已经提到，分析人员要想高效开展重构工作时，需要具备大量的知识。这一点对于战术层面的分析人员尤其正确，因为他们往往无法寻找和发现所需的拥有大量知识的专家。分析人员需要了解很多东西，才能将数据重构为信息，并且通过综合，为获得知识做好准备。此外，在很多情况下，分析人员还缺少使用适当的高级分析工具所需的知识。另外一个挑战是，分析人员缺少经验、文化知识、技术知识，甚至缺少开展重构工作的功能知识。
- **技术环境**。在很多情况下，技术环境是看不见的，但却非常重要。大部分分析人员都不具备足够的技术知识，无法使用和利用技术知识阻止敌人与平民联合起来。因此，分析人员必须了解敌人如何使用技术环境，平民如何使用和思考技术环境，敌人和平民如何看待我们对技术的使用，以及我们如何看待敌人对技术的使用。
- **基线**。在很多情况下，分析人员会发现没有人制定他或她所需的基线，因而在将数据重构成信息的过程中，缺少正常状态的分析模型。我们已经讨论过，基线具有区域性。它们必须不断被制定或升级，才能满足建立正常状态模型的需要；只有通过这样的模式，才能使用异常分析、群体分析、倾向分析、文化分析和符号分析等方法。基线数据库的这些发展和维护功能，必须不断得到更新，才能为高级分析人员所用，才能为重构工作的认知环节所用。
- **分析支持**。重构工作的一个重要分析挑战涉及时间问题。不幸的是，战术层面的分析人员常常面临很大的压力，忙于应付各种各样的任务，很少有时间开展重构所需要的深度思考。思维过程中的时间限制，也限制了工具的使用。也就是说，分析人员没有足够的时间尝试使用不同种类的工具，而如果有足够的时间，选择了合适的工具，重构工作可以变得更加容易。此外，使用工具的技巧不够娴熟。因此，分析人员可能在学习历史时掌握了如何使用工具，但他们可能无法熟练使用它们。

★ **了解文化**。这是一个重大的挑战。简单地说，分析人员在开展高级分析时，必须了解文化，了解文化的运作原理，以及文化如何影响人们使用它，特别是在开展重构工作时，更要了解这些知识。事实上，知道、了解与简单的感知之间是有区别的。难点就在于，分析人员必须足够了解问题，以便使用文化来寻找、获取和发现优势。在这种情况下，我们的优势就隐藏在知识、思维和决策优势之中，而只有当分析人员足够知道和了解所使用文化，这些优势才会出现。要想了解文化对各种关系的影响，包括人际关系、商业关系、宗教关系和家庭关系等等，就需要更多的知识。要想获得足够的知识和理解，进而将其运用于重构工作之中，这是一个非常大的挑战。为什么会这样呢？很简单，美国高级分析人员工作所处的文化，其实受到复杂性科学的影响，在很多情况下，与分析人员的感知、思维、决策和活动是完全不同的。分析人员必须知道敌人是如何思考、行动、评估结果和做出调整的。这样的知识往往都以文化为基础，超出了高级分析人员的认知领域。

★ **与情报搜集之间的关系**。重构与情报搜集之间的关系是一个间接挑战。这与我们开展解构工作时的早期警告有关，即分析人员开展重构工作时，需要和他们在开展解构工作时一样。分析人员必须将这个过程看作流水线，只不过分析人员需要与情报搜集人员一起担负这样的职责，一起开展重构工作，最终还要与他们一起将信息综合成知识。为什么这样的认知过程如此具有挑战呢？挑战的种类很多，样式也各不相同。比如，工作人员在这一进程中没有进行有效的组织。开展解构工作的分析人员可能没有与情报搜集专家开展合作，或者在重构工作开始之前开展了其他工作。

此外，情报搜集和情报分析工作当下还只存在于自己的“烟囱”里，没有彼此融合和拓展。当分析人员和情报搜集专家非常繁忙时，他们通常会局限于自己一直在做的事情和自己知道的东西，即“烟囱”和功能知识。从组织角度来看，分析人员和情报搜集人员的合作，常常存在于诸如能源消费结构（MTOE，百万吨油当量）、物理空间、独立训练、奖励以及有关他们工作的反馈（作为个体而不是团队）之中。

需要说明的是，以上所列出的挑战，即使对于最优秀的分析人员来说也是很难克服的。尽管如此，我们还是有办法应对这些挑战，减轻它们对分析活动的影响。下面这一部分主要介绍分析人员如何应对和克服这些挑战。

- **知识**。对于初学者来说，分析人员需要在心里始终牢记自己的知识需求。通过了解知识挑战，分析人员就可以理解知识的三种类型及如何使用它们。分析人员必须寻求别人帮助，以帮助自己将数据重构为信息，再将信息综合成知识。他们首先寻求帮助的应该是自己的参谋队伍。然而，要想从组织内寻找合适的主题专家，是非常困难的。因此，高级分析人员必须从其他地方寻找帮助，包括情报机构、支撑行动的跨机构和非政府组织、可靠的当地主题专家以及外部的虚拟知识环境。特别重要的是，分析人员还需要寻找和使用可靠的、有技术的当地主题专家，帮助自己获得足够的所需的知识和理解，从而开展重构工作。不管文化和语言的差异有多大，美国分析人员必须勇往直前，确保足够了解文化，从而寻找和发现众多的优势；一般来说，他们可以通过与当地的情报来源合作来实现这一点，而这些当地人必须是可靠且安全的。分析监管通常可以帮助承担特别任务的前线分析人员，处理上面所说的三种类型知识。作为有组织且训练有素的监管活动，我们需要可靠的决策、任务和支援，从而推动分布式分析监管系统向前发展，事实上这些系统的功能就是为了满足前线分析人员的知识需求。然而，即使是分析监管系统也往往没有合适的经验和教育或者成熟的能力，无法提供足够详细和地域化的知识，难以满足前线分析人员的需求。因此，他们还需要接触到这个国家伟大的科学、技术和文化头脑，从而帮助前线分析人员开展工作，向他们提供在城市作战环境中有效开展工作的知识及其应用。在外界帮助下，我们需要对需求进行严格的、正确的阐述，需要在分析人员的知识领域，对获得的知识产品进行验证；还需要在他们的知识领域内塑造一个可依赖、可信任的权威。我们应该设立一个系统，可以对这类需求进行分析监管，因为前线分析人员根本没有时间这样做。

★ **了解技术环境**。技术环境对高级分析来说极为重要。作为应对技术挑战的第一步，分析人员必须理解和处理存在“两个世界”这一现实。第一个世界，就是分析人员看到和触摸到的世界，即物理世界。另外一个世界，则是发生了数以百万计活动和互动的无形世界（比如电子的流动、热能的排放、气味的扩散等等），所有这些都是分析人员无法看到、感知或触摸的。然而，我们并不能因为某些东西无法看见，或者无法感知，就忽视它们的重要性。这两个世界就代表了技术环境，而高级分析人员必须学会处理这两个世界的问题。因此，了解技术环境的挑战，是我们应对挑战的第一步，也是最重要一步。第二步，由于高级分析人员通常不是工程师，因此他或她必须从工程师当中寻找帮助，这些工程师可以是他们团队的一员，也可以来自情报机构、跨机构组织、所在国家的平民以及虚拟知识环境等等。分析人员必须学会寻找和利用科学家和工程师的帮助，不仅是设计技术观察指标，而且要设计正确的情报搜集手段，最后还要帮助开展重构工作。分析人员应对技术挑战的第三步，就是从总体上认识解构、技术观察指标、情报搜集、重构和综合。认识和使用这样的统一体，需要分析人员尽早寻求帮助，并且在情报分析、情报搜集和重构 / 综合的环节中，始终获得帮助。

- **基线**。我们已经探讨了很多基线问题。基线对于有效开展重构工作非常重要。分析人员必须找到已有的基线，从而在筹划环节一开始，就用这些基线来支撑他或她的分析工作。一般来说，他们会发现这些基线并不存在，即使存在，很多也都是过时的。此外，很多时候基线数据库没有正确的字段，因为在三种类型的基线——技术、文化和功能等基线——中没有公认的、理论性的字段组织。因此，有没有最新基线可供使用，是一个非常大的挑战。分析人员应该如何应对和克服这些挑战呢？方法之一是，分析人员必须在开展他或她的分析性条件准备活动过程中，认识到这三种类型基线的需求。在条件准备活动中，分析人员需要意识到升级已有数据库或建立新数据库的需求，并且通过指挥和情报两条渠道，让别人知道他们的需求。另一个方法是，分析人员可以在情报机构内开展活动，要求这些机构建立他或她所需的基线。此外，分析人员可以直接从虚拟知识环境中寻找帮助，在能够寻找到已有基线的情况下，帮助保持基线数据库处于最新状态，或者调整已有的基线；而在最坏情况下，则是帮助建立新的基线数据库。
- **了解文化**。在有效开展重构过程中，分析人员必须了解文化。他或她无法通过软件了解文化，只有通过“人”才能够了解文化，才能理解人和组织的感知、思考、决策、行动、评估等结果，以及开展互动、行动、交易和行为等与文化之间的关系。高级分析人员必须在智力上反躬自省，进而清楚自己的知识能否足以将数据重构成信息。如果他们不具备足够的文化知识，难以开展快速且有意义的重构，他们就需要寻求帮助。第一，他们要从自己的组织内寻找文化专家。这些专家可以来自分析人员队伍、民事人员队伍、工程师队伍，甚至可以来自在街上战斗的武器专家。他们还可以来自人文地形团队、境外区域官员等。第二，他们可以从可靠的当地人中寻求帮助。他们可能在总部工作。分析人员可以让他们帮助自己开展日常工作，充分发挥其专长，比如作为医生、工程师或者会计师的专长。由于分析人员做的大部分事情都有地域性，因此能够帮助自己的人最好也是当地人。第三，情报分析人员可咨询情报机构，尤其是向那些承担特别的分析监管工作的人寻求帮助，因为这些人常常能够接触外部的文化专家。第四，情报分析人员可以从虚拟知识环境中寻求帮助，因为其中有大量的主题专家，他们的联系遍及美国和世界各地。知道和了解文化之所以重要，是因为分析人员很清楚自己在开展分析工作过程中，必须使用文化，尤其是在开展重构以及与其关系密切的综合时，更需要使用文化。

★ **情报搜集与情报分析**。分析人员和情报搜集专家必须组成一个团队。本书不讨论情报搜集与情报分析之间产生裂痕的组织框架问题，但这里要说的是，我们的军事机构应该将情报分析和情报搜集人员组合成一体，而不只是临时性的结合。开展解构和重构工作的分析人员，需要从工作开始到结束，由同样一批人或者同样一个团队开展合作，如果可能，这个团队还要继续开展后续的情报行动。此外，在情报分析人员派往前线部署之前，他们和搜集人员就必须作为一个团队来训练，确保在部署之前、期间甚至部署之后，他们能服务于共同的分布式情报搜集和分析系统。为做到这一点，情报分析人员必须学习有关情报搜集的基础工作，反之亦然。比如，分析人员必须确保每名情报搜集人员了解自己的指示、理由以及取样率，从而确保在正确的时间、正确的地点监视正确的行动，并且努力寻找正确的观察指标。

★ **分析**。为了开展高级分析的重构工作，情报分析人员必须在进行解构时就筹划重构的事情，尤其是要遵循具体性、时效性、准确性、相关性和清晰性的标准。这种同步思维，可以帮助我们及早提出设计数据传送渠道的需求，即特定的情报搜集人员将情报信息传送出去的渠道。此外，那些繁忙的前线分析人员还需要组织和纪律的支持，这些是他或她能够放心依靠的。其必要性主要体现在以下几个方面：

- 第一，分析人员需要详细的、相关的知识支撑。
- 第二，前线分析人员**缺少足够的时间**，无法开展许多分析功能。
- 第三，说得更具体一点，情报分析人员需要**专业的分析支持**。这样的支持可以来自虚拟知识环境，该环境要么拥有必需的分析人才，要么可以与有共同兴趣的团队进行互动，这些都有助于解决分析人员的需求和问题。

分析支持活动——其产生的原因已经在上文探讨了——将主要发生在分析人员、情报搜集专家、技术人员以及主题专家之间，他们可以来自情报组织、当地主题专家、跨机构和非政府组织主题专家以及分布式虚拟知识环境。分析人员还可以通过开展红队分析、推演以及批判性思维等方式，帮助自己开展工作。这类批判性思维活动，可以来自参谋队伍或者上级部门的红队专家，也可以来自前线分析人员所在组织的外部主题专家。在这一过程中，训练有素的专家们将会挑战前线人员所提出的假定，积极发现分析人员逻辑中的错误（比如镜像效应、专家意见、过于简化、循环推理等）。为了开展重构工作，分析人员必须努力验证、证实或证否自己的假设、预想和预感，并要在行动开始时，就努力破解心中的疑惑。此外，他们必须要寻找创新的和新颖的方法和洞察能力，当然这一过程中离不开外部情报机构和分布式虚拟知识环境的支持。分析人员在开展重构工作时，其他一些可资使用的办法还包括：判断或注意敏感变量、机会窗口出现的迹象。分析人员必须考虑和观察二级和三级效应的出现，这些都应该在指挥官开展可行性推演活动中尽可能被确定。

★ **像敌人一样思考**。在重构过程中，分析人员在当地和外部主题专家的帮助下，必须尽可能地像敌人一样思考，并且要从敌人头目的角度提出和回答下面这些问题：

(1) 美国分析人员通过重构活动，能够及时将模糊的行动变得有意义，从而对我造成伤害吗？

(2) 我如何知道他们在追捕我，以及如何追捕我？

(3) 我应该如何使他们不开展重构活动呢？

(4) 我们应该如何开展条件准备活动，才能阻止美国人将数据重构成信息？

(5) 什么样的欺骗方式最有可能迷惑美国分析人员的重构工作？

(6) 我必要的反监视活动会无意地帮助美国分析人员开展重构活动吗？

(7) 我应该如何招募维持网络运行的人员，才能在不惊动美国分析人员的重构活动前提下，开展必要的行动呢？

二、结语

在本章结尾，对重构的探讨，主要是解释为什么说重构是高级分析中直接与决策相连的首要一环。因为在重构环节，我们搜集和聚集的数据首先流向融合中心，并且首先由机器进行处理，尔后由分析人员的智力和机器共同进行处理。重构是我们理解能力渐趋成熟过程的延续，这一过程始于许多未知、不确定和风险，如指挥官的意图和优先情报需求，或者分析人员追寻他们的预感和疑惑。有趣的是，综合是高级分析认知要素中重构环节的延续。下一步将探讨综合，至此我们对高级分析各要素的研究就结束了，即形成了包括“知识产出—知识对理解和决策的贡献—利用知识推动行动”的完整链条。

本章厘清了重构和综合之间的显著区别。重构包含人的意识，但依赖于机器，不能没有机器的襄助。重构是一座重要桥梁，能使那些似乎毫无意义的技术数据（0 和 1）变得有意义。综合是人类特有的认知功能，无论有没有机器的帮助都可以开展。综合的结果是知识，在军事领域，其产品就是可以指导行动的情报。重构也与意义构建密切相关。意义构建需要机器和人成为一个“团队”，开始把数据转变成信息。我们需要组成“知识团队”开展意义构建工作，其原因就在于我们有很高的认知和知识需要，然后才开始明白将信息综合成知识和理解的关系链。在知识领域开展重构工作具有挑战性，需要了解技术环境，需要发现和使用基线，需要了解文化、情报搜集和情报分析。幸运的是，分析人员总是有办法应对和克服这些挑战；本章就提出了这些方法。

探讨完重构后，下一章让我们继续探讨综合，以及将信息转化为知识和理解。综合一章是本书的重中之重，可以帮助读者将前面 13 章——高级分析的前 13 个认知要素——的部分和内容融汇成一个有意义的整体。

[第18章]

综　合

定义：将事物、事件、行为和能量结合成统一的、整体的人类认知活动。[1]

根据《国防部军事及相关术语词典》，综合的定义是“用于情报领域，将经过处理的信息与其他信息和情报进行检验和融合，从而进行最终的阐释”。

一、综合背后的理论

人们开展综合，就是将那些看似无关或明显有关的事情综合成一个整体，整体的特征要大于各个部分特征的总和。传统分析主要是将事物打碎或者分解成一个个组成部分，从而了解它们的功能和特征。经过长时间发展，分析人员已被证明非常精通纯粹的分析工作。当分析人员对纯粹分析所得出的结果感到满意，当分析人员不去探究关系、含义、趋势、内涵和更高层次的思考，当他们不能将分析的结果综合成一种新的

[1]　原注：*Webster's II New Riverside University Dictionary* (Boston: Houghton Mifflin, 1984), 1175.

状态或者内涵，思维中的不足很快就会出现了。我们需要综合，而不仅仅是分析，以使自己的思维超越对手，从而获得和保持相对于对手的智力优势。

让我们探讨几个具体原因，为什么综合对于有效开展高级分析如此关键。如果没有综合，分析人员只能依靠习惯与安逸进行分析，常常会在分析问题上发生倾斜，将某些事分解成各个组成部分。这意味着，开展分析工作的人往往只是停留在将需求或者假设解构成细小部分的阶段，而不会开展更为艰难的认知活动，即综合。如果情况属实，那他们就失去了理解一个完全不同的视角，即理解一个新世界的机会，也就失去了创造一个新观念的机会，失去了使行为、组织、人和思维通过螺旋式上升融为一体的机会。此外，综合可以帮助高级分析人员寻找和发现更为广泛、更为鲜明的关系和组合。除了要理解碰撞点或接触点，或在此时此地之外，我们还需要有广阔的视野，能透过遮蔽未来的帷幕窥视未来。我们需要理解构成特定环境的复杂关系，以及我们所探讨的更加宏观的前景其实是抽象的。此外，综合可以帮助我们获得有关敌人及其竞争对手的知识和理解，可以帮助我们判断他们在各种关系和融合之中的意图，他们如何思考和感知，如何做出决策。综合可以帮助分析人员理解善意欺骗活动的时机，以及敌人和竞争对手开展欺骗行动的时机。我们需要通过综合，将看似无关的关系融合起来进而获得优势。一般来说，关系都不是显而易见的。综合首先可以帮助我们了解关系，其次帮助我们寻找关系，再次帮助我们理解各种关系融合之后产生的额外力量，最后是使用关系创造新的方法或者新的整体（群体）。综合重要性的最后一个方面是，它是创造性的重要元素。在人类每天都面对的困难且复杂的世界里，我们需要源源不断的新的、创造性的观念，因为我们过去做得好的事情，将来未必总是行得通。综合可以提供这种创造性。

对于优秀的高级分析人员来说，他们必须有效地开展综合工作。如果人们不善于开展综合，他们就需要在自己的参谋或者虚拟知识环境中寻找合适的人帮助开展这项工作。在对需求、假设、预想、预感和疑惑进行解构时，分析人员需要清楚自己通过推理得出的真相。他们需要数据和信息，对这些分析推测进行证实或证否，至少要对它们进行解析。正是通过数据的循环往复，分析人员才能寻找和发现各种关系与融合，并且将它们综合成更有效的东西。

开展综合时，人们一开始在智力上往往是不顺畅的。在他们脑中，他们本能地知道肯定存在比分析结论更多的东西。他们本能地知道，一个更佳的答案是存在的，一个更广阔的视角是可能的，一个更为创新的解决办法会浮现，一个不同的方法可能只是一个想法。作为思维的催化剂，他们给自己施加了一种压力来回答问题，即哪些是相关的？内涵是什么？并且强迫自己回答问题，即如果我们想要用不同的方法思考，还会有更好的思维方法吗？这种不舒服的感觉将会产生不同程度的混乱和认知失调。

在分析人员进入复杂且困难的思维时，他们就进入了综合的认知世界。为此，分析人员必须首先思考和理解整体与联系的抽象概念。专家卡普拉的下面这段话，可以帮助我们理解整体性与联系性的概念。

> 东方世界最重要的特征，也可以说是其本质，就是他们对所有事物以及事件之间的整体性和相互联系性的认识，对世界上所有现象的经验都是一个基本的“一体”的表征。[1]

为了获得更高层次的意义，人们将各种信息碎片融合成整体，或者将整体之间相互关联起来，在这一过程中，他们意识当中的干扰因素将慢慢增加，分析过程中固有的认知局限所产生的不协调和混乱将慢慢散发出来。要想进入这个思维世界，高级分析人员必须寻找和发现将整体或群体各个部分连接起来的连接点，并将它们与更大或者更小的整体或群体联系起来。一种有用的方法可以帮助我们理解高级分析人员如何看

[1] 原注：Capra, 116–117.

待整体理论，这种思维方式可以从认知层面推断出人们开展综合时能够得到的结果：

> 他看着这个世界，完全统一，没有漏洞，纯洁得犹如水晶……世界的统一、所有事物的统一，来自统一潮流的大小事物的融合，来自同样因果规律的大小事物的融合，来自生长与消亡的大小事物的融合。[1]

高效的高级分析人员会将行为、功能、交易或互动中的片段以及看似不连贯、不相关的碎片，融合成新的、统一的整体，这是一个永无止境的循环。他们试图通过寻找秩序的方法，理解军事行动中固有的混沌。即使是最混沌的态势，其中也必然蕴含着秩序，孙子和克劳塞维茨都证明了这一点。例如，孙子告诉高级分析人员，秩序存在于混沌之中，即使是在一个混沌的状态中，也必定有秩序的踪影。[2] 克劳塞维茨认为，眼光敏锐的指挥官可以在战场的混沌中找到秩序。[3] 情报分析人员使用综合的目的，就是要建立可以理解的，最起码是可以识别的关系整体，从而获得更高层次的理解和创造能力，为他或她的指挥官提供连续的、高质量的、可用的知识。

然而，理想的思维过程往往会失败。相反，分析人员使用综合时常常会陷入还原主义的思维陷阱，没有走上一条虽然更加艰难，但却能够收获更高层次理解的道路。还原主义的方法，就是将复杂的观念、议题、条件等进行简化，达到尽可能弱化、模糊或者扭曲的程度。[4] 这种

---

[1] 原注：Hermann Hesse. *Siddhartha*, (New York: MJF Books, 1951), 26.

[2] 原注：Sun Tzu, 92.（译文引自：孙武，《孙子兵法》[上海古籍出版社，2006 年 7 月第 1 版]，“势篇” 第 50 页。）

[3] 原注：Clausewitz, 101–103.（译文引自：克劳塞维茨著、军事科学院译，《战争论》[商务印书馆，1978 年第 1 版]，第一卷、第一篇、第三章 “军事天才”，第 67—68 页。）

[4] 原注：Dictionary.com Unabridged (v 1.1). Retrieved February 20, 2008, from Dictionary.com Web site: http://dictionary.reference.com/browse/ reductionism.

思维经常发生，与综合相比，它是一种更加简单，更能让人获得满足的心理技巧。当分析人员开展传统分析，或者孤军作战时，他们往往不会寻找关系以及更高层次的理解。然而，综合则包含了将部分融合为一的过程，而这些部分的形成正是在分析过程中将它们分解的，现在我们又要将它们融合为一个整体，因为整体的能力和力量要比各个部分的简单叠加大得多。综合需要数据，需要将数据融合成一个有意义的整体，即信息，尔后将信息与信息之间进行融合，使其成为知识。综合通过关联的过程将各个部分黏合起来。关联性使整体保持在一起，它是将各个碎片、功能、行为或事物黏合成群体的"胶水"之一，也是将更大的群体或更多样的群体黏合起来的"胶水"之一。了解了关联性，可以使分析人员有能力去理解整体和群体，进而将它们作为情报搜集与情报分析的焦点。从这一点来看，综合可以将已有的知识、当前的数据，以及有关未来状态和维度的推断信息融合起来，形成一个比各个要素简单叠加而成的更大的整体。

当人们思考复杂数据的意义，并对它们加以理解时，综合就出现了。它是数据、信息和知识的融合，并从这个心理过程中形成结论。综合有三个互补的心理功能。第一，综合包括思考**关系**。综合让我们寻找和融合那些已经以某种方式联系起来的事情。有时事件、人和所获数据之间似乎是不相关的，但综合需要我们将这些相关和似乎不相关的事情和行为融合起来，获得更高层次的理解。要想有效开展综合，另外一个必须具备的心理功能，就是使用**融合**。也就是说，我们必须有目的地寻找、找到、发现或者提出相似和不相似的要素之间的融合，比如传感器、人、组织、书籍、观念，并将这些要素与其他传感器、人、组织、书籍和观念进行融合，从而产生一个更大的整体。综合的最后一个重要心理功能就是**协作**（synergy）。所谓协作，**就是两个以上自主体或力量之间的互动，使得它们联合起来发挥的效果，大于各个自主体独立发挥效果的总和。**[1] 对于情

[1] 原注：The American Heritage® Dictionary of the English Language, Fourth Edition.

报来说，只有聪明的分析人员才会寻找心理和物理的协作，而他们这样做产生的结果将会是惊人的。协作发生在诸如传感器之类的机器之间；它发生在人的思维里，即许多人作为一个团队共同思考一个困难的问题；它与产生影响的操作同步发生。它一般不会自动发生。然而，对于现代和未来情报分析和搜集工作来说，协作是非常强大和适宜的。因此，高级分析人员必须有目的地开展协作工作，要将各个部分、人的活动、组织的能力、软件的功能、运行的传感器、融合思维、拓展的知识、高度细化和敏感的认知技巧等等进行协同融合。

不需要太多的思考，我们就已经知道，综合是情报工作的重要组成部分；它需要分析人员思考并且将事件、行动和互动融合成一个有意义的整体，且要与指挥官的指挥与控制产生直接的联系。它可以帮助分析人员将决策与意志、一致性和人的因素联系起来，这对于提出预期或预测结果至关重要。它也是创造性思维中一个重要的心理技巧。综合通常对发生在人的意识中，或者对发生在身体或情绪当中的事情，进行创造性融合、重构和描述，使其成为一个不同的、更有用的、更强大的整体，或者演变为一个全新的完成任务的方法。此外，综合要在现有的融合中识别或提出新的联系，从而形成新的整体，或者新的组织、行为样式和过程。

综合还与高级分析的其他认知要素密切相关，包括预期分析、倾向分析、文化分析、异常分析、群体分析和符号分析。下面让我们花点时间进一步探讨它们之间的关系。

★ **综合和预期分析**。让我们回顾一下预期分析的概念。所谓**预期分析**，就是一种直觉、预知或先见。它是对即将发生的行为或行动的理解和认识。如果我们看到整个事件（比如简易爆炸装置事件）并

Retrieved February 20, 2008, from Dictionary.com Web site: http://dictionary.reference.com/browse/synergy.

对它们进行解构，然后思考这些事件发生前究竟要做哪些准备，我们就可以很轻松地将每个事件解构为片段，并且逐个进行研究。一旦有了足够的知识和理解，我们就可以再将它们编织成一个整体，这个整体将会大于各个部分的总和。也就是说，在对简易爆炸装置袭击事件进行分解，使其成为一个个相互连接的部分、行为和互动后，我们还需要通过综合，推断出这样的袭击可能发生的时间和地点，以及在袭击发生之前，敌人还需要做哪些必要的条件准备活动，并且从敌人的角度来分析袭击的含义。这样的思维可以使我们知道，如何才能使袭击成本变得更大，如何才能通过预测和拒止，挫败敌人的袭击企图，或者如何通过一次作战行动使敌人受挫。

★ **综合和倾向分析**。让我们在研究倾向分析与综合之间的关系之前，先回顾一下倾向分析的定义。所谓**倾向分析**，就是通过思考和研究人们的普遍倾向，组织的行为和行动倾向，当前环境或态势、事件、行动、行为的心理快照，放射物能量的散发，以及所有这些相互作用和相互交织可能预示的未来，来领悟事物的意义。倾向和单个事件或行动不同，往往很难被发现。因此，只有通过心理活动，有意或无意地将行动、互动、交易或行为编织成一个整体，在开展综合的分析人员的推动下，获得正确的推理和含义。当我们针对某一双重行动有了心理快照，或者不可避免地卷入双重行动之中，虽然我们所处的环境表面上看起来是正常的，但仍然有一些不协调的地方提醒我们：这样的态势里存在一些偏离了正常的东西，这时就是我们情报行动的起点，即将那些看似微小的事情转变成一个具有某种含义的统一整体。在这种情况下，人的思维常常被一种原始直觉的奇怪感觉和理解所破坏。我们思维想要的，就是能够获得一个鲜活的整体，能够进入我们的意识，并且提供某种含义。不幸的是，在大部分情况下，获得这样的洞察力永远不会那么简单。因此，这些感觉的结果不是惟妙惟肖的事实和理解，相反却慢慢遁入无形。然而，在综合的帮助下，那些正在开展但难以察觉的行动的内涵，无论它们多么隐晦，终究可以进入或者通过潜意识进入我们的意识，并通过洞察力和意识的闪现，显露出它们的含义。因此，人们必须通过综合，才能认识和了解应对和利用倾向的方法。通过综合的方法，我们就获得了有关倾向的选项，这样分析人员就可以将倾向解构成各个部分，即成为上文已经探讨的五种观察指标中的一种甚至全部。有了观察指标后，分析人员就可以向情报搜集手段部署任务，并接受相关数据。尔后，分析人员可以将数据重构为信息，并将信息综合成知识。有了知识以后，分析人员就可以进行预测和做好准备，以获得态势理解。

- **综合和文化分析**。什么是文化分析？所谓**文化分析**，指的是通过传统且基于文化的态度、行为、社会规范和条件等要素，了解特定的文化、平民及其行为模式。发生在特定文化当中的大部分互动、行动、行为和交易，都与该文化中的其他事、互动和人发生关系。人们的金钱交易、分享的闲言碎语、去清真寺的举动、休闲活动等等，都与其他事情、其他时间和其他人密切相关。正是通过综合，我们可以将文化当中的部分和碎片融入足够规模和理解的整体之中，从而获得更好的洞察能力和知识，并通过解构（分析）、情报搜集、重构和最终的综合等活动，确保利用其优势。
- **综合和异常分析**。什么是异常分析？所谓**异常分析**，是指辨别与正常或通常秩序、形式或规则发生偏离的情况的含义；或者辨别某些应该出现但却没有出现的问题的含义。异常分析需要使用基线（技术、文化和功能等基线）去找到正常状态，然后通过观察指标和情报搜集手段发现异常状态。我们可以孤立地看待基线，也可以在经过融合和综合后，从整体视角看待基线；从正常状态的整体角度看，一个居民区可能是正常的，而从异常状态的整体角度看，一座房子可能是异常的，因为房子和基线之间存在着异常状态。分析人员还要学会寻找可疑行动的对立面，即不行动或非整体。比如，假设一个大型的城市环境中存在一个疑似炸弹工厂。如果通过对需求的解构，发现过去和现在这个工厂并没有发生什么特别的事，无法让我们得出此处是一个炸弹工厂的结论，这就是我们原先推论的对立面。假设我们决定对该房子进行扰动，再考虑我们思想当中存在的矛盾，比如认定房子就是“脏的”，假设我们在不同时间、采取不同方式对房子周边网络进行干扰，我们就可以看到扰动造成的变化，因而就可以得到新的态势；从这个案例中我们看到，综合会一直存在，直到被矛盾和新的推理所取代。正题（thesis）、反题（antithesis）以及合题之间的互动是一个非常有用的分析架构，通过它们可以理解综合的概念。

★ **综合和群体分析**。什么是群体分析？所谓**群体分析**，就是辨别从几个到几百万个事物通过结群、运动、共同合作而组成一个整体的意义。我们只有通过综合才能理解群体，通过群体来理解整体。我们必须理解将各个事情、事件、行动、人和组织黏合成群体的胶水。我们必须理解那些推动或促进群体的产生、加速聚集与消亡的动因。通过综合，可以将越来越多的群体进行组合，这反过来又可以预测即将成型的群体。我们必须理解敏感变量的出现和能力，以及它们将如何出现、何时出现并影响群体。只要条件具备，敏感变量常常能够使群体发生失控的碰撞，或者产生巨大的影响。复杂性理论提出，敏感变量可以使群体分解成毫无意义的部分，并将它们重新组合成一个新的群体。综合在预测所有这些与群体有关的功能，理解它们的内容及其出现的含义时，都是非常重要的。

★ **综合和符号分析**。什么是符号分析？所谓**符号分析**，就是辨别图示、图画、照片、句法、单词、声音、肢体语言和涂鸦上反映出的文化迹象和标记的含义。符号是文化的语言。因此，符号与综合相关。符号是文化整体的一部分。要想寻找符号的内涵，我们必须将语言、书面句法、涂鸦、语调、音调、标记和非语言行为融合起来考察。如果一次只研究一项，或者孤立地研究某一项，每个符号本身其实毫无意义。然而，如果我们对符号进行综合，它们就可以形成一个整体，其发挥的功能将会超过各个部分的总和。因此，当进行综合时，我们必须考察符号，必须对符号进行整合。

二、综合与条件准备活动

从更具体和实际的意义来看，综合对于成功开展分析的条件准备活动是非常重要的。为什么呢？其中一些原因值得我们探讨。高级分析人员必须从两个方面思考条件准备活动。第一，高级分析人员必须思考敌人的**条件准备活动**。当敌人及其网络支持者为了完成任务而开展必要的条件准备活动时，其中某个孤立的行动（比如监视潜在的简易爆炸装置袭击地点）可能难以被察觉，即使被发现，也可能难以引起足够注意。这些看似无足轻重的活动，可能就消失在繁忙的城市环境的噪声之中。然而，如果分析人员对监视活动进行综合，全面考虑机械挖掘发出的声音，代表着电子活动迹象的电子束扩散，袭击地点附近社区车辆的出现和消失，以及简易爆炸装置可能转移至特定社区的报告等等信息，分析人员就可以得出附加的结论，这些信息都可以通过直接行动或至少是更严密的监控得到。

第二，条件准备活动包含思考、筹划和使用可用数据、传感器和知识等架构。分析人员必须开展这一类条件准备活动，才能确保取得成功。然而，如果分析人员**对三类条件准备活动的功能和潜在结果进行综合**，而不是只利用其中的一两个，分析工作的效果将会更好。只有当这些要素融合生成新的能力时，更高层次的能力或力量才会出现，而只有那些已经提出预期或能理解所提预期的分析人员，才能够获得这些新的能力。

为了说明清楚，让我们思考下面这个例子。在情监侦系统中，分析人员可以将传感器作为形塑机械装置（shaping mechanism）使用。如果决策者的意图是使用情报（即情监侦）来塑造远方敌人的观念，或者是获得距离美国很远的某个地方的有价值信息和数据，情报分析人员必须与情报搜集人员开展合作，为开展分析和信息输入做准备。为了完成这种类型的分析性条件准备活动，我们需要进行哪些必要的工作呢？问题的可能答案是：(1) 识别并准备好处理工作所需数据，使分析人员可以将它们转化为信息和知识；(2) 识别指挥官的信息和知识需求，研究可能的作战方案以及相关的决策标准，比如时效性限制等；(3) 寻找和雇用合适的人员开展分析工作，操作情报机器（有些是物理上的操作，有些则是秘密性质的）；(4) 识别架构需求和协调工作，以支持这项分析工作（数据、传感器和知识）；(5) 找到正确的语言组合、主题专家以及分析技巧，向机器下达任务，并理解所获数据的内涵；(6) 了解文化、领导者的思维过程，以及该国家或地区的技术。当分析人员将这六种看似无关的形塑活动或功能整合起来，他或她就获得了情报分析的新能力，而这种能力正是源于更高层次的认知技巧——有目的地对组织和功能进行综合。

综合与高级分析的另一个内容密切相关，即**重构**。但两者的功能是有区别的。重构包含机器工作与人的认知两方面的结合，可以将从人力情报、技术传感器、公开来源和非传统来源以及群体中所获的数据进行整合，并对数据进行阐释，以辨别信息。重构是综合这一人类认知功能的前面一步。然而在重构过程中，被转为信息和知识的数据，主要来自情报搜集和开源数据挖掘，而这些都来自目的性非常强的优先情报需求、信息需求，以及通过推演形成的假设、预想、预感和疑惑的解构。所获观察指标被注入情报和开源情报搜集系统，由此产生的数据则与最初的需求之间有着线性联系。重构是机器与人类认知功能的结合。

另一方面，我们不能将综合限定过窄。综合需要使用重构的产品，并通过人的认知活动，将这些产品转化为知识和理解。综合可以有许多来源，并非必须与需求和数据有关。综合将数据、信息和已有知识糅合起来，形成新的信息和新的知识。通过综合，我们可以为重构后的任何事物赋予内涵，但其视角和来源则比单独的重构宽泛和深入许多。尽管重构是人的认知和机器工作的组合，综合以及它的最终产品——知识——却是人类特有的心理功能。

综合可以使用高级分析的另一个要素，即**群体分析**，将相关和不相关的思考融合起来，形成一个更大的、更重要的意义。所谓综合，就是将数据、信息和知识整合成更大的图景，或有关态势的新观点，并且通过不断加入各种各样的内容、部分、碎片和观点，使其成为一个更广阔的整体，这就是它的创新之处。这类有目的的心理活动，通常由具备综合能力的人或者拥有一个小团队的人来开展，他们可以将团队中不同人的看法进行叠加或整合，使之成为一个或不同或相似的，但视野更广的态势理解。

对于情报分析人员来说，要开展综合，他们必须围绕群体、模式、趋势、重要活动、意志、意图、世界观、看法和决策开展工作，并且将这些因素整合成一个结论，或者将数据的意义传递给决策者。由于判断真相是非常困难的，因此分析人员应该积极利用新近得出的结论，并对其进行解构和搜集，以便在时间允许的情况下，对综合的有效性进行证实或证否。

让我们回顾一下 1983 年的电视连续剧《战争风云》(*The Winds of War*)，其中有一个关于主人公的场景。在电视剧的前半部分，二战爆发前驻柏林的海军武官帕格 · 亨利（Pug Henry）参观了一处德国潜艇设施。德国海军向指挥官亨利展示了一艘处于完美状态的潜艇。亨利指挥官因而得出这样结论，即德国海军的战备状态并不高。他是如何得出与德国人提出的事实相反的结论的？最简单地说，他将潜艇作为众多数据、众多记录中的一个，比如，造船厂工人每天下午 5 点就下班，没有一个工人加班。他指出，他遇到的导游、简报人员和海军军官缺少一种紧张的氛围。在访问过程中，他还注意到这艘潜艇以及其他舰船存在保养问题。他注意到这个国家虽然挑剔到神经质的程度，但举国上下依然处于一种失修的状态。他估算了一下已经建造的舰船数量（通过研究德国经济出版物），还研究了生产的坦克数量（通过秘密情报报告），并将这些数字与钢产量和运输量进行对比。他还与许多人讨论了德国海军及其能力。指挥官亨利将从这些渠道得来的数据和信息搜集起来，通过综合，最后形成这样的结论，即德国海军的潜艇数量没有所宣称的 100 艘那么多；相反，他猜测德国潜艇的数量可能少于 50 艘，并且战备状态不高。他进而得出结论，认为德国海军难以承受长时间的战争考验。

内涵是非常重要的，因为当人们从某些事或某些活动中提取内涵，并试图赋予其更大的含义时，他们就在开展综合工作。人们在思考问题或困难，回答和寻找解决问题之策时，他们必须时刻留意，因为稍不留心就可能忽视这些问题和解决办法的含义，不光是眼前的这些任务或问题，还包括其他任务、其他领域以及其他区域的问题。因此，分析人员在开展综合时，需要回答下面这些问题：他们得出的结论对其他功能或行动会构成影响吗？这一假设或内涵是错误的吗？其他数据或信息能够帮助证明这一结论或内涵的对错吗？

在综合中，机器可以帮助人们对数据进行融合，并且提供一个可以对数据进行可视化的平台，从而使人们能够开始这个艰难的心理进程。机器可以帮助将不相关的数据和信息整合成一个整体，使人们获得其内涵。机器可以帮助人们分辨出隐蔽关系，进而对其进行综合。隐蔽关系是开展综合的有趣附属物。所谓隐蔽关系，指的是那些几乎不为人眼所见的行动或交易。[1] 只有经验丰富的专家或对特定问题有很深认识的人，才能看见这些隐蔽关系。然而，如果使用综合，高级分析人员也可以发现这些隐蔽关系，同时还能理解它们如何与其他关系发生联系，这些关系如何融合到实际应用中。机器可以帮助发现隐蔽关系。比如，我们的数据挖掘和知识发现软件，就可以寻找、发现、提取、组织和判断人们既无法发现，又无法阐释的关系。因此，机器可以帮助高级分析人员寻找和判断所谓的隐蔽关系。但只有人的意识才能够理解机器产生的结果，并且赋予其价值、含义、细微和微妙内涵。

建模可以帮助人们开展综合，特别是在“行动—反应—再反应”推演、作战方案分析中使用，如果我们试图推理及理解二级和三级效应的出现与影响，也需要使用建模。建模可以帮助人们判断效果衰减，所谓效果衰减，就是行动和效果开始失去效力和影响。建模可以帮助人们优化组织行动和效果，产生他们所期望的结果（整体）。建模可以帮助判断敌人头

[1] 原注：Klein, 147–149.

目如何将数据综合成信息，然后将信息综合成知识，从而使情报分析人员帮助我们的指挥官开展复杂的欺骗行动。

综合是设计和描述以下活动的关键组成部分：(1) 愿景；(2) 意图；(3) 行动概念；(4) 结束状态或期望的持续状态。这四种心理功能一般发生在决策者及其参谋军官的意识之中。对交战、战斗和行动的展望，是描述综合与愿景之间关系的一种方法。[1] 分析人员必须要像敌人一样思考，在心里设计一种愿景、一种行动概念、一种结束状态、一种思维过程和情绪，甚至要设计出对手或敌人潜意识中的概念。分析人员需要了解如何使用综合和愿景，理解指挥官对战场的看法，理解指挥官如何将其意图强加于对手身上。分析人员必须使用综合的方法，预测敌人的行动、互动、行为和交易。他们必须要像敌人一样，思考和展望他们希望实现的结束状态，无论是战术层面的，还是更为广泛的战略层面的，尔后将展望的结论解构成可指导行动的事项。分析人员必须使用危机分析和协调的方法来理解敌人的愿景或作战方案，尔后对设想的行动、互动、活动和行为进行解构，形成观察指标。分析人员必须将这些观察指标注入情报搜集系统之中，一旦获得数据，立刻将数据重构成可以理解的整体。分析人员要将自己的视野拓展到其他感兴趣地方，拓展到其他领域和历史上发生的事件，使用大量的公开数据和信息，并对它们进行重构，尔后开展综合。

分析人员发现综合并不是那么容易开展，因此，参与个人问答推演，将有助于开展综合。让我们花些时间思考这些问题及其答案。

★ **我思考的“整体”是什么？**当思考整体时，我们要将整体分解为无限的碎片，并将这些碎片转化成信号和观察指标。因此，我们必须在这些部分、碎片和观察指标出现时，心里始终有整体的概念。当分派情报搜集任务时，我们必须思考自己意识当中猜测或假设的整

[1] 原注：Clausewitz, 240–250.（译文引自：克劳塞维茨著、军事科学院译，《战争论》[商务印书馆，1978 年第 1 版]，第一卷、第四篇、第七章“决定战斗胜负的时刻”，第 272—278 页。）

体。对整体的解构会产生数据，这些数据反过来又将注入我们心里所希望的整体。我们可以通过饼状图开展这项工作，但大部分情况下我们还是在意识中构建整体。当我们获得了有关整体的足够图景时，就可以做出决策，或至少可以使我们的指挥官和我们自己有足够的知识去了解事态将会如何演变。

* **整体内部的关系是什么？** 关系是指建立一种协同或关联。不幸的是，特别是在大型城市环境中，协同或者关联常常看起来是不协同的或者说不相关的。然而，只要作战环境中存在合适的条件，有时即使是最奇怪的吸引力也能形成非常明显的关系，并最终形成整体。一般来说，人们或组织形成关系的目的是为了自身利益，或者是为了推动一个已被发现或已成现实的整体的利益。因此，当开展综合时，我们必须要思考、寻找和判断关系。对整体或群体来说重要的是，我们需要设计出信号和观察指标，监视关系的出现（即使是那些看起来似乎不可能的关系），始终在心里记住它们的出现，以及整体的优势。
* **究竟是什么将整体（群体）的各个碎片黏合在一起？** 某种“胶水”可将整体（群体）的碎片黏合起来。组成胶水的物质可以是某种目的、功能、自身利益、仇外思想、宗教、组织精神、民族主义、恐惧以及通过联合形成的力量等等。
* **综合及其前端（即解构）如何与后端（即重构）进行联系呢？** 我们对整体进行解构，而整体来自需求、假设、预想、预感和疑惑。要处理某些可理解和可管理的事情，我们必须对其进行分解、分散或去模糊化。我们通过对需求进行深入思考开始这一进程，尔后再解构这一心理活动。我们可以对整体或者终结状态进行解构。一旦搜集获得了数据，我们就必须使用自己的思维，将这些关系、连接和通过综合得出的数据转化为信息和知识，这些都与我们解构的心理整体有关。

综合另一个有趣的地方，在于它与推演的关系。根据2007年版《国防部军事及相关术语词典》的解释，推演指的是："无论通过何种方式进行的一种军事行动的仿真，在仿真过程中，两个或者多个对立的力量，按照既定的规则、数据和程序，描绘一个现实或者虚拟的真实世界的态势。"推演可以使分析人员找到方法来寻找、发现和保持主动性。推演可以从有利于我方的角度，判断可能出现的二级和三级效应。推演可以帮助我们识别出敏感变量和机会窗口。它还可以帮助指挥官判断未来任务和知识需求。冲突中的所有这些环节，都离不开综合。

说得更加抽象一点，推演对于综合的重要性，体现在帮助理解群体或整体如何进行黏合，如何形成更大、更强、更具影响力的群体这个问题上。这对于寻找二级和三级效应潜在力量的人来说尤为重要，甚至对于那些试图预测克劳塞维茨所说的阻力，或者为阻力出现做好准备的人来说，也是同样重要的。此外，推演和综合可以密切协作，因为推演可以帮助人们进行综合，帮助人们理解为什么在群体的作用下，小的输入能够产生大的输出。推演可以帮助分析人员理解如何寻找和发现那些看似无关的碎片，除非对这些碎片进行推演，或者对它们进行"行动—反应—再反应"建模，否则它们依然会保持不相关的状态；事实上"行动—反应—再反应"以及建模活动，可促进我们研究不断出现的关系、关联以及将群体和整体黏合起来的"胶水"，还可以促使我们研究推动群体和整体发展的"燃料"，以及将看似无关紧要、孤立的结果，转变成具有重大影响的二级和三级效应的敏感变量和机会窗口。最后，通过推演，可以在分析人员的思想中仿真出综合，而这又可以帮助他或她理解敌人将如何袭击和影响友军的节点和联系，理解权力组合的可能样式，理解各个层级和组织机制之间的关系，理解敌人如何充分利用敏感变量和机会窗口出现的有利时机，针对友军的薄弱点进行进攻。

任何现代冲突都包含了两个最为重要的方面，即知识的概念和对态势的理解。两者都需要综合才能出现，也都需要综合来证明其有用性。为什么这样呢？答案在于，知识和态势理解，只能来自综合。知识的构建，是通过使用概念和观念之间的关系来构建新知识的；通过使用群体思维——其力量来自综合——来构建的；通过与其他知识的联系来构建的。态势理解，犹如在烟雾弥漫的海洋上寻找一处灯塔，只有那些聪明的、经验丰富的指挥官，才能通过对态势、作战环境、知识、直觉、经验以及对战场的感知等要素的综合获得想要的答案。要想使用态势理解，需要人们将不同整体的不同部分进行综合，比如克劳塞维茨所说的进攻与防御转换、交战、战斗和行动图表等；此外，还需要人们对快速变化的知识、作战环境的波动进行理解，将所有这些因素结合起来，转化为明智的决策、效果、行动和对结果的评估。哲学家尼采（Nietzsche）下面这一思想，可以帮助我们理解整体和关系的重要性：

> 我们没有权力将任何类型的行动孤立起来：我们不可能犯孤立的错误，或者撞见孤立的真理。无论是我们的思想、价值、肯定和否定、如果和但是，我们体内产生的需求，也正是果树结出果实的需求，凡事都是相互关联和依附的，同一个意志、同一种健康、同一块船帆、同一个太阳就是证明。[1]

在探讨综合的最后，我们还需要探讨综合固有的挑战，并探讨克服这些挑战的方法。分析人员要想使用综合，将面临以下重要挑战：

★ 寻找合适的知识支持。
★ 理解关系和联系。
★ 推动情报搜集工作，以寻找通过结合和综合可以形成整体的部分和碎片。
★ 思考二级和三级效应。

[1] 原注：Thomas H. Brobjer, "Nietzsche's Affirmative Morality: An Ethics of Virtue," *The Journal of Nietzsche Studies*, 26 (Autumn 2003): 64–78.

★ 思考敏感变量、可能的机会窗口，以及友军、敌军、东道国政府及其平民之间活动结果的关系。
★ 思考假定。
★ 思考联系，以及联系与综合之间的关系。
★ 避免陷入还原主义的陷阱。

综合固有的挑战虽然困难，但并非无法克服。让我们简要介绍一些克服挑战的方法。

★ 分析人员必须做好使用综合进行思考，做好参加心理战斗的准备。这句话的意思是，分析人员必须在他们的思想过程中有一个牢固的思维模板，或者使用一个物理思维模板，帮助自己思考综合的许多复杂性。
★ 分析人员必须有开展综合的欲望，并且为此做好准备。如果分析人员不善于开展综合，那他们需要从团队中找到具备这种心理技巧的人。
★ 当对需求、假设、预想、预感和疑惑进行解构时，分析人员需要明白自己所期望的整体究竟是什么。这类整体的各个部分将会以数据的形式再次来到我们面前，正是通过这些数据，我们才能寻找和发现关系与关联。
★ 分析人员必须寻找关联，进而用不同的方式开展综合。
第一，分析人员需要思考构成他或她所寻找的整体或群体的连接点。
第二，分析人员需要思考构成敌人行动的整体，敌人如何将整体各个部分融合起来，从而获得完成任务所需的足够力量和能量。
第三，分析人员需要与其他情报搜集专家进行合作，寻找合适的情报搜集组合手段，确保取样率最大化，优化传感器，创新情报搜集措施，使传感器和人力情报搜集手段协同合作，起到优势互补作用。

★ 分析人员可以判断、研究整体中各个部分（个体）之间的联系，这也是综合的辅助手段。

（1）分析人员寻找将整体各个部分关联起来的联系，以及将整体与其他整体，或者更大整体关联起来的联系。

（2）分析人员寻找将友军的整体、群体关联起来的联系，并且提出敌人可能会如何破坏联系、袭击整体的举措。

（3）分析人员使用综合帮助识别二级和三级效应。

（4）分析人员认识到友军和敌军的效果和行动，作为一个整体或群体将产生某种结果。

（5）分析人员需要通过与不同的人开展演练，设计效果以及相应行动，从而获得主动权。

（6）分析人员需要将推理形成的假设，与自己的预期结果之间进行对比。

（7）分析人员需要通过红队或者当地人，对自己的假设进行验证，确保不陷入镜像效应的误区。

★ 分析人员必须学会像敌人一样思考，并且回答下面有关如何破坏或者削弱美国情报分析人员综合能力的问题。接下来是一些旨在激发思考的问题和答案。

（1）我应该如何挫败美国使用模式和综合的能力？

- 不暴露模式。
- 对关系进行模糊处理。隐匿和模糊处理个人、组织和家庭关系。
- 不让我们的部分条件准备活动知晓其他的条件准备活动，所有活动都是整体的组成部分。

（2）我应该如何挫败美国情报系统试图寻找的、可以反映我们存在或行动的迹象，阻止美国人通过对这些迹象进行综合，使其成为整体，并且反映出我的网络或条件准备活动呢？

- 让我的行动保持微妙状态和模糊状态。
- 在迹象、标记、预警以及其他样式的通信中使用符号。
- 预测美国可以通过基线看到什么，通过干扰模糊美国的观点，并对我们行动地点产生的异常状态进行模糊处理。

(3) 我应该如何预测美国人对我们联合的看法，美国人将会如何破坏我们构建群体、开展综合的工作呢？

- 提前想到，美国人会学着从我们的立场出发，理解我们进行联合的方式。
- 思考美国分析人员如何看待我们开展综合工作。
- 作为欺骗行动的一部分，要敢于展示我们的错误。
- 假设美国人没有好的人力情报，难以发现我们正在开展的动态的、细微的、模糊的和不清晰的工作。
- 打破组成各种关系之间的联系。比如，关闭一处安全庇护所。在对炸弹工厂提供征候与预警时，不使用电子设备作为反监控活动的一部分。

(4) 我是怎么看待美国的情报分析，以及美国人开展综合的能力？

- 美国情报分析人员不能很好地开展综合。
- 他们不会寻找和发现我的模式、关系和组合。
- 他们不理解文化，因此永远无法理解我如何运用文化，对我的整体、意图以及条件准备活动进行模糊处理。
- 他们将不断尝试使用技术传感器，去发现那些技术传感器无法发现的东西。
- 他们还不具备足够的能力，在我的欺骗、筹划和执行活动中，理解我如何开展综合。

三、结语

总结本章的观点，有关综合的探讨对于高级分析的总体概念至关重要。为什么是这样呢？综合的概念大于分析的概念，它需要使用分析的结论，并且提出全新的整体或者不同的见解，或者另一种方法。如果没有综合，分析人员就会成为还原主义和不断增加的、“智识捕食者”的猎物。理查兹·霍耶尔提醒我们注意这一危险：

> 小幅增加的信息接收，通过长时间的演化，同样可以帮助信息进入分析人员已有的观念之中。没有哪一个信息足以让分析人员改变原先的看法。只有很多信息融合形成的结果才是重要的，然而如果我们没有将这一信息当作一个整体，信息的作用也会因此而降低。[1]

分析人员必须了解这一危险，并且有目的地在自己的意识中不断开展信息综合工作。

综合是人类特有的心理活动，可以为人类生成知识，这是进行态势理解的前面一步。此外，综合是辩证思维的结果，有关辩证思维，我们已在批判性思维一章进行探讨。本书没有将综合孤立起来。它是辩证法这个更大整体的一部分。辩证法作为一个整体，是一个不断移动、变化、互动和创造的过程，其中交织了正题、反题和合题的概念，且被最重要的矛盾所推动。

本章还探讨了综合与重构之间的关系。虽然两者在某些方面相似，但和重构相比，综合能够产生知识，而重构只能产生信息。重构还包括人类智力和机器的协同工作。综合将我们带入一个相互联系且整体的世界，在这个世界里，所有的事、人和行动都处于纷繁复杂的联系之中，所有的

[1] 原注：Heuer, 15.

部分都是结合起来的，整体要大于所有个体的总和。综合就是我们梦想获得的“材料”，即综合就是我们发展愿景的方式。综合是希望进行预知的人开展工作的平台。综合还是人们理解复杂态势的方式，也是人们最终开展创造性思维的方式。事实上，如果没有某种复杂程度的综合，形成创造性思维是不可能的事情。最后一点，综合对于赢得争夺主动权的战斗至关重要。要想参与这场旷日持久的斗争，分析人员必须首先了解什么是主动权。分析人员还必须了解获得了主动权的人或组织，能得到哪些优势。比如说，它可以给毛泽东提供所谓的“最重要”，并且使他获得“自由权”。[1] 然而，毛泽东是最优秀的游击战理论家，要想研究他的思想，分析人员必须通过对战术、战役和战略主动权的综合，了解毛泽东有关主动权的概念。在二战期间，中国抗日战争初期，日本掌握着战役和战略主动权；然而，毛泽东和他的游击队掌握着战术主动权。最终，他赢得了战役主动权和战略主动权。如果不对三种类型的主动权进行综合，以及对它们的相关性和互动性进行综合，我们是无法了解毛泽东思想的巨大影响的，也就无法理解什么是主动权。很明显，其他理论家也都是优秀的综合理论家。比如，孙子就是在一系列相互联系的闭环中分析“奇”和“正”的关系，[2] 这是综合的最佳案件。

高级分析的认知要素，正是通过综合产生的；因此，我们在本书中，将综合放在高级分析 14 个认知要素的最后进行研讨。高级分析的每个要素都有其自身作用，但综合可以将它们融为一个整体，将各种数据和信息的碎片和部分融为统一的整体，或者可以对敌人的思维、决策和行动进行预测，并且挫败敌人的每一步行动，因此，综合的效力要高于高级分析任何单一分析要素的效力。

正是通过综合，人们提出解决问题的创造性解决方案。通过综合，人

---

[1] 原注：Mao Tse-tung, 98.（译文引自：毛泽东，《毛泽东选集》[人民出版社，1991 年 6 月第 2 版]，第 410 页。）

[2] 原注：Sun Tzu, 91–92.（译文引自：孙武，《孙子兵法》[上海古籍出版社，2006 年 7 月第 1 版]，“势篇”第 47—49 页。）

们可以预测和描述解决复杂问题的选项和新方法。从作战层面看，正是通过综合，分析人员才能追踪敌人的网络。因此，当开展综合时，分析人员可以将那些看似无关的数据和信息，融合成模式和趋势。分析人员通过综合可以理解网络连接的类型，以及网络是如何衰减和异变的。

下一章我们介绍加里·西腾鲍姆有关“支持高级分析的技术”的内容。之所以到现在才介绍这个内容，是因为我们需要介绍完高级分析的 14 个认知要素后，才来探讨技术内容与每个要素之间的关系。

[第19章]

支持高级分析的技术

由于人类思维能力的局限性……人类思维常常无法直接理解世界的复杂性。因此，我们建立了真实世界的简化心理模型，然后借助这一模型开展工作。[1]

尽管在大部分情况下，高级分析实质上是认知过程，但它还是深深受益于技术的襄助。这些技术倍增器不仅可以降低分析人员的工作负担，而且或许更重要的是，可以帮助分析人员提高产品的质量。

本章主要介绍高级分析的关键倍增器，并且从以下三个角度对其进行检验：(1) 为什么需要它们，它们能提供什么；(2) 它们现在以及未来是如何开展工作的；(3) 如果存在挑战，在生产和部署技术倍增器的过程中将面临哪些。为了便于探究，我们将倍增器分解成14个领域：(1) 简单检索，比如从谷歌的公开文档和数据中进行搜索，包括元数据搜索等；(2) 基于概念的搜索（concept based search）；(3) 多语言搜索（multi-lingual search）；(4) 联系分析（linkage analysis）；(5) 社会网络分析（social network analysis，SNA）；(6) 属性监视（attribute monitoring）；(7) 模式侦测（pattern detection），包括聚类分析（cluster analysis）和协

[1] 原注：Heuer, 3.

同过滤（collaborative filtering）技术；(8）时间轴线/年表分析（timeline/chronology analysis）；(9）事件和变化侦测（event and change detection），比如通过录像进行观察；(10）分类创建（taxonomy creation）；(11）建模（modeling）；(12）融合（fusion），特别是基于模型的融合；(13）论证支持（argumentation support）；(14）优化（optimization）。此外，我们还提出了“倍增器的倍增器”，即那些低层次的能力也需要得到倍增器的支持，而高级分析正是建立在这些倍增器之上。

本文尽可能阐述这些不同领域是如何出现及如何相互依存的。不幸的是，这种交叉依存虽然看起来显而易见，但它们之间的排序并没有人们想象得那么一目了然，我们能够做的，就是在不降低其可解释性的前提下，判断这种态势可能出现的地方。

在深入研究之前，我们需要提出一些注意事项。第一，值得注意的是，尽管下面的讨论涉及技术，但并没有涉及基础技术理论。我们的焦点依然是对技术的需求和使用，特别是与高级分析有关的需求和使用。事实上，有关技术作用的理论非常多，我们会在需要的时候进行引用。第二，我们对每个议题的阐述方式，反映出它对高级分析的重要性，以及对开发特定技术有潜在兴趣的分析人员的需求。

一、简单检索

分析人员往往需要从大量的数据中寻找特定的数据片段。在某些情况下，数据格式是固定的、表格化的或是经过语义标注的；但在另一些情况下，这些数据的格式却是各种各样的。数据会呈现多种形式，包括文本、声音、图片甚至是视频。不论形式如何，寻找数据所面临的挑战都是相似的，即穷尽一切可能手段，寻找与问题具有高度相关性的数据，同时将冗余数据降至最低。

这一部分内容，一般被认为是数据搜索领域最简单的，因为无论是物理上还是逻辑上的数据都已经在数据库中准备就绪，早在人们感兴趣之前，就已经具备被搜索的条件。这使得我们可以使用很多类型的技术，提高搜索工作的速度（通常按数量级提高）。考虑到这种条件，正如在高级分析里经常做的，我们就可以快速获得大量数据，进而生产出与分析人员的特定需求和兴趣密切相关的少量产品。

这类搜索引擎的典型代表就是谷歌，可以说谷歌“颠覆”了整个互联网，我们可以通过关键词进行搜索，获得排序后的数据，而这个过程可能只是几毫秒而已。谷歌之所以能够把搜索变得如此快速，其原因是在人们开始任何特定的搜索前，许多网页都已经预置了索引和分类。这就使我们的搜索时间成为对数关系，而不是线性关系；当遇到大数据库时，运行时间的差异将会是几个数量级的。

同样的方法，可以应用到不是文本的数据环境中。比如，很多年来，关系数据库（relational detabase）允许用户定制“关键”领域，而这有可能“颠覆”快速搜索和增广运算（augumentation operations）。这种方法还可以拓展到其他数据类型，比如地理空间、视频、音频以及各种情报门类。同理，这类搜索概念依然是将数据按照恰当的方式进行预处理，并且准备相应的元数据项，以记录每个数据要素的关键信息。这类元数据项或者记录，就可以像在关系数据库中那样进行搜索。当该数据库的信息被提取出来，并且在一个效率更高的搜索机制下将其置入元数据记录中时，极高的数据提取速度将成为可能。

提高数据库搜索速度的另一个方法是，搭建可以反映数据基本数学结构的特殊数据库类型。一个很好的例子就是地理空间信息系统（GIS），在该系统中，数据一般分层级存储，存储的层级越多，地理信息的准确性和精确性就越高。树的顶部虽然只是小的、容易搜索的领域，但可以让用户通往更大的领域。通过在大区域内寻找次级区域，用户可以快速找到更小的、更感兴趣的区域。在如此复杂的用户界面背后，存在一个事实上的物理数据架构，它模仿这种等级制逻辑框架，使“下一级”的兴趣点都存放在快速的本地内存之中，随时可以进行提取和检视。图像档案可以从这种技术中获益，一些历史档案也可以使用这种“慢速”的提取方法（比如磁带）。

所有这些方法的共同特征，就在于搜索标准（查询标准）。在人们需要之前，这种查询就已经准备就绪，从而加快了这一进程。这一点在高级分析当中尤为明显，但却并不总是如此。重要的是，搜索引擎可以通过观察用户在一段时间内的搜索活动，了解用户的兴趣。Amazon 如今就做到了这一点。我们没有理由认为，这种连计算机都能做的事，却是那些具有特定问题背景的或需要开展分析性条件准备活动（比如前面已经探讨的建立知识架构问题）的分析人员无法做的。因此，在没有用户特别干预的前提下，搜索引擎可以在用户实际提出搜索需求之前，就倒置和缓存感兴趣的数据。只要实施和协调得当，这种方法可以产生巨大的时间效益，并且让分析人员和虚拟知识环境在时间紧急的情况下受益匪浅。

与简单搜索密切相关的能力，就是**监视**与**警报**能力。我们在这里研究的系统，包括从已知来源中源源不断地获取新数据的系统。进入系统的数据可能包括在感兴趣的地方发生的社会或军事事件。在这种情况下，分析人员能够设计和使用所谓的“常设查询”（standing query），并应用于所有新获得的数据。无论与搜索标准相吻合的数据何时进入系统，分析人员都需要自动进行识别，系统则成为他或她私人的“监视器”或筛选器。这种运行中的查询能力完全在幕后发挥作用，不需要分析人员投入额外精力，除非需要重新定位。此外，由于查询能力已经预置到数据摄取流中，因此查询功能不仅快速，而且效果有相当大的保证。此外，由于系统已经预先被告知了感兴趣数据的类型，因此它可以快速且有效地在已有基础上进行搜索，不需要分析人员再进行干预。

在此基础上再往前一步也是可能的。例如，考虑从报纸、电视或者新闻报道中汲取新闻的数据源。一些系统允许分析人员提出每日产品定制需要，即定制自己感兴趣的产品。这些定制可以包括地名、人和事件类型（恐怖活动、经济活动、政治活动等）。这种工具监视着数据流的所有入口，提取与指定条件匹配的新闻条目，尔后作为系列定制产品提供给分析人员使用，事实上相当于给分析人员提供了一份个人定制的《纽约时报》。经验丰富的投资人多年来一直在使用这种能力。他们感兴趣的话题包括全球金融、制造、运输和投资领域的事件和交易。令人惊讶的是，就我们所知，大多数情报分析人员还没有具备这种能力。

需求和期望

高级分析的实践者们必须在结构独特的大型数据源中进行快速搜索，从而支撑数据快速提取和综合展示。至少，他们的搜索能力，能够有效地应对以下查询需求：

* 特定范围内的任何日期记录，无论具体日期的内部格式是什么。
* 有关特定地理区域的记录，比如特定经纬度周围几百英尺（1 英尺约为 0.3 米）范围内的 X 射线，无论地点的内部格式（比如地址、经纬度、UTM、地图指示等）是什么。
* 基于复杂的布尔关系（Boolean relation）记录；针对某种相似属性，使用不同的词语或近义词的记录；按名称搜索人，不考虑人名的拼写或翻译习惯；按名称搜索组织，不考虑拼写习惯。
* 基于第 N 级分离算法（separation algorithm）的自动化查询的记录。

这些能力应该允许分析人员制定自己的产品分级和提取标准（比如通过日期、地点或者他人引用的次数等）；这样的标准应该对该分析人员的所有工作进行自动检索（以新的桌面搜索引擎方式），并在一定程度上使用专业术语，甚至应该使用单独的语言。这样分析人员在某个时间里只需关注某一个领域，这将为他们的工作带来益处。各种搜索工具也可以使用这种分析特征，即向特定的搜索申请中加入具体的搜索说明进而产生的分析特征。如果在后台有效使用这一特征，分析人员就可以在突然改变兴趣时，快速使用任何隐藏的过滤器。

方法

近期。理想状态下，任何单个引擎都应该提供以上所列的所有能力。比如，构建一系列过滤器的能力（如一个用于日期，一个用于地理区域等），并且在每个阶段都能进行数据匹配。另一个有用的方法是，通过逻辑增广运算，将多个数据源搜索进行整合，从而使分析人员的数据源的潜在异质属性一目了然。对分析人员来说，数据源往往被看作是单一的、关系统一的数据源，标准搜索技术和过滤可以应用到这样的数据上。使用当前用于统一本体和模式的技术（比如 XML 语言及其衍生产品，OWL 语言，蒂姆 · 伯纳斯 – 李的语义网等），这种能力已经接近于最先进的水平。对多个搜索引擎的研究告诉我们，上述技术所需成本都非常低；我们可能只需要花几百万美元就能升级这些技术，或者只需要花 10000 美元就能买到相关的工作站。因此，对于简单搜索来说，挑战并不在于搜索技术本身。

远期。由于在数据搜索和提取中使用的技术具有大量的平行属性，任何系统的功能和能力都将以极快的速度向前发展。这就需要更大的数据集、更可靠的过滤器、更多的后台自动化（检索、翻译、收集）以及不断增加的搜索和提取速度。让我们展望一下未来，数据搜索和提取能力将随着硬件能力的发展而不断发展（比如每 18 个月能力就会倍增）。反过来，这意味着数据集的规模，以及搜索、展示和分析的速度也将加快。

前面已经提到，这种能力的一个重要指标是使用人工智能（artificial intelligence，AI）或者机器学习（machine learning，ML）技术，以便观察分析人员的搜索模式和兴趣，进而预测他们可能感兴趣的数据源和数据关系。即使人工智能工具产生了错误，但由于强大计算机的存在，一个无关数据源的建议几乎不会造成什么损失。事实上，计算机循环总是“开放的”。重要的是，当我们进行“点击”（hit）时，由此产生的潜在复杂搜索成本，远小于消耗在无用循环中的成本。也就是说，收获将会更多。随着人工智能和机器学习工具的不断完善，可以预想，未来这些工具的预先建议将更具准确性。这种能力的未来是非常光明的。

另一个有趣的搜索方法是自动化的“对话”，即搜索引擎可以通过提示性语言与分析人员进行问答交流，这与人工智能专家系统很相似。当搜索引擎获得了有关某些有用事项的“好点子”，它就会给出建议，并且提供分析人员可能感兴趣的数据样本。这样分析人员就不需要独立开展所有的创造性工作，相反他们可以使用搜索引擎固有的人工智能功能，寻找新的点子或者异常的连接或关联。人们甚至可以在头脑风暴中使用这样的方法。

很明显，在完美世界里，所有这些工具都应整合成单一的用户界面，可以以标准化方式进入不同的数据类型和数据源，推动大量搜索技术的应用。于是，分析人员的工作就需要掌握某种“标准化搜索”的工具箱。数据源背后的不同之处则会被掩盖起来，包括：地点，物理和逻辑数据架构，访问路径特性等等。事实上，只要通过快捷、标准化、功能完善的搜索和分析工具，整个数据世界都可以“按需配给”。然而由于技术能力上的短板，目前还无法实现这一能力，但是数据搜索世界无疑在朝着这个方向前进。

挑战

上文没有涉及的另一个重要挑战是数据的安全性，包括访问授权和标记。“高安全系统”的解决方法，需要所有分析人员都能够可靠地获得最高级别的数据，尽管分析人员只需要很少或者根本不需要特殊保护就能够获得某些特殊的数据。多级别安全技术似乎是“指日可待”(just around the corner)，但这些系统要对许多资源进行标记和数据加密，而这又与所描述的开放文本 / 无格式系统设计相违背。从这一点来看，将真正的多级别安全作为系统架构的关键需求，可能是不明智的。

有关安全的另一个重要考量是，关于特定组织对特定话题感兴趣的“事实”。现在的互联网供应商会将用户的搜索资料出售给任何感兴趣的买家，因此一些恶意团伙就有可能评估并持续监控对他们感兴趣的各种组织。这种方法非常不便，如果敌人开始“算计”我们的分析方法，这可能会被证明是一个非常重要的障碍。因此，搜索机构必须采取任何合适的措施，将上述组织的兴趣记录隐藏起来，比如现在商业和私人用户使用的匿名访问技术等。

经济原因是获得私人维护的数据源的另外一个挑战。在高级分析军事用途的典型案例中，许多数据源都非常有用，但获得这些数据需要缴纳大量费用。数据的拥有者花费大量的时间、金钱和精力搜集这些数据，并且设计出专门的工具，方便人们快捷地获得这些数据，因此我们能够理解他们不愿意将“劳动果实”拱手相让。在构建高级分析的系统框架，特别是在早期阶段，在确定哪些数据源对于筹划作战最有价值时，必须要将这些成本考虑在内。

过程和技术本身就是一个挑战。考虑到当前最新技术，还没有一个可以成功隐藏数据内部特性的统一的、标准化的用户界面。因此，在短期内，高级分析实践者必须成为拥有大量搜索工具的“超级用户”，但这一点又会严重限制搜索的使用。

二、基于概念的搜索

分析人员有时对开展有效搜索过程的话题缺少足够了解。例如，他们可能对某一主题领域不熟悉，也不熟悉术语、专有名词或缩略词，或者说他们缺少开展搜索所需的足够技术、文化和理论背景。在这种情况下，基于概念的搜索和提取将是非常合适的。通过简单的关键词或词组匹配等抽象工作，使得分析人员不再需要绞尽脑汁思考该领域专用关键词。

基于概念的搜索和提取的理论根据，就是特定概念往往由一系列特定词组组成。比如，一个国家发动战争能力的概念，将包含以下许多词组及其同义词：{战争、战斗、冲突}，{胜利、打赢、击败}，{陆军、海军、空军、水兵}等等。当然，判断这些词组需要相对复杂的线性代数技术，但这些技术可以被抽象到一定程度，即那些缺少数学知识的分析人员可以盲目使用。

这种基于概念的搜索和提取方式，可以应用到以下几个方面。给定一组感兴趣的文章，这种方法可以自动地定义潜在的概念，进而产生搜索标准。如果分析人员想要确定不感兴趣的相关文章，这种方法又可以利用这些信息进行进一步定制搜索。这一方法可被看作是“案例搜索”的技术拓展。

对某个感兴趣的领域进行基于概念的提取有其特殊之处，即要寻找一组可以对关系进行准确定义的词汇；比如，abc 暗杀 xyz。这种情况下，搜索结果就是一个简单的列表，所有有关“abc”暗杀受害人“xyz”的可识别条目都应出现在列表之中。只要应用得当，这种搜索还可以使用专用名词；比如，它可以正确地识别出有关“杀死、暗杀、抽打、击倒”等动词。此外，它对精确的词组结构也并不十分敏感，因此常常会出现这样的用语“xyz 被谋杀；abc 是关键嫌疑人”。提供这种提取功能的工具现在已经可以在市面上找到，能在日常分析中发挥作用。更重要的是，它可以帮助分析人员调查不熟悉的领域。

需求和期望

高级分析需要在缺少特定关键词时开展有效搜索的能力（检测概率高，命中错误概率低）。在可行的范围内，搜索工作必须能够容忍书写风格和语法上的不规范。这种搜索可能包括不同类型的行动或逻辑、物理实体。通过允许分析人员运用一般的概念搜索和提取数据，并且使用比较复杂的领域专属关键词，分析人员就可以在学习主题词汇时，更快、更有效地搜集信息。

方法

近期。从近期来看，基于概念的搜索很可能建立在分析人员感兴趣或不感兴趣的文本之上，还可能建立在自然语言进程 / 语句基础之上，从而理解其中的关系，包括主谓宾关系，或者词典 / 同义词词典关系等。

远期。基于概念的提取的远期工作与简单搜索比较相似，至少在某些方面如此。特别是，分析人员会期待出现一种可以分析过去的搜索方式，以判断出当前任务中可能感兴趣的模式，并且利用这些模式，拓展或缩小搜索范围。这些工具将使分析人员意识到这些辅助工作，因此当发现不需要时，他们可以关闭该“特征”。最终，搜索将会呈现出下面这种连续的对话形式：“这种扩展有用吗，是或否？现在这种排列方式有用吗？是或否？如果否，请按照你希望看到的对文本进行排列”，等等。

基于概念的搜索还能够催生出一种新的工具类别，即能够支持头脑风暴的工具，可以对搜索中使用的工具进行分析，识别出与当前兴趣可能相关的思想和概念（但不是相同的），并且将这些内容提供给分析人员，激发他们进行思考。这种方法目前仍处于孕育阶段，但对于避免分析人员陷入写作障碍很有帮助。

挑战

相对于简单搜索来说，基于概念的搜索带来的额外挑战是高度的抽象。其中最主要的，就是使它能够“适应”分析人员的独特需求。除非分析人员愿意保留他的搜索工具，否则它们最终都会变得过时，所产生的结果也会越来越不相关。最后，某些机器学习形式会缓解这一问题，但从近期来看，在许多潜在用户眼中，这会降低这种技术的实用性。

三、多语言搜索

所谓多语言搜索，指的是分析人员对其他语言构成的文本进行搜索定位的能力。它还包含文本提取功能，可以帮助进行初步分析。

需求和期望

高级分析人员需要具备能使用任何语言的参考资料的能力。这些资料包括报纸、报告，甚至非正式讨论群组或博客。多语言搜索系统的需求和要求，与基于概念的搜索相似。事实上，从更高层面来说，基于概念的搜索可被看作是多语言搜索的子集。从微观来看，这种能力应该包括判断文章潜在价值的能力，并且帮助分析人员判断其选择和使用的翻译用词是否准确。此外，它还应该提供足够的翻译工具，可以进行自动属性监控和自动分类创造（后文会进行探讨）。

方法

近期。从近期来看，分析人员可以使用基本的功能，包括将关键词翻译成目标语言，将搜索的结果转化为分析人员使用的语言。对于这一方法，目前许多引擎是可用的，而且搜索过程发挥了有益的作用。然而，它在几个方面受到影响。翻译查询往往无法做到精准。比如，搜索有关2005年朝鲜核“试验”（test）的最新文章，会得到有关朝鲜核工程师培训的信息。问题在于，使用的单词被翻译成“检验”（examination）。另一个更合适的术语（我们已经通过实验进行了验证）就是“演示”（demonstration）。多语言搜索的许多问题，可以通过某种程度的“监视”予以弥补，比如分析人员专用的单词和短语词典，以及个性化、某领域专用词典等（比如军事、医学或工程领域）。

目前最新的自动翻译技术是“统计机器翻译”（statistical machine translation，SMT）。统计机器翻译概念早在20世纪40年代末和50年代初就已经出现，但最近在计算机的帮助下才逐步变得可行。统计机器翻译依赖于“罗塞塔石碑”（Rosetta Stone）式的方法，系统将含有大量同样内容但使用不同语言的文本进行匹配。随着数据库逐渐变大，系统会将一种语言中的单词和短语与另一种语言进行匹配。统计机器翻译的主要优势在于，它不需要对语言的结构进行“理解”，只需将更多文本和处理能力整合到系统，就可提高其准确性和稳健性。国防高级研究项目局（Defense Advanced Research Projects Agency，DARPA）下属的全球自主语言开发（Global Autonomous Language Exploitation，GALE）和谷歌翻译引擎就利用了这种方法。

远期。从远期来看，人们会期待一种自动化的、基于统计学的、可以进行机器学习的技术得到改进，使其使用变得透明。终端用户可能永远不需要知道最初编写文档时使用的语言。

挑战

机器翻译是一个难题。从哲学上来讲，一些争论的本身甚至不存在，但如果不考虑这种深奥的技术，我们已经很接近“足够好的”工具和技术了。现在这一挑战在于，将这些工具和技术整合到搜索系统中。除非完备的、跨语言且专门领域的词典成为现实，否则习语仍然是难以翻译的。

四、联系分析

前文已经提到，基于特定过滤器的数据提取是一种相对直接的进程。在互联网上，只要使用某些搜索引擎，任何人都可以进行搜索。然而，高级分析人员往往需要处理更加复杂的提取过程；在此过程中，分析人员需要寻找与专有名词相对应的模式，或者甚至在分析人员事先不清楚兴趣模式的情况下。这种方法需要不同类型的算法，而这在技术上有很大挑战。虽然存在这些挑战，但随着市面上的工具不断涌现，至少已经可以解决部分问题了。此外工业和学术领域的研究也在不断推进，并取得了重大进展。其中特别感兴趣的一个领域就是网络理论。

一般来说，网络理论就是**通过将节点联系起来，以发现和分析人、物体、数据或行为之间的隐关系**。正如一个单词的含义依赖于其他单词的意义一样，不同的单词、行为和联系在其他实体和行为的语境中也有所不同。尽管这种技术目前仍然不成熟，但广泛适用于许多领域；比如情报、执法、国土安全、社会科学、公共卫生、流行病学、政治、保险、银行和金融业、信息技术以及安全领域等。高级分析人员需要对这些领域以及其他领域感兴趣。我们目前关于联系分析的思考如下。

需求和期望

高级分析人员需要的一些联系分析能力是独特的，至少是深奥的。以我们预测简易爆炸装置袭击为例。这里的难题在于，许多或者说绝大部分制造炸弹的人，其条件准备活动本身是温和的。比如，好市民（路人甲）有各种正当理由购买手机、化肥、家用化学品、钉子甚至是雷管，尤其当他是农民或者建筑工人时。然而，如果是潜在的恐怖组织成员购买了所有这些东西，至少是大部分物品时，分析人员显然很想知道会发生什么。但要做到这一点是非常困难的，因为人们不仅要确定可能购买的具体物件，而且要知道这些恐怖分子与购买者之间有着密切的联系和恶毒的意图。因此，分析人员必须将眼下这些人、组织、行为、行动、事件和地点进行联系，综合判断这些联系是否代表着某种犯罪或恐怖行为。这种类型的联系分析，是高级分析的认知要素之一，同时与群体分析、倾向分析、趋势分析、模式分析和异常分析有关联。判断这种联系的能力，以及判断许多相似联系的能力，是联系分析的关键需求。高级分析人员的其他联系分析需求，与现有联系分析从业者的需求相似：比如，判断赃钱的去向，判断流行病中的第一位患者，锁定新型病毒技术的源头等等。总之，需求是非常广泛的，是极其重要的，但挑战也是极其巨大的。

方法

近期。联系分析在许多分析领域做出了重要贡献，即使是对其潜在内涵的粗略探索，也能够产生比现在更为广阔的空间。更重要的是，目前的工作无法为高级分析人员提供所需要的答案。因此，我们在下面列举了联系分析可能会为高级分析人员提供帮助的一些案例，并且简要阐述这个技术领域的发展方向如何，以及在未来将会如何提高。

★ **交通分析**（traffic analysis）。交通分析可以推导出以下信息，比如联系的频率，通信联系模式中特定节点的重要性等。交通分析可以运用到任何通信方式之中，因为它不需要对任何内容进行解密。交通分析对于发展模式尤为有效，因为它可以提供感兴趣行为的证据，从而对高级分析中的模式分析产生直接影响。比如，频繁的通信反映出计划性，快速且短暂的通信反映出正在开展谈判或者协调。此外，电话或信息命令可以反映出组织等级或网络；突然中断的通信模式，可以反映出计划流产或者计划已经到了最后阶段。我们这里提到的这些例子，专家们已经有了著述，情报机构也已经付诸实践。重点在于确保高级分析人员了解什么是交通分析，交通分析能够提供什么，如何申请交通分析，以及如何有效地使用交通分析。这是一种能够而且必须得到满足的需要。

★ **影响网络**（influence network）。影响网络和社会影响网络理论，可以将正式的数学方法应用到对组织内部人际关系的理解之中，因为这些人想要达到共识。影响网络理论可以帮助分析人员发现组织内部真正的力量掮客，使分析人员及其指挥官可以筹划出合适的封锁战略。这种分析是非常重要的，比如如果我们想要知道，一旦“铲除”恐怖组织的头目是否会造成组织的解体，或者是否会使组织肢解成两个同等重要的组织等等。无论是学术、商业还是市场产业领域，这种分析都是非常活跃的，情报界当然也不例外。

★ **设施网络**（infrastructure network）。分析人员必须帮助筹划人员回答有关设施脆弱性的问题，或者相反，回答有关设施重建的影响问题。这需要分析人员了解社会设施所有要素之间的网络属性——动力、燃料、通信、运输、医疗、卫生、食物、水等等。此外，考虑到网络之中存在典型的互联性，他们不仅要独立地理解每一个网络，而且要将网络放在网络体系中进行理解。构建这样一个“模型”绝不是轻而易举就可以完成的，需要用到所有联系分析的方式。这种分析和建模，正是国防部许多研究工作的重点，尤其是国防高级研究项目局的冲突建模和结果试验（conflict modeling and outcome experimentation）活动。

★ **金融网络**（financial network）。在金融网络中运用网络分析的方法，人们可以发现恐怖分子获得资金的机制，并且可以通过联系分析方法，发现不同节点发挥的作用。尤其是，网络分析可以展示叛乱分子或恐怖分子如何洗白金融资产，查出谁或者哪些慈善组织或企业参与其中，且能够找到他们“洗钱”的时间轴线，他们如何将这些钱应用于叛乱活动或恐怖活动，以及相关的安全和功能互动之中。执法人员可以使用金融网络的网络分析方法，开展有组织犯罪调查和禁毒行动。随着犯罪和恐怖主义之间联系的不断增多，金融分析方法的使用也会不断增加。

挑战

令人惊讶的是，算法本身似乎并不是联系分析的当前瓶颈所在。有些联系分析从业者认为，理论上技术人员可以利用当前的数据完成几乎所有的工作。然而，这些从业者也认为，这些未来工作只会产生边际收益。这是为什么呢？联系分析的关键挑战就在于获得数据。大型网络是非常复杂的，很难获得全部所需要的特征数据。比如，基础设施数据通常被划分为不同的地缘政治实体，大到国家政府，小到村镇政府，虽然分析人员能够获得某些数据，但还有很多是无法获得的。这就需要分析人员使用建模或假定来填补空白，反过来，这又会造成第二个挑战，即在建构不确定性模型时，要充分理解结论的敏感性。这就是谨慎建模和统计分析发挥作用的地方。我们将在本章接下来的部分探讨这些能力。

五、社会网络分析

社会网络分析（SNA）是联系 / 网络分析的重要子集。考虑到社会网络分析的重点有限，与一般网络分析不同的是，我们需要特殊的工具和技术。其中一个例子是，不同的组织会针对组织脆弱性设计出不同的尺度。有了这些尺度，我们就可以对受外部影响的组织的演变进行建模，此外，我们也可以用它帮助筹划封锁计划。研究人员仍在研发支撑这些算法数据需求的工具。这些工具包括基于通信拦截和交通分析来描述组织的特征。比如，即使只是进行了简单的交通监控，分析人员也可以确定，某组织的结构是分层级的还是建立在各单元之上的，是深层次的还是浅层次的。

毫无疑问，网络连接的原则可以拓展到人类以外的领域。事实上，最近一项研究发现，任何不相关的网页，平均通过 19 次网络连接就可以联系起来。同理，社会网络也可以为情报和执法分析人员提供有价值的见解。一个例子是瓦尔迪斯 · 克雷布斯（Valdis Krebs）的工作，他构建了“9 · 11”事件劫机者的社会网络。克雷布斯从 2 名劫机者入手，即哈立德 · 艾米达尔（khalid al-Midhar）和纳瓦夫 · 阿尔哈兹米（Nawaf Alhazmi），尔后使用公开媒体和公共记录上的账号，包括地址、电话号码、经常乘坐的航班号等，发现所有 19 名劫机者之间关系紧密。此外，他还发现在穆罕默德 · 阿塔身上，有着不成比例的联系数量，这表明阿塔是组织的头目。尽管这是在事件发生之后寻找联系，并且试图将已知的实体联系起来，但这并不意味着不能使用这些技术来发现未知网络。

特种作战司令部（Special Operations Command，SOCOM）曾经的机密项目“勇敢匕首”（Able Danger），为我们提供了社会网络分析的另一个案例。早在“9 · 11”事件整整一年前，这一项目就已经将穆罕默德 · 阿塔认定为可能的恐怖分子袭击头目，并且认定了“9 · 11”事件中至少 3 名犯罪分子。然而，勇敢匕首项目的目的仅仅是制定一项针对基地组织和跨国恐怖主义的信息作战行动。因此，这一信息的发现并没有被反恐界所共享。尽管如此，这项工作表明，至少在某些情况下，联系分析可以提供潜在的有用信息。然而如何有用却成了问题的关键：这样的信息很明显并不具有很强的说服力，以至于被封锁起来。

需求和期望

从最低限度来看，高级分析人员需要一个基于所有可用数据自动识别和描述组织的过程。这种描述应该包括一般性角色、高层次行为方式、指挥链、特定位置的相对重要性等等。可以利用的数据应该包括通信情报、相似性，以及特定案例中所需的其他格式情报。最后，高级分析人员必须能够利用社会网络分析的方法，对组织进行描述，从而判断组织的结构优势和劣势，进而有针对性地设计出合适的禁止措施。设计这一方法，不仅要最大限度地完成当前任务，而且要确保它们不会在长时间内造成麻烦；比如，将一个组织分解成能力相当的两个组织。

方法

近期。从近期来看，分析人员要继续交互使用通信和观察指标，以便根据社会网络分析的尺度——比如中间性、紧密性、结构协调性（只列举这些）——来描述潜在的组织。首要关注的焦点是，判断出人和人之间联手展开犯罪活动的关系。如果我们对组织进行有效识别，那么下一步就是评估它们的重要性以及恰当的禁止措施的价值。

远期。从远期来看，我们可以使用建模和结构化假设测试的方法，最终还可能使用优化技术，来支持组织结构和行动方法的决策和分析。无论出现什么样的限定条件，这种方法都可以应用到特定的领域，包括物理、社会、经济领域等等，从而进行明智的、有依据的猜测，即根据可用数据，猜测某个组织的所有方面。

挑战

社会网络分析的关键挑战是能够获得数据。有价值的数据一般都存储在私人数据库之中，但出于隐私和安全考虑，分析人员在日常使用中很难使用这些数据。不幸的是，目前还没有解决这一问题的简单方法；因此，有效的社会网络分析只能应用于某些特定类型的问题分析之中。

六、属性监视

开展高级分析时，为了判断和描述变化和趋势，往往需要对某些属性进行监视。在典型的分析案例中，可能有几十个甚至上百个数据条目需要监视，才能确保分析的及时性和准确性。有些情况下，对属性的监视可以很直接，因为属性状态可以从原始数据中读出。比如，全球金融市场的态势，可以通过阅读不同的指数进行理解（如道琼斯工业平均指数，日经225指数等属性）。通过与之前的日均、年均或者相似的尺度进行对比，我们就可以完成进一步的分析工作；然而，指数本身都是自描述性的。许多经济数据都是相似的，且都是以简单可获得的形式进行有规律发布。

定性属性（比如大众的态度和情绪）则难以获得。以有用且一贯的方式发布的定性的、无形的数据列表，其实是不存在的；因此，在这种情况下，跟踪数据就变成了解释和建立"良善"的问题——而这并不是计算机的强项。幸运的是，技术正在这一领域不断发展。一种新型的监视技术正在出现，似乎具备很好的监视无形属性的能力。这一技术的基础是对媒体内容的分析。内容分析技术可以应用于任何通过规则或模式进行描述的属性。目前的工具可以监视世界和地区对于政府政策、核紧张态势、经济环境的反应等多种属性。因此，我们很有理由相信这种能力将被证明对高级分析有用。

需求和期望

分析人员必须能对他们在定性或定量上进行定义的任何属性进行监视。对于定量监视而言，他们必须能够评估即时价值（诸如货币价值、失业人口的比例等绝对状态）或变化率（比如人口增长率）。同时，对于定性属性而言（比如与特定观点相关的积极和消极情绪的程度），他们必须能够监视，至少是最低限度地监视相关价值和趋势。

方法

近期。尽管趋势特征需要一些人工干预，但大部分分析工作可以自动进行。现在利用的关键算法，就是基于主题专家状态定义词汇（status-defining words）选择的评估。本质上，这一过程需要专家开展四个步骤的工作：(1) 认定他或她在描述特定属性时将要使用的词汇；(2) 界定或者衡量这一词汇是积极的还是消极的，确定其在特定基线中代表的积极或消极状态；(3) 使用内容分析和实体提取方法，确定感兴趣的文章或感兴趣的状态定义词汇；(4) 赋予状态定义词汇一些权重，从而确定文章的属性状态。这一方法是非常简单的，如果协调得好，可以产生许多合理和有用的结果。不幸的是，这一过程并不总是有成本效益的和可行的，不仅需要真正的主题专业知识，而且需要大量的时间。一些研究人员正在使用更复杂的手段，比如句法解析和自然语言来理解这种方法。

远期。随着时间的推移，我们可以合理地假设，将为许多（可能是大多数）感兴趣的情况创建属性监视器库。对特定分析的个性化要求，需要提供诸如精确的兴趣时间框架以及感兴趣的地理区域等细节信息。此外，更为复杂的方法可能变得成熟，并应用到人们的日常工作中。它们将会以同样的方式推动属性模型发展，正如基于内容的分析推动了简单搜索一样。

挑战

属性监视的关键挑战——至少对于近期来说如此——就是处理名词短语，因为这些短语改变了属性定义词汇的内涵。比如，在一份关于地区经济的文章中，出现的“沮丧”（depression）和“衰退”（recession）等词汇，一般来说都表示否定意义；然而，如果加上限定词，比如“很少有机会……”或者“担心……过后”，那么词汇的内涵就发生了完全改变。电影评论可能这样说：“人人都以为我讨厌这部电影，它令人恐惧，但他们错了。”这句话看起来是一个否定的评述，但事实上却是肯定的。有趣的是，要想准确识别出所有这种属性异变的情况，其实是非常困难的；因此，目前的属性监视方法，试图通过对大量文章进行综合平均，尽量降低这些名词短语的重要性。我们希望最终出现一些更加强大的算法和语言解析技术，可以满足这一需求。

七、模式侦测

在高级分析中，使用模式非常重要。事实上，只要回顾上文对模式分析的研讨，我们便可窥见一斑，模式分析是高级分析的 14 种认知要素之一。通过专门的过滤器提取数据库中的内容是一个简单的过程，即可以将数据要素与过滤标准和返回匹配要素进行对比。然而，分析人员必须在更高层次开展工作，而不是简单的数据提取层面。比如，他们会发现自己并不只是寻找非常简单的单词模式，而是在寻找一个实体开展行动时选择的模式，比如敌人袭击一座重要桥梁时所要开展的条件准备活动模式。在有些情况下，这些模式可能是预先设置的，但其他情况下则并非如此。在另外一些情况下，分析人员可能不确定某一种模式究竟是否存在，如果不存在，其形式和预测精度将会如何。在这些情况下，建构快速提取指数将不可能，因为无法预先知道所需的查询。提取这样的模式，以及模式在数据提取和分析中的使用，需要大量不同等级的算法和物理数据架构，允许非常高的输入和输出率。

虽然有这些挑战，但商业工具仍在不断涌现，可以解决广泛问题的特定部分；政府、工业、美国科学家协会正在开展一个积极的研究项目，目的是提高这一重要功能。再次强调，这种工作与高级分析有关，因为在城市作战环境中，模式分析是开展高级分析的一个重要组成部分。

需求和期望

高级分析需要分析人员识别出趋势或模式，并利用它们进行预测或推理。以下是一些案例：

★ **案例 1**：巴格达特定居民区内出现了一种新型简易爆炸装置。高级分析人员查看了最近历史记录，以确定统计学上的重要前兆事件，它们反过来又能作为预测工具，或者使用它们帮助判断和 / 或锁定需要负责任的组织。

- **方法**。需要设立一个稳定的背景条件，这样潜在的指标就可以在背景中成为“信号”。一些信号是可以假设的，但对所有可能的指标进行全方位搜索，无论是单独的还是联合的，都可能在一个更大的、嘈杂的城市背景中寻获可用信息。

★ **案例 2**：当地叛乱组织中一名高级军官被俘，他在过去五年里已经声名远扬。高级分析人员分析了大量数据来源（金融、医疗、市场 / 经济、执法和旅游数据），看看能否发现一些非常重要的行为模式，如果可能的话，将这些行为模式与已知的叛乱袭击进行关联。

- **方法**。任务的一般性质意味着多种可能的模式（事先不知道）可能会引起人们的兴趣。这些关联可以扩展到地理、组织、金融和政治领域。在没有任何其他搜索目标的情况下，对统计异常（与名义上的背景相比）进行开放式检验，最有希望取得进展。

从这些案例我们可以看出，潜在的趋势或模式领域是非常广阔的，但又是可控的。对于感兴趣的情况，通常包括空间（感兴趣事件发生的地点），时间（感兴趣事件发生的时间），行为方式（导致袭击发生的相关事件的先后顺序），行为体（所有与其有关的易识别信息和个人历史），装备（类型、采购信息和维护保养等），材料（类型、移动、存储和准备等），代理人（相关的人或组织，知情的或不知情的），以及上述要素的综合。

首先且简单的情况是，高级分析人员必须处理特定的模式，比如寻找在一定距离内发生的、行为方式相似的各个事件。更加普遍且困难的情况是，高级分析人员要从大量特定事件中寻找其恒定关系。这种不确定性的案例更具挑战性，也更具有价值，因为价值关系有时完全出人意料。理想情况是，这一能力能够容纳所有可用数据。在最差情况下，这一能力可以包容非结构化和结构化的文本和相关元数据。根据手头问题的不同，它能够接收图像、视频或者音频的输入，具备声音向文本转化及包括语言翻译在内的识别能力，这些都是有用的。

考虑到所有可能的使用情况，这种包容能力不应该只包含某一种工具，或者某一种完全自动化的过程。更有可能的是，它需要包含一系列工具，无论是个体的还是组合的，并且能够快速组合，帮助开展模式侦测工作。这样的系列工具至少需要包括以下内容：(1) 提取个体的要素 / 特征；(2) 对潜在模式特征的描述，从而推动对比 / 类比工作；(3) 对物理数据架构进行重组，为非常高的数据输入 / 输出带宽提供支持；(4) 开展对比、评估和归类工作。这一过程的前端，包含数据提取、重新编码以及支持后端进程的物理 / 逻辑数据架构等，即相同的高性能需求决定了需要使用什么样的模式识别引擎。

方法

近期。模式侦测有两大关键问题。第一是构建训练数据，研发模式侦测算法。第二是应用这种算法，寻找潜在的大型或者异类数据设施。关于第一个问题，如果训练数据可用，构建模式虽然困难，但并不需要大型的存储和运算资源。原因在于，模式识别人员可以通过可用训练数据中选定的子集进行训练；不需要就所有数据进行训练。在典型情况下，一个小型且严谨选定的数据子集，可以用作训练目的，然后根据所有或部分剩余数据验证由此得到的搜索模式。技术上的挑战并不在于运算的复杂性，而在于模式的优点与之匹配。这里指的是在有效的匹配对象（真阳性）和无效的匹配对象（真阴性）之间进行精准区分的能力。在每个案例中，系统中都可能会产生错误（假阳性或假阴性)，在某些情况下，这种错误在实际意义上是不可行的。要想建构这种模式匹配算法（pattern-matching algorithm)，需要大量的时间和精力，且不是所有努力都能产生令人满意的结果。考虑到运算效率（比如压缩）或者算法需求，许多重要的启发性内容将会丢失，而这又会减少信噪比（signal-to-noise)，增加错误率。

现在已经有了许多模式匹配方法，包括神经网络、规则归纳、支持向量机（support vector machine)、奇异值分解、概率性奇异值分解和优化的子空间投影法等。根据特定问题的特征，每一种方法，或者所有的方法都有适合解决的问题，且所有方法都已经成功地应用到各种领域。然而，没有什么是“放之四海皆准”（one size fits all）的，因为成功往往取决于数据的特性，而数据来源之间的差异很大。

还必须确定一个重要的子案例，即没有可用的训练数据，而算法既要判断重要的数据集，又要构建有效的过滤器和模式，从而识别出不同数据集中的要素。当面对这一更具挑战性的问题时，一般使用两类算法：聚类分析（clustering analysis）和统计分析（statistical analysis）。聚类分析，就是将数据放置于合适的选定子空间上，当进行投影时，数据自然解构成独立的群体。发生这种情况之后，会产生一种启发性推理，即为什么主题专家能检验数据并快速确定潜在的因果关系。在认为第一步达到了效果后，第二步就是使用这种群组建构训练数据，训练良好的模式匹配引擎。当统计方法帮助识别重要的子群组时，也可以使用类似的方法。这里，我们的目的就是要在展现强大的非随机性关联（肯定或否定）时寻找正确的群组。同理，主题专家可以轻易了解这些现象发生的启发意义。

这种“引导程序”（boot strapping）方法所固有的一个重要的行动限制就在于，需要主题专家对算法产生的群组或聚类进行检验。在某些情况下，算法会发现聚类标准根本没用，或者事后看起来很明显。在其他情况下，算法会发现统计群组可能是训练过程中已经使用的，一旦更大的数据集被使用，这样的群组就会消失。然而，在理想状态下，算法发现的群组（当它们出现或如果出现的话），会指向潜在的启发式因果关系，这对于达到分析目的是非常重要且有用的。一般来说，只有主题专家能够判断特定事件中哪些方法是不适用的。

第二个问题是，在大型数据设施或数据群组中使用有用的复杂模式。问题不再是上文所述构建模式，而是将模式运用到数据之中。困难在于，那些使结构化数据搜索变得如此快捷的指数类型，却无法应用到这些情况之中。之所以出现这种限制，原因在于模式是非常复杂的，而且只有最近构建的模式（即作为问题解决过程的一部分）才适用，因此不能事先构建相应的指数。另一个问题在于，在很多情况下，搜索功能可能扩展到大量的异类数据资源之中，但这些异类数据资源常常是独立建构和维系的。一个简单的将这些数据库连接起来的方法，在逻辑上虽然可行，但在运算上却不可行，因为关键字段可能使用不同的名称集合或组合，而关键字段存放在两个不同机器中的物理顺序可能不兼容。

在这种情况下，重要的第一步往往是将源数据拷贝到中心存储设备，模式搜索就在此进行。在拷贝过程中，许多重要的数据准备工作会进行。不兼容的数据存储设施会成为独立的设施，同时被中心存储设备使用。不需要的数据字段会被丢弃，数据压缩方案可以根据需要撤销或应用。在中心存储设备中构建数据的物理体系结构，以便一旦启动模式匹配算法，就可以获得非常高的输入 / 输出带宽。我们还要对丢失的或冲突的数据进行处理，使算法能够获得单一的、洁净的数据流，并在此基础上进行运算。重点在于，如果没有这样的数据准备步骤，复杂模式匹配软件将会运转得非常缓慢，以至于没有实用价值；而在平叛行动中，速度是至关重要的。一旦可靠的、统一的数据设施准备完毕，复杂搜索模式（及其重要的衍生模式）就可以运用到数据身上，进而完成分析工作。

远期。未来，上述许多困难将在一定程度上得到解决，当然，不能解决的是潜在数据源本身所蕴含的性质。如果数据本身不包含重要的模式，无论什么算法也无法发现本来就不存在的东西（“众神遗弃的东西，你无法获得”）。在聚类或训练算法方面可能会有一些改进，但在这一领域已经花费了大量研究精力，而且收获正在减少。训练或聚类算法要想获得重大突破似乎可能性不大。然而，我们能做的是大大改进预处理步骤，从而可以在异类数据设施中使用复杂模式和查询功能。预处理操作中涉及的所有过程包括：数据清洗，标准化单元和命名规范，压缩，数据丢失或冲突等等，无论是从速度还是从产品的质量看，这些都可以得到显著改善。理想情况下，要想使端到端流程无缝连接似乎是可能的，但需要使用大量的注释（比如可扩展标记语言，即 XML）。XML 语言可以使高效运算的物理架构加速搜索进程；一旦搜索完成，数据就会消失。这种“蓝色天空”图景还没有成为现实，但我们正在朝这个方向前进。

挑战

在模式匹配成为高级分析的常规元素之前，还有三个关键挑战有待克服：(1) 必须获得可以接受的错误率；(2) 需要有可用的搜索引擎；(3) 需要提出有效的行动概念（concept of operations，CONOPS）。这三个话题值得写一本专门的论著，这里只是简单地进行介绍，说明我们需要一种有效的模式侦测方法，这对于预测工作非常重要，目前这些领域正在快速发展，我们的近期和远期期望都将实现。

八、事件侦测和时间轴线/年表分析

时间轴线是非常便捷的机制，是对态势演变进行可视化，对因果关系进行确认和分析的首选机制。不幸的是，时间轴线的生成到目前为止仍然主要是一种人工过程。造成这种现象有三层原因：第一，在自由文本中锁定特定的时间是很困难的。而许多在线的新文章中锁定时间比较容易。然而，我们感兴趣的日期往往隐藏在文章之中。此外，这种特征常常以各种样式呈现，比如今天、昨天、明天、9/11、9/11/01、2001 年 9 月 11 日等。第二，判断因果关系很困难。第三，用主谓宾的方式准确描述事件的特征很难。

然而，方兴未艾的技术可以逐一解决这三个问题。比如，基于模式识别的实体提取功能，可以识别出大量的不同日期 / 事件格式，以及数字和文本；基于关系的实体提取引擎，可以判断出许多主谓宾结构，即使是在句子当中；此外，一项被称为话题侦测和跟踪（topic detection and tracking，TDT）的新技术，可以准确识别出许多感兴趣的事件，并对其进行特征描述。形成完全自动化的事件描述能力还有很长的路要走，但只要人们不断尝试，并且改进计算机的初始切槽（initial cut），那么出现一种有用的半自动化的能力是完全有可能的。话题侦测和跟踪的产品，常常以时间轴线的形式呈现，比如新型媒体使用的，不同的行为体相互反映所产生的行动顺序。

话题侦测和跟踪应用的方式有很多。对于历史分析来说，我们可以利用它来对比过去的状态，确定为什么及事情如何以不同的方式参与不同的事件中。这种信息可用来判断大众的倾向，或者当有了足够信息后，“勾勒”出关键行为体。对于当前分析来说，它可以帮助分析人员在事件发生后，对其进行跟踪，确定可能的因果关系，并且理解“绿门背后”发生的事情。这些类型的信息将可以支撑高级分析的大部分要素，包括倾向分析、异常分析和预期分析等等。

需求和期望

高级分析人员要具备能够自动创造出高水平时间轴线的能力。至少它们应该呈现出如股票市场时间轴线的样式；即价格与时间的关系，一般的文章可能会也可能不会阐述价格的起因。最终，将要出现一种更为强大的、更具优势的能力，在这种能力中，因果关系和主谓宾关系可以被清晰地阐述出来。我们期望的产品，就应该以新闻杂志中发表的时间轴线或者年表的形式呈现。

方法

近期。近期的方法是从文章中判断行动的时间，并且生成按照编年顺序对有关这些行动进行排序的文章列表。这种方法可以帮助分析人员识别出感兴趣的话题，刺激开展有价值的分析，但对于高级分析所需的深度分析作用甚微。

远期。我们最终需要的是一种强大的话题侦测和跟踪能力，它可以自动运行，可以推断出感兴趣的事件之间的因果关系。尤其重要的是，这种能力可以吸纳与话题有关的所有信息，并受分析人员规范和指导的约束，生产出表明态势演变的时间轴线和支撑数据。

挑战

识别出事件并非容易的事。问题在于，新闻媒体或任何分析人员 / 记者在重大事件发生后很长一段时间内，会不断地重新审视感兴趣的话题。这就造成许多文章都同时关注某一事件，甚至在事件发生后几天或几周内连续报道，并且模糊了最初事件和后续事件之间的区别。这种模糊使得我们无法基于简单的标准对事件进行判断，比如有关某一话题出现了大量文章，并迫使事件侦测算法深入相关的文章之中，以识别出新的事件。话题侦测和跟踪系统就试图进行深入的理解，但这一过程仍然需要分析人员对特定主题进行仔细的“校准”。

九、从照片和视频中进行事件和变化侦测

高级分析人员除了要处理有关大型机构和人群的事件外，还需要处理一些低级别事件。其包含的种类繁多，从与某个人的偶然相遇，到碰见犯罪分子安置简易爆炸装置等。对于受过训练的观察员来说，可以轻而易举发现这些事件，但要想自动、快速、有效地处理大量的数据流，目前还不能实现。目前也没有一种可靠的算法可以侦测到可能感兴趣的各类活动。

需求和期望

高级分析人员可以使用的，就是一种可以有效监控照片或视频的能力，可以侦测到感兴趣的活动，或者识别出特定的人、行动或目标。

方法

近期。目前的事件和变化侦测主要通过人工来实现。这些工具可以使分析人员快速浏览所输入的信息，通过对它们进行处理，积累更多的潜在兴趣特征；通过减速、跃进或者中止数据流动的方式，进行精确测量。然而，很少使用自动化本身进行分析。因此，这个过程在一定程度上是起作用的，但它费时又乏味，而且在许多情况下是不切实际的。

远期。从远期来看，应该进行少量的自动化事件侦测。现有的项目中，比如国防高级研究项目局的视频和图像提取与分析工具（video and image retrieval and analysis tool，VIRAT），就关注这一能力，并且期望很高。然而，在未来十年，这种事件和变化侦测能否成为高级分析人员工具箱的组成部分，目前还不得而知。

挑战

由于对机器身份进行检验的专家人才的短缺，面临的挑战在于进行侦测时如何将虚警的概率降至最低。除非虚警率很低，足以提升整体性能，否则这一过程就不可能得到行动层面的广泛接受。

十、分类创建

分类是许多分析工作需要使用的有效工具。正如等级结构的存货清单可以帮助购买者理解供应者手中所有的产品种类一样，一个好的分类，可以帮助分析人员为特定分析确定可能的感兴趣信息。然而，分类的生成并不是一件容易的事情。它是一种耗力、耗时的工作，需要由在分类领域具有专门知识和技能的主题专家来完成。但这种条件是在不断变化的。半自动化分类生成器已经出现，只需很少的努力就可以创建一个非常高质量的分类样本。使用这些工具可以产生某种集合，其中包含感兴趣的分类要素，还可以提供特定的分类范畴。尔后，算法可以提供分类的初稿和一组业务规则，使用户可以对样稿进行改善。随着该方法的普及，预计它将得到改进，并且可以预期在几年内它会有强大的功能。

需求和期望

高级分析所需要的，就是允许分析人员快速判断与某主题相关的所有信息。

方法

近期。目前来说，定制的规则集和聚类算法可以自动形成分类。从本质上说，这一过程包括一种囊括了所有可能感兴趣的分类要素的算法，并且可以使用聚类算法来识别当前的信息类别，在一定程度上衡量各种类别之间的亲密程度。

远期。从远期来看，分析人员可以从过去的分析中预测算法。这些算法可以辅助基本的分类算法，判断出分析人员的兴趣范围以及地理或文化界限。

挑战

从很大程度上看，任何方法都可以反映出分析人员的知识范围。从近期看，这将会反映出分析人员刚开始的工作状态；从远期看，可以反映出分析人员的工作历史。最终仍然会存在这样的可能性，即分类的广度和深度可能无法完成。要解决这样的困境其实并不是容易的事，因为分析人员并不知道他或她不知道的事情，因此分类创建的技巧在于邀请相关的分析人员参与，但他们的关注不能完全相同，否则将难以对分类创建阶段中的信息输入进行检查。

十一、建模

建模的含义因人而异——从一个小规模的系统模型，到一个过程的表示，再到一个软件包，它能够及时预测形势，从而允许分析人员对未来的各种可能性进行检验。虽然这些内容从表面看各不相同，但它们在本质上却是相同的，都是对复杂系统本质的捕捉，情报分析人员很快就可以认识到，所有这些功能都可以实战部署，以促进分析工作。

一般来说，高级分析人员要处理两种类型的模型：动态模型和静态模型。动态模型主要是帮助高级分析人员由当前状态预测未来状态，并对已经发生事件的潜在因果机制进行研究，且可以对提议行动的二级和三级效应进行识别和分析，即使这些效应是非直觉的（比如微妙的、突发的行为），或者这些效应与行动本身并没有出现在同一时间维度上。另一方面，静态模型使他们能够理解通常未曝光的关系和因果联系。这反过来又使他们能够创造出更为强健的冲突理论，识别出可能感兴趣的组织和个人，且以特定的方式检验结果对于组织的影响。

本节详细阐述这些可能性，并描述建模支持高级分析过程的各种要素的一些重要方法。尔后提出可以满足这些需求的近期和远期方法，并且探讨建模人员和模型使用人员所面临的重要挑战。

需求和期望

在研究构成高级分析的 14 个组成部分时，显而易见，几乎所有的要素都能从应用选定的模型技术中受益。以下是一些案例：

- ★ 通过流程建模可以显著推动**解构**工作。模型可以帮助高级分析人员将情报需求解构成五种类型的观察指标，这一点我们在整本书中都在讨论。在可视化 / 可操纵工具——比如美国联合部队司令部（USJFCOM）的实时业务规则引擎（Business Rules Engine，BRE）G2 建模工具——的支持下，流程建模可以帮助分析人员确定自己在理解敌人进程上的缺口。假设敌人计划完成 X 任务，模型就可以展示出敌人完成任务所需要开展的、可能的行动顺序。与这些行为相关的是观察指标，可以针对它们进行情报搜集，所获得数据可以转变成信息或知识，足以对假设进行证实或证否。识别任务顺序以及相关的观察指标对于模型都非常重要。模型还可以提供一种数学基础，能够据此研究情监侦相关问题，比如重访频率（取样率）、必要分辨率以及达到的置信水平等等。
- ★ **批判性思维**。模型可以帮助高级分析人员像敌人一样思考。它们可以帮助分析人员进行四方推演（前文已阐述），并且在主题专家和当地专家的帮助下，避免陷入镜像效应的倾向。模型可以帮助分析人员做好部署准备，因为它们可以为美国人筹划有形的和无形的行动和效应，同时提供一个分析环境，其中包含设施、数据环境、因果关系。三维 / 地理空间信息系统模型可以帮助高级分析人员思考敌人的反侦察行动，确定敌方人员和传感器的观察视线和视野，因此确定可能成为美国人力情报和技术情报搜集行动观察死角的区域。此外，模型可以在分析人员思考使用高级分析的要素时，帮助他们使用自动化的思维模板。模型还可以帮助指挥官对其事先界定的风险和不确定性状态进行监控。在不久的将来可能出现的建模能力之一，就是认知放大（cognitive amplification）。这样的建模可以帮助分析人员了解自己会在什么时候犯逻辑错误，其思维或将出现哪些无法预料的结果，还能为分析人员提供大量的选择方案。

★ **变化／趋势／倾向评估**。在支持行动绩效评估方面，目前的分析工作仍然存在短板。模型可以在行动设计时提供支持，同样在行动评估时也可以提供支持。支持行动设计时，它们可以帮助确认有效的效能指数方法（methods of effectiveness indices，MoEIs）。这一功能的价值是非常大的，在兴趣变化的关键状态即将发生时，通过模型可以感知到敏感变量。支持行动评估工作时，它们可以提供基线（计划的演变），以此来衡量进展。从这一点来看，模型可以帮助我们识别和监视联系、模式、趋势和知识衰减，并为指挥官想要中止衰减进程或者可能结果时提供一系列的选项。建模将为敏感变量的可能优势提供警示，并且为指挥官的决策提供一系列可能的影响。

★ **联系分析**。静态模式显示的是**内部关联**、人际关联，并且能够对人、组织、功能、行动和交易之间的联系产生影响，这些联系一般发生在个人与个人之间、个人与组织之间以及组织之间。这些模型可以帮助分析人员理解和使用第 7 章中研究的五种类型的联系。反过来，这些模型可以使分析人员了解当前的状态，评估未来社会网络将会对新的刺激和新出现的东西做何反应。

★ **模式分析**。使用自动运算工具来识别模式，并将其应用到新的数据当中，一般需要对过程建立正式的数学模型，这是由高级分析衍生的。模型还可以帮助高级分析人员理解本书所涉及的四种类型的模式，以及影响这些模式的出现、运行、衰减和消亡的可能结果。

★ **预期分析**。模型可以帮助预测敌人行动。尤其重要的是，模型可以帮助描述敌人必要的条件准备活动，描述先发制人的选择范围，以及中止、塑造或者扰乱敌人必要的条件准备活动的可能后果。由于敏感变量的作用、敏感变量出现的条件、敏感变量影响的机会窗口（有利和不利的影响），以及指挥官采取先发制人战略可能引发的二级和三级效应，模型可以帮助分析人员理解可能性的范围。

★ **技术分析**。这一方面的模型现在已经有现货供应。模型可以帮助我们理解大型城市作战环境中看不见的领域。模型可以帮助人们理解电力排放、数据流动、羽流、烟雾、气味、炽热、电子的运动、射频能量、核材料的能量排放、来自人类的看不见的身体辐射等。

★ **异常分析**。通过建立并验证当前稳定状态的背景环境（也被称为基线）的固定模型，建模可以帮助我们快速且高度准确地侦测出偏离了正常状态的重要信息，并帮助分析人员理解可能的原因。本书中的基线主要有三种类型，分别是技术基线、文化基线和功能基线。模型可以帮助我们寻找正确的基线，提供可用性状态的评估（比如它们更新到什么程度），并且找出确保它们是最新的方法。

★ **文化情报分析**。社会科学领域近期的发展产生了大量的模型，“适用于”匹配和模仿特定作战领域的特性和特征。高级分析人员需要模型来帮助自己从文化的角度思考人们的思维、认知、行为、目标、动机、意图和必然的行动。实际作战环境中的文化活动模型，可以极大地帮助高级分析人员。模型可以帮助分析人员理解与自己思考方法不一样的人，是怎么思考“如果”和“假设”的。模型可以帮助高级分析人员理解敌人对于利用和否认敏感变量和机会窗口的看法。不幸的是，技术还没有先进到可以实现本文所讨论的功能。然而，这些明确的预期应该成为技术界和科学界的需求，以便充分发挥高级分析人员的聪明才智。

★ **符号分析**。例如，图像学（iconography）中的跨文化相似性的模型，可以为我们提供框架、关联和全面的尺度，用以理解复杂经济和政治多元化城市环境中的重大符号信息。

★ **群体分析**。现在有许多建模技术可以将简单的部分组合成复杂的全球性架构。这些架构可以展示人们预料之外的重要突发行为，或者可以将行为、预测和行动分解成基本要素，并且对因果关系进行证实或证否，最终可以将原因与结果或结局进行关联。建模可以帮助分析人员识别出前面已经探讨的“胶水”和“助推器”，识别出敏感变量和机会窗口的影响，甚至可以判断出先发制人行动的可能性，从而在群体形成期间对它进行塑造。

★ **重构**。与解构相似，模型可用于将某个过程或某个观点的组成部分重组为抽象的概念整体，其内部的架构和因果联系都可以被综合，直到它们被完全理解。模型可接收所获数据，与其他数据融合，并对结果进行可视化。模型可为分析人员提供足够的意义，来将数据转变为信息，并为信息最终转化为知识做好铺垫。模型可帮助人们理解部分甚至是全部整体，并通过分析 / 搜集的协同对数据进行重组，这也是高级分析中针对城市作战环境里的叛乱分子开展成功情报行动的主要链接“胶水”和动力。

★ **综合**。正规的建模可以通过建构分析人员对当前问题的概念性看法，将各种关系编织成整体，填补问题当中的空白，将可能的连接注入人的意识，允许分析性感觉（一种针对整体或总体的智力和直觉感觉），提供验证假定是否合理的正规数学方法，为综合提供帮助。如果分析人员希望沿着这条路径继续下去，可以通过三维 / 地理空间信息系统可视化模型来增强将信息综合成知识的过程。

模型的使用并不局限于高级分析的 14 个要素。它还能够进入 14 个要素所支持的行动过程，比如决策、监视、态势塑造、分析性条件准备活动及危机缓解等。虽然模型的潜在贡献很大，但挑战也很大。如果人们研究得更深入，他们很快就会意识到，高级分析为每种类型的建模技术都提出了需求。下面，我们详细阐述在这一领域能够开展的工作。

我们所需的建模技术其实已经有了，许多技术已经存在于分析人员的商用现成品（COTS）软件包之中；高级分析人员的现成品软件包实际上包含绝大部分技术。这样的软件包应该包括系统动态功能，如基于代理、离散事件、贝叶斯网络、马尔可夫建模（Markov modeling）等等，还应该具备在所有“政治、军事、经济、社会、信息和设施”（PMESII）要素中（单独地或者组合地）使用这些模型的能力。下面是我们有关近期和远期方法的考虑。

方法

近期。从近期来看，模型质量将受到限制。从这一点看，使用模型将会局限于对可能感兴趣的态势进行识别和刻画（不一定是定量）的分析。我们在需求和期望段落中陈述的所有需求——高级分析的所有要素——都将会得到处理，但能力和潜力的限制依然存在。

举一个关于建模使用及其内在局限性的例子，就是在保障行动筹划过程中使用高级分析。挑战是这样的。对于任何行动筹划人员来说，他们必须认识并且理解所有重要的结果，无论是希望发生还是不希望发生的，这至关重要。但这一心理过程却是非常困难的，任何环境里的 PMESII 要素通常都是紧密相连的，非线性效应常常会产生非直觉、难以预测的影响。换一句话说，模型在很大程度上可以免受这种直觉限制的束缚。如果模型建构是合理的，特别是如果它包含了合适的联系，即使联系方式不正确，但它依然能够展现出正确类型的结果，虽然细节可能是模糊的，类似于模糊逻辑（fuzzy logic）。然而，这些结果存在的本身已经足以引起分析人员以及筹划人员思维上的警觉，反过来说，这实际上成为筹划人员直觉的一个重要的、潜在的补充。事实上，在最近的模型研究活动中，这已经成为模型使用的首选方法，比如美国联合部队司令部和国防高级研究项目局联袂开展的建模 / 行动项目。

简而言之，以下是基于高级分析的建模可能为行动筹划和执行提供支持的方式：

★ **冲突理论**。这种形式的建模，目前已经有跨机构团体表现出了相当的兴趣，因为它可以聚焦冲突（或者危机）当中的关键行为体，尤其是它们的目标、实力、意图、意愿和行为方式。然而，与传统建模相反，它需要考虑行为者的情绪、价值观、决策过程、依赖性、影响等因素，从而对相关互动进行比过去更为全面完整的理解。如果冲突理论并不明确，那么可以在一个最大似然过程中使用候选模型，从而判断出究竟哪种模型适合观测数据，最有可能代表真实的世界。

★ **突发的态势**。建模可以判断一个突发的态势究竟如何显现。这类建模都是建立在一个公认的冲突理论的大范畴之内，可以显示出危机发展的可能路径，并帮助分析人员和决策者评估友军介入力量的利弊。

★ **假定和检验的可靠性**。通过贝叶斯法或最大似然法，模型可以帮助分析人员判断各种假定在多大程度上符合作战环境、当前态势以及当下挑战和问题所反映出的事实。

★ **行动方案的发展和评估**。模型可以帮助分析人员和筹划人员判断潜在的有利行动和效果，并确定这些行动和效果的影响，无论是不希望的还是希望的。

★ **敏感性分析**。正如书中讨论的，在城市作战环境中敏感变量会突然上升，创造出比以往预期更具影响力的结果。这些变量可以影响城市作战环境中的所有竞争者，不管是军队还是行动本身都无法幸免。敏感变量常常无处不在，可以影响所有竞争者的所有行为和行动。它们可以产生大规模、不成比例的结局，引发可能出现的行为。未来模型中最引人关注的样式，能够帮助分析人员和筹划人员识别出防御活动中的薄弱点，并且在所有竞争者都参加的决策和行动范畴内，筹划针对敏感变量的攻击和操控。

★ **敌方主动权考量**。这种基于模型的行动，试图从敌人的视角观察态势，分析敌人可能占据的主动权，以及敌人对我们的主动权可能采取的反应。它可以帮助我们判断敌方人员筹划的各种方法，反过来，也可以帮助分析人员设计情报需求，制定监视方法和应急措施等。

- **效果衰减分析**。这类分析能够模拟 PMESII 环境内的友军和敌军计划，确定不同效果将会持续多长时间。相对于初始状态实现的需求，这种分析在确定维护需求时可能是至关重要的。
- **四方推演**，即包括四方（也包括 N 方）的推演活动，推演中包含了敌军、友军、中立势力、东道国等关键行为方，我们可以通过这种推演获得主动权。这种推演需要模型的大力支持，它不仅可以使分析人员研究和预测于我有利的主动权，而且可以预测和分析敌人、东道国和中立势力的主动权以及相应的效果和行动。

有关建模的底线是：对于高级分析来说，在行动筹划和执行范畴内，使用基于高级分析的建模的可能性是非常大的。虽然存在质量上的种种限制，但模型潜在的作用不容忽视。因此，即使是在近期，建模也应该成为高级分析人员工具箱中的关键要素。那么远期的工作是什么呢？

远期。从远期来看，建模的精确性会提高，更加有趣的是，甚至模型本身也可以进行知识学习。数据采集的标准化，使我们可以从历史经验中快速且便捷地获得数据，并且将这些经验与眼下的事件进行对比，使用这些数据通过“后择语”（post-diction）的方法对模型进行校准，从而帮助开展预测。目前，从过去寻找相关的事件，需要我们对端对端建模过程进行标准化设计。比如，机器可能会做出这样的建议：“在过去的某个相似过程中，这一步骤已经按照这样或那样的方法完成，极大地增加了以下情景的可能性……”随着时间的推移，从这种自学习的过程中，我们可以收获更多。

另一个远期的利好，来自对沉浸式可视化和虚拟现实的改进，也就是说将分析人员“带入”模型所营造的环境之中。这种设施已经出现。比如，某一种软件可以将分析人员的注意力引入具有最大潜在利益的复杂数据库的特定区域，尔后帮助分析人员深入研究，发现预料之外的因果或结构联系。高级分析人员可以利用这种设施及其衍生品。

另一个远期的改进是，通过大量的基于概率的中间分支点（branching point），多次进行动态模型演示的能力。其理念是充分利用蒙特卡罗法，探索复杂的潜在概率空间。随着硬件和软件的不断进步，这种能力（目前仅存在于成本极高的超级计算机之中）终究有一天会成为许多动态事件驱动模型和仿真的常规特性。

挑战

建模工作适用于“无用输入无用输出”（garbage-in-garbage-out，GIGO）原则，即结果的好坏，将有力地反映抽象模型的有效性以及它所赋予的参数值的准确性。因此，创建具有特定目标的模型，并且不断地监视和评估它们，确定它们在支持这一目标方面到底有多擅长，这是非常重要的，也是第一个挑战。

第二个挑战是，建模过程中如何避免镜像效应。建模人员和我们一样，都倾向于贬低“理性行为体”（rationale actor）原则。他们认为，敌人不仅在他们的价值观背景里应对袭击的方式与我们相似，而且他们的价值观也与我们很相似（这就是镜像效应），这种观点通常是错误的。我们已经发现，情况并不总是如此。在很多情况下，我们并不理解对手的价值和目标（比如自杀式爆炸袭击者和虔诚的宗教激进主义者），如果我们盲目地认为他们和我们相似，那么我们得出的结论、做出的决策将会产生灾难性结果。我们需要做的，就是利用文化专家和可靠的当地人来构建文化模型，即“适合”我们需要的动态和静态模型。这听起来简单，但却产生了两个问题：如何配置所需要的专家，更有意思的是，如何确保分析人员认识到需要专家的情况。一般来说，他们的价值观、目标以及类似反应的思维模式都是非常强烈的，许多人都不会意识到一些心理活动会因文化而迥异。结果，他们甚至会在没有意识到需要帮助的情况下就独自拍板。很显然，镜像效应的问题必须引起高度重视。

第三个挑战就是实际构建模型。模型可以有很多种形式，有不同的利弊，其中任何选项都包含了某种妥协的成分。除了上面探讨的因素外，其他问题还包括：数据需求与可用性、用户界面需求与用户类型、时间轴线、分析人员对相关分析工具的熟悉度。关于这个问题，已经有了专著（事实上我们也在写一本专著），但底线在于：任何事物都可以构建模型，前提是模型的特征要能够被理解，否则模型的实用性将会大打折扣。

模型之外是推广和维系的难题。这一挑战包含了许多要素：数据可用性、数据不确定性、数据准确性、情监侦特征、数据遗失或不一致性以及预期置信水平等特征。比如，某个重要数据可能存在，但对它进行搜集很困难，而且代价很大，也很耗时。因此，我们必须做出妥协。如果无法轻易评估确定性或不确定性，我们可以使用已知可接受误差界限的模型，来减少对确定性的依赖。重点在于，选择、体现、维持和使用模型时都有其本身的局限性，我们研究一种可行和有效的建模战略时，应该考虑这些局限性。

十二、融合

所谓融合，就是将零碎数据综合起来，以检验单个数据或者从单个数据中辨别不可用的信息。进行融合的数据必须包括以下几种形式：数据的性质虽然相似，但却是在不同的时间和地点搜集到的；数据的类型不同，或通过不同的平台和传感器搜集到的相同或不同的数据。此外，数据搜集机制也会不同。有些数据的搜集目的就是为了融合，有些数据是根据密报（tip-off）搜集而来的，有些信息的搜集可能是偶然的。

不管是哪种数据类型和搜集方法，挑战都在于充分挖掘数据的潜力。一般来说，这远不是原始数据所能够提供的。从最低限度来看，它需要一种心理模型或假设来证实或证否。从假设角度来看，分析人员可能会试图判断假设之间的明确差异，并且将数据变成不同种类的假设，直到能够做出明确的决策，也就是说除了某一个假设外，其他都是矛盾的。从心理模型角度看，这一过程在原则上是相似的，但不太正式。

高级分析人员在使用这种方法时，如果出现了第三种方法也会加以使用，即正式的建模、静态模型或者需要时的动态模型。这种方法有三个优势（至少当它被有效利用时）：严格性、可追溯性和适应性。然而，正如我们下面要阐述的，有效的执行和应用绝不会凭空而来。

需求和期望

高级分析人员需要的是一个有效和高效的融合过程，可以做到：（1）将所有可用信息纳入合适的考虑范畴；（2）所需的互动——尤其是可以自动开展的互动——不会给行为体造成过度压力；（3）就特定的问题提供执行方面的评估；（4）允许分析人员跟踪所有的结果，并且筛除他们不认同的结果。不幸的是，这是一个典型的看起来容易做起来却困难重重的问题。

方法

近期。从近期来看，高级分析主要依靠静态模型，开展人工（高互动性）融合工作。从本质上看，这些模型将构成需要观察的活动和需要搜集的信号之间的映射，既可以服务于支撑融合的信息搜集，也可以服务于融合本身。构建这样的模型，需要以下过程：

- 为每个敌方关键活动（有些是敌人必须要做的），每一个普通的地点和时间，对应设置一个敌人可能采取不同形式的行动列表；即不同的“何人、何事、何时、何地”。
- 对于每一个备选方法，都需要一个操作列表。
- 对于每一次行动，都有一个与观察指标（行动要素）和信号（传感器可以搜集到的）相关的描述。
- 对于每一个信号，都需要对应选定一种传感器特性，可以在需关注的地点（诸如视场 [field of view，FOV]、视线 [line of sight，

LOS]、链路预算、居住地、空间分辨率以及环境噪声）搜集信号。这样的活动可能是自动地使用蓝色情监侦数据库和国家信号项目（National Signatures Program，NSP）的信号数据库。

* 对于每一个信号来说，需要了解：(1) 信号扩散的可能性（事实上就是行动执行的可能性）；(2) 信号的持续时间；(3) 如果信号扩散，它被正常间隔的特定传感器或平台采集到的可能性；(4) 友军在特定地点和时间开展良性行动所产生的信号扩散的可能性。

情报搜集筹划。为了支持特定的融合，我们需要按照这样的方式构建模型，并且使用这些模型来寻找需要重点关注的信号，无论是单个信号还是组合信号。这些信号往往是最有可能被侦测的，最有可能从特定的兴趣地点和时间中分辨出来的（来自良性活动）。

后面这点是非常重要的。分析人员绝对不能忽视这样一个事实，即感兴趣的信号，即使看上去很糟糕，也很少是某个活动所独有的。例如，考虑构成自制爆炸物的一些关键成分：尿素硝酸和硝酸等。我们可以得出这样的结论，即这些信号的出现是简易爆炸装置制造活动的铁证，但这样的结论本身没有什么用处。我们需要对信号被采集的地点进行分析。如果发生的地点是一片居民区，这将是发现一些有价值东西的绝佳机会；然而，如果是一个工业区，那么几乎无法得出任何结论。

因此，在筹划情报搜集和进行融合时，必须预估到差异的概率。我们可以通过以下两种方法做到这一点：一是通过对情报搜集环境的最佳理解，开展基于模型的预估；二是通过对剩余背景进行实时情报搜集，与特定信号进行对比。在前一种情况，分析人员将会使用所能得到的最好信息，去寻找有关居民及其活动的有价值地点，还可以使用模型判断应该被预测到的良性信号类型和数量。在后一种情况，随着分析的进展，分析人员将试图对正在开展工作的背景进行描述。这就需要分析潜在的敌对信号的数量、地点和搜集时间，并且确定这些信号特征是否与感兴趣的敌对行动一致，或者与我们预料的良性行动是否一致。

一旦情报搜集需求及相应的特征被确定，高级分析人员在与情报搜集管理人员合作后，就可以利用这些信息，以确定有效的基于多情报 / 融合的情报搜集计划。他们的筹划方法将要考虑跨信号的协调需求、链路预算以及差异的概率。这种方法将是当前方法的延伸，将是联合和跨机构的，以及多情报和多搜集领域（即太空、空中、地面等）的。它可能与国防高级研究项目局的加速嵌入材料（accelerated insertion of materials，AIM）/ 变形飞机结构（morphing aircraft structure，MAS）算法类似。

融合工作使用的模型将和应用于情报搜集筹划中的模型相似，只不过顺序颠倒了。换句话说，这一过程以搜集信号开始，并且识别可能产生信号的行动。这一过程应该是这样的：

- ★ 执行上述情报搜集计划，搜集信号，并且根据信号类型和时间，对其进行分组。
- ★ 对于每种情报搜集位置类型和时间设置，选用合适的功能模型，确定每个行动 / 观察指标所产生的信号，无论是个体信号还是组合信号。
- ★ 某种匹配方案（有很多可能性，包括各种类型的贝叶斯网络）可用来确定模型和搜集系统中产生的信号之间的配对 / 匹配。重要的是，匹配方案需要考虑侦测和差异的概率。

这一结果是为侦测特定敌对行动提供建议，重要的是，这样的建议包含了一个基于统计的预测。最初，这种方法需要“人在回路”。这样的工具可以为分析人员提供指导，但分析人员必须参与到每一步之中。然而，最终这一过程将是自动化的。

远期。从远期来看，分析人员可以期望在融合过程的每一步都实现某种程度的自动化；无论是搜集计划制订、融合本身，还是模型开发等等。当然，这一过程的每一步都需要分析人员的参与，但他们的角色已经变为：制定整体进程、优化进程、检验结果、确定（至少是检验）进程和模型升级的需求，以及开展重构和综合工作。

挑战

本章描述的融合绝不是一件很容易的事情。从目前的融合活动可以看出，由于社会、政治和技术原因，这些工具的研发是昂贵和耗时的，其被人们接受的过程也是非常困难的。此外，除了偶然但值得注意的情况，相对于工具贫乏的分析工作，基于技术的融合引擎的附加值并没有得到很好的证明。这是意料之中的。除了基于计算机技术，这种方法并不是人们想要的那么原始，但要严格论证这种高效的、增值的融合过程依然是很困难的。因此，和许多其他技术一样，这种技术的接受也不是一蹴而就的，而需要循序渐进，需要将技术慢慢融入已被人们接受的系统和过程之中。

十三、论证支持

高级分析的一个关键特征，就是能够快速形成与无法直接观察的事件或状态有关的假设，尔后寻找证据来支撑或者反驳这种假设。这样，我们对作战环境的理解就比停留在“表面”的观察更深入。通常，提出一种假设需要某种模型的支撑，要么是分析人员脑中的基于训练或经验的心理模型，要么是基于实体之间显式关系的正规数学模型。通过这样的模型，可以使表面的观察指标与其他不能直接观察到的利益实体构成联系，以便分析人员可以从中推断（取决于模型的局限性）“真正”发生了什么。在科学领域，这一过程很常见，被称为“试验设计”。通过构建这样的试验，使得已被观察的数据通过模型或者假设联系起来，并且与那些已存在的或者属性本身无法被观察的实体联系起来。在理想情况下，这样的观察可以对假设的有效性进行证实或证否，从而促进新“知识”的产生。

高级分析中的论证支持同样使用这种技术，只不过以正式且不断重复的方式使用，并应用于情报数据的分析。模型具有启发性，在潜在因果联系假设被提出来之后，对数据进行搜集和检验，从而确定这些假设能够被证实或证否的范围。在城市作战环境下，现有的证据范畴常常是非常广泛的，这种因果联系可能涉及“外交、信息、军事、经济”（diplomatic, information, military, and economic，DIME）/ PMESII 等领域。此外，这些因果联系有时可能需要专门的知识或训练，而这些知识和训练通常不是任何一个分析人员的普通经历，甚至不是那些总部人员的普通经历所能获得的。此外，与学术实验室中节奏缓慢的调查相比，这类分析的时间框架更短。最后，由于敌人是狡猾的，具有很强的适应性，这就使问题变得更为复杂和不确定。下面的探讨主要是识别和研究实现这种能力的需要，找出近期和远期解决之策，并且研究重大的挑战。

需求和期望

高级分析人员之所以需要论证支持，主要有六个方面的原因：分类法 / 本体论、论证模板、创建假设、结构化论证、与情监侦的交流以及确认尺度。下面我们逐个进行简要介绍：

- **分类法 / 本体论**。这里需要我们对论证的模式或类型确定一种规范化或具体化的标准方法。这是一种元结构，处于任何辩论的顶层或者幕后，可以用来解释它的各个组成部分（即事实陈述或逻辑联系）是如何连接起来，以形成具有说服力的结论。对这样的结构进行规范化的能力，将具有两项重要的功能。第一，它使分析人员能够以一种明确的方式沟通，即他们提出的论据将如何组合起来，他们应该如何利用证据捍卫自己的结论。第二，它使这一过程中的某些工作变得自动化，因为论点的规范化结构可以在数据结构中进行捕捉和分析。
- **论证模板**。虽然成功论证的空间很大，但大部分成功论证的结构都局限于相当小的范围之内。辩论与辩论之间的区别，并不在于逻辑形式，而是在于支撑一个或另一个论点所产生的数据特性上。因此，我们可以想象一个系统，其主要类型的论证都被识别并组合到一个模型库中。这样的模型库首先是一系列已知的和已被理解的案例，但随着时间的推移，最终会演变成新的成功战略，可以被未来的工作所借鉴。此外，在这些论证模板构建、识别、存储和提取等过程中，其中部分甚至全部过程都可能实现自动化。

★ **创建假设**。所谓假设，可以看作是两个独立过程的交集：(1) 一种模型（无论是心理模型还是正规模型）；(2) 用以支撑模型的数据，使模型实体的剩余价值可以从逻辑上或数学上推断出来。创建假设的难点正是来自这两个方面。然而，分析人员手头可能并没有现成的模型，无法帮助他们解释观察到的现象。在这种情况下，我们必须通过创建假设的方式生成这样的模型，虽然这一过程是耗时的和不确定的。此外，填充模型的数据可能不容易获得，其原因有很多：传感器的局限性、传感器的可用性、敌人的拒止和欺骗行动等等。如果我们无法及时并以所需的信心获得证实或证否假设所需的数据，就没有必要提出假设。此外，通常情况下，多种假设可以解释观察结果。有些情况下，我们需要假设能够覆盖一定的宽度，需要帮助清除假设中存在的盲点（也就是说，根据分析人员有限的经验或偏见，只考虑到一两种选项）。

★ **结构化论证**（structured argumentation）。针对一个假设，结构化论证就是对它进行试验性地证实或证否的过程。通过假设，我们可以确定选用什么样的模型，搜集什么样的数据，这样就能得出可靠的推论。然后对手头的特定问题进行结构化论证。一旦获得数据源，传感器的任务得到明确，所获数据（虽然有不确定性和冲突）进入逻辑框架，可靠程度也可以计算和评估出来。在有些情况下，一些调查活动可能是恰当的，也就是说，我们采取一种行动来刺激敌人的反应，尔后我们可以在论证框架内，对这些反应进行观察和运用。结构化论证尤其重视统计关联和因果联系之间的差异。两个事件的一致性可能指向第三个隐事件，即这两个事件是相关的，而不是指事件本身之间的因果关系。

★ **与情监侦的交流**。为了支持结构化论证，我们需要一种为情监侦搜集手段布置任务的能力，这种需求在不断增加。论证的结构可以用来对不同类型的情报搜集参数进行具体化：取样间隔、精确度、融合技术、交互提示等等。在理想情况下，我们需要检验的假设可被细化为很多细节，通过这种方法，许多任务参数可被自动提取出来，并且传递给合适的情报搜集手段。为了实现这一点，我们需要能够快速搜索已有档案。如果所需的数据已经存在，我们可以在不需要占用稀缺的情监侦资源前提下，找到和使用这些数据。

★ **评估信心的尺度**。最后，如果一位指挥官想要做出决策，他必须具备一定的置信水平，知道自己做的决策是正确的。我们必须查明错误或不确定的来源，及其对整体评估的影响，这些都必须清晰且直接地予以展示。结构化论证过程，可以为这种预估提供坚实的理论和数学基础，还可以帮助组织情报搜集的过程，从而确保我们能够迈过置信阈值。

方法

近期。国防高级研究项目局及其姊妹研发机构（research and development，R&D）已经在积极研究大量技术，可以用来解决结构化论证的某个或某些需求领域。其中一项关系密切的技术是GENOA项目[1]，该项目由国防高级研究项目局发起，目前仍在继续。而支撑这个项目的技术包括：使用情报特工、认知机器情报、联想记忆、神经网络、模式匹配、贝叶斯推理网络以及仿生算法。

GENOA项目的关键目的，就是帮助分析人员评估和搜索大量的、非结构化的、异类的数据来源。证据提取和联系发现（evidence extraction and link discovery，EELD）软件已经为自动化发现、提取及与其他证据进

[1] 原注：GENOA不是专有名词，它只是帆船上最大的前部三角帆。

行关联提供了技术和工具，这些证据一般都存放在大量的加密和不加密的数据源之中。这些侦测能力可以从信息流量和开源数据中，提取有关人、组织和行动的相关数据和关系。通过理解或者推断分析人员使用信息的意图，情报搜索引擎可以卸下许多查询和搜索结果展示等日常工作。理想状态下，它甚至可以对信息进行预先搜索和缓存，所以分析工作所需数据也应该是预先载入、本地缓存并且可以快速使用，从而极大地减轻了搜索的负担。早期的正式结构化论证方法，已经成功实现了这种能力。分析人员使用的论证模式可以通过模板来标示，该模板应列出完成论证所需的数据类型和特征（即对积极的假设进行证实或者证否）。从这种联系来看，证据提取和联系发现已经形成两种有前景的技术，即学习行为模式，并开始搜集和定义文件以用于技术评估。

通过对人类参与者进行结构化关联的过程，GENOA 项目还解决了假设生成的广度和多样性问题。来自不同领域的专家聚集到一个虚拟环境当中，通过软件监控参与者之间的互动，并且在假设所“覆盖”的空间内，提出有关潜在薄弱区域或遗漏区域的建议。最新出现的分类法 / 本体论语言已经提供了技术框架，在这种框架中，我们可以找到一种对论点和假设进行规范的正式标准。尤其是，这种框架可以提供一个强大的架构，论证模板又被称为正式的数据结构，应该具有存储、搜索、融合和填充功能。从 GENOA 项目早期经验看，该项目非常有前景，可为论证战略的子集提供坚实的基础，这正是分析人员所需要的，然而这一领域中还没有被工业界广泛接受的标准。

智能搜索和模式匹配算法现在经常结合数学和统计方法，处理与论证有关的错误、噪声、不确定性、冲突以及缺失数据等问题。使用贝叶斯网络模型进行贝叶斯分析，允许进行不确定性预测，用于从下游概率观察指标中推断出隐变量。如果使用这样的模型，可以向指挥官提供误差，显示与建议和支持证据相关的置信水平。模糊逻辑、神经网络和支持向量机都可以使用，但这些技术需要大量的可靠训练数据，以对个性化内在差异引擎进行校准。尤其是在紧张的危机环境下，如果使用这种方法产生了假阳性，后果将会非常严重。

远期。目前正在开展的许多积极研发项目，都有可能给这一领域带来革命。其中一个前景最好的项目，就是利用遗传算法（genetic algorithm，GA），通过“假设空间”开展结构化搜索。所谓的假设，就是将模型与数据以这样一种方式连接起来：通过论证模板，观察结果有可能对假设性因果联系进行证实或证否。通过遗传算法开展的搜索过程，需要大量的模型支撑，无论是单独的还是组合的模型，都可以用来解释有趣或隐变量的一些现象。当将算法应用到特定的联系和支持性论点时，它使用情监侦搜集手段和历史数据库搜索结果的模型，评估“对假设的可靠性/可能性进行验证”。可能性高的假设是：(1) 可以阐释数据，(2) 能够在优化的情报搜集战略中“生存”下来（这是一种达尔文式的竞争）的假设，直到它们能生成可靠的解释，或者被这样或那样的原因所摒弃。

这样一种“蓝色天空”前景的所有要素，目前都已得到实验室研发环境的证实。在当前研究状态下，比较受青睐的方法包括情报“奇才”代理人。分析人员在处理高难度问题时，需要使用这种奇才，并利用奇才取得最佳效果。这些奇才随后能够自动提出假设，并且能够自动选择最优前景、形成证实/证否论证战略，并且将数据库中的数据和情监侦手段融合起来，从而确定究竟哪个假设对于分析人员来说是最佳“答案”。在这个过程中，奇才还可能会反馈至分析人员，从而报告可能的中期结果，并且等待另外的指示（比如调和相互竞争的优先事项）。对于分析人员来说，他们可能同时拥有多种这样的奇才，分析人员的工作就变成交响乐指挥，对搜索行动的系列代理人进行监控，并且对质量进行控制。

挑战

有哪些潜在的“陷阱”可能减缓这一领域的进展呢？对于上文已经探讨的建模类型来说，存在三个方面的难题：对其他技术的依赖、用户接受和验证。下面让我们分别阐述：

★ **对其他技术的依赖**。上述近期和远期技术，前提是存在许多类型的支撑技术，可以提供关键的要素或功能。这些技术包括：计算机、网络以及存储领域中的硬件成本 / 性能的持续提升；可以从许多不同来源中，进行有效的非结构化数据搜索的多语言能力；搜索能力（已经探讨）；计算机安全、标签和保证；情监侦搜集 / 应用能力的持续提升，包括准确性、覆盖性和及时性；经过验证的 DIME/PMESII 模型，包括经济、社会、文化、设施和政治实体；无缝接入异类数据库，包括非结构化的、地理空间信息系统和基于内容提取的情监侦档案；可以帮助用户从许多情报数据库中，快速吸收大量相关信息的可视化技术，包括不确定程度的显示。

★ **用户接受**。上面探讨的技术方法中，无论是远期的还是近期的，都需要对现在的商业模式做出巨大改变，并且可能会遇到来自用户社区的各种阻力。举一个例子，用户可能不会以一种结构化的方式思考自身的推理过程，可能不会使用一种标准化分类法 / 本体论的方法，来捕捉由此产生的逻辑结构。刚开始，这其实是一种障碍；但只有当我们对它们进行了适当应用，这些模式才可能被识别、存储和提取，它们的价值才会显现出来。

★ **验证和效用**。这里探讨的最后一个挑战，就是如何验证特定技术的实用性。根据定义我们知道，我们关心的事件和实体类型是不确定的，而且通常无法直接观察到。那么，如何才能正式证明这些方法的实用性呢？由于“基础真值”是已知的，人工实验必然会产生人工的、教科书般的实验质量，但这与现实操作的复杂性相去甚远。此外，即使是在最佳系统中，仍然存在某种程度的不确定性。事实上，这种方法的优势之一，就在于将不确定性公开出来，为指挥官的决策过程服务。然而究竟何种程度的不确定性是可以接受的呢？相对于不确定性，确定性究竟增长到何种程度，才能让我们感觉心里有底，而不是心里发虚呢？这些问题都难以直接或抽象地进行回答。很明显，从当前最新的技术看，我们仍然需要一些更为有效和更为有益的手段。成本和收益的边际转化点究竟是什么？也就是说，这个问题只能在充满压力的行动环境中，通过实际经验来回答。

十四、优化

除了上述我们讨论的技术（文字处理、电子数据表等等）外，高级分析中最为重要的技术之一就是优化。这一常常不被关注的技术，却是本章所提到的每个过程的核心内容——从基于内容的搜索（优化可以帮助进行“调优”），到自动化分类的规则演变（优化可以帮助构建符合用户标准的最佳规则），再到搜集促进（优化可以帮助设计出效费比最佳的方案，也就是情报搜集与资源的最佳比例），并在高级分析的每个要素中发挥潜在作用。有趣的是，只有在最近20年里，这一技术才逐渐成熟，可为高级分析提供支持。

优化技术的挑战主要体现在两个方面：问题规模和问题结构。所谓问题规模，指的是变量和约束条件的数量，这是由真实世界所产生。在高级分析问题中，变量的数量从数百个（简单的计划排序）到数百万个（融合了许多平台、传感器和目标的情报搜集计划）。不幸的是，在现代算法出现和高性能工作站普及之前，解决问题的能力还是比较有限的，大部分情况下，变量的数量大抵维持在数十个或者数百个。因此，在我们的能力和预期之间存在巨大的鸿沟。

问题的形式也是非常难解决的。在过去，我们只能处理规模适中的问题，而且这些规模适中的问题往往以某种便捷的结构呈现；从应用的角度来看，规模适中的问题非常重要，以至于人们投入了很大精力研发专门的算法。在后一种情况下，非正式的竞争经常演变成团队竞赛，对手之间竞相研发最优秀的算法，用于解决质量问题，而不仅仅是提高运行速度，这样应用程序用户就成为最大的赢家。由于被称为进化式算法（因为它们模仿达尔文的自然选择法则）的出现和不断改良，情况在发生变化。一个称职的作战研究人员现在可以处理现实世界的问题，这些问题的规模以前是无法想象的，他确信某些算法能够提供有用的结果，虽然这些算法可能不是最优化的。

就高级分析而言，这意味着什么？我们应该想到以下几个重要的问题。第一，高级分析人员需要不断地寻找进行优化的机会，因为优化可以提高他们的分析能力。此外，由于各种可能性的存在，这就需要分析人员接受训练和熟悉情况。尤其重要的是，高级分析人员必须知道在特定环境下，究竟能进行哪些优化工作，还需要知道如何对自己的需求进行具体化，以及在什么地方满足这些需求。第二，高级分析人员必须理解优化的局限性，及其会对分析工作造成怎样的负面影响。这些局限性包括：(1) 在解决特定问题时，限制了可搜集数据的数量和质量；(2) 产生特定结果所需的运行时间。从分析人员角度来说，积极进取总是好事，但不被认可的优化技术却适得其反。

任何一个了解大众科学的人都知道，目前有很多关于优化技术的项目正在展开。分子运算、量子运算以及新型大规模平行运算结构等，其中一些项目最终可能成为现实。但与此同时，高级分析人员应该指望优化设施的增长速度稍快于摩尔定律（Moore's Law）——算法和架构是先进的，基础芯片功能也是先进的。因此，越来越多、越来越大的问题都会被解决。

十五、倍增器的倍增器

除了上面已经探讨的技术倍增器外，我们还要探讨一个低水平的倍增器，由于没有更好的名词，姑且称之为“倍增器的倍增器”（enablers of enablers）。虽然对于分析人员来说，他们对“倍增器的倍增器”的兴趣没有对原始倍增器的兴趣那么大，但本节还是要对它进行阐述。

★ **运算架构**。倍增器的倍增器的关键部分就是运算架构。分析人员在开展高级分析活动时，每天都面临着向战场指挥官快速提供精确的、有用的产品的挑战。他们必须要有工具和设施，可以对所获证据进行简化，将从不同来源获得的数据进行整合，对处于流动状态的信息进行评估。此外，未来的运算架构所提供的软件和服务界面，必须做到无缝连接——分析人员之间、分析人员与主题专家之间以及分析人员与筹划 / 决策人员之间的无缝连接——并且能够在更为复杂、时间更为紧急的情况下不断促进分析人员的工作。

★ **分析架构**。分析架构必须能使人们快速获得应用、服务和数据。获得这些要素的过程必须是无缝的、透明的。所谓无缝，就是分析人员只需要通过一次登录，就可以获得任何应用、服务，或能够获得任何数据；所谓透明，指的是数据格式和应用程序兼容性可以由计算机来控制，无须人工干预。分析人员必须将不同类型的数据整合起来，比如图像、文本、视频、内外信号、地理空间和瞬时信息等，以便通过综合或对某个事件进行解构，使其成为不同的数据类型供分析使用（比如提取音轨信息供处理），不再需要寻找执行任务所需的应用或服务。

★ **数据构造图表**（data makeup schemata）。目前，将大量数据加载到许多应用程序中，是一项重要任务。XML 是一种判断文件当中各类结构的方法。XML 是一种元语言，因为它并不识别标签或者语义，这些工作都是由用户自己来完成。通过开发者添加语义方法，人们已经研究了数千种应用语言。其中应用最普遍的是简易信息聚合（Really Simple Syndication，RSS），可用于在网页上提供诸如新闻条目之类的信息；数学标记语言（MathML），可用于描述数学符号，理解其结构和内容；可缩放矢量图形（SVG），可用于描述二维静态和动态图像；以及 TalkML 语言，一种在电话中心、移动电话以及类似的语音浏览器中使用的语言。XML 语言家族在解决数据摄入问题上的确取得了巨大的进步；然而，研发合适的 XML

语言，对文件和数据档案进行标记是一项耗时的工作。因此，应该出现一种方法，使非编程人员也可以构建和使用 XML 语言。

★ **人类交互**。另一个需要改进的领域，就是发展人类交互水平。目前各种应用都需要大量的键盘数据输入，以及来自菜单和调色板的控制选项。未来应用需要具备人类交互的能力，包括识别姿势、跟踪人眼活动、读唇语甚至理解人类的讲话。这些技术现在已经存在。事实上，理解人类讲话的技术已经很普遍了，并且应用到许多商业领域，但是整合了这些功能的交互技术的重要应用程序目前仍待研发。比如，使用反射率方法和眼电描记术（electro-oculography，EOG）的眼球追踪技术，目前已经应用到虚拟现实、视频游戏以及治疗残疾的器具之中。然而，大部分的交互功能依然需要键盘和鼠标配合使用。将声学信号处理与视觉信息（唇语）结合起来用于语音识别，目前已经成为英特尔和微软等公司以及学术机构正在努力开展的研究项目。苹果 iphone 手机的问世，表明某些姿势交流成为可能，这种技术可以通过多种应用实现人机无缝交互。

当前的代理服务器和基于网络的设施，无法满足分析人员有关无缝地和透明地获得应用程序和数据的需求。分布式运算可以解决一些问题，但诸如虚拟专用网（virtual private network，VPN）等设施，它们与存储或应用服务供应商的对接目前仍然不是动态的，还无法推动可扩展的虚拟机构发展。我们需要一种高性能的“网格”运算环境，能够在动态的、多机制的虚拟组织之间提供安全且灵活的资源共享，从而使人和机器可以更有效、更智能地合作。所谓资源共享，指的是一位用户可以直接进入其他环境进行运算，而不只是获得数据。虚拟组织可以在任何地方组建起来，并通过共享规则立即提供完成分析所需的所有工具和数据访问。资源共享的概念是，要将网格运算与其他样式的分布式运算分割开来。有效合作是网格运算的拓展，也被称为语义网格。

十六、集群运算

在未来的语义网格运算环境中，分析人员将不再需要搜索资源。所有资源都可被描述为：新的资源会被自动发现，用户只需要少量的处理和努力，就可以连接到这些资源。分析的工作流程，尤其是大型虚拟组织的工作流程，可以由过程描述产生。网络可以自我修复；在装备或通信失效情况下，虚拟组织可以将损失维持到最低限度。网格环境可以发现从事传输工作的人，并根据已有的安全规则和流程管理感兴趣的社群。语义网格需要充分考虑不同领域间概念的映射，并促进跨领域查询工作。这样做的结果是信息能以正确的格式、正确的形象，在正确的时间呈现给用户。

这些倍增器的倍增器技术可以用来支持我们的愿景吗？目前还不行，但事情正在快速向前发展。比如，网络服务一直在提供松散耦合的软件产品，可以显著强化网格环境。公开网格服务结构已经提出了在网格运算环境中使用网络服务的概念，并且负责对惯例和特性进行具体说明。许多类型的框架，比如互联网推理服务，它们的功能是使应用程序能够从语义上对网络服务进行描述和执行。这些框架可以为设计分析人员的友好服务提供开发工具，其最终目的是让分析人员以纯领域专用名词描述所需服务，并且构建和应用一个构造函数服务平台（constructor service build）。其他分析人员可以通过发现服务功能，学习新的服务。

软件代理技术已经应用到军事领域，以用来强化建模与仿真工作。目前正在进行大量的研究，以便使用软件代理对与军事活动有关的信息行动和行为现象进行建模。所谓软件代理，是一种自主或半自主的基于目标的软件项目，常常是小项目，但可以完成一些特定的任务，而且可以为用户提供结果。比如，一种搜索代理可以定期查询一些信息源，也就是软件的使用者想要监视的对象，并且能够以用户想要的格式报告自己的发现。这样的代理简化了分析人员的工作，以便定期监视关于特定主题的大量信息源。由于使用了适当的人工智能，代理工具的功能将变得非常强大，可以帮助开展分析流程，使得使分析人员能够处理需要认知技巧的问题。

阿尔贡国家实验室（Argonne National Laboratory）的基因组分析研究环境（genome analysis research environment，GNARE）系统，是一种分布式网络，运行于 TeraGrid 和公开科学网格（Open Science Grid），可以为基于服务的科学研究提供支持。GNARE 定期搜索全球范围内的 DNA 和蛋白质数据库，以发现新的或者升级的基因组。一旦发现了感兴趣的数据，该系统就会通过若干种工具对数据进行处理，并向科学界上报结果。情报分析的语义网格应该具有同样的前瞻性。它将不断地从传统来源中搜索数据，并为活跃的虚拟组织分配感兴趣的数据传感器。那些设计用来监视数据碎片的软件代理可以自动加入虚拟社区并展示他们的发现，提醒其他代理开展诸如重构或解构的工作，从而降低分析人员的负担，使他们能将精力集中到需要使用认知技巧的问题上。

十七、结语

前几章强调，如果我们只关注那些正在出现的，甚至眼下的威胁，那么高级分析其实没有什么用武之处。然而，如上所述，高级分析并不是“天上掉馅饼”。它需要大量的批判性思维倍增器，许多倍增器目前还没有在现实世界里使用。当然，就这些需求而言，上面谈论的倍增器并不全面。正如我们刚开始指出的，它们是要我们知道在解决关键需求时需要重视哪些事情。从字里行间，我们可以快速识别出许多附加需求——隐式的和派生的，这些需求必须在开展任何形式的高级分析架构定义之前予以解决。

总之，提出警告是适当的。计算机本身、运算架构技术以及基于计算机的倍增器技术等等，都在以很快的速度发展，而倍增器的环境也有望在未来的几年得到彻底改观。但与此同时，高级分析人员和情报界必须就发展的方向做出决定，并“坚定地走下去”。从这一点看，那些不可或缺的变量将会适应下来，并且不断拓展。无论采取哪种方式，我们必须准备好，必须能够在新技术和范式可用时接受它们。如果不这样做，将会严重影响未来高级分析企业的发展。

有关高级分析认知要素的阐述到这里就结束了。读者可能会得出结论，高级分析有多种方法，它的思维是深入的，可以使用技术方法帮助进行思考。有了这些背景知识后，下一章让我们研究思维体系。这一体系就是本书探讨的全部内容的高潮，能够为高级分析提供一种哲学、一种综合观念，以及包括准则、组织、训练和教育、材料、领导和人员在内的含义。

第三部分

思维体系

[第20章]

关于思维体系

现在我们可以将思维综合成一个整体，为高级分析提供一种哲学，同时为读者提供一些启示。本书最后一章的前一部分是关于高级分析的哲学，然后在引起读者注意以及读者就一些重要问题进行深入思考之前，为他们提供经过综合后的大思想。

当你在沉思这些内容时，实际上你已经慢慢进入了一种新的思维体系，来应对一个特别的具有挑战性和令人困惑的问题。也就是说，在复杂的地形环境中，当然包括所有作战环境里最困难的城市作战环境中，提供一种可以与使用非正规战争的叛乱分子进行智力战斗，并赢得这场战斗的思维方式。著名思想家戴维·玻姆下面这段话，可以帮助我们思考思维体系及其变化和动态：

> 同理，思维是一个体系……一个不断参与发展、变化、演进、结构异变等进程的体系，虽然体系当中一些特性会逐渐变得相对固化……思维当中也存在一些结构，即一些相对固定的特征。[1]

[1] 原注：David Bohm, *Thought as a System* (London: Routledge, 1992), 19.

玻姆博士认为，思维体系对世界的影响是不连贯的，因为人们选择了碎片式的思考和生活方式。玻姆认为，人们应该意识到万物之间自然的、整体的和联系的特征，所有人都应该以相似的方式看待和生活在世界上。作家迈克尔·塔尔伯特（Michael Talbot）下面这段话，对玻姆的思想进行了进一步解读：

> 事实上，玻姆认为，我们几乎普遍倾向于分裂世界，忽视所有事物的动态联系，这是我们所面临的许多问题的罪魁祸首，不仅体现在科学里，也体现在我们的生活和社会当中。[1]

简而言之，玻姆博士的观点与本书中的思维不连贯最相关，他所主张的新思维体系就认识到系统本质中的阻碍因素，即使新思维体系正在形成。按照这种方式，我们在培育新思维体系时，也播下了变化的种子。此外，本书的最终目的是，实现玻姆博士所倡导的全球范围（而不是巨大范围）的连贯性，只不过是在非常有限的知识领域，即情报分析领域。

虽然本章的一些内容并不是新的，但将情报分析的各个方面融合成一个新思维体系的观念，却与以往不同。此外，为高级分析提供一种哲学是一个新的步骤，可以帮助情报人员和指挥官以更加自信的姿态，进入危险、模糊且快速变化的未来世界。

一、高级分析的哲学

为什么我们需要提出关于高级分析的一种哲学呢？答案是一目了然的。任何有价值的事物，其本质都应该是哲学的。高级分析也拥有这样的哲学；它影响着所有的特征和认知活动。分析的哲学，就是思维体系得以

---

[1] 原注：Michael Talbot, *The Holographic Universe* (New York: Harper Perennial, 1991), 49.

建立的基石；它是狂风暴雨的海洋上的一盏明亮航灯，可以帮助分析人员在最黑暗和最艰难时刻摸索前行，同时可以向分析人员提供建议、提供营养，并且再次强调重要的事情。高级分析的哲学可以通过分析思维的“脉络”，为强劲的能量流赋予含义。通过高级分析，如果人们意识到它们的重要性，不断促进其能力形成，并且对思维进行影响，那么知识优势的双引擎——**想象**和**创新**——在实力和视角上都会增长。

高级分析有着积极的目的。也就是说，高级分析为指挥官及其下属提供充足的知识，使他们能够比对手更快地进行思考、筹划、决策和行动，无论作战环境多么困难，也无论敌人的能力多么强大。同理，情报搜集工作也必须要有具体的目的，在大型城市环境中的非正规战争或平叛战争中更应该如此。高级分析可以为情报搜集工作提供正能量的目标，以及一个有针对性的、具体的驱动力，它可以对情报搜集的产品进行理解，从而保持一开始就已经具备正能量的联系。因此，高级分析可以为分析驱动的情报搜集工作的产品赋予意义。高级分析的存在就是为了获得知识，即进行理解、做出决策、预测敌人行动以及从敌人手中夺取主动权。

幸运的是，关于哲学的探讨将是简短的。围绕高级分析的哲学这个话题，可以写一本专著。然而，考虑到本书的主旨，高级分析的哲学只是思维体系的基本要素之一。但需要说明的是，这里的哲学是范围受限的哲学。也就是说，支撑高级分析的哲学主要是针对战术和战役层面的战争和情报分析，以支持在大型城市环境中筹划、准备或实际打击叛乱分子和非正规敌人的决策者。无论多么必要，提出一种战略情报哲学都超出了这项工作的范围。

在我们的研究中，哲学是指“有关特定领域或行动的一系列观点或信仰”。[1] 我们需要批判地思考城市平叛行动和非正规战争，并且倡导一种具有影响力的哲学，可以影响来自情报分析人员认知努力的所有智力活动。

---

[1] 原注：Dictionary.com. *WordNet® 3.0.* Princeton University; http://dictionary.reference.com/browse/philosophy.

因此，高级分析是一种**基础知识范畴**，有着自己的哲学基础，在思考和使用知识时，必须要使用这种哲学。高级分析的哲学有几个组成部分，下文将会对每个部分进行探讨。这些部分包括：**命题、要素、原则和公理**。

一些哲学命题支撑着高级分析。让我们回忆一下，所谓命题，指的是提供或者提出建议的活动，这些建议应该被考虑、接受、采纳或执行。[1] 因此，这些命题对于高级分析哲学非常重要，对于高级分析的功能优化同样重要。以下这些重要的命题支撑着高级分析，它们包括：

- ★ 情报分析应始终将支持领导者的决策作为第一优先事项。
- ★ 针对敌人网络及其支持者的间接行动。
- ★ 需要特定的知识和思考，才能赢得这场与非正规敌人、叛乱分子和恐怖分子的战争。
- ★ 分析人员需要了解文化，或者找到和使用能够赢得优势的人。
- ★ 必须使用五种观察指标中的一种、所有或者组合使用，以指导情报搜集工作。
- ★ 争夺主动权的斗争，应该成为城市平叛和非正规作战的首要战斗。
- ★ 智力战争非常艰难，它关乎友军、敌军和东道国的“意愿”。
- ★ 高级分析可以为指挥官创造优势，包括：**主动权、决策、知识、地位、行动自由**（所有的领域，包括信息领域）、**技术、节奏和动量**。
- ★ 高级分析人员必须像敌人一样思考，才能赢得智力战争。
- ★ 积极的思考是赢得智力战争的必要条件。
- ★ 真相是会变化的，尤其是在城市作战环境中。
- ★ 分析人员必须告知情报搜集人员他们希望集中获得的具体内容。
- ★ 关系非常重要，我们必须寻找和理解各种关系。
- ★ 作战环境有的是看得见的，有的则是看不见的。

[1] 原注：Dictionary.com. *WordNet® 3.0.* Princeton University; http://dictionary.reference.com/browse/proposition.

★ 分析人员必须始终尊重敌人，因为敌人是狡猾的，具有适应性和灵活性。
★ 综合可以为高级分析行动提供某种程度的结论。
★ 不确定性永远不可能被消除，但可以被降低。
★ 由于不可预测性、动态变量以及城市作战环境的能量和变化，风险成为一个常量。不确定性也是一个常量，其原因就在于快速变化和环境的复杂性。知识可以降低两者的负面影响。

所有哲学都有**要素**，高级分析哲学也不例外。所谓要素，就是构成高级分析哲学整体的各个组成部分。

★ **人**是哲学最重要的部分。无论对于平叛行动，还是非正规作战行动，这一点尤为正确。当然，平民和他们的政治头目在这场冲突中地位最为重要，可以说，他们是这场战争争夺的战利品。情报分析人员的思维必须始终关注人的因素，包括他们自己、敌人、平民、东道国政府、跨机构组织和中立势力。
★ **组织**是哲学的另一个要素。分析人员所在的组织，是一个充满了多样文化的组织，这些文化可以影响人们的思考和工作方式。敌人的组织也是一样，只不过他们的组织常常是网络。因此，组织的形状、样式、功能和过程，就成为每个情报分析人员需要重点关注的。此外，在某个组织中工作的分析人员，还需要其他组织帮助自己开展分析工作。从这一点来看，分析人员应该拥有一种个体哲学，即积极思考、相互协作，以及在组织内共享信息，并且假设（实际上取决于）其他组织也有相似哲学。
★ 高级分析包括 14 个**要素**；本书已经对它们的定义进行阐述，这里就不再赘述。从哲学方面看，高级分析的要素并不是神圣不可侵犯的。它们是探讨和改进的起点。高级分析的哲学将会对这 14 个要素进行补充或删减。我们的哲学要求会对高级分析的概念进行不断修正，并且鼓励所有分析人员进行改进。这些认知要素只有融合使用才能取得最佳效果，单个要素一般难以取得最佳效果。使用这些要素时涉及的复杂性和知识需求，要求大量的主题专家和机器来辅助高级分析人员。

★ **推演**是高级分析的重要哲学要素。从哲学意义看，当人们进行推演时应该认识到，美国正在参与一场相互作用的战斗，与敌人的任何碰撞或倾轧的结果都无法被准确预测。开展推演工作，意味着分析人员或组织在哲学上承认美军并不总是占据主动，敌人会做出一些超出预期的事情，敌人能够也将会让我们猝不及防，他们不会也不愿意始终处于美军下风。推演还可以展示他们的阻力（无法预料的机会事件）以及对阻力重要性的认识。推演可以帮助分析人员理解可能的二级和三级效应，理解敏感变量和可能的机会窗口的影响，其中变量会影响冲突中的各方，并帮助预测敌人的行动和反制措施以及“蝴蝶效应”的优势。推演对于寻找和争夺主动权非常重要，它的使用表明了出其不意、机会、敌人选择以及阻力出现等的重要性。

★ 高级分析人员和指挥官依赖于**知识**。也就是说，高级分析的哲学意识到数据、信息和知识之间的区别。由于知识的重要性，高级分析的哲学清楚知识在需求中的突出地位，正是这些需求推动着高级分析取得成功。这意味着，分析人员必须思考他们如何获得（融合）和使用数据与信息。这也意味着，分析人员必须要为在流动的和未来的环境中获得知识做好铺垫。该哲学还提出主张，即数据可以通过人的认知和机器工作转变为信息，信息也可以通过人类特有的综合认知功能转化为知识。

★ 高级分析哲学的另一个要素是**技术工具**，可以为分析任务提供帮助。因此，高级分析人员必须善于使用技术工具。如果他们既没有时间，也没有专业知识使用这些工具，他们就必须寻找外部知识环境中的主题专家，请他们帮助自己开展这些需要复杂工具、科学知识和更多时间的工作。技术工具将随着技术的进步而改变；因此，分析人员必须与技术变革保持与时俱进，并将寻找和学习使用新工具看作是不断更新的努力。

★ 正如前面已经探讨的，**分析性条件准备活动**对于成功完成分析任务至关重要。从这一点来看，分析人员需要有一种哲学来指导自己思考不断变化的作战环境，不断变化的角色和任务，不断变化的指挥决策以及知识需求。因此，分析人员必须始终向前看，为圆满完成任务做好铺垫工作。虽然分析人员并不直接负责分析性条件准备活动的三种模式，但他们必须积极参与条件准备活动之中，这也是他们取得成功的基础。条件准备活动的三种模式分别是：开发数据架构、传感器架构和知识架构。这类工作多数发生在军事决策过程中，成为未来筹划和行动的一部分。

★ 为情报搜集人员、企业分析人员及虚拟知识环境中的主题专家提供**具体的指导**，是高级分析哲学的重要组成部分。人们只有在更好地了解和理解分析人员的需要，知道分析人员关注的地点和内容后，才能更好地开展工作。分析人员要与甚至不曾谋面的人进行交流，并对他们进行指导，这是符合高级分析哲学的个体和组织要素的。这种哲学要求帮助那些需要合作、共享观念、开展红队分析、进行有组织辩论、进行严格推演，以消除批判性思维中错误的人。

每种哲学都有**一套有条理的相互关联的观念或原则**。高级分析也不例外。它的原则包括：

★ 影响敌人的思维、筹划和决策。

★ 对平民施加影响，使他们不支持敌人。

★ 对环境进行去模糊化处理，使环境里的行动能被看见。

★ 积极地与敌人力量——敌人的网络发生关系。

★ 通过预期分析和先发制人行动，获得和维持主动权。

★ 寻找分析和搜集工作的融合。
★ 使用间接方法——影响敌人网络的支持者。
★ 认识城市作战环境中固有的复杂性，使用这一复杂性为自己创造优势，并调和风险与不确定性。
★ 知道和了解敌人、文化和设施。
★ 组合使用五种观察指标。
★ 寻找和使用最新的三种类型基线，即技术基线、文化基线和功能基线。
★ 与情报搜集专家建立紧密的伙伴关系。
★ 必要时，使用有组织、有规范的虚拟知识环境。
★ 组建红队，帮助进行批判性思维。
★ 如果可能的话，使用当地的文化和技术主题专家。

作为高级分析哲学的最后一点，公理同样是非常重要的。所谓**公理**，指的是“一种不言自明和必然的真理，或者一个命题，它的真实性可以从第一眼就进行判断，以至于没有理由或者没有办法使它变得更加直白”。[1] 高级分析哲学的公理包括：

★ 要想赢得胜利，就必须知道敌人对美国分析人员和指挥官的看法。
★ 要想发现敌人，就必须确认他在哪里，然后诱捕他。
★ 为了了解敌人，就必须确定他正在开展的预期行动。
★ 要想了解敌人的背景，就必须判断他从什么地方来，何时来，以及为什么来。
★ 为了知道谁与敌人关系紧密，就必须了解敌人的家庭、熟人和朋友。
★ 为了了解敌人现在和过去如何工作，就必须找到他的商业关系。
★ 为了理解敌人的个人信念和动机，就必须了解他的宗教活动和政治

[1] 原注：Dictionary.com. *WordNet® 3.0.* Princeton University; http://dictionary.reference.com/browse/symbiosis:axiom.

倾向。

★ 为了预测敌人的行动，就必须判断敌人的优势和劣势，知道他如何看待我方。
★ 要想了解敌人的优势和劣势，就必须向敌人学习，向了解敌人的人学习。
★ 要想在和敌军对峙的环境中获得优势，必须要理解文化。
★ 要想赢得争夺主动权的斗争，必须要知道主动权对于敌人意味着什么。
★ 要想通过挫败敌人的主动权来打败敌人，必须要知道他下一步可能干什么，通过什么方式可以挫败敌人的意图。
★ 要想挫败敌人的目标，必须要了解敌人对于胜利的标准。
★ 要想打乱敌人的计划，必须要理解敌人开展行动的条件，并破坏或者打乱这一进程。
★ 要想赢得信息战，必须要积极地攻击敌人利用的那个领域。
★ 要想获得决策优势，必须要知道敌人如何思考、感知，如何做出决策，然后攻击或操纵这些能力。
★ 要想打败敌人的思维、决策、计划，必须要在智力上超越他们，欺骗他们。
★ 要想打败敌人，必须要使用间接的方法，即寻找、跟踪、攻击或者操控敌人网络的支持力量和条件准备活动。
★ 要想将于我有利的意愿强加到敌人身上，必须要从敌人的角度理解其内涵，并且判断出敌人的意愿，尔后设计出在文化上、技术上和态势上都可行的措施，来袭击或操纵这些因素。

二、对观点的综合

改善思维的绝对需求，并不只是最低战术指挥层面才会面对的问题。本书想要让读者思考的，是情报分析人员在任何思维、行动和指挥层级中的思维活动。此外，本书认为，指挥官绝对需要学习高级分析的思维方法，正如他们需要学习其他的战斗或非战斗知识一样。这就是一名领导面临的指挥与控制挑战。思维无疑是一种参与并且赢得各种冲突和竞争的手段。但是，分析人员不应该也不能够凭一己之力应对他们所面临的挑战。

因此，首要结论是，高级分析本身就是对领导力的挑战。分析人员有关冲突的思考，对冲突的贡献，尤其是对指挥官决策的贡献，很大程度上取决于明智的、强有力的领导者的指导、帮助和支持。任何领导者都需要接受教诲和指导，至少理解高级分析的原则，知道高级分析人员在开展高级分析时拥有的能力。此外，我们还面临情报系统的挑战，在这样的系统中，任何分析人员——无论处于何位，无论担负何种分析职能——都需要学会使用高级分析，这也是在情监侦体系中最重要、最本质的需求。美国军事情报分析功能领域和知识领域里的所有层级、人员和组织，都必须改进思维过程；高级分析为这样做提供了概念上的必要条件。

本书就坚持这种紧迫的需求，即对分析力量进行训练和教育，同时还对监管人员甚至作战指挥官和作战军官进行训练和教育，使他们可以理解高级分析及其支撑因素。那么思维上的改进究竟能够带来什么样的好处呢？我们需要知道四个方面的好处：

★ 改进思维可以帮助分析人员和指挥官预测**敌人的意图**，以及落实这些意图必须要开展的行动（即条件准备活动）。这样的改进将有助于寻找、发现和维持主动权，根据许多伟大理论家（毛泽东、戈卢拉、特兰基耶和基特森）的观点，主动权是赢得任何一场叛乱行动的关键。有了主动权后，指挥官就有了选项，比如先发制人，使用更多的情监侦手段来验证预感或假设，或者采取迷惑性行动改变敌人指挥官的思维状态等。从这一点来看，本书所主张的提高思维的方式，可以帮助指挥官和参谋们设计行动，以影响敌人的行动，操纵或影响敌人的思维和决策，并确保总是先敌人一步，从而在许多领域的行动和活动中始终获得和保持主动权。

★ 改善思维方法，可以帮助美国指挥官和参谋们**理解其工作对象的文化**，学会使用这些陌生的和微妙的因素来获得优势。从这一点来看，利用文化获得优势，是一种积极的、主动的甚至受欢迎的方法，而要做到这一点，只需要对文化有足够的了解，从而避免冒犯那些中立势力。此外，高级分析人员还需要加大对东道国平民的了解，因为正是这些人为叛乱分子的动机提供了庇护。它可以帮助分析人员和指挥官理解行动的可能结果，从而挫败叛乱分子和恐怖分子的袭击，挫败敌人对这些行动后果的评估。

★ 此外，改善后的思维，还可以帮助分析人员理解**行动和效果的衰减效应**，并帮助他们创造可替代或新的效果，以补充那些已经消亡或者正在消亡的效果。它还可以帮助他们理解联系、模式、趋势和知识衰减的方式，以及这种衰减是如何影响每一种行动的。

★ 改善后的思维，可以帮助美国情报分析人员理解和感知**敌人将如何进行调整和异变**，并且对敌人的决策行动进行影响。这样就可以减缓和迷惑敌人的思维和决策过程，这正是我方分析人员和指挥官想要营造的结果。

通过高级分析来改善思维，应该成为友军短期和长期训练和教育的最重要目标。这样的思维不应被认为是偶尔为之。相反，分析思维中的所有认知要素，都需要通过丰富的资源和专注的学习进行提升，从而推动高级分析的发展，使之成为一种技术，一种哲学，更重要的是使其成为解决“如何思考”这一极具挑战性问题的方法。尤为重要的是，高级分析人员的训练，必须能够提高分析人员对其所开展的、接触的或者思考的每件事的认知能力。我们都知道关系的存在，也都知道关系的强大，但它们既看不见也摸不着。一般来说，分析人员会通过无形的关系，在战斗中与敌人和平民进行较量。为了帮助他们理解这种抽象性，我们可以思考一下大自然。大自然是由关系网构成的。将网络连在一起的联系，在我们的世界中以各种模式、网络和联系等呈现出来。同理，要想比今天更好地理解敌人网络，美国情报分析人员的思维过程就必须模仿大自然，模仿它本来的连贯性、关系，模仿它通过网络体现出的能力，模仿它在人脑中投射的行动。常见的蜘蛛网就是自然界整体性和关系的有用例证。

蜘蛛网的各个组成部分可以称为单元；单元之间通过物理的、抽象的方式，与其他单元进行联系和关联；所谓物理，指的是通过连接进行联系（网和丝线）；所谓抽象，指的是通过关系和目的进行联系。每个单元都服务于整个网络的目标。但是，单个单元作为整体的一部分，其力量体现在它与其他单元构成的联系之中。如果一个单元被破坏或者削弱，整个蜘蛛网都会丧失一定比例或者不成比例的力量。如果单元保持连接，网络就能保持强大，单元黏合成为整体的力量要强于任何个体单元或个体力量的总和。

按照这样的思维脉络，分析人员必须知道在其所庇护以及敌人网络所依靠的文化中，敌人的网络是如何运行、隐藏、生存和异变的。叛乱分子要想生存并且发展壮大，平民必须积极或者消极地支持或者袒护他们。因此，要想利用文化来获得优势，情报分析人员必须足够了解他们工作所处的文化，如此才能理解支持（无论是直接支持，还是间接支持）敌人网络的那部分平民的行动、交易、互动和行为中隐藏的、细微的内涵。对分析人员来说，仅仅了解文化不足以应付这种局面；相反，分析人员必须足够了解文化，进而利用文化来获得优势。从双重性的抽象角度看，**当地平民的支持，既是敌人的一种力量，又可以是敌人的一个薄弱点，成为敌人网络、决策点、关键节点与单元的“阿基里斯之踵”**。

思维也必须进入抽象的信息世界，并被认为对在大型城市环境中开展平叛行动有用。从这一点看，高级分析人员需要学会理解信息的力量——它是获得力量的方式。民心民意的得失都是通过信息来实现的。正是因这些信息，指挥官在赢得一场战术规模的战斗后可能还会失败。还是因为这些信息，指挥官可以控制风险，减少不确定性，做出决策并且执行决策。信息可以推动思维，思维也可以推动信息，这是一个永不停止、螺旋发展、相互交织的互动循环过程，其所产生的能量、速度和力量，将会随着信息的获取以及对信息的熟练使用而增加。

本书一个非常重要的观点是，情报分析人员必须在开始和执行阶段，对信息行为的结果进行快速评估。不幸的是，对信息领域行动和效果的评估是一件非常困难的事情。因此，要想在信息领域开展工作，人们的思维必须要考虑那些有形的和无形的行动和效果，并且要对结果进行衡量，从而调整行动、改变决策。如果没有这样的智力保障，指挥官和政府领导者永远不会知道，他们的目标受众或者目标能否正确地理解政策、新闻媒体和对行动的阐释，以及这些行动是否真的有影响。

作为本书中反复强调的主题，分析人员必须学会**通过自己的智力以及文化参与者的智力，学会像敌人一样思考**，不仅要在指挥与行动的低水平层级，而且要在更高的层级像敌人一样思考。像敌人一样思考，对于筹划、推演、执行、评估和调整尤其重要。由于思考中存在的困难，以及人类陷入逻辑陷阱的倾向，高级分析人员必须学会习惯性地**使用红队人员、当地主题专家以及虚拟知识环境的主题专家**，帮助自己进行思考，从而使自己对世界的思考尽可能客观。在本书中，我们发现，这一技能非常重要，是筹划、执行、评估行动的组成部分。像敌人一样思考不能只说不做，更不能"只在脑海中做"。要想像敌人一样思考，情报分析人员必须积极地、有目的地避免镜像效应，避免对复杂态势的过度简化。他们要有目的地提高自己的思维水平，消除自己的智力弱点，从这一点来看，他们要打败自己的思维和计划，这与克莱因的预先检验（pre-mortem）方法相似。[1] 为了克服这一困难，高级分析人员需要使用当地人，帮助自己像敌人一样进行思考、决策和行动，并且要在推演中表现出进取性。此外，分析人员需要实事求是地判断敌人的目标、目的、战略、资源、局限性、力量、缺陷、意愿、意图、观念以及敌人的思考方式。即使是在最分散、蜂窝状的情况下，敌人也必须依靠和参与相似的思维进程，只有这样才能开展有意义的行动，实现自己的目标。此外，即使是最扁平、网络化的

[1] 原注：Klein, 71.

敌人，也需要在计划和执行日常行动和行为时，开展条件准备活动，为他们的袭击和其他行动做准备。这些思想可以为我们提供一种超越敌人的方法，但这是一种间接方法，需要在敌人的“后门”打开一个缺口。

现在，读者应该得出结论：高级分析本身虽然重要且强大，但只有采取团队合作的方式才能获得效果最大化。个人也可以使用高级分析，无论是独立行动，还是以团队的方式行动。高级分析提供强大的认知技能，来思考难题，并制定和执行计划和行动。仅仅高级分析本身，就比传统的思维方式更好。但要想使其潜能最大化，高级分析必须依靠与知识专家和主题专家的协调与合作。

高级情报分析一方面是抽象的和富有创造性的，但另一方面又建立在特定地点和区域的物理、人和关系基础之上。理论和现实之间存在着矛盾；高级分析人员只有辛勤工作，才能满足或者克服这样的矛盾。从这个具有挑战性的机器和脑力工作中产生了一种新的综合，即理论与现实的结合。它可以帮助人们准确理解“流沙”，即文化、社区、敌人、变量和运行环境。这意味着，美军需要在良好思维的支撑下，打击敌人的网络，这是一种网络哲学，即在快速做出决定后迅速行动，同时还需使用大量致命和非致命的工具对敌人造成不利影响，确保平民及其财产受到的损失最小化。

我们需要理解作战环境，需要理解降低不确定性和控制风险的关键要素，为此，我们需要高价值知识以及发挥这些知识效能的方法，这也意味着，美军和情报界在向战术和战役分队提供信息支撑时，提供的方式需要有重大改变。传统的方法是“自扫门前雪”，在城市战场中，战术和低层级的战役单位有时无法理解作战环境的复杂性，并且在单位轮换过程中，无法传递知识。在过去，指挥官及其组织在筹划和决策环中，很少有真正专家襄助，除非在某些幸运的情况下，正好有当地的专家可以提供所需要的知识。然而，大部分情况下，在接触伟大的头脑和知识专家时，低层级单位往往只能听天由命。这一情况在发生变化，并且必须迅速扩大，以便对前线部署的分析人员提供帮助。

对于前线人员来说，他们脑中的知识和经验，就决定着任何指挥官的知识库，而其局限性很明显。在现代高流动性的作战环境、出乎预料的结果、情绪的复杂性以及不断变换态势变量的世界里，没有人拥有任何决策所需要的所有专业技能。可以说，前线指挥所拥有知识的质量，可以随着人们深入学习作战环境而不断提高；不幸的是，这种无声的、嵌入式的知识，往往是那些轮换进出作战环境的人所无法掌握的。

然而，在所有这些借口之后，比如“战术单位从来没有必要去接触世界级的头脑，以应对他们的知识挑战”，一个明显的事实仍然存在。无法获得文化、技术、设施、搜集和平叛专业技能的事实，已经阻碍了决策进程和态势感知。此外，缺少合适的指导也使得这一不足变得越加严重，在新单位和人员轮换进出冲突地区时尤为如此。不幸的是，国家训练中心（National Training Center，NTC）、第 29 棕榈基地（29 Palms）、联合战备训练中心（Joint Readiness Training Center，JRTC）等，只能为即将部署到城市环境中参加战斗的情报分析人员提供非常有限的情报分析任务演练。因此，分析人员只能墨守成规，依托岗位不断历练，并且在尝试和失败中不断学习知识，而且在到达那个国家之后才能制定策略。这种备战方法必须改变，可以通过加入大量的现实任务演训，学习和使用高级分析。

在多数作战环境中，有很多原因导致分析人员缺少经验和知识，因此在很多功能领域，任务转化是非常危险的，在情报分析领域更是如此。其中部分危险可以通过在本国基地的准备性训练进行调节，也可以通过在第 29 棕榈基地和国家训练中心的任务演训进行弥补。然而奇怪的是，情报分析人员和搜集专家接受的任务演练远远不够。让我们研究一下这个结论意味着什么。

在一个欠佳的状态中，情报分析人员和搜集专家没有足够的数据环境，无法复制他们即将面对的目标区域的地面现实情况，因而也就无法准备好进入这一作战环境。此外，他们没有掌握高级分析的基本要素及其原则。因此，他们无法完整地复制嵌入城市作战环境中的敌人网络，也就无法“跑步前进”。我们没有建模与仿真，无法让单个分析人员和情报搜集人员学习新的技能——诸如分析性条件准备活动，无法让他们寻找敏感变量和机会窗口，无法开展旨在争夺主动权的推演，也就无法搜索和发现敌人的条件准备活动。作为一个明确的结论，已部署的情报人员（尤其是分析人员和搜集专家）需要在国内基地和训练中心接受任务演练，包括使用高级分析方法执行城市情监侦任务。

此外，国家情报系统无法提供具体的、足够的数据、信息或知识，来帮助地面战术指挥官做出快速、有效的决策（但信号情报和地理空间情报却是例外）。随着时间推移，国家情报部门无法保障地面指挥官需求的原因就在于系统能力不足，无法满足地面指挥官的知识需求。通过从不同的情报机构抽组力量向前线派遣的方式，我们可以一定程度上解决这一问题。这是向正确的方向迈出了非常积极的一步。但距离、组织位置和对文化的不熟悉，不应该阻碍聪明的分析人员群体向前线部署的高级分析人员和指挥官提供“直接的”或“一般的”支援。这些担负直接支援的分析人员可以开展许多分析工作，它们都是前线部署的分析人员急需的，但又没有时间开展的工作。这些工作包括：(1) 启动基线或者保持基线的最新状态；(2) 执行其他的数据库任务；(3) 为未来行动进行条件准备活动；(4) 探索分析奥秘；(5) 预测知识、传感器和数据需求；(6) 寻找和准备指挥官和分析人员所需的知识；(7) 开展详细的推演；(8) 开展红队分析。指挥官需要决策支持，以控制风险，减少不确定性，而这只有集中的、最新的和可用的知识才能带来，但他们必须快速掌握这些知识，而且必须是准确的、及时的、具体的、容易理解的（清晰的），并与特定的情况相符。

指挥官在数据筛选过程中需要帮助；开展数据分析、统计分析和可视化过程需要帮助；判断数据完整性的过程需要帮助；在对趋势、模式和其他关系进行数据挖掘时也需要帮助。指挥官需要的是可以开展更为复杂的高级情报分析工作（比如符号分析、异常分析、倾向分析、文化分析和群体分析）的人，一般的参谋没有接受过专门的训练，因而无法生成这些产品。指挥官在预测敌人行为，发现敌人对我军的欺骗行动时，需要世界一流的智库相助。指挥官在设计使用商业渠道和市场上可以购买的传感器时需要帮助，这些传感器主要用于发现隐藏在文化中的看不见的敌人。他们需要情报支援，确保能够在转瞬之间灵活地进行调整，关注发生变化的环境中的功能要素。最后，指挥官需要能够获得广度和深度不断加大的专业技能，专业技能的变化源于作战环境的不断变化、任务的不断变化以及决策所需的相应知识的不断变化，他们需要快速、直接地与这些专业技能发生交互。

那些在城市作战环境里打击叛乱分子和非正规敌人的分析人员，必须从本质上是积极进取的。他们与叛乱分子及其支持平民之间，始终处于智力的对弈之中。而被赋予新角色和任务的分析人员，需要与敌人和其他竞争者展开一场心理战斗。因此，他们成为情监侦这一武器系统的行动和作战手段之一。这些进取的、积极的高级分析人员在思想、计划、决策、行动和寻求反馈时，必须有针对性地与敌人展开竞争。引领这场智力战争的分析人员——首先且最重要的是——必须是一个思想家，他们要知道如何寻找和获得知识，如何使用建模与仿真和综合推演环境分辨出敌人可能的行动方案。积极的情报分析人员，常常通过研究和预测敌人的活动来引领行动，指导情报搜集工作以便对自己的假设 / 预感进行证实或证否；并且要与机器和虚拟知识环境合作，对自己的假设进行证实或证否。他们必须努力工作，对敌人的思想和行动进行预测，对敌人的思维和知觉进行否定或操纵，从而获得优势（迟滞敌人的决策进程，也就是加速了友军的决策进程)。

高级分析人员必须对自己的知识和认知不足有深入了解。他们理解，试图了解动态的、流动的城市作战环境中的各个相关方面，是不切实际的，实际上是不可能的。他们认识到，自己无法完全理解和使用高级分析的全部 14 个要素，来达到熟练的完美状态。因此，要想获得知识和建议，提供一线单位人员所不具备的专业技术，他们必须向分析监管机构、分析自组织寻求帮助，还能从虚拟知识环境中的有用部门及其知识经纪人那里获得帮助。

现代高级分析人员必须理解传统的、非传统的、高技术的和低技术含量的分析方法和技巧，从而服务于他们的分析过程。不是所有的思维方法或者辅助手段都是“高科技的”。有些甚至是年代久远的推理技巧——比如辩证法和批判性思维，都是伟大思想家和理论家在数个世纪以前倡导和使用的。无论如何，高级情报分析人员必须理解自己的目标，即快速地将数据转化为信息，并将信息转化为可指导行动的知识，从而为指挥决策服务，我们必须要比敌人和其他竞争者更快地完成这一过程。要想实现这一目标，我们必须获得和维持知识优势。从本质上讲，就是要为优秀领导者生成和提供高价值知识，使他或她可以寻找、发现和保持知识优势和主动权优势，从而迫使竞争者意识到他们的劣势，并且做出分析人员所期望的改变。

三、内涵

内涵应该成为任何综合工作的一部分。它们是本书前面部分的内容，与本书结尾部分的意见建议沟通的桥梁。在我们知识旅行进展到当下之际，有些内涵是非常重要的，必须引起读者的注意和思考。这些内涵包括：

原则

所谓原则，必须囊括、阐述和拓展高级分析的主题和思想。原则必须能够为思考和执行情报行动提供详细的概念和支撑。正是通过原则，研发人员和训练人员才有手段，也才能理解设计组织、训练和材料等的意义，从而实现高级分析。高级分析人员的原则需要渗透到所有的战斗职能中，甚至垂直地、深入地触及指挥与战争的最低战术层面。原则（包括最重要的拱顶石原则以及非常具体的功能性原则）必须采用并阐述高级分析的具体方面：

1. 它必须包括和解释高级分析的哲学。
2. 它必须能够帮助非常具有进取心的情报分析人员的出现和行动。
3. 该原则必须认识到，情报行动是一种作战行动，情监侦手段是一种武器系统。
4. 原则必须能够解释高级分析的 14 个要素，必须清楚人们如何使用这些要素帮助思考、筹划、决策、行动、评估和调整。这些要素包括：**解构、批判性思维、联系分析、模式分析、趋势分析、预期分析、技术分析、异常分析、倾向分析、文化分析、符号分析、群体分析、重构和综合等**。
5. 原则必须认识到，在繁忙的城市环境里，与许多“局中人”在冲突地域争夺主动权的推演的重要性。这是一种多重组合的推演。
6. 原则必须认识到，在城市作战环境开展非正规战争和平叛战争中主动权的重要性，还要知道，一旦拥有主动权将会带来哪些行动上的优势，比如决策、地位、行动或机动自由、知识、决定、节奏、动量和技术使用等。
7. 原则必须囊括五种类型的观察指标，即**技术观察指标、文化观察指标、功能观察指标、态势观察指标和生物观察指标**，并在复杂作战环境中使用它们。
8. 原则必须认识到并解释词典和思想中的复杂性理论。尤其重要的是，原则必须解释敏感变量和机会窗口的出现和影响；解释蝴蝶效应的输入和输出；解释如何在最为混沌的态势中发现和使用秩序；解释预测的可能性有多小；解释复杂适应性系统在倾轧、碰撞和颠覆过程中的重要性；解释所有事物之间关系与关联的重要性；解释事物是如何蛰伏、隐藏和显现的。
9. 认识到在质疑假定、提倡创新思维、寻找和发现逻辑与思想中的谬误，以及在推演中提供帮助等环节中，使用红队是绝对必需的，它必须是高级分析原则的一部分。
10. 情报分析原则必须主张使用虚拟知识环境及其科学家、文化专家（包括本地人）以及其他专家，从而为指挥官有效决策提供专业知识。

11. 原则要能够满足制定和使用三种类型的基线数据库——**文化数据库、技术数据库和功能数据库**——的绝对需求，并且能够满足这些数据库更新的需求。
12. 原则需要能够解释高级分析所需要的三种分析性条件准备活动，这是分析能否成功的关键，三种活动分别是：数据架构、传感器架构和知识架构。
13. 原则需要介绍和阐释能够发现叛乱分子网络思考和活动的间接方法。所谓解决这一难题的间接方法，指的是寻找支撑网络的人民，支撑网络节点 / 单元以及联系等功能。

组织

高级分析需要认识到组织的三类主要变化：

1. 设定有组织、有规范的**虚拟知识环境**。这种组织以及对知识生产的重视，对于帮助前线分析人员和指挥官是绝对必需的。虽然构建和运行成本高昂，但未来作战环境也将非常复杂，以至于我们必须时刻确保获得知识专家支持，从而弥补分析人员在思考、了解和开展工作中的短板，有时甚至能够在前线分析人员没有时间开展工作时直接接替他们。然而，正是因为这种需求，虚拟知识环境必须是有组织、有规范和训练有素的。它必须是负责任的；比如，当它为某个行动单位提供支持时，无论竞争的烈度有多强，它都必须与行动单位联系在一起。此外，任何虚拟知识环境都必须有详细的管理规范，可以对有需求的单位保持透明，比如许可，契约，访问，以及使用属性、主题专家和精英中心数据库等。此外，指挥官也希望知道主题专家的忠诚度，以及提供的数据、信息和知识的准确性（真实性）。从内部来看，为前线部队提供支持的虚拟知识环境，必须能够理解高级分析的各个基础要素，必须理解情报搜集的基础要素，必须知道如何开展推演，如何在虚拟的、合作性的环境中开展工作，必须了解军事筹划、决策和执行的基础。知识经纪人可以帮助人们获得这样的理解，尤其是帮助学者和企业人员理解军事。最后，虚拟知识环境还需要前线部署和虚拟的知识经纪人帮助判断需求，确保快速满足申请人的知识需求，包括分析人员的工作标准（具体性、时效性、准确性、相关性和清晰性）。

2. 组织一个**情报机构**，使得最低战术层级的情报人员（一个情报支援团队或者陆军连级单位的情报支援小组）可以获得国家级情报支援。这意味着，从组织角度看，战略层级的人可以轻易为战斗中的连级情报支援小组的中士提供分析支援。这些组织活动的关键是相似功能的联合，比如高级分析人员和情报搜集人员要与直接行动人员组成团队，他们要与各个层级的各类相似人员组成团队，还要与分析监管机构（包括情报搜集监管机构）组成团队，他们的行动必须是自组织的（在没有任何指导的情况下，分析人员就能够满足前线分析人员的需求），从而帮助分析人员开展他们没有时间或缺少知识开展的工作。
3. 分析人员和情报搜集专家要形成一个永久性的、有组织的**分析／搜集团队**，并且在同样的空间或虚拟空间工作。他们的功能可以通过原则、行动概念以及常设作战程序（standing operating procedure，SOP）予以明确。这种关系是自然的，也是必要的。因此，高级分析人员和高级情报搜集人员必须形成固定的团队关系，从而有能力思考、解构和制定观察指标，利用观察指标指导情报搜集，并将数据重构为信息，尔后又将信息解构为知识。情报分析人员和搜集专家必须充分了解对方的思考、知识和功能。高级分析人员必须学会设计非常具体的观察指标，并与情报搜集人员一起寻找这些观察指标。高级分析人员必须与情报搜集专家和技术专家形成团队，设计出正确的数据、传感器和知识等架构，以确保在城市作战环境中取得成功。分析人员和情报搜集人员在开展分析和搜集推演过程中，必须以团队的方式开展工作。推演的目的就是寻找可以获得主动权的方法，并且预测敌人的“行动—反应—再反应”行动。

训练和教育

本书认为，分析人员非常需要在导师指导下，在小组环境中接受训练和教育，以开展高级分析工作。这种训练和教育中的师生比将会很低，是手把手的传道授业，是基于实际岗位的训练，需要使用模拟与仿真技术，使用认知放大软件，并开展角色扮演和实践锻炼。我们需要知道，高级分析将开展大量的脑力劳动，而要想熟练地使用高级分析还需要数年时间，因此决策者必须启动分析人员的远期智力发展项目，从而为他们提供本书所讨论的高级认知活动能力。此外，我们需要制定连贯的投资战略，完成目标和行动计划，及时改变训练和教育方式，更好地催生高级分析。单个分析人员不具备执行高级分析全部 14 个认知功能的能力。即使是最优秀的分析人员，也只擅长某些认知功能，对其他功能只是略知皮毛。因此，分析人员必须学会寻求帮助，即寻找他们不擅长的认知领域的专家，利用这些专家来帮助自己完整地使用高级分析的所有功能。

材料

开展高级分析时，机器可以帮助人们进行思考。但在许多情况下，分析人员并不具备使用数据所需的技巧，因此在开展数据建构和条件准备活动时，如在开展数据挖掘、知识发现、可靠性测试、统计分析、三维地理空间信息系统建构及建模等工作时，需要得到技能高、有经验的数据科学家的支持。高级分析人员在使用高级分析所需的高水平思维技巧时，肯定会很忙碌、很疲惫，压力会很大，有时甚至感到恐惧（特别是营、连级别的情报支援小组)。因此，技术可以极大地帮助分析人员，可以使他们更好地在未来冲突中的复杂城市作战环境里打击能力强的叛乱分子和非正规敌人。可以帮助赢得这场智力战争的非常有意义的材料帮助包括：

人工合成环境（synthetic environment）

要想在城市环境中展开行动并取得成功，情报分析人员需要模拟环境和大量的模型，帮助自己开展任务演练，理解非对称威胁和适应性威胁究竟为何物，还可以在事件发生之前，帮助开启情报“凿石机”。如果恰当地使用模型，则可以帮助分析人员理解敌人思考和感知的方式，理解敌人可能的重要关系、联系和连接。模型可以帮助高级分析人员预测二级和三级效应、敏感变量以及机会窗口，即所有方都可以在冲突或者竞争中利用这些变量的时机。模型还可以帮助情报分析人员思考敌人、友军和中立势力的“行动—反应—再反应”周期，以及东道国的决策/行动周期，在这个周期中，每一方都有自己的利益，在某一时刻还有自己的主动权。

认知放大

要想将本书中提到的目标变成现实，我们必须使用技术手段，推动运用高级分析的基本要素。技术方法之一是认知放大软件，它可以帮助分析人员对优先情报需求和信息需求、推演假设，以及预感、预想和疑惑等进行解构，从而形成本书所主张的五类观察指标。高级分析人员还需要软件工具帮助理解**无法预料的思维结果**。虽然我们的自我意识和自我知觉常常告诉我们这种思维方式是正确的，但实际上却是错误的。因此，我们需要在首次思考困难任务时，就得到没有偏见的帮助，并且要在检验思维结果时，也能得到没有偏见的帮助。

自动化思维模板

高级分析非常复杂，人们难以记住它的所有细节和关联。因此，分析人员需要在自动化思维模板的帮助下，开展思考工作，并且记忆高级分析中最模糊的部分。我们必须通过技术方法，制定自动化思维模板，这样的模板应该有一个选择列表，真正成为分析决策助手；人工智能辅助手段也可以提供可能的答案和解决问题的方法，提供另一种思维方法，还能够提醒分析人员可能在犯的逻辑错误。

三维和地理空间信息系统模型

高级分析人员需要最佳的三维 / 地理空间信息系统模型，帮助自己思考局限性和限制条件是什么，可能是什么。关于这一点，我们可以从罗伯特·托姆斯（Robert Tomes）的著作《参数》（*Parameters*）中的下面这段话窥见一斑：

> 此外，情报工具必须能够适应地理条件，在政府能否击败叛乱分子的能力中，地理条件仍然是一个重要因素。这也是美军必须要探索的领域，必须要施展新能力的领域。地理空间能力，包括人口信息的整合，在平叛行动中发挥着压倒性作用。叛乱分子试图使用地理因素打击新政府，包括利用开放边境获得境外支持等。[1]

这一点在情报搜集专家设计情报搜集计划，寻找分析人员提出的具体观察指标时，显得尤为正确。正如本书探讨的，敌人总有一些反监视手段，或总有一些由人和技术组成的早期预警系统。因此，分析人员和情报搜集团队需要利用三维 / 地理空间信息系统可视化工具，判断传感器和人力情报的视线、视野、死角、看不见的行为以及电子扩散等现象，所有这些都可以使敌人的反监视行动变得无效。

模型

建模为我们思考复杂性提供了一种途径。建模可以帮助分析人员开展争夺主动权的推演。这种技术和推演的特点已经在前文探讨四方推演时进行了阐述。这种类型的推演需要情报软件支撑，而软件需要按照文化的要

[1] 原注：Robert R. Tomes, “Relearning Counterinsurgency Warfare.” *Parameters* (Spring 2004): 23.

求进行编程，以便在推演过程中的“行动—反应—再反应”等环节中像敌人一样进行思考和行动。在这种人与智力的竞赛中，我们需要模拟环境。这种能力并不是刚出现的，诸如《黑客帝国》《指环王》《特洛伊木马》和《亚历山大大帝》等影片中就已经使用了这类技术。

模式、趋势和联系衰减预期工具

对于任何分析人员来说，判断模式、趋势和联系都是一项非常困难的工作。主要原因在于，任何城市冲突中都有三种不可见的重要要素。但是，问题不仅仅是我们能够看见或者触碰到构成模式、趋势和联系之间的关联和关系。也就是说，每一个要素都有某种程度的活力、力量和持续性。在本书中，我们在研究模式、趋势和联系时，提到了每个要素都有自己的衰减率，即它们出现、活跃、散发能量、力量衰减、消失，甚至当分析人员认为它们已经消亡时，却又会重新出现。这种消失的原因，可能在于力量的衰减，而正是这些力量将趋势、模式和联系捆绑在一起，使得这些因素可以被使用，也可以不被使用；可以被信任，也可以不被信任；可以作为目的，也可以不作为目的。这虽然很抽象，但这一类心理活动依然很重要。原因很简单，如果指挥官和他们的情报分析人员对模式、趋势和联系衰减的现象没有关注，那他们就会在这些要素真的衰亡或消亡时，仍在思考它们可能的效果和行动。因此，软件和可视化技术可以在这一过程中帮助我们理解趋势、模式和联系的衰减，这是材料开发人员的一个重要需求。

服务于解构的工具

高级分析人员需要工具帮助自己开展复杂环境里的解构工作。解构工具可以帮助分析人员将需求分解成各个要素，并判断不同领域中可能的观察指标。这些工具也可以帮助分析人员对数据以及与观察指标相关的信息进行可视化，其产生的结果将与反馈至情报分析人员手中的情报搜集数据相关，他们将这些数据通过重构形成信息，尔后通过对信息的综合形成可以使用的知识。

服务于重构和综合的工具

重构和综合是高级分析的两个最重要方面。它们相互协作，对数据进行融合，通过重构将数据转变为信息，并将信息综合成知识。在重构和综合过程中，都需要机器的帮助。重构工作依赖于机器帮助，从而将数据转变为信息以便进行理解；而综合则完全是一种大脑功能。但如果人们真的需要，机器也可以帮助开展综合。材料研发人员可以设计数据搜索软件，选择特定数据过滤器，并且在单个分析人员的思维过程中使用这些过滤器。综合也可以使用可视化软件，将不相关的信息整合起来，并对它们进行拓展和阐释，其目的就是为了获得知识。

敏感变量优势告警

敏感变量对于城市冲突中的各方都非常重要。它们能够产生巨大的变化和增量，进而给指挥官完成任务造成麻烦。作为敏感变量的重要部分，我们需要判断出对于特定的社区、人群和政治家来说，什么是重要的和敏感的。当判断出重要情况后，我们需要用关键变量对它进行衡量，尔后进行情报搜集。在整个过程中，模型和可视化技术可以帮助我们。基本上，我们在监控作战环境中数据片段的出现时，需要使用技术手段，这些方法可以帮助我们判断敏感变量，可以为敏感变量的出现提供预警；也可以判断出机会窗口，从而使我们利用机会窗口打击敌人、保护自己；还能利用这些技术判断指挥官可以利用的作战方案，从而先发制人地应对潜在的效果以及相应活动的出现，当然也可以预防潜在结果的出现。

应对不确定性和风险的软件

不确定性和风险，是指挥官决策环的重要因素。显然，军事材料研发人员需要有目的地开发一种技术，帮助指挥官及其情报分析人员将不确定性降至可以接受的程度，同时控制风险进而获得行动自由，而不是被动等待正确的数据、信息或知识；然而，这正是指挥官常常会犯的错误。这项技术的基础将是不确定性的范围。举个例子，指挥官往往担心遭到突然袭击，担心敌人的能力、意图以及敌人指挥官对我军能力、弱点和力量的看法。因此，我们需要通过软件和可视化技术，不仅显示出敌人的部队或者网络的位置，而且描述出敌人可能的意图、限制条件、能力和替代选项。

领导力

领导力是高级分析的中心。要想取得成功，领导们必须要像了解传统和非传统战争机器那样了解高级分析。训练机构和单位必须训练和促进领导们了解高级分析人员固有的认知过程。从这一点来看，领导们会将情报看作是一种武器系统，是在物理世界和无形环境的冲突中斗争的关键。坚不可摧的情监侦武器系统背后真正的大脑，其实就在于情报分析。正是通过情报分析，指挥官才能理解环境、居民、敌人以及作战环境中的其他竞争对手，理解敌人如何思考自己以及自己的思维过程，理解构成作战环境的有形和无形世界，理解如何争夺和保持主动权。因此，指挥官必须足够了解高级分析，从而指导高级分析工作，指导高级分析始终保持聚焦，做好优先工作，始终能够在推演和预测敌人行动、条件准备活动、移动和思维过程中，像敌人一样进行思考。正是通过情报分析，指挥官才能够有目的地寻找降低不确定性、管理风险和预测敏感变量与机会窗口出现的时机。作为领导力提升的一部分，指挥官必须学会向分析人员提供早期、具体、详细的指示和意图，分析人员必须为分析成功做好条件准备活动；反过来，分析工作能否成功又直接影响指挥官的筹划行动和任务完成。领导们依然要学习如何阐述动态信息需求（优先情报需求和信息需求），使大型城市作战环境中的行动变得更为快速、更为动态，同时还能鼓励假设、预想、预感和疑惑等解析工作向前发展。

人

军队必须招募最优秀、最聪明的人来开展高级分析。高级分析是非常难以学习和使用的，但这种难度不是无法克服的。越聪明的人，越容易学习高级分析的原则，并将它当作一种具有巨大潜力的工具来使用。招募分析人员必须经过不断的智力提升和智力激励过程，这要贯穿他的整个职业生涯。各个层级的领导部门都要有意识、有目的地通过个人、组织和体制化的学习方法，培养和提升这些高级分析人员的智力水平。按照这样的思维脉络，任何招募和培养分析人员的组织，必须要留住他们，确保他们获得认知和提升，并且要不断地向他们提供通过正式和非正式训练和教育提升自己思维的渠道。高级分析人员的思维能力应该成为一个单位战备水平的要素，应该像战争机器、组织甚至是语言学家那样，接受同样程度的监管和激励。高级分析人员必须不断地提升专业水平，甚至退休之后也不能停下来。高级分析的理念，应该成为国防部管理的一个永久性项目。至少，这样的项目应该向每一个年轻的高级分析人员提供虚拟的导师，帮助他们在虚拟知识环境中努力学习并成为主题专家。

四、结语

本章为读者提供了高级分析的哲学。该哲学有几个重要的组成部分。它有基础的**命题**。它有自己的**要素**。它还有自己的**原则**和**公理**。本章还阐述了本书中的总体思想：综合。本章的最后部分向读者介绍了分析内涵，包括原则、组织、训练和教育、材料、领导力和人。这里的讨论故意没有涉及设施的内容。这种分析在本书前面探讨的观点，与即将在本书最后一章阐述的观点——最终结论——之间搭起了桥梁。

[第21章]

最终结论

高级分析是赢得任何针对叛乱分子、非正规敌人和恐怖分子的交战、战斗和战争的关键要素。这些敌人是强大的，他们有目的地在人口稠密的城市环境中与美军交战。他们会躲藏在城市嘈杂的背景和日常活动之中，混入平民以及平民的日常活动、互动和交易之中。美军面临的敌人，将会越来越有能力、越来越狡猾，适应性也越来越强，他们将会比今天更好地隐藏和混入平民之中。生活的真相告诉我们，我们必须学习，必须不断适应，从而确保走在敌人的前面。双方都在为了未来而赛跑，目的就是超越对方，寻找、发现和保持主动权及其带来的优势。这些城市作战环境为我们筹划、执行和评估情报行动的结果带来了巨大的挑战。无论如何，我军面临的城市作战环境还将延续未来100年；因此，我们必须要适应，必须要胜出。

要想在智力战斗中取胜并且不断保持胜利，我们需要资源、时间以及坚持下去的意志。因此我们要拓展认知能力，要在情报分析人员的意识中植入“如何思考”的哲学，这样做的代价将是非常大的；但如果不这样做，就意味着墨守成规，而这又是不可接受的。在2007年访问巴黎时，我在一座博物馆内看到了戈雅（Goya）的蚀刻版画，名为《理性入睡催生梦魇》（*The Sleep of Reason Produces Monsters*）。正是在那些非常独特的时刻，比如显现节（Epiphany），我找到了本书的中心思想。也就是说，如果我们没有不断提高自己的推理能力，那么“猛兽”将会不断蚕食我们周围的安全领地，终有一天会打破我们的藩篱，给我们的社会带来浩劫。因此，那些忧心的人必须意识到，美国正在与“猛兽”进行殊死的战斗，正如戈雅的画作所表达的，当理智熟睡了，“猛兽”也就出现了。要想确保美国能够在与顽固之敌的智力战斗中永远取胜，其中一个方法就是向所有的情报分析人员提供高级情报分析训练和教育，从而确保“猛兽”，即我们的敌人，始终被阻挡在外。

需要承认的是，任务是艰巨的，毕竟本书所主张的，是要为数以千计的人和数以百计的组织提供高级分析的训练、教育和行动。因此，分析行动必须包含：军事情报分析人员、民事情报分析人员、国土安全情报分析人员，向国防部提供情报分析人员的商业公司，国土安全部等等。训练和教育必须要有一个集中的高强度的学习过程，要借鉴好莱坞的技术，充分发展模拟与仿真技术，以提供现实的数据环境和任务演练能力，还要研发高级技术工具，以帮助情报分析人员开展工作。虽然高级分析非常复杂，对脑力活动的强度要求也很大，但聪明的美国人不仅能够学会理解高级分析，而且能够学会使用它来获得和维持相对于敌人的持续的智力优势。只要有了正确的训练和教育，高级分析人员就会有信心和进取心；他们就会推动情报搜集工作，就会对所搜集的数据进行快速理解，为快速决策服务。有了这些脑力提升之后，任何敌人都不可能在与美国的智力战争中获胜，将“猛兽”阻挡在外或者让它们胆战心惊也就极为可能了。

通过高级分析，美国情报分析人员学会了解敌人及其目标、意愿、意图和动机。通过高级分析，作战环境的模糊性和不可见就会变得越来越清晰，越来越可被看见。通过积极地运用高级分析，分析人员就会知道在何地、如何以及何时开展情报搜集工作。通过高级分析，情报搜集所获的数据可以变成有用的信息、知识甚至是理解，及时服务于决策。通过高级分析，美国指挥官获得了一种在所有领域——空中、地面、海上、太空、网络空间、认知和信息领域——成功争夺主动权的途径。

那么，我们该怎么办？的确有方法可以提高分析人员的智力能力，满足本书提倡的认知预期。以下是一些建议，如果被接受和使用，将会极大地帮助所有情报分析人员提高他们的智力水平：

- ★ 立即启动高强度高级分析训练计划。这些计划从对高级领导人几个小时的训练，到两个星期，甚至好几个月的训练不等，时间长短取决于希望获得的深度和认知技能。这样一个广泛的、全面的计划必须非常详细。它包括具体的任务、条件和标准。这样的训练计划必须综合运用亲身实践、任务历练和许多实际操作等方法，由经验丰富的情报官员作为其导师。这种训练一般以研讨会的形式展开，由一名经验丰富的讲师主持，使用视频抓取、角色扮演以及苏格拉底式对话等方式。这样的课程常常还要使用小型的虚拟知识环境。这样的课程必须包括各个层级的情报分析人员和作战军官，还要包括那些承担分析工作的人，无论他们是社会人士还是军人。
- ★ 在国防部、国土安全部以及州和地方政府内开展规模较小的高级分析领导进修研讨班，是非常有必要的。公务缠身的高级领导们不会有时间参加长达两至四周的高级分析课程。但他们有时间参加其他专业发展课程中关于高级分析的简短介绍（比如陆军的预先指挥课程、联合总结性课程、中情局的分析课程、联邦调查局的情报分析人员准备课程等）。通过这一类短期的介绍性研讨会，高级机构和联合部门领导人就能够了解高级分析的能力。在这些短期的研讨会中，高级领导人可以快速认识到使用高级分析作为21世纪有影响力的武器系统的重要作用。高级分析对于成功塑造效果和行动，成功进行条件准备活动，成功激励效果和行动是必不可少的，此外对于赢得争夺主动权的斗争，获得有关作战环境和敌人的态势理解，以及评估互动的结果等等，也是必不可少的。从最低程度需求看，高级领导人必须知道和了解如何使用高级分析的14个基本要素以及五种类型的观察指标，为高级分析人员提供具体的指示和意图；高级分析人员必须在行动之前，或者在指挥官为了做出决策和评估后果而提出高质量的知识需求之前，开展必要的条件准备活动。

★ 国防部必须为所有的高级机构和联合指挥与参谋学院，开发并使用一门必修的高级分析课程。

★ 国防部必须为所有的战争学院学生实施必修的高级分析课程。

★ 陆军和陆战队要制定高级分析项目，供情报分析人员进行任务演练使用，从而使每位即将开赴前线的分析人员能够理解和使用高级分析的基本概念。

★ 高级分析必须融入军队的战斗训练中心，比如国家训练中心和第29棕榈基地。从这一点来看，军方需要为其情报分析人员设计一种任务演练的过程和系统。这样的任务演练，必须能帮助高级分析人员做好开赴前线后应对各种冲突的准备，而要想他们战胜非常现实的困难和预期，就必须使用虚拟的数据环境技术，模拟他们即将部署的真实环境。他们必须能够使用虚拟知识环境、本地人员和红队人员，来帮助自己进行思考和筹划，并且向指挥官提供所需知识。这些任务演练肯定是非常困难的，甚至是难以实现的。因此，演练的难度应该超过分析人员所要面临的真实情况，即分析人员进行高级分析的“如何思考”的环境。古罗马人有一套训练士兵的系统，可以供美军模仿借鉴。弗拉维乌斯 · 韦格蒂乌斯（Flavius Vegetius Renatus）在其著作《罗马军制》（*The Military Institutions of the Romans*）一书中写道：

> 新兵由武器专家传授系统训练，被称为 Armatura, 这种训练系统目前仍在使用……它们已经展示出自己的必要性，我们已经看到那些接受过训练和未接受过训练的部队之间有着明显的差异。古罗马人非常清楚这种方法的有效性，以至于他们赏赐这些佩带武器的专家双倍津贴。如果士兵在这样的训练中落后了，就会对他们采取扣除津贴等惩罚。他们不仅将这种训练作为习惯，事实上，无论是在

麦地里，还是在总督或护民官或是军团的高级将领面前，他们都能够充分展示出自己所学每一方面的知识。[1]

★ 要为情报分析人员提供任务演练。当然本书并不是说，如果士兵们没有学会高级分析的基础知识，就扣缴他们的食物；但我们的确认为，罗马人在严格训练问题上有非常好的、有用的认识，训练的难度要超过即将出现的现实的难度，尤其是对即将参加智力战争的士兵来说。请允许我再深入阐述一下我的观点。罗马人训练用的矛、剑和盾牌要比实际使用的重。士兵们必须使用这样重量的武器进行训练，并且熟练使用。分析人员必须经历“Armatura”的训练，必须要在导师（比如在《安德的游戏》中，安德的导师拉克姆）明智的指导下学习智力和分析过程，在仿真环境里的敌人，要比现实中的敌人有着更为优秀、更为快速的思考和行动能力。这类任务演练将会使他们在一进入作战环境后，立刻具备全部的作战和智力能力，而不是等到进入作战环境后好几个月才具备这样的能力。

一、知识的广度

美国在城市作战环境里的所有活动都涉及人。人是其文化的产品。因此，要想理解文化，分析人员必须理解人及其机构。但是，高级分析的任何文化情报内容，都包含极其广泛且多样的主题，使得在陌生环境里开展行动非常困难。部分困难在于理解不同的习俗、准则、语言、社会模式和习惯、教育、宗教和信仰。部分困难在于语言障碍，以及人们处理信息、感知、思考和决策方面的差异。部分困难在于寻找嵌入社会和文化之中的

[1] 原注：Flavius Vegetius Renatus, *The Military Institutions of the Romans*, ed. Wilhelm Lee, Thomas R. Phillips, Hugo Friedrich Philipp Johann Freytag- Loringhoven, Waldemar Erfurth, (Mechanicsburg: Stackpole Books, 1985), 84–87.

叛乱分子，因为在这些环境中，叛乱分子并不高调，相反他们融合在背景之中。最后，部分困难在于一个公认的事实，即叛乱分子和恐怖分子有安全意识，害怕被发现，因此他们很难被察觉。

随着叛乱分子不断成熟，以及活动年头的增加，自然而然会出现更多的作恶者，他们更狡猾，通常更警惕。在城市作战环境中的冲突，也就成为知识和学识的战争。每一方都在努力超越对方，不仅仅是为了生存，也是为了胜利。每一方都努力学习知识，并且要比对手更快地将知识传播出去，从而获得主动权，而主动权对于决策制定、位置优势和行动自由是至关重要的。只有学习能力更好、更善于调整的一方才能取得胜利。[1] 每一方都必须预测别人的行动，并且要赶在敌人行动之前获得主动权，在敌人确定突然袭击之前制定好应急方案，反之亦然。像美国这样的境外力量，要想在城市环境中成功打击叛乱分子和恐怖分子，唯一的希望就是对叛乱分子活动的文化进行深度理解，或者寻找主题专家帮助自己获得更有价值的文化知识和理解，从而取得胜利。

当我们思考在智力战争中打击敌人的本质时，特征信息很重要。任何在城市环境中活动的美军和政府机构，都必须发现敌人的重要节点和单元，前提是获得已知的特征信息，包括文化、技术、功能、态势和生物等特征信息。要想成功地预测叛乱分子和恐怖分子的袭击，预测他们的准备工作（条件准备活动），需要我们努力探寻特征信息。要想对特征信息进行心理探索，高级分析人员既要有必要的知识，又要能够得到主题专家的帮助，因为他们拥有这些知识。从主题专家那里获得的帮助，有助于我们更为深入、更为详细地了解特征信息，这些都是发现迹象、错误、细微变化和异常的必要因素；而这些因素的发现，又可使我们发现敌人、联系或敌人网络单元，或者得知平民如何回应美国试图将他们从叛乱分子中分离出来的努力。这些独特的、微妙的关系非常重要，作恶者的活动往往只有

[1] 原注：U.S. Army, *FM 3-24/MCWP 3-33.5*, Counterinsurgency. Washington, DC: Headquarters, Department of the Army, December 2006.

非常细微的迹象、观察指标或错误，只有当地人才能发现它们。

二、优势和劣势

对于网络来说，平民的支持是一个重要的力量。但人都会犯错误。当情报搜集人员和传感器使用文化观察指标后，这些错误就能被发现，并判断出在特定地点、特定时间以特定的行动或行为样式开展的活动。这种对文化错误和异常现象的认识，需要在广大平民中迅速出现。一旦出现，它们可能不会以同样的方式出现第二次。因此，当文化观察指标出现时，它们必须能够进入人类观察人员的意识之中，以得到最高效的应用。假如这样的观察指标只是一闪而过，分析人员和情报搜集团队必须使用一种或者多种优化组合的传感器来捕捉它们。此外，传感器需要有计算机软件的帮助，从而寻找文化迹象或标记（符号），事件发生的征候（倾向），发现细微的变化或者与常态的不同之处（异常），发现集体活动（群体），以便对环境进行去模糊化处理，使得文化特性或异常能够进入人类的觉知范畴之内。

平民支持敌人网络的理由，是由文化衍生出来的。如果文化是贫乏和压抑的，如果文化对外来者、当地执法或者当地军事力量有一种非常深度的、历史的、挑剔的看法，平民无疑会向叛乱分子和非正规敌人提供更多的支持。相反，如果当局理解文化，他们就可以设计出跨越多个领域的效果，目的是改善平民生活的方法，去除他们的恐惧心理。文化知识可以帮助人们理解获得信任和影响人们情绪的因素，这样的知识就来自文化情报分析。

网络支持者

情报分析人员在美国和当地主题专家的帮助下，努力发现和理解有问题的行动、交易和互动，这些都可能发生在隐藏有敌人节点、单元和联系的特定区域内。美军研究这些行动的能力来自解构工作，来自使用情监侦手段搜索相关的观察指标。随着越来越多的数据和人力报告传递给作战中心，情报分析人员和机器就可以将数据重构为知识。分析人员要对所搜集的最重要信息进行综合，从而形成知识。最后，分析人员需要对敌人的网络进行可视化和理解，即使观察哨没有看到、听到或感知到任何内容。

事实上，文化可以帮助高级分析人员看到和理解敌人的网络。比如，文化可以塑造平民支持叛乱分子网络的方式。文化驱动和塑造，事实上包围和严重影响着发生的各种行动、互动、交易和行为。这些成百上千的活动每天都在一个大型城市发生。大多数活动是无害的且无碍的。但有时，支持叛乱分子网络的行动就隐藏在这些合法的活动之中，导致美国情报分析人员无法看到他们，因为分析人员没有寻找这些活动，或者即使看到了，也无法发现哪些行为是有嫌疑的。

人们在支持敌人网络过程中的活动，事实上成为破坏或发现和摧毁敌人网络的最重要因素。这些活动会使美国情报分析人员发现敌人的联系和决定性节点、单元以及进行关联的联系，但只有通过最为具体的观察指标和相应的情报搜集工作，才能做到这一点。文化观察指标需要与功能、态势、生物和技术等观察指标组合使用，才能获得对模糊环境的最佳认识。

三、结语

负责提供高级分析人员所需知识的人，当然可以选择忽视高级分析，也可以忽视帮助人们学会“如何思考”以及“思考什么”。如果做了这样的选择，美国将会失去其最为神秘的武器，即受过训练和教育的聪明人，他们可以开展“如何思考”，可以开展脑力活动，从而获得主动权，超越敌人，并且将敌人与其支持者剥离开来。美国人将会失去那些知道和理解如何思考、理解、降低敌人网络有效性的人，最为重要的是，美国还将失去那些知道敌人如何思考、如何利用知识为美国决策者创造优势的人。

我希望，所有阅读了本书的人，都认同美国应该接受本书所提出的思维体系。毕竟，高级分析是一种更高水平的思维假定，它可以唤醒理智，通过不断完善和学习，使理智始终保持清醒；通过一种积极的、预期的思维方式，将“猛兽”始终阻挡在外。很有必要再重申一遍，我们需要开展高级分析工作，不仅仅为我们自己，也为那些跟随我们的人。

高级分析并非太过于有心理挑战，也不是难以执行。所需要的，就是理解它的基础，并且执行它的哲学和规则。有了这样的理解后，我们就可以追寻自己的目标，并且努力来实现它。从这一点看，其目标就是对非常有能力的分析人员进行启迪，提高他们的认知能力。我们能够而且必须赢得这场智力战争；高级分析人员可以提供实现这一目标的方法。

正如美国所面临的其他敌人一样，我们当前的敌人是非正规武装人员、叛乱分子和恐怖分子，他们发誓要摧毁美国及其价值观和生活方式。我们正处于保护自己生活方式的长期战争之中，我们的敌人是全球性的且意志坚定。虽然美国拥有巨大的正规军事力量，但即将到来的战斗在很大程度上是心理层面的。我们可以得出这样的结论，我们正处于一场持续的、输不起的智力战争之中。如果我们现在情报分析人员的训练和教育方式依然故步自封，那么我们的战斗将会是一种赌博，而且是于我不利的赌博。反复灌输高级分析的概念是获得优势的捷径，可以使我们拥有一个优秀的头脑，还能让我们集众之智；这些头脑有共同的思维方法，并且得到一种哲学和思维体系的推动。美国需要高级分析来将“猛兽”阻挡在外，让“猛兽”胆战心惊!

致 谢

我着手构思和写作这本书是在1984年，当时我正在美国陆军高级军事研究学系进修。我当时思考最多的是黑格尔的辩证法，克劳塞维茨《战争论》中关于战场的论述，以及孙武在《孙子兵法》中所阐述的，在他那个时代的统帅、筹划、执行和欺骗理论以及作战环境。在许多次“高端”研讨会中，我和同学们（尤其是我最好的朋友，退役上校麦克·坦克斯利[Mike Tanksley]）常常围绕战争问题争论得面红耳赤，有时甚至彻夜争论：情报在战争中如何发挥作用；特别是对手如何觉察、思考、筹划、决定、行动和获得反馈；以及主动权的重要性和决策的影响。这是硕果累累的一年，我尤其要感谢退役准将休巴·沃斯·德切格（Huba Wass de Czege，他也是高级军事研究学系创始人）和我们这个研讨小组的组长，退役中校道格·约翰逊（Doug Johnson）博士。正是在高级军事研究学系，我体验到了学习和思考复杂课题的激情。也正是在高级军事研究学系，我学会了“如何思考”（how to think），这是“思考什么”（what to think）的重要补充，事实上在绝大多数情况下，“如何思考”是领导力的最高层次。

1987年，我出任第82空降师（82 Airborne Division）情报官（G2）。为做好这份工作，我研究了美国陆军战场情报准备相关条令，这才认识到情报是对战场各个部分和碎片的综合，包括敌人、友军、平民、基础设施和友军行动等。正因为在这个艰难的角色中，我才开始思考，我们不应该用**“分析”**一词来阐述情报工作的核心，因为这个词意味着将情报细分为越来越小的片段。相反，我们应该将情报思维看作是综合的最高形式，与“分析”有关联，但却是不同的思想。

“综合”，就是将我们已经细分的各个部分综合成整体，当不同的关联和关系融合成新的整体，其价值将大于各个部分的总和。“综合”是非常有用的概念，也是本书的基本概念之一。在我手下优秀的情报分析人员中，有三位贡献最大，他们是：罗杰·斯温福德二级准尉（CW2 Roger Swinford）、麦克·尼冯（Mike Nifong）少校和时任上尉戴夫·金（Dave King）。后来我陆续转战洪都拉斯、巴拿马、沙特和伊拉克，在第 82 空降师任情报官，在第 313 军事情报营（Military Intelligence Battalion）任营长，后又去了国家战争学院（National War College）进修。进修期间，我有大量的时间思考，其间撰写了一篇关于情报行动中综合的论文，名为《21 世纪的情报分析》，发表于《军事情报专业公报》（*Military Intelligence Professional Bulletin*）1992 年春季号。我还围绕筹划综合问题，为战争学院写了一篇论文——《塑造未来：一种整体筹划方法》，这篇论文后来被美国陆军协会（Association of the United States Army, AUSA）变成一篇学术论文，名字改为《整体思维与筹划》。此外，我就城市环境下的情报分析，为陆军协会撰写了一篇文章，名为《两面神的悖论》（*The Janus Paradox*），后来我又将这篇文章提交到 2000 年秋天的美国陆军协会年会上。2003 年春，我的第一本著作《杂散电压：信息时代的战争》（*Stray Voltage: War in the Information Age*）出版，在这本书里，我探讨了情报分析领域的许多问题。

在 1994 至 1998 年间，我先后升任旅长以及驻韩美军（USFK）情报主任（J2）、情报副参谋长（Deputy C2），但我从未间断对情报分析的思考。在这四年里，我和团队仍在奋力帮助其他人和自己去认识分析和综合。我们甚至启动了一个秘密项目，项目中的每名情报分析人员都在秘密研究朝鲜，并且会定期向我报告研究进展，我手下的校官、参谋军官，以及当我任旅长时手下的连、营指挥官们，都结合自己的工作实际来破解这些疑惑。任旅长期间，我热心于研究情报分析问题，和我一起开展研究的有中校哈利·巴肯（Harry Bakken）、克莱德·哈斯库克（Clyde Harthcock）、佩里·哈格罗夫（Perry Hargrove）、托尼·切尼（Tony Chaney）、杰瑞·普罗科特（Jerry Proctor）、霍华德·鲍姆（Howard Baum）、约翰·奥沙奈西（John O'Shaunessey），以及时任少校玛丽·拉吉尔（Mary Legere）、伊维特·诺恩特（Yvette Nonte）、斯科特·莱文（Scott Levin）、杰瑞·夏普（Jerry Sharp）、麦克·霍尔（Mike Hall，无亲戚关系），凯西·霍尔（Keith Hall）三级准尉（CW3，无亲戚关系），时任上尉马特·惠特尼（Matt Whitney）、瑞恩·惠廷顿（Ryan Whittington）、杰尼·格里斯贝克（Jenny Grisbeck）、丽莎·普莱斯（Lisa Price），以及其他许多军官、准尉和士官。任驻韩美军情报主任期间，我有幸结识许多优秀人物，包括时任上校蒙特·蒙特斯（Monte Montes）、斯蒂夫·金克（Steve Kinker）先生、弗兰克·弗莱克纳（Frank Kleckner）先生以及时任少校约翰·安德森（John Anderson）。上述所有人都启发了我的思维，拓宽了我对情报分析的思考，通过每季度的 8 小时训练简报会、秘密项目以及采取苏格拉底式互动活动所组织的数量众多的问答讨论会，无论是从理论上还是从训练上，都将我的思考不断推向前进。

回到美国后，我负责一个关于“陆军军事情报未来”的研究课题。我使用的研究方法，是将任务和愿景分派给许多小组，将许多非常优秀的人才集合起来，将他们的思想融入研究之中，尔后向陆军参谋长提出建议。其中一个小组开展情报分析工作。分析小组高强度工作了几个星期，提出了许多令人惊叹的观点。我从中受益匪浅，毫无疑问，他们提出的许多思想都被我纳入情报分析总体思考而写入建议之中。我仍然要感激这些优秀的军人和文职人员，在我思考如何推动情报分析工作过程中，他们贡献良多。

退休之后，我逐渐成为情报、知识作战和信息作战的顾问。我在联合部队司令部（Joint Forces Command）工作了几年，主要是从事实验工作，包括诸如“千禧年挑战 – 02”（Millennium Challenge 02）等大型实验项目，也包括从旅级战斗队（BCT）层级开展的“联合决定－04/05”（United Resolve 04 and 05）实验项目。我要感激退役将军加里·拉克（Gary Luck），是他引荐我进入顾问行业，并且在“如何思考”问题上一直指导我，鼓励我在情报分析问题上大胆创新思考，从而更好地帮助当下和未来行动。他常常启发我对许多问题进行深入思考，他是我的好朋友、好榜样。我还要感谢联合部队司令部联合城市作战办公室（Joint Urban Operation Office，JUOO）主任杜安·沙特尔（Duane Schattle）先生。杜安和他锐意进取、勤奋工作的团队，不仅解决了城市情监侦方面的难题，而且鼓励我不断思考和研究高级分析这一课题，也正是基于此，本书才得以问世。

我在联合城市作战办公室工作期间，有机会让许多非常睿智且经验丰富的人员参与思考高级分析中许多复杂问题，启动了一个名为“分布式决策支持系统（Distributed Decision Support System，D2S2）虚拟大脑”的虚拟知识环境研究项目。我在弗吉尼亚的萨福克和费尔法克斯冥思苦想时，有幸能与各种各样的人和组织进行对话、思考和争论。他们中的许多人在高级分析课题中给予了我帮助和启发，我要感谢他们。有时，我们可能会对高级分析中的一些问题束手无策，但是我们思考的理念、争论的问题，都影响着我的思维，激发对这个问题越来越深入的思考，终于在 2007 年 12 月至 2008 年 6 月，我写就了这本书。首先也是最重要的，我要感谢我的好友和商业合伙人加里·西腾鲍姆博士。我们在联合部队司令部的实验中第一次碰面，他从 2001 年开始，就一直在听我关于情报分析的讲座。在几年的时间里，他和我一直在讨论情报分析问题，我要感谢他让我的很多思想变得更加成熟，也要感谢他为本书撰写了“支持高级分析的技术”这一章节。此外，我还要对那些参与讨论，并帮助我在本书中深入思考情报分析问题的人表示感谢，他们是：迈克尔·朔伊尔、比尔·安德森（Bill Anderson）博士、吉恩·波蒂特（Gene Poteat）、弗兰克·安德森（Frank Anderson）、退役上校卡罗尔·斯图尔特（Carol Stewart）、马萨·克斯勒（Martha Kessler）、退役上校帕特·朗格（Pat Lang）、退役上校哈利·巴肯（Harry Bakken）、艾德·莱维特（Ed Levitt）、马克·芬克尔斯坦（Mark Finkelstein）、帕勒塔·奥蒂斯（Pauletta Otis）博士、鲁斯·格莱恩（Russ Glenn）博士、安德尔·科斯特鲁特（Andre Kesteloot）、哈德尔·阿尔汉姆达尼（Hayder Alhamdani）、卡德希姆·阿尔瓦里（Kadhim Al Waeli）。

我还要感谢罗杰·西里罗（Roger Cirillo）博士，是他鼓励我写出第一部著作《杂散电压：信息时代的战争》，而在本书的写作过程中，他也给予了大量帮助。罗杰非常聪慧、追求卓越、行事端正。他本性热爱阅读和思考，也在一直推动美国陆军协会的读书计划，正是得益于这一计划，陆军士兵才能以合理的价格购买书籍，从而阅读大量的军事和安全相关书籍。

最后但并非最不重要的是，我要感谢我的夫人——退役上校萨德拉·霍尔（Sandra Hall），她为这本书出谋划策，同时做了大量编辑工作。多年来，她一直以其真知灼见激励着我，她的许多观点被写入本书之中。写作期间，每当我面带情绪或者筋疲力尽时，她都会鼓励我，并且数次帮我编辑手稿，在与情报分析有关的复杂议题上，始终与我进行热烈的讨论。

韦恩·迈克尔·霍尔
于弗吉尼亚州萨福克

参考文献精选

书籍

Alexander, Bevin. *How Wars Are Won: 13 Rules of War from Ancient Greece to the War on Terror*. New York: Three Rivers Press, 2002.

The American Heritage Dictionary of the English Language, Fourth Edition. Boston: Houghton Mifflin Company, 2003.

Bohm, David. *Thought as a System*. London: Routledge, 1992.

———. *Wholeness and the Implicate Order*. London: Routledge & Kegan Paul, 1980.

Brown, John Seely, and Paul Duguid. *The Social Life of Information*. Boston: Harvard Business School Press, 2002.

Capra, Fritjof. *The Tao of Physics*. New York: Bantam Books, 1984.

Card, Orson Scott. *Ender's Game*. New York: Tom Doherty Associates Books, 1977.

Clausewitz, Carl von. *On War*. ed. Michael Howard, Peter Paret, and Bernard Brodie. Princeton: Princeton University Press, 1976.

Claxton, Guy. *Hare Brain, Tortoise Mind: How Intelligence Increases When You Think Less*. New York: The Ecco Press, 1997.

Cook, Francis H. *Hua-Yen Buddhism: The Jewel Net of Indra*. College Station: Pennsylvania State Press, 1977.

Copleston, Frederick S.J., *A History of Philosophy*, Volume VII. New York: Doubleday, 1963.

Dostoevsky, Fyodor. "Notes from Underground." In *Existentialism from Dostoevsky to Sartre*. ed. Walter Kaufmann. New York: New American Library, 1975.

Downes, Larry, and Chunka Mui. *Unleashing the Killer App*. Boston: Harvard Business School Press, 1998.

Flavius Vegetius Renatus. *The Military Institutions of the Romans*, ed. by Wilhelm Leeb, Thomas R. Phillips, Hugo Friedrich Philipp Johann Freytag-Loringhoven, and Waldemar Erfurth. Mechanicsburg: Stackpole Books, 1985.

Friedman, Thomas L. *The Lexus and the Olive Tree*. New York: Anchor Books, 1999.

———. *The World Is Flat*. New York: Farrar, Straus and Giroux, 2005.

Galula, David. *Counterinsurgency Warfare: Theory and Practice*. Westport: Praeger Security International, 1964.

Gladwell, Malcolm. *Blink: The Power of Thinking Without Thinking*. New York: Little, Brown and Company, 2005.

———. *The Tipping Point: How Little Things Can Make a Big Difference*. New York: Little, Brown and Company, 2000.

Gleick, James. *Chaos: Making a New Science*. New York: Penguin Books, 1987.

Goya, Francisco. *The Sleep of Reason Produces Monsters*. Los Caprichos Plate 43, c. 1796–1797, Petit Palais, Paris, France. March 15, 2008.

Hall, Wayne M. *Stray Voltage: War in the Information Age*. Annapolis: Naval Institute Press, 2003.

Harris, Lee. *The Suicide of Reason*. New York: Basic Books, 2007.

Hart, B. H. Liddell. *Strategy*. New York: Henry Holt & Company Inc., 1954.

Hemingway, Ernest. *For Whom the Bell Tolls*. New York: Scribner, 2003.

Herrington, Stuart A. *Stalking the VietCong*. New York: Ballantine Books, 1982.

Hesse, Hermann. *Siddhartha*. New York: MJF Books, 1951.

Heuer, Richards J., Jr., *The Psychology of Intelligence Analysis*. Washington: US Government Printing Office, 1999.

Holland, John H. *Hidden Order*. New York: Helix Books, 1995.

James, William. *Psychology*. ed. G. Allport. New York: Harper & Brothers, 1961.

Kitson, Frank. *Low-Intensity Conflict: Subversion, Insurgency, and Peacekeeping*. St. Petersburg: Hailer Publishing, 2007 reprint.

Klein, Gary. *Sources of Power: How People Make Decisions*. Cambridge: The MIT Press, 1999.

Kelly, Kevin. *Out of Control*. Reading: Perseus Books, 1994.

Kurzweil, Ray. *The Age of Spiritual Machines*. New York: The Penguin Group, 1999.

Lawrence, T.E. *Seven Pillars of Wisdom*. New York: Anchor Books, 1991.

Levitt, Steven D., and Stephen J. Dubner. *Freakonomics*. New York: HarperCollins Books, 2005.

Lewin, Roger. *Complexity: Life at the Edge of Chaos*. New York: Collier Books, 1992.

Lewis, Bernard. *Islam and the West*. New York: Oxford University Press, 1999.

MacIssac, David. "Voices from the Central Blue: The Air Power Theorists." In *Makers of Modern Strategy from Machiavelli to the Nuclear Age*. ed. Peter Paret. Princeton: Princeton University Press, 1986.

Mao Tse-tung. *On Guerrilla Warfare*. Translated by Samuel B. Griffith II. Urbana: University of Illinois Press, 1961.

Misner, Charles W., Kip S. Thorne, and John Archibald Wheeler. *Gravitation*. San Francisco: W. H. Freeman, 1973.

Myers, David G. *Exploring Psychology*. 5th ed. New York: Worth, 2003.

Patai, Raphael. *The Arab Mind*. New York: Hatherleigh Press, 2002.

Sageman, Marc. *Understanding Terror Networks*. Philadelphia: University of Pennsylvania Press, 2004.
Shakespeare, William. *Macbeth*. Danbury: Grolier Enterprises Corp., 1980.
Slim, William. *Defeat into Victory*. New York: Cooper Square Press, 2000.
Sun Tzu. *The Art of War*. Translated and edited by Samuel B. Griffith. London: Oxford University Press, 1971.
Talbot, Michael. *The Holographic Universe*. New York: HarperPerennial, 1991.
Trinquier, Roger. *Modern Warfare: A French View of Counterinsurgency*. Westport: Praeger Security International, 2006.
Waldrop, M. Mitchell. *Complexity: The Emerging Science at the Edge of Order and Chaos*. New York: Touchstone Books, 1992.
Webster's II New Riverside University Dictionary. Boston: Houghton Mifflin, 1984.
Zukav, Gary. *The Dancing Wu Li Masters*. Toronto, Bantam Books, 1979.

政府文件和网址

Department of Defense, *DoD Dictionary of Military and Associated Terms*, October 2007, www.dtic.mil/doctrine/jel/doddict/.
Department of Defense, Joint Staff, *Joint Publication 2.0, Joint Intelligence*. Washington, D.C.: U. S. Department of Defense, Joint Publication 2.0, 2007.
U.S. Army, *FM 3-24/MCWP 3-33.5*, Counterinsurgency. Washington, DC: Headquarters, Department of the Army, December 2006.
———, *FM 3.0*, Operations. Washington, D.C.: Headquarters, Department of the Army, February 2008.

期刊文章

Brobjer, Thomas H. "Nietzsche's Affirmative Morality: An Ethics of Virtue." *The Journal of Nietzsche Studies* (26; Autumn 2003): 64–78.
Deretic, Vojo, and Daniel J. Klionsky. "How Cells Clean House." *Scientific American* (May 2008): 74.
Goetz, Thomas. "Finding Normal." *Wired* (May 2008): 023–024.
Grau, Lester W. "Guerrillas, Terrorists, and Intelligence Analysis." *Military Review* (July–August 2004): 44.
Hall, Wayne M. "Shaping the Future: A Holistic Approach to Planning." unpublished paper, National War College, Washington DC, March 1992, 7.
Petraeus, David H. "Learning Counterinsurgency: Observations from Soldiering in Iraq." *Military Review* (January–February 2006): 8.
Schneider, James. "T. E. Lawrence and the Mind of an Insurgent." *Army* (July 2005): 31–37.
Tomes, Robert R. "Relearning Counterinsurgency Warfare" *Parameters* (Spring 2004): 23.

网络资源

The American Heritage Dictionary of the English Language, 4th Edition, 2006. "Context." dictionary.reference.com/browse/context.
———. "Dialectic." dictionary.reference.com/browse/dialectic.
———. "Mores." dictionary.reference.com/browse/mores.

———. "Periodicity." dictionary.reference.com/browse/periodicity.
———. "Philosophy." dictionary.reference.com/browse/philosophy.
———. "Proprioception." dictionary.reference.com/browse/proprioception.
———. "Synergy." dictionary.reference.com/browse/synergy.
The American Heritage Science Dictionary. Houghton Mifflin Company. 28 May. 2007.
Dictionary.com, v 1.1., 2008. "Act." dictionary.reference.com/browse/act.
———. "Ad hominem." dictionary.reference.com/browse/ad hominem.
———. "Aggregate." dictionary.reference.com/browse/aggregate.
———. "Anticipate." dictionary.reference.com/browse/anticipate.
———. "Baseline." dictionary.refrence.com/browse/baseline.
———. "Culture." dictionary.reference.com/browse/culture.
———. "Data." dictionary.reference.com/browse/data.
———. "Disambiguate." dictionary.reference.com/browse/disambiguate.
———. "Expectation." dictionary.reference.com/browse/expectation.
———. "Hunch." dictionary.reference.com/browse/hunch.
———. "Hypothesis." dictionary.reference.com/browse/hypothesis.
———. "Ignis fatuus." dictionary.reference.com/browse/ignis fatuus.
———. "Information." dictionary.reference.com/browse/information.
———. "Link." dictionary.reference.com/browse/link.
———. "Mystery." dictionary.reference.com/browse/mystery.
———. "Non sequitur." dictionary.reference.com/browse/non sequitur.
———. "Oversimplification." dictionary.reference.com/browse/oversimplification.
———. "Predict." dictionary.reference.com/browse/predict.
———. "Proposition." dictionary.reference.com/browse/proposition.
———. "Reductionism." http://dictionary.reference.com/browse/reductionism.
———. "Symbiosis." dictionary.reference.com/browse/symbiosis.
———. "Synthesis." dictionary.reference.com/browse/synthesis.
Webster's New Millennium Dictionary of English, Preview Edition (v0.9.7), 2008. "Circular reasoning." dictionary.reference.com/browse/circular reasoning.
Webster's Revised Unabridged Dictionary, 2007. "Axiom." dictionary.reference.com/browse/axiom.
Wikipedia, "Complex adaptive system." http://en.wikipedia.org/wiki/Complex_adaptive_system.
———. "False dilemma," http://en.wikipedia.org/wiki/False_dilemma.
———. "Nonlinearity." http://en.wikipedia.org/wiki/nonlinearity.
———. "Post_hoc_ergo_propter_hoc." en.wikipedia.org/wiki/Post_hoc_ergo_propter_hoc.
WordNet 3.0., 2008, "Disambiguation." dictionary.reference.com/browse/disambiguation.
———. "Holism." dictionary.reference.com/browse/holism.
———. "Interact." dictionary.reference.com/browse/interact.
———. "Xenophobic." dictionary.reference.com/browse/xenophobic.

作者简介

韦恩·迈克尔·霍尔（Wayne Michael Hall），美国陆军退役准将，是一名职业情报军官。现为霍尔咨询服务有限公司总裁兼首席执行官，他与军方和私人公司合作，为他们提供有关情报方面的咨询服务。他曾获内布拉斯加大学学士学位、堪萨斯州立大学硕士学位、美国陆军指挥与参谋学院军事学硕士以及乔治·华盛顿大学博士学位。霍尔准将曾在指挥与参谋学院高级军事研究学系和国家战争学院学习深造。他的第一部著作《杂散电压：信息时代的战争》于 2003 年 4 月出版。他目前正撰写一部有关在非正规作战中开展高级情报搜集工作的著作。

加里·西腾鲍姆（Gary Citrenbaum）博士，是系统之系统分析有限公司（System of Systems Analytics Inc.）总裁兼首席科学家，这是一家为国防部和情报界提供工程和分析服务的小公司。他从事与安全有关的分析工作，以及设计分析流程和工具超过 35 年。

英汉词汇对照

abnormality 异常
ad hominem 个人偏好
advanced analysis 高级分析
aggregation analysis 群体分析
all-source intelligence 全源情报
analytic conditions 分析条件
analytic condition-setting 分析性条件准备活动
anomaly analysis 异常分析
anticipate, wargame, observe, orient, decide, act, measure outcomes, and modify activities (AWOODAM^2) 预测—推演—观察—定位—决策—行动—结果测量—行动调整
anticipatory analysis 预期分析
antithesis 反题
apperception 统觉
Argonne National Laboratories 阿尔贡国家实验室
argumentation support 论证支持
artificial intelligence (AI) 人工智能
Association of the United States Army (AUSA) 美国陆军协会
attribute monitoring 属性监视

Babel 巴别塔
baseline database 基线数据库
Black Disciples 黑色门徒
Boolean relation 布尔关系
bottom line 底线
branching point 分支点
Brigade Combat Team (BCT) 旅级战斗队
Business Rules Engine (BRE) 业务规则引擎

centers of excellence (COE) 精英中心
chaos 混沌
circular reasoning 循环推理
cluster-based computing 集群运算
clustering analysis 聚类分析
cognitive amplification 认知放大

Combat Training Center (CTC) 作战训练中心
commercial-off-the-shelf (COTS) 商用现成品
Common Operational Picture (COP) 共同作战图景
complex adaptive system (CAS) 复杂适应性系统
complex urban environment (CUE) 复杂城市环境
complexity theory 复杂性理论
concept based search 基于概念的搜索
course of action (COA) 行动方案
critical analysis 批判性分析
critical thinking 批判性思维
cultural analysis 文化分析
cultural faux pas 文化失礼

data makeup schemata 数据构造图表
decomposition 解构
deep thinking 深度思考
Defense Advanced Research Projects Agency (DARPA) 国防高级研究项目局
democratization of technology 技术民主化
disambiguation 去模糊化
dislocation 脱位
Distributed Common Ground System (DCGS) 分布式共同基础系统
Distributed Decision Support System (D2S2) 分布式决策支持系统

earliest time information of value (ETIOV) 信息价值的最早时限
edge of chaos 混沌边缘
emission 外溢，辐射
Epiphany 显现节
event and change detection 事件和变化侦测
evidence extraction and link discovery (EELD) 证据提取和联系发现
expert testimony 专家证言

false dilemma 错误的困境
Federal Emergency Management Agency (FEMA) 联邦紧急事务管理局
fence sitter 骑墙派，墙头草
financial network 金融网络
Fingerspitzengefuhl 分析性感觉
Foreign Area Officer (FAO) 境外区域官员
Freakonomics《魔鬼经济学》
freedom of maneuver 行动自由
fusion 融合

garbage-in-garbage-out (GIGO) 无用输入无用输出
genome analysis research environment (GNARE) 基因组分析研究环境
geospatial information system (GIS) 地理空间信息系统
geospatial intelligence (GEOINT) 地理空间情报
Global Autonomous Language Exploitation

(GALE) 全球自主语言开发

hasty generalization 轻率的归纳
high-value target (HVT) 高价值目标
historical analogy 历史类比
holism 整体论
human intelligence (HUMINT) 人力情报
human resources intelligence 人力资源情报
human terrain 人文地形
hunch 预感

imagery intelligence 图像情报
indicator 征候
influence network 影响网络
information operation (IO) 信息作战
information requirement (IR) 信息需求
infrastructure network 设施网络
initial cut 初始切槽
intelligence preparation of the battlefield (IPB) 战场情报准备
intelligence support team (IST) 情报支援团队
intelligence, surveillance, and reconnaissance (ISR) 情报、监视和侦察，简称情监侦
intrinsic actuality 内在事实

Joint Forces Command (JFCOM) 联合部队司令部
Joint Readiness Training Center (JRTC) 联合战备训练中心
Joint Task Force (JTF) 联合特遣部队
Joint Urban Operation Office (JUOO) 联合城市作战办公室

knowledge capability 知识力
knowledge discovery software 知识发现软件

latest time information of value (LTIOV) 信息价值的最晚时限
linkage analysis 联系分析
links decay 联系衰减
Low-Intensity Operations《低烈度作战》

Machine Learning (ML) 机器学习
measurements and signatures intelligence (MASINT) 测量与特征情报
methods of effectiveness indices (MoEIs) 效能指数方法
military decision-making process (MDMP) 军事决策进程
Military Intelligence Professional Bulletin《军事情报专业公报》
mirror imaging 镜像效应
modeling 建模
modeling and simulation (M&S) 建模与仿真
modus operandi 行为方式
Moore's Law 摩尔定律
moving target indicator (MTI) 移动目标指示信息

multi-lingual search 多语言搜索
multiplicity of links 联系的多样性

named area of interest (NAI) 特定兴趣区域
National Ground Intelligence Center (NGIC) 国家地面情报中心
National Imagery Interpretation Rating System (NIIRS) 国家图像判读度分级系统
National Signatures Program (NSP) 国家信号项目
National War College 国家战争学院
non sequitur 不合逻辑的推论
noncommissioned officer (NCO) 士官

observable 观察指标
observe, orient, decide, and act (OODA) 观察—定位—决策—行动
open-source data 开源数据
optimization 优化
oversimplification 过度简化

pattern analysis 模式分析
pattern detection 模式侦测
pendulum thinking 钟摆思维
pheromone 信息素
pick list 参数选用表
political, military, economic, social, informational and infrastructure (PMESII) 政治、军事、经济、社会、信息和设施
post hoc, ergo propter hoc 倒因为果的谬误
principles of analysis 分析原则
priority intelligence requirement (PIR) 优先情报需求
psychological operations (PSYOPS) 心理战

Really Simple Syndication (RSS) 简易信息聚合
recomposition 重构
red teaming 红队
reductionism analysis 还原分析
reflection 反射
Regimental Combat Team (RCT) 团级战斗队
relational database 关系数据库
risk management 风险管理
Rosetta Stone 罗塞塔石碑

scalable vector graphics (SVG) 可缩放矢量图形
School of Advanced Military Studies (SAMS) 高级军事研究学系
self-organization 自组织
semiotics analysis 符号分析
sensitive variable 敏感变量
separation algorithm 分离算法
Seven Pillars of Wisdom《智慧七柱》
shadowy photon 阴影光子
signals intelligence (SIGINT) 信号情报
signature 特征

social network analysis (SNA) 社会网络分析
Special Operations Command (SOCOM) 特种作战司令部
statistical analysis 统计分析
statistical machine translation (SMT) 统计机器翻译
status-defining words 状态定义词汇
structured argumentation 结构化论证
subject matter expert (SME) 主题专家
swarm model 群体模型
synthesis 综合

taxonomy creation 分类创建
technical analysis 技术分析
tendency analysis 倾向分析
The Art of War《孙子兵法》
thematic layering 主干分层
thesis 正题
timeline/chronology analysis 时间轴线 / 年表分析
traffic analysis 交通分析
Transportation Security Administration (TSA) 运输安全管理局
trend analysis 趋势分析

uniform field 均匀场
urban operation environment 城市作战环境

vehicle-based improvised explosive device (VBIED) 车载简易爆炸装置
virtual knowledge environment (VKE) 虚拟知识环境
virtual private network (VPN) 虚拟专用网

weapons with mass and complex effects (WMCE) 大规模和复杂效果武器
windows of opportunity 机会窗口
wisp 草标
workaround 工作区

译后记

本书是美国陆军退役准将韦恩·迈克尔·霍尔的著作。霍尔从事军事情报工作多年，对军事情报的本质有很深入的思考研究。有感于美军情报分析领域存在的种种问题，难以应对复杂环境，尤其是复杂城市环境下的反恐作战的情报需求，霍尔从最基础问题入手，以洋洋洒洒近 40 万字的篇幅，分析了“如何思考”的问题。

如何思考？这个问题对我们每个人都是既熟悉又陌生的课题。之所以熟悉，是因为我们每时每刻都在进行“思考”；之所以陌生，是因为我们很少会思考究竟什么是“思考”，如何改进我们的“思考”。正因为如此，我们的“思考”里往往充满了偏见、固执和先入为主，甚至会拒绝接受新鲜信息，影响了“思考”的质量。

在霍尔看来，现在美军情报分析界存在着同样的问题，他们对“思考”的认识比较肤浅，尤其是对复杂环境下的“思考”非常欠缺，习惯于从美国人的文化视角、外国人的视野感受思考复杂环境下的作战对象，造成了思考与实际的脱节。恰恰相反，复杂环境下的敌人，比如恐怖分子、叛乱分子和非正规敌人，他们正是利用自己与作战环境的文化一致性，将自己隐藏在复杂背景之下，躲避美国人高尖端传感器的侦察发现，从而不断掌握主动权，给予美军出其不意的攻击。不得不说，霍尔对复杂环境下美军情报分析的弱点找得很准，美军的各类传感器技术不能说不先进、各种情监侦手段不能说不完善，但缺少了从敌人角度、从背景文化角度的合理“思考”，其效能都将大打折扣。

霍尔最难能可贵的不是抛出问题，而是给出解决问题的“钥匙”。他认为，面对复杂作战环境里的敌人，传统的情报分析范式已经无法发挥作用了，必须开展“高级分析”方能奏效。所谓“高级分析”，指的是“可以比对手更具体、更详细地思考和了解作战环境，并且获得更好的知识的高级认知过程”。霍尔对自己提出的这一概念十分自信，认为其能够“提供打败敌人所需的信息”。霍尔的自信不是盲目的，在书中，他为“高级分析”概念构建了一个十分完整的理论体系。他提出了高级分析的 14 个要素，其实就是高级分析的 14 个步骤，按从前往后的顺序依次是：解构、批判性思维、联系分析、模式分析、趋势分析、预期分析、技术分析、异常分析、倾向分析、文化分析、符号分析、群体分析、重构和综合。霍尔对每个要素都进行了详细阐述，界定了概念、阐述了方法、指出了挑战以及应对挑战的方法，具有很强的操作性。此外，霍尔还在书中提出了很多有价值的概念，诸如五种观察指标、三类基线、敏感变量、机会窗口等等，都为我们分析军事情报问题提供了很好的理论框架和实践指导。

本书虽着眼于军事情报领域的分析问题，但其运用远不止于此。对于开展历史领域分析、文化领域分析、社会领域分析以及商业领域分析来说，“高级分析”同样也是适用的。可以说，当某人处于某一陌生文化背景时，可以使用“高级分析”的 14 个要素指导自己进行“思考”，并且能够迅速获得真知灼见。我在翻译此书过程中受益匪浅。

杨小红

2019 年 12 月 21 日写于南京

国家安全与保密参考书目

策划人：朱策英
邮　箱：gwpbooks@yahoo.com

《美国政府保密史：制度的诞生与进化》　[美] 戴维·弗罗斯特　著

本书论述了美国政府自建国前至今的保密史。作者以大陆会议、宪法制定、曼哈顿计划等各种历史事件为切入点，讲述了保密如何在维护美国国家安全中发挥重要作用，政府保密制度与文化怎样跟随历史不断演变。

《预警情报手册（完整解密版）：国家安全威胁评估》　[美] 辛西娅·格拉博　著

作者通过回顾美国 1971 年前的预警情报工作，分析经典情报失误案例，总结经验教训，指导如何有效阅读、撰写和分析预警情报，以便更准确预判突发事件。本书为最新完整解密版，涵盖军事情报、政治情报、经济情报、民生情报等各领域，堪称预警情报经典之作。

《先发制人：国际冲突的先制与预防》　[美] 迈克尔·多伊尔　著

一个负责任的政府是应采取预防措施，对潜在敌人发动先制战争以防患于未然，还是待冲突发生后再采取动作？为因应"9•11"恐怖袭击后的挑战，作者就近数十年来的国际冲突案例进行了深入浅出的分析，提出了自己的国家安全主张。

《突然袭击：被袭国的视角》　[以] 伊弗雷姆·卡姆　著

本书系统分析了 1939 年以来的全球 11 个经典突袭案例，梳理致使一国遭受战略突袭的分析困难、判断偏见、组织障碍等，是研究战略突袭的经典之作。它告诉我们，突袭虽极难预防，但只要处理得当，并非完全不可避免。

《情报分析：复杂环境下的思维方法》　[美] 韦恩·霍尔　加里·西腾鲍姆　著

本书全面论述了如何在复杂环境下思考、开展情报分析工作，做好应对国际冲突新形势下危险敌人和各种非常规冲突的准备，重点阐述了高级分析方法及其实践应用。本书乃美国情报分析经典著作，为国家安全研究提供了积极的参考视角。

《战略情报：情报人员、管理者和用户手册》　[澳] 唐·麦克道尔　著

本书阐述了战略情报从生产到应用的整个环节，重点论述了战略情报的概念和原理，战略情报分析的流程和方法，战略情报管理思想和决策观念的革新，战略情报批判性与创造性思维的实践应用等，堪称战略情报的首部系统性研究著作。

《分析情报：国家安全从业者视角》　[美] 罗杰·乔治　詹姆斯·布鲁斯　主编

本书从国家安全的视角，汇集美国情报界 24 位顶级专家的思想，深度阐释情报分析的 20 个核心议题，包括搜集缺口、认知缺陷、外国拒止与欺骗、分析与政策关系、不确定性、反恐斗争、国内情报等，是情报分析领域论述最为全面的书籍之一。

《情报分析案例：结构化分析方法的应用》　[美] 萨拉·毕比　伦道夫·弗森　著

作者精选出 17 个经典案例，指导情报分析人员运用结构化分析方法处理实际问题。本书是《情报分析心理学》和《情报分析：结构化分析方法》的姊妹篇，与《情报分析案例•实操版：结构化分析方法的应用》是配套用书。

《情报分析案例•实操版：结构化分析方法的应用》　[美] 萨拉·毕比　伦道夫·弗森　著

本书是《情报分析案例：结构化分析方法的应用》的配套用书，采用情景化示范的方式，论证了结构化分析方法的实际应用，为情报分析及其他行业的决策者和管理者提供有效的工作指南。

《情报分析：结构化分析方法》　[美] 小理查兹·J. 霍耶尔　伦道夫·弗森　著

本书采用结构化分析方法的新理念，将 55 种情报分析方法分成 8 大类，不仅阐述每一种分析方法本身的内容，还指出其适用场景、增加的价值、具体的操作步骤等，可有效提升情报用户的预测和决策能力。

《情报研究与分析入门》　[美] 杰罗姆·克劳泽　原著　[美] 简·戈德曼　改编

本书全面探讨了情报研究与分析的各个阶段，重点讨论了情报研究的规范程序和适用的分析方法工具、模型，优秀情报分析人员的必备特质，以及如何提升情报产品的质量，是情报研究与分析入门必备教材。

《战略情报的批判性思维》　[美] 凯瑟琳·弗森　伦道夫·弗森　著

本书关注如何在情报工作中应用批判性思维，系统阐述了 20 个重点问题，介绍了其中的各种实用技巧与工具，以及简单易懂的解决办法。这是一部情报工作者高效思考力指南，情报分析的三大黄金标杆教科书之一。

《情报搜集技术》　[美] 罗伯特·克拉克　著

本书是首部系统论述情报搜集技术的专著，集中讨论了各种技术搜集手段，情报搜集策略与管理问题等；重点探讨了搜集技术在国家安全领域的三大用途，让读者一窥美国情报界强大的情报搜集能力、发展动向及维护国家安全的最新思维。

《情报：从秘密到政策》　[美] 马克·洛文塔尔　著

本书详细阐述情报的概念、历史、流程、搜集、分析、反情报、隐蔽行动等问题，重点讨论情报在美国国家安全决策中的重要作用。本作品享有极高声誉，多次再版修订，已成为全美外交、国关、国安、情报等诸多学科的权威教材。

《情报分析心理学》　[美]小理查兹·J. 霍耶尔　著

本书主要探讨了人类在判断不完整或模糊信息过程中的认知心理问题，以及这些问题如何对情报分析产生影响，而我们又怎样有效克服这些影响。本书既是美国情报机构培训员工的经典教科书，也是中情局情报官员的必备参考读物。

《情报分析：以目标为中心的方法》　[美]罗伯特·克拉克　著

作者创造性地提出运用"以目标为中心"的情报分析方法，完善情报分析的逻辑过程，形成"确定目标—问题分解—建立模型—评估数据—填充模型—进行预测"的情报分析流程，称得上是一部名副其实的情报分析教科书。

《斯诺登档案：世界头号通缉犯的内幕故事》（修订版）　[英]卢克·哈丁　著

本书对"斯诺登事件"进行了全面介绍和解读。它详细追踪了斯诺登的泄密动机、获取机密文件的方式、媒体的报道过程及事件的后续发展，讲述了事件背后各方的博弈较量与攻防策略，披露了美英等国监控全球的手段和规模。

《二战后的美国对外政策》　[美]史蒂文·胡克　约翰·斯帕尼尔　著

作者将美国置于全球背景下，系统讲述了1945年二战结束后该国对外战略的重大发展与变化，深刻剖析了其外交政策的决策机制，提示了其对外战略的形成过程与规律。通过本书，读者可以了解美国对外政策的根源和复杂性，深入理解其对外战略的全景图。

《谁来监管泄密者？：国家安全与新闻自由的冲突》　[美]盖里·罗斯　著

通过美国政府历史上重大的泄密案例，作者探讨了未授权信息泄露背后的动机、代价、法律困境和解决之道，以提醒全美情报系统：对手如何获取美国情报，获得情报后会取得怎样的优势。本书是信息时代普及国家安全意识的必备佳作。

《情报术：间谍大师杜勒斯论情报的搜集处理》　[美]艾伦·杜勒斯　著

本书作者以第一人称的视角展开，着重阐述了情报的实用技巧——情报如何搜集和处理，以及形成的结果怎样为制定国家政策服务。本书是"间谍大师"、中情局任期最长局长、美国现代情报系统缔造者杜勒斯的收官之作。

《骗中骗：克格勃与中情局的无声战争》　[美]爱德华·爱泼斯坦　著

本书以美国反间谍头目詹姆斯·安格尔顿之死为缘起，追踪了苏联从建国伊始到冷战末期"欺骗对手"的各种行动，以及美国是如何应对和接招的。该书呈现了中情局与克格勃在情报与反情报上的较量，是国家安全研究的重要资料。

《全民监控：大数据时代的安全与隐私困境》　[英]约翰·帕克　著

阿桑奇、斯诺登等的接连爆料警示我们，"全民监控"的时代已经来临。为了获得全方位的监控能力，西方国家利用闭路系统、窃听设备、身份识别技术、定位追踪装置等随时随地监视民众。本书是读者迅速掌握隐私与信息安全知识的必读之作。

《网络战：信息空间攻防历史、案例与未来》　[美]保罗·沙克瑞恩　等著

通过梳理各种经典案例，本书系统探讨了网络战历史、现实和未来。以跨学科的研究方法，作者有机融合理论与实例，涵盖了从个人、组织机构到国家的网络安全问题，细致阐述了网络空间的生存之道。

《秘密情报与公共政策：保密、民主和决策》　[美]帕特·霍尔特　著

全书讲述了美国安全情报的起源与演变，介绍了与国家安全政策制定相关的四大情报活动，穿插了一些情报利用、误用、滥用等的经典案例，并展望了情报和政策两者的未来关系。

《国家安全与情报政策研究：美国安全体系的起源、思维和架构》　[美]伯特·查普曼　著

本书总结和收集了大量以美国为主的世界各国国家安全政策资料，重点介绍了美国国家安全思想和架构的起源和发展历程，以及作为其国家安全基石的情报政策的历史变迁，具有极强的资料性和实用性，是研究国家安全历史的重要案头书。

《恐怖主义如何终结：恐怖活动的衰退与消亡》　[美]奥德丽·克罗宁　著

通过精心研究各种恐怖组织，本书总结出终结恐怖组织的六种模式，分别系统、深入地加以论述，辅以大量实际数据、案例研究和图表作支撑。本书极具历史性、实践性和经典性，论证严谨，是反恐领域的一部不可多得的标杆性读物。

《21世纪犯罪情报：公共安全从业者指南》　[美]理查德·赖特　等主编

本书全面、系统、深入地介绍了以美国为主的西方国家犯罪情报工作的过去、现在和未来，论述了犯罪情报工作的思想、流程、方法、工具和实践。全书在理论上揭示了犯罪情报工作的基本规律；在实践上提供了犯罪情报工作的方法工具。

《数据与监控：信息安全的隐形之战》　[美]布鲁斯·施奈尔　著

在西方世界，大量的个人数据会被政府和企业监控，政治自由与公平、商业公平与平等，甚至隐私以及安全等都因监控岌岌可危。本书给出切实可行的建议，探讨如何才能有效应对监控，保护信息安全和隐私。作者被誉为信息领域的"安全教父"。

《金融情报学》　王幸平　著

本书探讨了金融情报的概念，金融情报的搜集、撰写和分析，金融情报人员的定位，金融情报机构与金融决策机构的关系，以及金融反情报等等。全书思想丰沛，案例多样，构建了一套专业情报学框架，对金融理论创新和国家安全研究均有参考价值。